21世纪经济管理新形态教材·公共基础课系列

大学生职业生涯规划实务

主　编◎苏文平
副主编◎单　伟　郑　磊
高　静　张晓明

清華大學出版社
北　京

内 容 简 介

本书依据经典职业生涯发展理论，结合当下就业形势和政策，为高校毕业生提供全面的生涯规划指导，帮助大学生认识自我、科学规划职业发展。全书共分 8 章，分别以大学生职业生涯规划导论、自我认知、探索职场与职业、生涯目标与职业决策、大学生职业素质与能力提升、生涯规划方案实施之深造篇、生涯规划方案实施之就业篇、职场新人的职业生涯管理为主题，采用理论与实际案例及拓展阅读相结合的形式，为在校大学生提供了贯穿本硕博阶段的生涯规划指导方案。

本书内容兼具广度与深度，力求成为一本助力毕业生顺利通关整个就业过程的实用教材。

图书在版编目（CIP）数据

大学生职业生涯规划实务 / 苏文平主编. -- 北京 : 清华大学出版社, 2025. 7.
(21 世纪经济管理新形态教材). -- ISBN 978-7-302-69952-1
Ⅰ. G647.38
中国国家版本馆 CIP 数据核字第 2025TL3247 号

责任编辑：付潭蛟
封面设计：汉风唐韵
责任校对：王荣静
责任印制：宋 林
出版发行：清华大学出版社
网　　址：https://www.tup.com.cn，https://www.wqxuetang.com
地　　址：北京清华大学学研大厦 A 座　**邮　　编：**100084
社 总 机：010-83470000　**邮　　购：**010-62786544
投稿与读者服务：010-62776969，c-service@tup.tsinghua.edu.cn
质 量 反 馈：010-62772015，zhiliang@tup.tsinghua.edu.cn
课 件 下 载：https://www.tup.com.cn，010-83470332
印 装 者：小森印刷（天津）有限公司
经　　销：全国新华书店
开　　本：185mm×260mm　**印　张：**15　**字　　数：**339 千字
版　　次：2025 年 7 月第 1 版　**印　　次：**2025 年 7 月第 1 次印刷
定　　价：49.00 元

产品编号：103324-01

前言

党的二十大报告提出：强化就业优先政策，健全就业促进机制，促进高质量、充分就业；健全就业公共服务体系，完善重点群体就业支持体系，加强对困难群体的就业兜底帮扶。

自2005年“大学生就业难”问题进入公众视野以来，高校毕业生人数逐年增长：2024年我国高校毕业生达到1179万人，2025年创纪录地达到1200万人。高校和社会将面临巨大的就业压力，高校毕业生能否实现高质量、充分就业，关系到国家共同富裕进程的节奏，关系到民生福祉、社会稳定和高质量发展。帮助大学生树立正确的职业观念，做好职业生涯规划，是促进大学生高质量充分就业的有效途径。

然而，高校毕业生的就业问题单靠国家政策是无法完全解决的。本质上，高校毕业生不能顺利就业的主要原因是，个体的职业素质和就业能力与理想就业单位、目标岗位所需的素质能力不匹配。从这个角度看，大学期间的职业生涯规划显得尤为重要。根据过去20年来我国职业生涯教育的教研实践与成果，鉴于一个人的职业生涯是动态发展的，大学生的职业生涯规划应该从大一开始，并贯穿本、硕、博的各个求学阶段。

据调研，迷茫是大一新生的常态。究其原因，主要可以归结为三个方面：学习目标不明确、道路选择多样化以及缺乏规划引导。同学们在高中阶段有单一的高考目标，但进入大学后却面对大学校园中多元化的目标群，不少同学因此感到无所适从；本科毕业后面临就业、读研、留学、创业等多种选择，大部分同学在缺乏职业生涯发展理论引导的情况下，难免随大流，难以做出最适合自己的决策。

近年来，我国的“双一流”大学普遍实施了本科生“大类招生，分流培养”方案，地方高校也纷纷效仿，形式多样。这一轮教学改革中，一个核心内容是：学生在高考后填报志愿时，专业是不确定的，进入大学后，通过对学科、专业的学习和了解，结合自己的兴趣、特长、课业成绩等，在一定范围内再选择专业。这种做法在一定程度上缓解了考生及其家长在高考志愿填报中的焦虑，却使很多同学在大一阶段更加迷茫，不少同学将大一过成了“高四”，拼命刷GPA（通过重修成绩较低的课程或提高后续课程分数来提升整体平均绩点），以便在大一结束后有足够的实力挑选心仪的专业。

2020年以来，全球局势发生了巨大变化，给许多同学的职业决策又带来了新的不确定性。

外部环境变了，大学新生的迷茫却始终未变。课堂上，笔者提出了这样一系列问题：

你们中的绝大多数是凭借高考成绩进入大学的，都知道自己的成绩在班级甚至省市的排名；四年或六七年后离开校园，你的排名会有所改变吗？会提高还是降低？为什么？

你是否想过，四年或六七年后离开大学校园时，能够凭借考试成绩找到一份满意的工作吗？

你知道你现在做的事情会对你的未来产生什么样的影响吗？

你负责任地为自己未来五六年甚至更长时间的发展方向做过考虑吗？

你们中的不少人拿到本科录取通知书时就已决定读研，可是你思考过考大学与考研的区别吗？

你知道要实现自己的目标需要付出怎样的努力吗？要选择什么途径呢？

随着课程的深入，同学们原本迷茫的眼神中渐渐有了神采：上大学原来是要思考这些问题并付诸行动的！

大学是人生的关键阶段。因为这是你一生中最后一次有机会系统地接受教育，最后一次能够全身心夯实你的知识基础；可能是你最后一个可以将大把时间用于学习的人生阶段，也可能是最后一个可以拥有较高的可塑性、集中精力充实自我的成长历程。

自 2005 年起，“大学生就业难”问题备受关注。2013—2019 年，“史上最难就业年”“史上更难就业年”“大学生就业形势依然严峻”等类似报道频频见报。然而，随着应届毕业生人数破千万，又赶上因新冠疫情导致的经济下行，再次刷新了应届生的就业难度。

不过，如果具体分析大学毕业生的个案，却不得不让人产生以下疑问：

在大环境一致的前提下，找不到工作的原因有哪些？

为什么有些同学虽然考上了重点大学但毕业后依然找不到工作，甚至连毕业证都没有拿到，而有些未能考上重点大学的同学毕业后却找到了令人羡慕的理想工作呢？

为什么有些本科毕业生凭借自身努力找到了自己满意、别人羡慕的工作，而有些硕士毕业生却遭遇了就业难的困境呢？

在我国高等教育已从“精英教育”转变为“大众教育”的今天，考入大学，哪怕考入重点大学，也已不能为未来职业提供保障，高校毕业生的第一份工作不再主要取决于他们所考取的学校和专业，而越来越取决于他们在大学期间如何度过。希望同学们认真思考如何把握这个“丑小鸭变天鹅”的奇迹不断涌现的时代机遇。

本书循着大学生的学习生活轨迹，伴随大家度过初入大学时的新奇与兴奋，以及随之而来的迷茫与焦虑。从同学们在本研各个学习阶段面临的各类问题着手，通过一个个鲜活的案例，展示在校大学生常见的生涯困惑，并依据生涯发展理论及其应用方式，有针对性地提出解决方案及行动建议。书中的案例皆为近年来在校本研生在自我认知、专业探索、职业规划及职场适应过程中的亲身经历总结，其中大部分曾在“大学生学业与生涯规划 2008”微信公众号上推送，得到了同学们的积极反馈，对在校大学生具有很强的借鉴意义。

希望通过阅读本书，同学们能够尽快树立符合自身特点的职业发展目标，制订个性化的职业生涯规划行动方案，通过积极行动，提升进入职场所需的职业素质与就业能力，度过充实、愉快而有意义的大学生活，并信心满满地离开校园、进入职场。

目录

第1章

大学生职业生涯规划导论

凡事预则立，不预则废。

——《礼记·中庸》

人生最终的价值在于觉醒和思考的能力，而不只在于生存。

——亚里士多德

学习目标

通过本章内容的学习，同学们能够认清上大学及读研、留学深造的目的，重新明确学习的目标，为有效管理时间、合理安排各项活动，度过充实而有意义的大学生活打下基础。

导入案例

一位985高校工科大一学生林森在春季学期开学不久，遇到了令自己很郁闷的情况，于是向职业生涯咨询师求助。

老师，您好！我有一些困惑，首先是关于学习方面的。许多科目都有这样的情况：自认为学得还不错，但上学期期末成绩远低于预期。其实在考前也做过往年的试题，是不是学习方法出了问题？感觉有劲儿没处使。其次是关于专业选择，我不清楚未来的专业所对应的职业，同时也不清楚自己到底擅长或对哪一方面感兴趣，感到有些迷茫。谢谢老师！

见面后，咨询师了解到林森当前的主要问题是："有些科目自己觉得考得不错，但是成绩远低于预期。考前做过一些往年的试题，平时按时完成作业，但感觉知识掌握得不够扎实、容易忘，不知道如何改进学习方法。同时，学习时感觉效率不是很高，也不够自律，考试时自我感觉良好，但是成绩出来后并不好；在某些学科上感到力不从心，不知道怎么提高学习效率。从上学期期末成绩及目前的学习状态来看，保研希望渺茫；反正将来也要读研，索性现在就先这样混着，只要不挂科就行，等到大三再好好复习。不过，心里还是有点儿不踏实。"

通过咨询师的引导，林森进行了自我分析："我不自律的原因是缺乏动力。感觉上大学之后失去了目标。目前利用课余打游戏的时间和学习的时间基本上各占一半。不过，我有一位室友几乎把所有空闲时间都拿去打游戏，而我好歹还知道预习一下，所以自我感觉良好。只是我高中时学习好，拿到高考录取通知书后，就跟高中班主任约好要保研的。可第一学期成绩出来后，就知道保研不太现实了，心里很失落。”

咨询师根据校内大一学生的整体情况，分享了自己的看法：大学课程的难度远高于中学。能考入本校的同学绝大部分都是高中母校的尖子生，但还是有不少同学会觉得一些课程很难。此外，林森用于打游戏的时间比例过高，如果不及时调整学习方法及投入时间，问题会比较严重。面谈结束前，咨询师推荐了几篇“大学生学业与生涯规划 2008”微信公众号中的相关文章，这些文章探讨了大学生活的适应及大学学习与中学学习特点的不同。咨询师建议林森认真阅读这些文章，根据学长学姐们的分享，解决自身的学习动力问题。

大学阶段是影响个人长远发展的重要时期：大学生身体强健、精力充沛、思维活跃、梦想无限，远离家庭束缚，心灵自由飞翔；不必太看重分数，可以在科学实验、发明创造、社团活动、人际交往中施展魅力；可以根据自己的特长与兴趣，充分发展业余爱好；可以享受成年人的独立自主，却暂时不必为生计发愁……

然而，这段美好的旅程终究要结束，不论是在本科毕业后、硕士学位获得后，还是在博士毕业乃至博士后出站。这段旅程的终点是什么？下一段旅程又将如何展开？

事实上，大学生活的终点是社会、是职场。大学生在完成学业后，就要从事某种职业，在社会上安身立命。一个大二学生在上完职业生涯规划课后写道：

进入大学，不仅意味着我中学时代的结束，也意味着我距离踏入社会更近了一步；大学是让我真正能够得到提升的地方，是进入社会的最后一处缓冲区，同时也是我走向成熟的地方。

近年来，大学生就业难已成为社会各界高度关注的话题。尤其是自 2020 年以来，受经济下行压力增大等多重因素的影响，劳动力市场需求减少，就业形势面临着前所未有的严峻挑战。教育部公布的数据显示：2020—2022 届高校毕业生人数分别为 874 万、909 万及 1076 万，屡创新高。接下来，全国普通高校毕业生规模继续增加，2025 届应届毕业生人数更将达到 1220 万。同时，我国考研人数呈逐年上升趋势。根据统计，2005—2009 年全国考研人数大致为 120 万人，2010—2016 年考研人数大致为 150 万人，自 2017 年起上涨趋势明显，每年增长几十万人。2020—2022 届考研报名人数依次为 341 万、377 万、474 万，录取人数分别为 99.05 万、105.07 万及 110.35 万。虽然每年弃考人数接近 20%，考虑到各高校都有一定的保研名额，考研的平均录取率不足 30%。虽然 2024 年和 2025 年全国硕士研究生报考人数持续下降，然而，2025 年考研人数仍高达 388 万，录取率不到 40%。

当然，不仅仅是考研难，研究生毕业后就业也难！不少同学拿着辛辛苦苦得来的硕士学位证书，但找到的工作却不尽如人意。有的同学甚至觉得研究生毕业求职时相比本科毕业生并无明显优势，感到格外郁闷……智联招聘发布的《2022 大学生就业力调研报告》显示：毕业后“慢就业”的应届生数量明显增加，达到 15.9%。2023—2024 年，慢就业的比例分别达到了 18.9%和 19.1%。

以上现象使刚进入大学的大学生颇感迷茫：四年后自己的命运将如何？难道千辛万苦考入大学，甚至成绩优秀保了研，或是考上了研究生，到毕业时只能在摩肩接踵的招聘会上迷失自我吗？答案当然是否定的。大多数应届毕业生顺利找到了工作。从个人长远发展来看，接受过高等教育的就业者在职业发展潜力和职位升迁机会方面远远大于未受过高等教育者。对社会从业人员收入的调查也显示：拥有本科毕业证的人群平均收入远远高于只有高中毕业证的人群，拥有硕士学位证的职场人士收入水平普遍较高。

中国青年报社社会调查中心在2022年组织的调查显示：不清楚就业形势、不了解专业对口领域的职业，以及缺乏生涯发展指导是大学生普遍面临的三大问题。面对严峻的就业形势，缺乏积极有效的准备和行动，往往导致就业“失败”。

因此，大学期间积极地思考、准备和行动，才是应对“就业难”的良方。各位同学在进入大学后，须尽快适应新的生活节奏和学习方法，及早明确自己的职业倾向和适合的岗位类型，注意培养自身的职业素养及相应的工作技能。简言之，就是需要开展科学的职业生涯规划，并将规划方案付诸实施。

1.1 何谓职业生涯

1.1.1 定义职业生涯

2008年以来，越来越多的高校将这门课纳入本科生的必修课。然而，很多学生及其家长尚未明确“职业生涯”（career）这个专业名词的含义（在较为专业的领域内，通常简称为“生涯”；为适应读者的习惯，本书在大部分情形下使用“职业生涯”）。笔者每学年都会听到一些低年级的本科生说：“我现在才大一/大二，将来还要读研，五六年后才开始找工作呢，用不着现在就考虑职业生涯规划啊！”

事实确实如此吗？

生涯指的是生命从开始到结束的历程。在生活中，我们更常使用的是“人生”一词。美国国家生涯发展协会（National Career Development Association）对生涯的定义是：“个人通过从事工作所创造出的一种有目的的、持续不断的生活模式。”

在这一定义中，“创造”指的是人们在意愿与可能性之间、现实与理想之间妥协和平衡的产物。事实上，生涯发展是人们一系列接连不断的选择的结果。当人们做出某种选择时，需要权衡这一选择带来的收益及其所要付出的代价。虽没有十全十美的生涯道路，但也许存在最适宜的道路。

“有目的的”指的是生涯对个人来说是有意义且有价值的。生涯不是偶然发生或应运而生的，而是经过慎重考虑、规划、制定和执行的结果。生涯因个人的动机、抱负和目标而形成、发展，反映了个人的价值观和信念。

“持续不断的”指的是生涯既非作为某个事件或选择的结果，也非局限于某一特定的工作或职业。确切地说，生涯本质上是一个受到个人内在和外在力量影响的、持续一生的过程。

“生活模式”意味着生涯不仅是一个人的职业或工作，还包括所有的成人生活角色，以及人们安排、整合这些角色的方式。

同时，该定义强调生涯对个人而言是独一无二的。在现实生活中，任何两个人都不可能拥有完全相同的生涯，因为生涯是基于个人特定的经历。即使人们拥有相似的兴趣和技能，甚至在同一个机构中从事相同的职业，其生涯依旧不同。

1.1.2 职业生涯的三个维度

根据上述定义，生涯（职业生涯）定义的焦点是“发展属于我自己的生涯”。图 1-1 展示的是我国“航天之父”“导弹之父”“火箭之王”“自动化控制之父”钱学森先生的生涯历程。下面，我们将根据钱学森先生的生涯历程，从长度、宽度及厚度来分析生涯的含义。

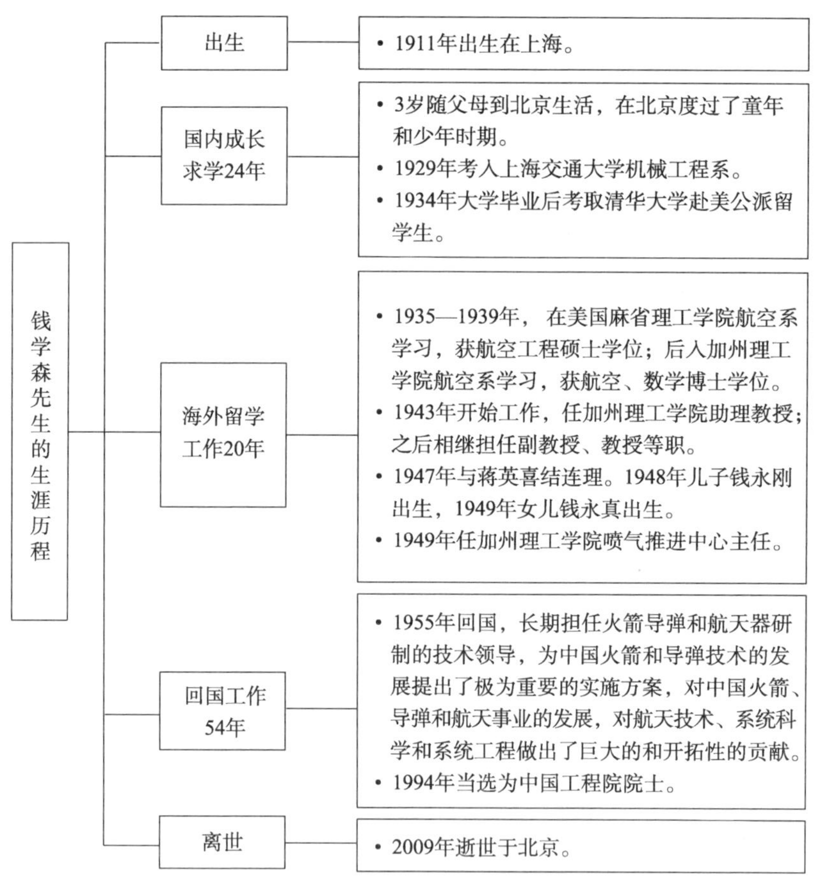

图 1-1 钱学森先生的生涯历程

生涯长度：指的是生命从开始到结束两个端点之间的跨度，不仅包括人生的绝对长度，还包括人生中各个阶段的边际。钱学森先生的生涯长度为 98 年，国内成长求学 24 年→海外留学工作 20 年→回国工作 54 年，构成了他各阶段的生涯长度。

从生物学的属性看生涯长度，生涯演进是单向的：出生→成长→衰老→死亡，具有不可逆性。由于无法掌控自己的人生会有多长，我们在生涯长度的生物学属性面前常常有无能为力的无奈感和时不我待的紧迫感。不过，我们可以在一定的限度与范围内改变或增加生涯长度，顺应生物节律，加强保健与锻炼，以期延缓衰老。俗话说：健康是“1”，而家庭、事业、朋友、成就等是“1”后面增加的“0”，没有了“1”，其他的“0”都毫无意义；这个“1”，是可以有限改变和塑造的部分。

生涯宽度：指的是不同生命角色之间的跨度。美国学者唐纳德·舒伯（Donald Super）认为，生涯是人们生活中各种事件的演进历程，包括个人一生中各种职业与生活角色以及由此表现出的独特的自我发展形态；生涯实际上是在这些生命角色之间铺陈、转换、递进的过程。

这一生，你是想一直单身还是会结婚？结婚后，你是打算加入丁克一族还是生儿育女？结婚后，你须扮演丈夫或妻子的角色，有了孩子后还要扮演父亲或母亲的角色。这就涉及不同的角色，生涯宽度正是与人生角色的多寡有关的概念。

舒伯提出了子女、学生、休闲者、公民、工作者、配偶、家庭管理者、父母和退休者九种主要人生角色。其中，子女、配偶、家庭管理者、父母与家庭相关；学生、工作者、退休者与职业相关；休闲者与自我相关；公民与社会相关。

从钱学森先生的一生可以看到：他在家庭中相继扮演着儿子、丈夫、家庭管理者及父亲的角色；在职业上，从学生（本科生、硕士生、博士生）过渡到工作者（助理教授、副教授、教授）；在社会层面上，一生都在诠释“中国公民”的角色内涵。同时，钱学森先生热爱艺术，经常与夫人蒋英女士听音乐会、欣赏美术展，困苦时两个人在家吹笛、弹琴相互鼓励。艺术的火花激发了他对科学的思考。可见，休闲者角色对其工作者角色起到了很好的调剂、补充与启发作用。

九种角色除了分属不同领域，还有其他分类：有的是关系角色，如子女、配偶、家庭管理者、父母；有的是活动角色，如学生、工作者、休闲者、退休者、公民；有的是被动承担的角色，如子女；有的则是可以主动选择的角色，如学生、配偶、家庭管理者、父母等。因此，我们在生涯角色的安排上拥有一定的选择自主权：一是选择承担什么角色；二是选择承担多少。即使是不能自主选择的角色，也可以决定对其投入时间及精力的多少，这体现了生涯的主动性。

生涯厚度：指的是个体在不同生命角色上投入的深度。同一角色的深度往往会随着时间的推移而有所变化，不同角色的深度则会在同一时间呈现出此消彼长的状态。例如，职业女性在平衡工作与家庭关系时，可能会出现两个角色交叠的情况。

作为职业女性，你打算在结婚生子后继续工作，请家人帮助照顾孩子，还是留在家里做几年全职母亲，以更多地陪伴孩子的成长？同样是母亲的角色，有人选择与工作者角色并行，认为工作者角色很重要，能够对母亲角色起到补充与增进的作用；有人则选择全身心投入母亲角色，等孩子长大后再重新扮演工作者的角色。个人对于一个或几个角色在某个阶段的投入深度即为生涯厚度。

在人生初期，父母和家庭构成了子女生活的全部世界，因此子女角色是个体唯一的角色。随着年龄的增长，个体逐渐从家庭进入学校和社会，从幼儿园、小学、中学至大学，扮演着学生的角色，子女角色的比重逐渐降低。参加工作、建立自己的家庭后，个体在子女角色上的投入降到最低。直至中年，随着父母逐渐衰老并受到疾病困扰，个体需要更多地关注、照顾父母，对子女角色的投入又会上升。

作为配偶、父母和家庭管理者，这些角色会随着成年后家庭关系的变化而逐渐形成，并伴随人的一生。虽然大学生对这些角色的理解受到原生家庭的影响，但在大学阶段是否有良好的情感关系、较强的责任感及对家庭前景的清晰展望，直接关系大学生在大学阶段的生活状态以及今后各方面的平衡发展。

学生角色在全日制求学阶段达到高峰。走上工作岗位后的最初几年，需要适应工作及职场，对学生角色的投入将降到低点。随着工作中出现新需求，为了更新知识和工作技能，工作者会投入在职或脱产学习中，学生角色会再次达到高峰。学生角色与工作者角色的起起落落，构成了人们大部分的职业生涯发展状态。许多人退休后还会选择参加老年大学的学习，以丰富退休生活，对学生角色的投入会再一次上升。

休闲者也是伴随个体一生的角色，对其投入的多少与个人的价值观、生活方式有关。从休闲者与学生及工作者的关系来看，休闲者既可以作为学生角色及工作者角色的有益调剂，也可以作为其重要补充。因此，如果将休闲者的角色扮演好，会对个人积极学习、高效工作、快乐生活起到重要的保障作用。钱学森先生的经历就证明了这一点。

对大多数人而言，工作者的角色不需要贯穿人生的始终，却是在所有角色中单位时间内需要投入精力最多的。工作不仅意味着养家糊口、满足温饱，也是形成社会联系的平台和纽带，更是自我实现的基点。安身立命，对一个人而言，主要是通过工作者的角色来实现的。

1.1.3 生涯彩虹图

从对上述角色的描述可以看出，各个角色之间是相互联系、相互作用的，彼此之间有着并进或此起彼伏的关系。在相应的时间履行相应的角色，并且将角色的范畴、投入程度在整个生涯长度的轴上进行分配，便形成了舒伯提到的生涯彩虹（见图 1-2）。

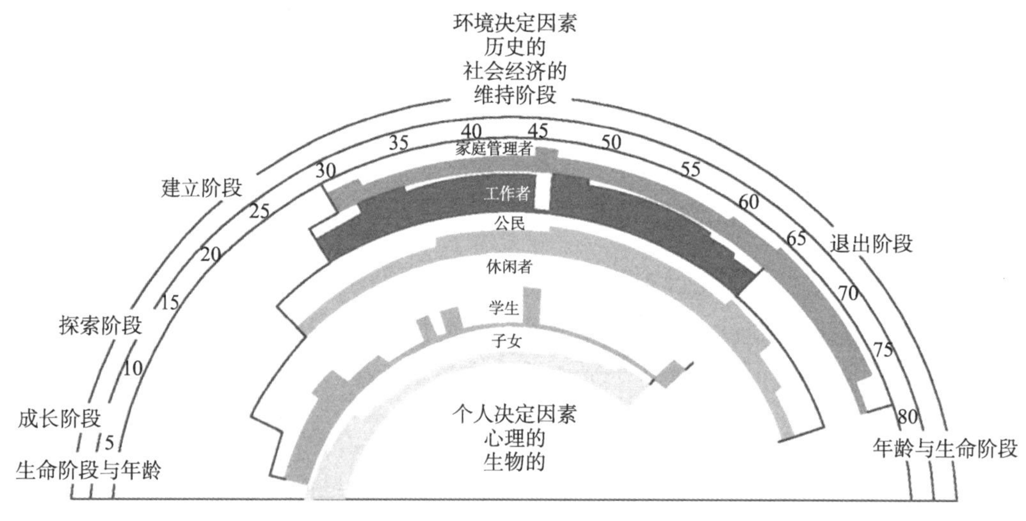

图 1-2　生涯彩虹

在人生的不同阶段，各个角色的重要性各不相同，每个人可以根据自身情况进行不同的排序。不过，全日制大学生的首要角色应该是学生，休闲者、子女等角色应排在后面。因此，提醒大学生不要因为过多参加社团活动、过多投入游戏等娱乐活动而影响学习，“家长出差来本地”也不应成为大学生请假、缺课的理由。

根据我国现行的高考制度，高中阶段的学生基本上同时拥有三个生涯角色：子女、学生、休闲者。由于大家都希望在高考中能够胜出，因此绝大部分时间都用在了“学生”这个角色上。进入大学后，一方面是休闲者这个角色得到了充分的释放；另一方面是大部分学生已年满 18 周岁，拥有了“公民”这个角色。同时，“学生”这个角色仍然需要投入非常多的时间与精力，加上生活环境发生了极大的改变，很多大学生会发现自己处于极度忙乱中，感到非常不适应。

北京航空航天大学（以下简称北航）人文学院 2019 级本科生戴依凡回忆道，自己大一刚入学时的状态是这样的：

> 大一生活其实过得非常艰难，这种艰难主要来源于两个方面——无法独立和没有盼头。由于从小到大都没有住宿经验，初来大学时我真的非常不适应：经常想家、间歇性失眠。虽然才刚开学，但我早早开始寒假倒计时，盼望着回家的那一天能够快快到来。上了大学之后，我发现自己好像失去了前进的方向，没有了盼头。高中时目标清晰，一切努力都是为了高考，但上了大学后，虽然我也很努力，却不知道是为了什么：我不知道将来自己要做什么工作，成为什么样的人，过什么样的生活……这样的焦虑一直贯穿我的大一上学期。

除了生涯角色，职业生涯、职业、职位、工作等概念也很容易混淆，下面统一说明。

职业（occupation）是指不同行业和组织中存在的一组类似的职位。例如，教师是一种职业，在幼儿园、小学、初中、高中、大学及培训机构中大量存在。

职位（position）是指组织中个人所从事的一组任务，是由重复发生或持续进行的任务构成的工作单元。这里的任务是有起点和终点的工作行为单位。人们找工作实际上是申请某个职位；一个人一生中可能会在同一机构从事同一职业，但往往会在许多不同的职位上工作。

与生涯定义中提及的“工作”不同，现实生活中的工作（job）通常是指具备某些相似特征的人从事的带薪职位。一份工作可能包含一个或一组相似的带薪职位，一个人一生中可以从事许多不同的工作。目前，世界各地普遍实行每周 40 小时工作制。工作由人来完成，以任务、结果和组织为中心。

进行人生选择时，生涯对每个人来说都是独一无二的，它甚至可以不包括职业活动。也就是说，生涯是我们所生活、经历并置身于其发展过程中的一切。所有人，包括刚进入大学的学生，一出生就已经身处生涯之中。大学生进行职业生涯规划，不仅仅是为了找工作，更是为了帮助自己寻找最适合的生活方式；找工作只是生涯规划中的一环，是实现我们向往的生活方式的手段。在开始找工作之前，大学生需要先了解很多内容，尤其是自身特质与心仪职业之间的关联。

1.2　大学阶段与个人职业生涯发展

1.2.1　职业生涯发展理论的起源

由于人们一出生就身处生涯之中，因此大学开设生涯规划课已经有所滞后。

1909 年，弗兰克·帕森斯（Frank Parsons）的遗作《选择一项职业》在美国出版，书中提出了人们在正确选择职业时应遵循的人职匹配论（person-vocation theory），这已成为职业选择和职业指导的经典理论。100 多年来，得益于多位心理学家、社会学家、就业指导专家的研究与应用，形成了一系列职业生涯规划与发展的理论与方法。

1953 年，舒伯提出了（职业）生涯的概念，即一个人一生中经历的与职业相关的经验过程，将一个人的职业生涯延展为自出生到离世的全生命过程，由此产生了职业生涯规划（career development planning，又译为生涯规划）这一概念，它与帕森斯最初提出的职业规划（occupation planning）有所不同。随着相关理论的完善，西方一些国家开始在中小学校乃至大学开展生涯教育。1973 年，美国联邦教育总署大力推行以生涯发展理论为基础的教育理念，引导青年学生从推崇“升学主义”转向注重个人生计与未来发展，开始推行“从幼儿园到大学阶段的融入式”职业生涯教育。中小学校通过课程、讲座、访谈等方式引导学生对职业进行探索，了解自己感兴趣及适合的职业方向，高中生以此作为选择大学及专业的重要依据。大学生则以未来职业发展目标为导向确定专业选择和就业目标，通过学习及参加各项实践活动提升素质与培养能力。

1.2.2 大、中学生的生涯发展阶段及生涯角色分析

在我国，由于长期存在的城乡差异、各地经济发展不平衡、教育资源分配不均等现实问题，广大农村地区及偏远省份、小城镇的中学生仍普遍寄希望于通过高考这座“独木桥”完成“鲤鱼跃龙门”，以改变自己及家族的命运，甚至以“只要不学死，就往死里学”为誓言，将考上大学视为唯一要务。在这种情况下，考上理想的大学几乎是绝大多数高中生的梦想，高中生的生涯角色几乎聚焦于“学生”这一角色。可是，当梦想成为现实、高中生成为大学生后，不少同学都有类似的感慨。

……熬过了艰苦的军训，正式开始了盼望已久的大学生活。然而没过几天，我却发现，这不是我想象中的天堂，也不是老师口中描述的那样，而是一个突如其来、令我始料不及的炼狱。

各种学生组织和社团、繁杂的生活琐事、晦涩的专业知识让我的生活变得一团糟。每天忙忙碌碌，却找不到任何动力与兴趣，对自己的未来感到迷茫。我没有做过规划，没想过自己想干什么，没想过自己要得到什么，没想过自己适合什么……

大学生活与中学生活有哪些不同呢？

首先，很多大学生觉得自己“没人管”了。在高中阶段，不少住校学生的作息时间从早上 6 点到晚上 11 点都被安排得满满的，周末仅休息一天甚至半天；他们时刻处于班主任及任课老师的监督之下。进入大学后，几乎每天都有课余时间，周六、周日基本上不会排课。大学生拥有了更多的自由，这同时意味着需要承担更大的责任；大学生可以支配的时间和金钱比高中时大大增加，这就要求大家对时间和金钱的使用更有规划。

大学基本上是分专业学习，而在高考填报志愿时，大部分学生对专业并不是很了解，进入大学后可能会发现自己并不太喜欢所选的专业！大学的教学节奏与中学很不一样，

课程设置要求大学生更多地投入社会实践、学生会工作、志愿者工作及与专业相关的实践活动。

北航可靠性工程学院2020级本科生陈尉珂同学在大四回顾自己大一入学不久的状态时写道：

航空航天大类本科专业不是我一贯的研究方向。因而对于专业分流，我起初并没有明确的方向，甚至详细了解过转专业政策、考虑过降级转专业。大一的课程由于选修课选得较多，安排得令人窒息。几乎全满的课程以及高难度的跨度，让初入大学的我不得不全力适应课堂节奏。除了数学与物理等数理基础课，考验绘图能力的工图课程和难度梯度极高的航类C语言课程更是让我叫苦不迭。

大学的课堂更大了，阶梯教室可容纳几百人，老师不会关注到坐在后排走神的学生，这就需要学生进行自我管理，依靠自身的约束力保持对学习的投入。

学生得到老师的反馈比高中时少多了，一学期可能只与班主任见几次，班主任对学生鲜有硬性的严格要求；学生需要根据个人情况去了解不同活动的流程和毕业要求。

课堂测验减少了，很多课程甚至没有期中考试。但教师会推荐不同版本的教材及补充阅读材料，要求学生完成更多高质量的作业。

班级和宿舍的学生来自天南地北、城镇乡村，彼此的想法可能差异较大，且在兴趣、生活习惯、文化背景、价值观等方面与自己有诸多不同，因此要学会包容，尊重差异。

大学学习强调批判性与逻辑性思维；除了课程学习，大学期间，大学生要经常接触新想法，并学会批判性地看待这些想法。

大部分学生在进入大学后，跨入了法律意义上的“成年人”行列，故承担了更多的公民角色。

进入大学校园，远离了父母及家人的呵护与管束，任课教师和班主任不像高中老师那样严格要求，大学生开始有了“继续努力学习”与“混学分”的双重选择。同时，由于大学评价体系指标的多元化，考试成绩不再是唯一的指挥棒；大学生可以凭借在科研活动、文体活动、社会活动及人际交往中的出色表现，获得老师和同学的肯定。此外，通过参与丰富多彩的活动，可以全面展示和提升个人的素质与能力，为顺利进入社会与职场打下良好的基础。北航高等理工学院 2019 级本科生卢恒润同学回顾自己大一入学不久的状态时写道：

在大学，最直观的感受莫过于生活的变化。在大学里，没有高中的宿管阿姨每天吹着哨子喊你、催你起床跑操；没有生活委员每天进入你的宿舍让你清理垃圾；更没有班主任的突击检查，来查看你是否在宿舍偷吃小零食。实际上，大学的宿舍就是你的另一个家，你可以在里面自由地生活；但是对于自己的家，你也应该更加爱护才对。每日与室友清理垃圾，保持宿舍安静，都是你对于宿舍的义务。

大学生可以享有更多的资源，不再像中小学时期那样局限于自己所在的学校。进入名校的大学生可以享有优质的师资、先进的教学设施和实验设备，以及丰富的校友资源。由于大学的开放性，其他学校的大学生在很大程度上也可以分享这些资源：从聆听名校名师的课程及讲座，到在这些学校举办的名企招聘宣讲会上投递简历；各大学也通过开设校际选修课、图书资料跨校共享等方式，为同一城市的大学生提供学习便利。随着互联网的普及与发展，即使考入了普通大学，通过慕课（Massive Open Online Courses-MOOC，大规模开放在线课程）等网络教学课堂，大学生也能够获得与世界同步的丰富信息资源。然而，如果缺乏自觉性和主动性，这些资源的作用将大打折扣。

进入大学后，大学生将接受新的教学理念与教学方法。大学教师会充分发挥自己的专业特长，为大学生打开更广阔的视野，提供更广泛的知识。同时，互联网技术的普及使得翻转课堂（flipped classroom，指重新调整课堂内外的时间，将学习的主动权从教师转移给学生）等新的教学形式成为可能。教师也会减少在课堂上讲授课程内容的时间，以便有更多时间与学生进行交流。大学生需要在课前完成自主学习，比如观看课程视频、阅读电子教材、在网络上与其他同学讨论、查阅相关资料等。

北航电子信息工程学院 2022 级王欣雨同学大一学年结束后写道：

就我自己而言，大一上学期的“工科数学分析”一上来就让我学得非常痛苦，想到考试可能得到不堪的分数，难免让人有些焦虑。但是，或许是当时身边的学长学姐太过优秀，大家都是“考前刷刷往年题轻松 90+”的大佬，于是让我有了“别人行我也行”的错觉，并没有及时重视起学业上遇到的问题；再加上不同于高中所有时间都用来学习的生活方式，面对大学生活中繁杂的事务，我一时间觉得手忙脚乱，花在学习上的时间也就非常有限了，想着“考前再学也来得及”。结果“工科数学分析”期中考“喜提”一个堪堪及格的分数，对我来说简直是当头棒喝。面对可能大一上学期就挂一门 6 学分的重要科目的危机，我最终花了很多的精力在研究如何学习，并付诸实践。经过不断的尝试和调整，我逐渐适应了大学生活的节奏，让“工科数学分析”成为我所有科目里分数最高的一个。

卢恒润同学总结道：“总之，在刚刚进入大学时，很可能会不适应大学的学习生活节奏；但是，进入一个新环境，适应新环境是必须经历的过程。进入大学后，切忌过度娱乐与放松，在放松的同时也要兼顾学业，尽快适应大学的学习生活节奏。”

1.2.3 上大学的目的

分析了大学与中学的不同后，要请同学们回答一个问题：“你为什么上大学？”

自 1999 年以来，我国高等院校持续扩招，大学教育逐渐从“精英教育”转变为“大众教育”。截至 2021 年，我国高等教育毛入学率已提高至 57.8%，有些省份甚至高达 90%。全国接受高等教育的人口达 2.4 亿，高等教育进入了世界公认的普及化阶段。可对于“为什么上大学”这个问题，并非人人都清楚。正在阅读本书的你，之前认真地考虑过这个问题吗？

在中学的应试教育中，大学常常被描绘成学习的终点。“上高中时，学习非常紧张，作业特别多，几乎每天都要忙到半夜 11 点多才能休息；老师和家长经常鼓励我们说，一定要坚持啊，考上大学就轻松了。”一位大一同学的说法很有代表性。

一位大二的学生感慨：“转眼间，又是一年高考时，又有一群孩子以为他们脱离了苦海，殊不知他们脱离的是‘天堂’。”

大学拥有相对宽松的学习环境，其教学方式与高中阶段有较大差异。北京师范大学心理学学院院长许燕教授指出，大学新生通常不了解高等教育与基础教育在学习方式上有着本质的区别，入校后可能出现诸多不适应。

首先，对大学学习方式的不了解。形象地说，基础教育阶段的学生是“被老师抱着走”，教学是满堂灌，学习方式更多的是记、背、考。而大学强调学习动机和主动性，老师只是对难点、重点、国际前沿和实践应用等进行引导，不再照本宣科，课堂教学中有60%的内容是课本之外的知识。

其次，大学教育并不是等待老师提供答案，而是更注重对思维能力的培养，包括用批判性的眼光、创新性的思维去汲取知识，去发现尚需解答的未知。这才是大学培养人才的真谛。由于在小学、中学阶段，许多学生将上大学作为学习目标，进入大学后自然会出现学习目标模糊的现象。

一位“双一流”高校的理工科女生在大一学期末的深夜发了这样一条朋友圈：“下午写完数学分析试卷后，有那么一瞬间觉得自己快要站不稳了……”并附了两张图片，图片上的内容如下。

听过一句话：“当你的心里开始有不会与别人分享的秘密时，你就长大了。”以前我还不是太懂这句话的意思；而现在，我怀念自己还不懂这句话的时候。

今天考完了数分原理选讲的期中考试。很明显，是一次非常不如意的考试，自我检讨了一番，确实是自己之前在时间管理上没做好，积弊大概就是这样：积累于平时，爆发在考试吧。很对不起（任课教师）马老师，更对不起自己来时的承诺。但我能感受到自己考完时的那种坦然与释然，我不得不承认，考期终于结束了，我真的有种发自内心的那种如释重负感：所有的学习过程、复习过程、考试过程，都是自己全程参与的，发挥的是我真实的水平，反映的是我真实的学习状态，至少我真正地做到了为自己的行为负责吧。没关系，期末还有场考试，希望可以把之前遗落的知识捡起来，重新出发。结果如何，其实影响因素有很多，不完全由我；而唯有努力的过程，是我可以完完全全掌握在自己手中的。

……

希望自己的心可以更纯粹一些，更简单一些。“放弃不切实际的想法，才有可能更好地出发。”亦人亦事亦物。

几小时后，点赞者无数。有学生留言：“当我一字不落地读完时，真的感到自己所处的困境与你一样。或许这就是大一的迷茫和不适应吧。我已经被折磨很久了，我们所要做的就是摆脱这些负面影响。”

“不好好学习就考不上好大学，考不上好大学就找不到好工作。”我们都是通过应试教育选拔上来的，这句话大家应该都不陌生。我不否认好好学习的重要性，但是后一句话真的成立吗？如果成立，什么叫好工作？工资高、待遇好吗？未来的职业对我而言是一件看上去很遥远的事情，但又在步步逼近，成为一个无法忽视的问题。

我承认进入大学以来一直都很迷茫，要学着自己去应付生活上、学业上、交际上的一些问题。当这些曾被父母包办的事情一股脑儿交给我来办的时候，的确有些手足无措。

但更大的问题是我对未来的不确定，而这种不确定感在大学被无限放大。学校今年实行改革，尝试引进书院制办学，这意味着我的专业还未确定，未来对我而言就更模糊。

大学，尤其是知名的“双一流”大学，可谓学霸云集，能够保持学习成绩优势的学生可谓凤毛麟角。这使得一些在中学时期深受“唯成绩论”影响的学生在进入大学后，因失去学习成绩的绝对优势而感到惊慌，甚至失去自信。尤其是那些来自乡镇地区的学生，他们在中小学阶段往往没有机会发展文体方面的特长，一心只读书，进入大学后会感到自己一无是处。

由于没有提早规划，一些学生在大三的时候才意识到问题的严重性；大学生活已然过半，他们错过了不少培养能力、提升素质的机会。于是，考研成了不少大三学生补救前两年努力不足的救命稻草；殊不知，这是对就业难的一种逃避。一些并不适合考研的学生因此错失了大三暑期的实习，加大了自己毕业前找工作的难度。

“听说考研的成功率只有 30%，所以还是要两手抓：找工作的事情不能完全不管，重要的校园招聘会还是要去碰碰运气。可惜现在才明白：两手抓，很难做到两手都硬；找工作肯定会对复习有影响。最后离复试线还差 10 多分呢！可接下来也没什么好的工作机会了。”一位即将毕业的大四学生对自己当初的选择感到很遗憾。

以上内容可能会让满怀期待进入大学的新生感到失望：大学就是这样的吗？寒窗苦读多年的结果竟是这么糟糕吗？

当然不是。每年 7 月，总有一大批朝气蓬勃的年轻人拿着自己满意、令他人羡慕的offer，从大学校园走向社会。一些学生获得了高考时擦肩而过的理想大学，甚至是国际知名大学的硕士录取通知书，开始新的学习生涯。回首大学生活，他们也许会有遗憾，但更庆幸自己度过了一段难忘的学生时光，走向成熟。

为什么他们做到了，而有些学生却“毕业即失业”呢？这就要回到本节开头提到的问题：你为什么上大学？

如果你的回答仅仅是“摆脱高考的压力，从此不用再忍受班主任的管束和父母的唠叨”，那么进入大学后，你很可能会手足无措，甚至因过于放松、沉迷于网络游戏而荒废学业。

如果你认为大学是高中的延续，仍将书本学习视为唯一重要的活动，你很可能会因为全身心地投入学习却得不到高分而感到失望。

如果你认为在大学里成绩并不重要，而社交能力和文体特长很重要，那么你可能会陷入另一个误区，甚至开始对自己的能力产生怀疑。

关于这个问题的更多答案，请看下面的内容：

- 我重视教育，希望自己成为一个受过大学教育的人。
- 我希望利用大学的专业优势，为将来成为自己感兴趣领域的专家打下坚实基础。
- 我希望毕业时能找到一份好工作，以自身所学服务社会，实现个人价值。
- 我希望不断学习新理念和新技能，迅速成长。
- 我希望不再过于依赖家人，变得更加独立。
- 我希望结交更多的新朋友。
- 我希望有新的体验与经历。
- 我希望将来在社会上找到最适合发挥自己能力的位置/职位。

以上内容，你是否认真思考过？如果还没有，请用一周的业余时间认真思考，找出其中你最认可的三项作为大学四年的目标。这些目标将有助于你更好地安排大学生活。

本章导入案例中的林森同学，在阅读完咨询师推荐的公众号推文后，有了以下认识。

林森：读完老师推荐的几篇推文，我明白了：大学最重要的一点，也是区别于中学的最大的一点在于更加注重的不是学习的结果，而是学习的过程，就是学会学习。这对未来人生的各个阶段都是至关重要的。这样的人是有目标、有主见的，这是成熟人格的关键。老师的教学方式也更加倾向于引导学生去学习，通过自己的思维去理解课程内容。毕竟每个人的思维方式不同，因此也要形成适合自己的学习方式。这种学习方式不仅在学习艰深的数理知识中发挥作用，更在之后的科学研究和工作当中影响巨大。

于我自身来说，在之前很长一段时间中失去了学习的状态和前进的目标，是时候做出一些改变了！由于自身自制力不足，所以需要实质的规则约束来做到自律高效地学习，决定尝试写下一些硬性的规定，如学习时间、娱乐时间和睡眠时间等时间段的规定，尤其是周末的空闲时间。但目前仍然比较担心无法长久实施，希望老师能够给一些可持续的建议。

咨询师：林森，你目前有了这样的认识，是非常好的开端！

根据这些年来咨询的学生的情况，进入大学后学习动力不足的原因主要有三类：

（1）中学阶段基本上是家长陪读、脑子里就想着“考上大学就自由了”，进入大学后，除了上课，基本上沉溺游戏或网络小说之类的娱乐，算是网络成瘾的一类，得靠心理治疗师的帮助才能好转。这一类在咱们学校中非常少，但每一级都有。

（2）不了解大学的学习特点，还按照中学的学习方法学习，并且业余时间打游戏或娱乐比较多，再加上大学课程难度骤增，成绩总是不尽如人意。

（3）一进大学全力学习一学期，发现成绩不足以保研，大一下学期就开始玩儿了。他们认为，“反正保不了研，考研要到大三才开始准备，先玩儿一年半再说”。

你看看你属于哪一类呢？

林森：老师，我觉得第二种比较像我现在的状态，有什么好的方法吗？

咨询师：改变对大学学习的认识——其实你已经有体会了，同时在行动上要有实质的改进。比较常用的办法：找喜欢上自习的同学一起约课学习；目前在家期间，给自己制定一些小目标：如本周学习时间增加 7 小时（每天增加 1 小时），玩游戏的时间减少三分之一。万一觉得自己做不到少打游戏，可以“物理隔离”：就是在规定时间内不去碰电脑或手机。虽然每个人情况不一样，不过，只要你下决心改变，总能想出办法来。自己要真正想明白一点：你的过去决定了你的现在，你的现在决定了你的未来。

1.2.4 规划职业生涯，达成大学学习目标

大学阶段，学习成绩优异者、科研能力出色者、社会活动能力突出者、实际操作能力特强者、有文体特长者都会成为被关注的对象。即使是没有特长、成绩一般者，认真踏实的做事态度也是被认可的，这往往是用人单位非常看重的员工素质，也是很多 00 后员工所缺乏的。拥有这些品质，将来可能会成为职场中受欢迎的员工。因此，进入大学

后，大学生应尽快明确自己的学习目标，学会全面评价自己和周围的人。

绝大部分学生是凭借优异的高考成绩进入大学的。然而四年后，大多数直接进入职场的毕业生并非仅凭优秀的成绩单就能拿到工作机会。用人单位看重的是毕业生的强烈进取心、认真的工作态度、出众的学习能力与实践能力、良好的职场礼仪与人际沟通能力等。大学期间，学习成绩固然重要，但仅仅依靠学好书本上的理论知识，获得一张毕业证书，是无法保证大学生获得一份满意工作的。

北航数学学院王姝钦同学大二时是这样认识职业生涯规划的：

其实在很小的时候，我就开始考虑未来想做什么。大人们不厌其烦地问："你以后想要当什么呀？"听到的总是那几个职业：医生、老师、科学家、宇航员……但我的回答总是会让他们尴尬："不知道。"我知道的职业有限，而我对它们都不感兴趣，又很难撒谎，这种状态持续了十几年；在我走进大学后，依旧如此。其间，我也考虑过一些职业，但现在想想实在是幼稚，比如想当一个电子竞技的职业选手，不过是因为自己喜欢玩游戏罢了，像我这样懒惰又没有很高的天赋的人是不可能在这条路上走下去的。

之前无论做什么事我都不去制订计划，也不会给自己一个明确的目标，几乎都是随心所欲。上了大学之后也是这样，我还是觉得顺其自然就好了，总不会被逼到绝路。后来，慢慢地接触到更多的人，不断加入不同的组织尝试了不同的职务，我才意识到并不是所有的事都可以顺其自然，对未来职业的规划更是这样，越早地知道自己想要做什么，什么工作适合自己的性格，就能越早地知道自己还欠缺什么，需要向什么方向努力。一年半的时间里，我尝试过做领导者、策划者、管理者、执行者等，也为了挣钱尝试过做家教、做美工。这些经历让我一点一点地了解到，哪些角色我担任不好，不适合我，哪些角色我很喜欢而且能完成得很好。

大一下半年，通过职业生涯规划八次课的学习，我深刻了解到生涯规划的重要性：它关乎着我们未来的幸福生活。的确，像我过去所想，不去规划也总是会有生活可以过的，但幸福积极地过是一生，迷茫失落地过也是一生。所以我真正地下定决心开始我自己的职业生涯规划；当我真正地思考时，才发现并不是之前所想的那么简单。

职业生涯规划不仅仅需要找到自己喜欢从事什么，觉得从事什么更适合自己，更需要客观地了解到自己的人格类型、职业兴趣是怎样的，从而找到适合自己的职业目标。因为有时自己所"认为的"并不一定是真实的，若是与真实的人格和兴趣是截然相反的，即使最后从事了这份工作，也难以获得自己所预想的那份快乐，这一部分就可以通过MBTI 与霍兰德测试来确定。进行 MBTI 测试之前，我一直觉得自己是一个外向的人，但自我认知的结果却是内倾，更喜欢安静地独处，霍兰德测试也有类似感受。因此进行规划时，主观与客观的因素都是要着重考虑的。

我是一个幸运的人，在对职业生涯规划一无所知时选择了数学专业，即使谈不上有多么热爱，还是愿意去感受数学的魅力；了解了生涯规划之后，经过一点点的探索，终于找到了适合自己而且很喜欢的职业方向，正好还与我的专业相关。这让我想到了游戏《蜡烛人》中的场景：在一片黑暗中突然将自己点亮，照亮的是前路，更是世界。

"朽木生花、白骨生肌"用来形容我对职业生涯规划的思考变化再合适不过了。从最开始的不重视、无所谓的态度，到深入了解后努力去探索制定属于自己的发展规划，并为其而努力奋斗，就好像获得新生一般，找到了自己想走的路，找到了方向。

最后希望每一个在迷茫中挣扎的人都可以找到属于自己的光。

近年来，“大学文凭不断贬值”“名校光环已逐渐褪去”的话题愈演愈烈。2021 年，深圳市各区街道办事处录用选调生的公示名单中，近七成是名校毕业生；2022 年，温州中学新招聘的 11 名教师中，有 7 人来自清华大学和北京大学，名校毕业生向二、三线城市中学扩散。在北京市朝阳区公布的“2022 年公考拟录用人员名单”中，211 高校的博士、英国曼彻斯特大学的硕士等名校高学历毕业生被“城管监察岗”“城市管理执法岗”或“城管队员”等职位录用。

与此形成鲜明对比的是，2022 年 5 月 24 日教育部介绍职业教育发展情况的新闻发布会上，邢小颖老师进行了远程连线。2011 年，邢小颖考入陕西工业职业技术学院，因为“听说材料专业的毕业生很抢手”，选择了材料成型与控制技术专业。在校三年，她待得最多的地方就是实训基地。每次实训课，她都是第一个到，提前做好准备，课上一箱接一箱，拆了练、练了拆。2014 年，小颖以专业综合排名第一的成绩被推荐到清华大学基础工业训练中心任教。和她一样毕业于陕西工业职业技术学院并在清华大学任职的前后共有五批 13 人。在职业院校学习期间，超过总学时一半的实训课让他们掌握了扎实的专业技能，这成为他们能够在清华大学为本科生讲授实践课的根本原因。2015 年，小颖报考了中国地质大学的专升本，2017 年顺利拿到学士学位。工作之余，她开展专业领域的研究、发表论文、申请专利，2021 年获评工程师职称。一位职校毕业生，不断提升自己，最终站稳了我国最高学府的讲台。

大学与中学最大的不同是终点不同：大部分中学生的生涯下一站是大学，他们将继续保持全日制学生的身份，不必为生计发愁；而大学生的生涯下一站是社会，他们要为离开校园后的自己负责，并为找到心仪的工作而努力。

另一个很大的不同是：大学提供了更加开放的学习平台。首先，大学的课程表比高中阶段更具灵活性：不会从早到晚将时间填满，还有一定比例的选修课供学生根据兴趣及需求选择。其次，班主任及任课教师不像中学教师那样事无巨细地管理，人家有选择适合自己的学习方式的自由。此外，得益于课程及教学管理的灵活性，很多大学生都有机会跨校进行听课学习，甚至可以去自己心仪而未能考入的名校听自己崇敬的名师讲课。毕业前，跨校求职更是为毕业生找工作增添了无数机遇。

北航生物医学工程学院王静宜同学研一上了职业生涯规划课后是这么认识的：

（学了这门课，）认识到社会上并不存在绝对的最好的工作选择；每个人在求职前都应该有一个全面的思考和规划，认清对自己而言最重要的因素是什么。我在阅读和思考老师所给案例的过程中，进一步地认识了自己的人格类型、职业兴趣和生涯价值观。当我在完成描述理想工作的课程作业的时候，我恍然意识到，自己每天在接受着外界繁杂的信息、聆听着四面八方的声音，却早已忘记了停下来想想自己想要的究竟是什么。我甚至都不敢想，当抛却专业和性别等客观因素的限制、当抛却自己对自己的否定和不自信，我在期待着成为一个什么样的人。仿佛时隔了很久很久，我又开始和那个真实的独一无二的自己对话了。

最后一堂课，老师系统地介绍了简历制作方法及求职技巧，让我们知道：应届生求职是在向用人单位说明自己过去的时间都用在了哪里，不管你是在专心科研还是实习，把每一件事认真做好并及时复盘，总能体现出自己的价值和能力。这也让担忧自己无法兼顾实习和科研的我不再那么焦虑，开始沉下心来用心做好每一件事。除此以外，找工作过程中的主观能动性非常重要，要尽早收集信息，积极主动去听宣讲会，多与前辈们沟通交流，以一种开放的态度对待每一种可能性。

如果要以一句话总结这六节课带给我的收获，那就是：让原本焦虑的我可以更加坦然地继续向前了。职业生涯的发展是个长期探索的过程，是动态的，而非固化的，第一份工作更不是终点。不要害怕犯错，更不用担心走错了路，所有的选择和尝试都是在一点点靠近自己最想去的地方。只有在行动中不断验证自己的规划，调整目标，才能帮助我们逐渐提升能力，达成理想人生。

大学为学生全面提升自我、发展能力提供了广阔的平台，是“丑小鸭变天鹅”的最佳天地，也是个人生涯发展的关键时期。正如一位上完职业生涯规划课的大二学生总结道：“考上大学后，同学们瞬间摆脱了由社会、父母和老师事先规划好的生活，开始了自己独立的生活。然而，大多数人在纷繁复杂的大学生活中迷失了自己，缺乏目标，对未来充满迷茫，不知道该做什么，浑浑噩噩地虚度时光。殊不知，规划好自己的生活，绘制一张美好的蓝图，盯紧一个坚定而远大的目标，恰恰是成功的关键。如果你连要去哪里都不知道，又怎么能到达那里呢？”

1.3　职业生涯如何规划

职业生涯与每个人的成长相伴，不断发展。生涯发展（career development）是指那些共同塑造个体职业生涯的经济、社会、生理、心理、教育以及机遇等因素的总和。一个人的职业生涯受到个性、体能、特质、心理健康、所处社会阶层、团队关系、资金与财务资源、受教育水平和经历及机遇等多种因素的影响。所有这些内部与外部的因素结合起来，共同影响人们生涯道路的展开方式。生涯规划是指个人以上述各种理论为依据，对自己的人格特征、职业兴趣、工作价值观、素质能力等进行综合分析与权衡，结合所处时代的社会、政治、经济发展等特点及个人所需扮演的社会角色，与某类（自己选择的）专业/行业及某些组织（工作单位）相结合，确定其最佳的职业生涯目标，并为实现这一目标做出行之有效的安排。

舒伯提出从人们的自我概念、所处年龄段和生活角色来看待生涯规划。因此，生涯规划不仅仅是选择一个大学专业、一种职业或一个工作地点，还包括对自身及在生活中扮演的所有角色的彻底剖析。

美国心理学家霍兰德（L. Holland）提出了一种被称为“类型学”的 RIASEC 职业兴趣理论，这一理论指出人格类型与工作环境类型的匹配关系。该理论被广泛应用于研究各种社会、工作环境，包括职业、职位、组织、学校和人际关系。

1991 年，彼得森（G. Peterson）、桑普森（J. Sampson）与里尔登（R. Reardon）共同提出了一种思考职业生涯发展的新思路，即认知信息加工（cognitive information processing,

CIP）理论。CIP 理论基于以下假设：

（1）生涯选择以人们的思考与感受为基础；

（2）进行生涯选择是一种问题解决活动；

（3）作为生涯问题解决者，人们的能力以其所知及其如何思考为基础；

（4）生涯决策需要良好的记忆；

（5）生涯决策需要动机/动力；

（6）生涯发展是持续进行的，是人们毕生学习与成长的一部分；

（7）人们的生涯在很大程度上取决于其思维的内容与方式；

（8）生涯质量取决于人们对生涯决策和生涯问题解决方案的了解程度。

根据 CIP 理论，生涯规划的整个过程可以用信息加工金字塔（见图 1-3）来呈现。

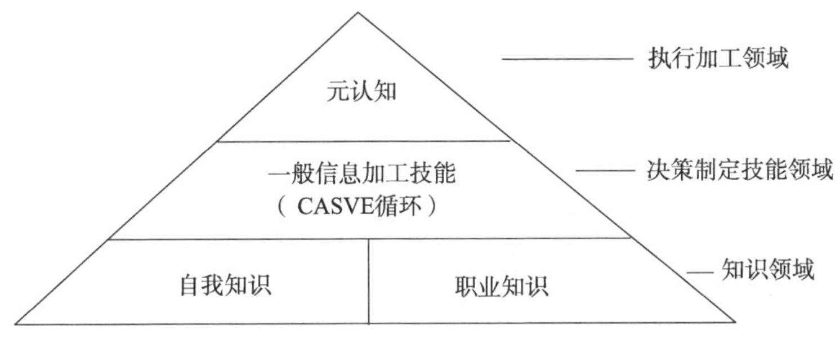

图 1-3　信息加工金字塔

金字塔底部的知识领域可以比作计算机存储器中的数据文件；各种信息以图式或动态信息的方式存储，使人们能够在生涯问题解决与决策中对信息进行处理和加工。比如，在职业知识领域，如果对工程师这一职业有更多了解，就能开发出更加完善、更加详细的关于工程师的任务、技能、兴趣等的图式。同样，在自我知识领域，如果做过职业兴趣测验，就会对自己的兴趣倾向有更清楚的了解。

决策制定技能领域用于指导人们如何进行决策，具体包括进行科学决策的五个阶段（见图 1-4）。这个环节可以比作用于进行数据处理的计算机程序。

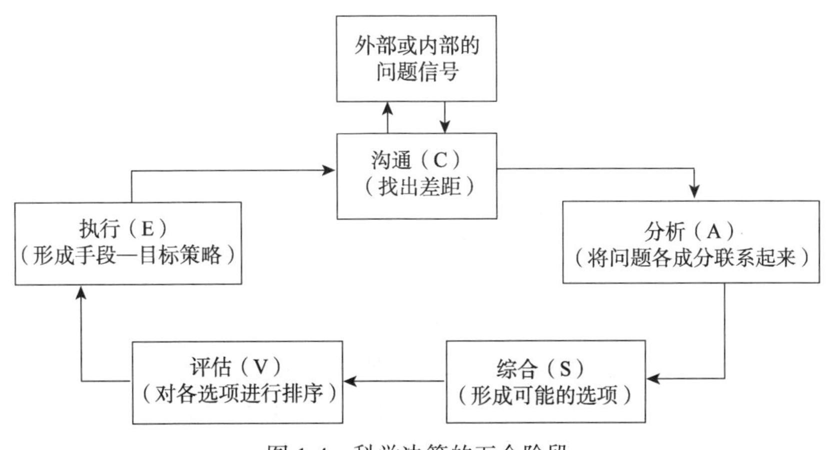

图 1-4　科学决策的五个阶段

CASVE 循环包括沟通（communication）、分析（analysis）、综合（synthesis）、评估（valuing）、执行（execution）五个阶段。

沟通阶段是决策的开始，是指个人发现职业理想与现实之间存在差距，意识到“我需要做出一个选择”。许多大一学生在接触生涯规划之前，认为上了大学只要好好学习、认真读书就可以了，觉得找工作是很遥远的事情。了解到生涯规划不仅与就业及创业相关，还涉及自己多个人生角色的安排，意识到要对大学生活进行整体规划、及早开始职场准备，于是开始思考生涯的目标与意义、自己朝哪个方向发展等问题；进一步细化问题、明确问题后，便完成了沟通阶段的任务。

在分析阶段，决策者需要对理想与现实之间的差距进行分析，并将问题的各个部分联系起来，对现状进行评估，对所有的信息进行分析，了解自己可能做出的选择，其中还包括确认所要做出的决策——决策的性质、具体的目标、决策的标准等。

不少人将目标与达到目标的手段相混淆，比如为了学历及毕业证书而读书。然而，提高学历、获取毕业证书只是提升工作技能的过程，而非职业发展的最终目标。事实上，决策过程中最容易出现问题的是分析阶段。许多人倾向于用简单化的方式得出结论，直接采取行动，比如在没有考虑出国留学或考研的目的时就开始盲目行动。这样的决策未能真正弄清问题的关键，也未能收集充足的信息，往往不能得到很好的执行。

在综合阶段，要综合、加工上一阶段提供的信息，从而制订消除差距的行动方案。其核心任务是确定“我可以做什么来解决问题”。在这个过程中，首先要扩展消除差距的各种选择，尽可能多地找到消除差距的方法，发散思考每一种方法，甚至采用头脑风暴进行创造性思维；然后要减少有效方法的数量，通常缩减到 3～5 个选项，这是人们头脑中最有效的记忆和工作容量的数目。

分析和综合阶段包括对信息和决策过程的核查，其标准是：差距是否已经消除。

在评估阶段，需要对行动方案进行评估，从而做出一个选择（职业、专业或其他）。此时，优秀的问题解决者会挑选出一个最佳选择，并做出情感上的承诺去实施。若是第一选择由于某些原因未能成功，排在后面的那些选择也可以作为合适的备选方案。

在执行阶段，要实施选择，把思考转化为行动。在此阶段，要将手段与目标相结合，并确定一系列步骤以实现目标。

CASVE 循环是一个不断重复的过程。在执行阶段之后，生涯决策者会回到沟通阶段，以确定所做的选择是否最佳，能否最有效地消除理想与现实之间的差距。CASVE 循环不是单一事件，成功地完成决策过程依赖于每一个阶段的成功。

金字塔的顶端是执行加工领域，负责工作控制功能，指导金字塔第二层的各种程序按顺序运作。例如，你可能会在确定职业及选择进入哪类机构（企事业单位）工作之前，先着手解决所学专业方面的问题；或者你可能先考虑自己喜欢的生活方式（如不喜欢坐班、希望能经常旅行等），再进行职业选择。这些想法将决定人们为实现目标而奋斗的时间与方式，以及解决职业生涯问题的途径，同时帮助人们弄清楚自己何时才能够实现目标。

元认知由三个部分组成：自我觉察、自我对话、自我监督与控制。

成为一个有效的职业决策者意味着“个人能够意识到自己是任务的执行者”。自我觉察是指个人在从事信息加工任务时能意识到自己的感受，意识到哪里出现了问题，哪里需要改进，以便适时进行调控。

自我对话是指能够对自己的决策过程进行评价。积极的自我对话通常表明自己在这个领域是能够胜任工作的、有能力的。积极的自我对话有两点好处：一是产生积极的期待；二是强化积极的行为。消极的自我对话会导致职业决策出现问题，因为它干扰了信息加工的有效性和效率。

同时，良好的问题解决和决策能力包括了解何时前进以及何时停下来收集更多信息，还包括对决策中的强迫性和冲动性进行认真的权衡。强迫性决策会导致穷思竭虑和漫无边际的信息加工。优秀的决策者能够觉察出何时需要更多的信息，以便更好地了解存在的差距及各种选择，他们也能意识到自己准备做出选择和承诺的时间，做到自我监督与控制。

每个人都拥有自己独特的信息加工金字塔。个人信息加工金字塔的特征能够提供关于此人在解决生涯问题及进行生涯决策方面的有效性的信息。你的金字塔是怎样的？是知识领域强大但决策技能薄弱吗？其结构是否会随着你自身和职业方面新知识的增加而发生变化呢？在执行加工领域，你的思维质量如何，是积极的还是消极的？在职业生涯的各个阶段，人们都需要回答类似的问题。由于人们不断接受外界的信息，不断重新认知自我，人们的信息加工金字塔的内在构成也随之不断调整。

总之，CIP 理论是一种帮助人们学会如何解决生涯问题和进行生涯决策的简单而有效的方法。它强调在进行决策时如何定位、存储和使用信息，从而改善生涯发展。本书以此作为制定职业生涯规划的主要理论框架。

1.4　大学生的职业生涯如何规划

了解了职业生涯及生涯规划的内涵，大学生更加关心的是这些概念与自身大学阶段学习、发展的关系。右侧二维码案例，以一位本科四年挂了三科、先后转战三个专业方向，最终跨考法律硕士的 985 高校工科赵春轩同学的分享，分析、说明本科四年开展职业生涯规划时各个阶段面临的主要问题及基本应对思路。赵春轩的经历说明，大学阶段的主动思考与积极行动最重要，即使遭遇专业不合适、挂科等困境，最终也能达成自己的目标。下面分阶段说明开展职业生涯规划的方法与依据。

1.1　案例阅读

1.4.1　开展生涯规划，消解初入大学的迷茫

一位刚上完职业生涯规划课的大一学生写道：“刚进大学，新奇之外就是茫然。首先，现在的专业是被调剂来的，不知道要怎么学；其次，自己对未来的职业规划没考虑过。还有一个问题始终困扰着我——为什么要上大学？”一位大二学生这样总结道：“初入大学的兴奋过后，随之而来的是不知所措，然后是长期深陷的迷茫。前路如何，很少有人告诉你。”一位大四学生在回顾自己的大学生活时写道：“其实刚步入大学殿堂时，除了新奇，我十分迷茫，甚至可以说失去了动力。从高考的压力中解放出来，想得更多的是

放松，而不是朝着未来努力。在这个千变万化、绚烂多彩的世界，有太多东西吸引着我，让我跃跃欲试，有时候时间就在抉择之间悄悄溜走了。到最后，光有一身蛮劲，却不知道该往何处使。”

“迷茫”确实是大学生刚刚进入大学时的普遍感受。度过了最初的迷茫期后，大学生开始结合自身情况认真思考自己未来可能的选择。赵春轩同学进入大学后，并没有明确自己真正喜欢和适合从事的领域，但他没有急于转专业，而是决定用几年时间慢慢摸索，考研时再转换方向。那时，虽然他尚未掌握实际的规划方法，难以立即做出切合自身特点的选择，但对未来的预期在很大程度上消除了刚入大学时的不安与惶恐。而且，他保持积极的行动，包括选修职业生涯规划课。经过不断探索、尝试，他最终重新找到了努力的方向和前进的动力。

这个时代造就了很多风云人物：任正非、施一公、李东、王亚平……青年时代的他们，也都是风华正茂的大学生。他们在大学时代的表现虽各不相同，但具有一个共同的特点：将绝大部分时间花在自己感兴趣且对社会有意义的学习和活动上。大学生活为他们后来在各自领域的成功发展奠定了坚实的基础。

我们能从他们身上学到什么？职业生涯成就是如何炼成的？在此，借用人们熟知的黑箱理论进行分析。

黑箱又称黑匣子，是指那些既不能打开又不能从外部直接观察其内部状态的系统，只能通过信息的输入输出确定其结构和参数。黑箱方法从综合的角度为人们提供了一条认识事物的重要途径，尤其是对某些内部结构比较复杂的系统，以及迄今为止人们尚不能分解的系统，黑箱理论提供的研究方法是非常有效的。

黑箱理论认为，自然界中没有孤立的事物，任何事物之间都是相互联系、相互作用的。即使人们不清楚黑箱的内部结构，仅注意到它对信息刺激做出何种反应，注意到它的输入输出关系，也可以对其进行研究。如果能设计出一个系统，在相同的输入作用下，其输出与所模拟对象的输出相同或相似，即可确认实现了模拟的目标。在此，信息的输入就是一个事物对黑箱施加的影响，信息的输出就是黑箱对其他事物的反作用。

事实上，人们在对信息进行分析和综合时，很少追求结构上的相似性，往往只是关注信息及其行为功能。比如，父母在教育孩子时会说：“你看看人家小明多用功，期末数学考了 100 分；你才考了 80 多分，还天天想着出去玩。”虽然孩子认为自己其实是因为考试时粗心大意而没拿到高分，跟平时出去玩关系不大，但也无法反驳父母。以至于一篇名为“别人家的孩子”的帖子在网上走红，这个孩子从来不玩游戏，不聊 QQ，不喜欢逛街，天天只知道学习。

父母为什么会这样教育孩子？因为人的大脑是一个典型的“黑箱”：人们无法准确判断大脑中的信息处理过程，只能从信息的输入（不玩游戏、不聊 QQ、不喜欢逛街、天天就知道学习等行为）与输出（数学考了 100 分、考上省里最好的中学、让父母感觉很有面子等结果）来判断二者之间的关系。

在大学这一相对自由的时期，大学生可以参加多种活动：学习、参与科研项目、参加学生工作、实习/兼职、锻炼身体、旅游、恋爱、读书等。四年后，毕业生可能具备以下部分或全部用人单位需要的个人素质与能力：专业知识、社会知识、人际交往能力、实践能力、创新能力、外语技能、计算机技能、道德诚信、自信心、责任意识等。

仔细分析，用人单位重点考核衡量的素质与能力其实与大学生在大学期间参与的各种看似毫不相关的活动之间存在着“输入—输出”关系，即学习能够让学生获得专业知识，旅游、实习或兼职可以帮助学生获得社会知识；参加学生工作有助于提升学生自身的人际交往能力；等等。

大学时代要学习的内容很多，学习特点也与中学时代不同，大学生需要掌握新的学习方法，以便更有效地学习。

研究表明，学习方法不同，取得的学习效果是不同的（见图 1-5）。在中小学阶段，学生主要的学习方法是阅读、听讲、观察等，学习效率最多能够达到 50%。进入大学后，学生需要尽快学会通过参与讨论、实践等活动进行更有效的学习。

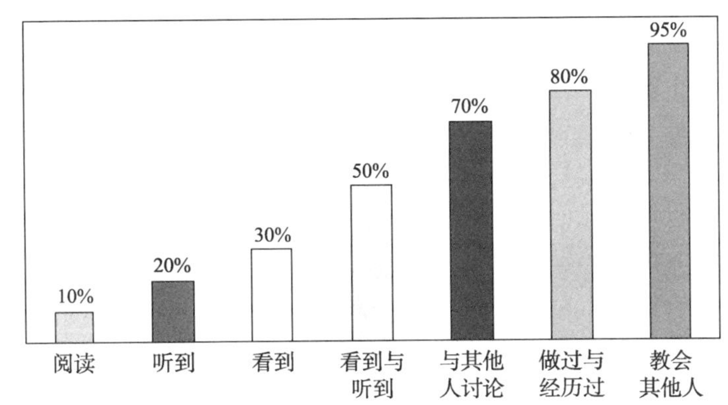

图 1-5　各种学习方法的效果对比

什么样的大学生活最精彩？请同学们由始至终先确定自己希望达到的“输出项”，再反推“输入项”，根据自己的目标进行规划，采取正确的学习方法，以期拥有一个精彩且无遗憾的大学生活。

1.4.2 “以终为始”：通过生涯规划，明确学习目标

再次思考前面提出的问题：你为什么上大学？

如果你是为了享受自己十余年寒窗苦读的成果，那么注定会失望。一张本科文凭，甚至名校的毕业证书，也不能保证你能获得一份令人满意的工作。

如果你重视教育，希望实现“不断学习新理念和新技能，迅速成长”以及“成为一个受过大学教育的人士”的目标，可能需要像中学时代那样刻苦学习，并努力适应大学新的学习特点。

如果你希望利用大学的专业优势，为将来在自己感兴趣的领域成为专家打下良好的基础，就需要及早确认自己的兴趣，了解所感兴趣岗位对从业人员的要求，向专业课教师请教。最好能够在本科阶段参与导师的研究实践，并做好攻读硕士甚至博士学位的准备。

如果你希望“不再过于依赖家人，可以更加独立”，就需要让自己在经济上尽早独立。没有经济上的独立，单纯谈论人格独立是不现实的。不少学生进入大学后发现周围有的

同学“很穷”，甚至靠助学金及贷款维持学习与生活。殊不知，作为独立的社会个体，几乎所有的新学生都是穷人：既然不是靠自己的劳动创造价值、获取收入，接受父母的资助和接受社会的资助又有什么区别？

如果你希望“结交更多的新朋友”以及“获得新的体验与经历”，就不能在大学期间只顾埋头学习，而应多参加一些学生工作。即使是学习，也可以多选修一些其他院系、专业的课程，以结识不同背景、专业的同学、老师及校友。

如果你希望“毕业时找到一份能够实现自身价值的工作”或者“将来在社会上找到最适合发挥自己能力的位置/职位”，那么你需要做的事情就多了：首先，要全面了解自己——性格、兴趣、能力、特长；同时，要了解自身所学与社会发展需求的结合点，以便更好地发挥你的能力与特长。更重要的是，需要了解如何通过努力满足这类职位对求职者的要求，是否需要深造以获得更高的学历？通过何种途径才能让招聘者发现你、认可你？

……

总之，职业生涯规划是在全面了解自己的个性特征并明确职业倾向后，寻找帮助自己实现职业理想的平台，尽快确定毕业后的职业目标，并保持积极行动。

明确自己希望从事的职业方向后，还需考虑如何以最佳方式实现职业目标。大学生应尽早了解目标职业的任职资格，分析具体岗位所要求的素质能力中，哪些属于生理、遗传及早期教育所形成的个性特征，是难以改变或调整的；哪些是可以通过学习、实践培养与提升的。还需了解哪些岗位对学历乃至专业有明确的要求，确定后是否需要进一步深造甚至转专业学习。此外，还有一点也很关键：需要全面了解目标岗位的薪酬待遇、工作环境等相关内容。

近年来，越来越多的大学生希望毕业后从事一份稳定的工作，公务员成为不少大学生的首选职业目标。然而，很多大学生并不清楚，稳定的职业可能对应的是程式化且较为枯燥的工作内容和相对缓慢的职务升迁。2022 年 12 月 14 日，《三联生活周刊》微信公众号的一篇《三十岁，我从公务员岗位上辞职了》的推文迅速获得了 10 万+的阅读量。作者写道：“2017 年我考公务员的那年，国考报名人数为 156 万，报录比为 49：1。今年报名人数超过 250 万，报录比为 60：1。办理离职的过程中，有个刚上大一的学妹来问我，是该准备考公务员还是保研？我很想问她，你究竟喜欢做什么？讨厌做什么？如果两个答案都不知道，最好先别考公务员。回想起来，我的公务员经历就像在 38℃的水里泡澡一样，说不上冷，也说不上暖和。突然跳出来，难免打个激灵。但生活就是一件冷暖自知的事情，我就是那个想忍着哆嗦、找个 45℃的池子泡澡的人。”

有大学生说：“我不打算本科毕业后就工作，要先读研或留学，还需要先做生涯规划吗？”面对这些大学生，需要回答的是：你为什么要读研或留学？这个问题与“为什么读大学”相似。一位同学在生涯规划结课作业中写道：“在这个本科教育已经普及的时代，我和大多数同学一样，进入大学后的主要目标是将来考研或者出国留学，从未想过如果没有考上研究生该怎么办，研究生毕业后要去做什么。”因为大部分大学生理所当然地认为“研究生毕业后肯定能找到好工作”。这当然是没有经过独立思考、实际调查的一种臆断。每年因生涯困惑来找笔者咨询的学生中，在读研究生超过 50%，甚至有人即将毕业才发现自己该做生涯规划。

因此，“为什么读大学”应该是在高考前而非进入大学后就要回答的问题；“读研或留学”也应该是在思考未来职业发展方向后再做的决策，而不是一进入大学就确定的目标，否则四年的大学生活就成了高中的延续。假如学生在高考填报志愿时，由于没有机会认真思考、不能独立做主，或者因为掌握的信息有限而未能自主、理性地选择专业，因此回答不了“为什么上大学”的问题，那么进入大学后就再没有借口回答不了“为什么读研或留学”的问题。无论选择读研还是留学，一定要根据自身的职业倾向，结合自己的职业目标，做出理想的选择，并且仍需遵循前文提到的决策步骤。

北航航空科学与工程学院2023级研究生芦悦煊是这样看待大学生活的：

在开始研究生生涯之前，我曾问自己：“如果大学期间只能做一件事，最重要的应该是什么呢？”在结束了秋季学期的研究生职业生涯规划课程学习之后，我有了答案，那就是“找自己”！

在系统学习了研究生职业生涯规划课程之后，我之前所认为的“找自己”也延伸出了更丰富的内涵，不再仅仅停留在一种朴素的认识。我意识到，一个人对于自身的探索需要包括以下几个方面：自我认知（包括人格类型、职业兴趣、生涯价值观）、专业认知与职业探索、专业选择与生涯决策。我很幸运能够在生涯咨询老师的专业指导下形成系统的认识，并在课堂上结识了很多小伙伴，一起探讨职业生涯规划中的困惑，共同进步。

本书的编写目的是帮助大学生及早掌握科学的规划方法，全面认识自身个性特征与优势，了解外部环境从而合理规划本科及研究生阶段的精彩生活。希望大学生在毕业时能够找到与自己的个性、能力最匹配的职位，为长久的事业发展打下坚实的基础。

1.4.3　开展生涯规划的核心步骤

西方的学者及教育工作者经过百余年的研究与实践，已形成了系统的生涯发展理论与实践方法；我国学者经过多年的反复实践与研究，借鉴西方理念及理论，提出了适合国情、针对当代大学生特点的职业生涯规划方法与步骤。其核心内容包括：

- 生涯唤醒：了解职业生涯规划的重要性及必要性；
- 自我认知：全面深入地了解自己的性格、兴趣、价值观、能力等个性特征；
- 专业/职业/职场探索：有针对性地了解自己大学所学专业与未来可能从事职业的关联性，以及有关职业、职场的各方面信息；
- 职业决策：按照人职匹配原则，结合自身个性特征和期望从事的职业领域，确定目标；
- 规划及行动：根据自己的职业目标规划大学生活并根据规划采取行动。

希望大学生能够参照以上步骤，理解职业生涯的内涵，明确规划的具体内容，尽早确定自己大学时期的学习目标。根据生涯规划的信息加工金字塔模型，科学规划大学生活，反复实践信息加工技能的 CASVE 循环。再根据自身特质确定生涯发展目标，并通过持续有效的行动来缩小理想与现实之间的差距，度过充实而有意义的本科学习时期，毕业时获得满意的工作机会，逐步实现自己的人生理想。

1.5 研究生的职业生涯规划

1.2 案例阅读

近年来，越来越多的“双一流”高校本科生在收到本科录取通知书时，就将“读研”视为默认选项。不少学生认为职业生涯规划不属于自己在本科学习期间需要考虑的问题。在进入研究生学习后，甚至在硕士毕业找工作时，才意识到自己确实需要进行职业生涯规划。

1.5.1 攻读研究生的原因分析

笔者曾经邀请近 50 位在读研究生分享自己的读研理由，汇总后发现可以归为以下 10 类：①“天经地义”（家庭期待）；②“理所当然”，因为（听说）“本科生不好就业”；③对本科专业不满意，通过考研换专业；④对本科学校不满意，通过考研提升“学历档次”；⑤通过读研获得更加高深的知识、更多的思考方式与处理信息的能力；⑥对科研有兴趣；⑦通过读研确定自己是否适合做学术研究，提供更多职业选择的机会；⑧通过研究性学习，获得更广泛的人脉关系；⑨“逃避就业”，更长时间地享受美好的大学生活；⑩通过准备考研，度过一段有意义的大学生活。

一些选修过研究生职业生涯规划课程的硕博研究生，也对各自读研或读博的目的进行了澄清和反思：

对于我个人来说，读研应该算是一种妥协吧。本科时获得保研资格，保到本校感觉也不错。虽然不喜欢这个专业，但是也没太想好要转的专业；另外，转专业的成本是很大的，也不太愿意去思考。所以宁愿选择战术上的勤奋，也不想去进行战略上的规划。但其实大四时就后悔了：既然不喜欢这个专业，为什么在浪费了四年后还要浪费三年？

不过，我妥协也是有原因的。按照之前的经验，如果真的不幸要在材料工程专业工作，我也可以通过心理暗示作用让我喜欢这个专业。但我现在迟迟不愿意做这种暗示是因为我认为这是违背人伦天性的一件事。

——研一女生，材料科学与工程专业

大一入学时就发现自己的专业本科毕业找的工作不太可能令人满意。本科后期基于自己的追求和对专业的认识，有了较为确定的理想和学术上的目标规划以后，继续研究成为必经之路。另外，越来越发现我需要更多的知识、更开阔以及更高层次的眼界，本科是远远不够的。

——研一男生，本科专业是飞行器动力工程，硕士专业是动力工程及工程热物理

模式识别与智能系统专业的毕业生，如果想从事与本专业相关的工作，找到对口工作的可能性非常小。但是又不忍心放弃大学四年学的知识，所以想继续学习，提高自己的专

业能力，以后可以从事与本专业相关的工作。

——研一女生，模式识别与智能系统专业

读研原因大体是：首先是我感觉自己毕业之后不好找工作，所以想读研究生补习一下专业技能，顺便再拿一个更高的学历。第二个原因是家庭希望我能读研究生，而且身边的人都上了研究生，算是从众。再就是自己也有些想读研究生，觉得至少读个研究生才能让自己的受教育生涯比较圆满。现在觉得读研对我来说不是那么必要，学习专业技能不如在工作中边实践边学习。

——研一男生，本硕专业均为软件工程

一开始，我只是觉得自己大学期间没有认真学习，想要通过考研来重新学习一下高数之类的基础知识。当时只是把读研作为一个备选项，主要想的还是找工作。只是考研初试成绩还行，观察了一下班上同学找的工作，最后选择了读研。

现在看来，读研能够让你在自己感兴趣的领域，从一个业余爱好者变成一个专业科研人员。在面对问题时，会自然而然地想到一套符合自己认知的科学的解决方法，然后一步步解决问题，而这是我本科阶段所欠缺的。

——研二男生，本硕专业均为机械工程专业

当时高考失利，就选择去了哈尔滨读大学，在步入大学之前，对五花八门的专业并没有太多的了解，也没获得很多指导。本着对设计与工程的喜好，选择了工业设计这个专业。从大一开始就确定要读研究生，因为当时想一鼓作气多学一点，提升自己的竞争力，也希望借此实现名校的梦想。大学四年也一直努力着、探索着。随着时间的积淀，自己对专业了解得更多了，对自己的性格、爱好、习惯也了解更多，对未来职业方向也有了自己的思考，不再像当初那样本着一个模糊的兴趣而去选择学习。在顺利获得保研资格后，我选择了自己比较看好的生物医学工程，目前也有了未来的职业方向。

我认为在大学里试错的成本很低，可以花时间去找到自己真正的喜好以及自己愿意付出一辈子时间为之奋斗的事业。所以，读研可以给自己更多时间停下来思考，在尝试中思考，在步入社会奋斗之前，找到所爱及所追求。

——研二男生，生物医学工程专业

坦白地说，本科时并没有思考过“为什么要读研”。因为认识的优秀人士基本读了研，“至少保研”成了我上大学后“理所当然”的目标，是证明自我的必要条件。

在拿到保研资格后，我认为读研是探索自己适不适合科研的一种尝试。加上本科没有发展一技之长，研究生学历也可以为求职增加竞争力。

现在我觉得，读研或读博是为了将我所学的知识迁移至我想做的事业。我有远大的野心，但现在的领域、能力和资源都不足以支撑。希望这段经历可以积累项目经验和专业技能，拓展合作和人脉，为自己的愿景多做一些积淀。

——博一男生，仪器科学与光电工程学院

读本科时觉得研究生是一个很大的跳板，是找工作的敲门砖，于是就没有犹豫地选择了考研，而且是从非 211 高校的本科考入了 985 名校。现在研究生毕业后参加工作，对比一下身边本科直接工作的同学或同事，感觉读研究生带给我的是认知、格局的变化，对事情的看法相比本科发生了很大改变。

——本硕专业均为计算机；硕士毕业一年，在华为工作

当时本科就业形势不好，工作不理想又不甘平凡，选择考研，希望通过考研改变命运，看到更广阔的世界，有更多的选择机会。读研后确实有了更多选择，最后我选择了一所大学，成为一名高校教师，当然是本科毕业无法想象的。

读研确实给了我很大改观，让我更加深刻地认识世界和自己。我觉得要是不确定读不读研，就先去读。不论本科还是研究生期间，要多去实习，实践才能找到自己真正想要的。要是专业技术不足就补足专业技术，要是感觉行业不喜欢，就读期间完全可以转行。多交流，多学习，早做计划。愿你们都前程似锦，活得精彩！

——硕士毕业任教于一所普通二本院校

可以看到，不少硕博研究生在本科阶段并没有系统地学习职业生涯规划课程。攻读硕博研究生具有一定的盲目性，甚至有些学生是带着“迷茫”进入研究生阶段的。

1.5.2 运用生涯理论，开展职业生涯规划

研究生开展职业生涯规划时，推荐使用 CIP 理论。CIP 理论看似复杂，其实本科生在学习职业生涯规划课程后就可以进行初步尝试应用。以下是北航 2023 级硕士研究生刘思同学在课程结束后的感悟。

本人本科阶段一直是“大学生学业与生涯规划 2008”微信公众号的忠实读者；但是大一没有选修职业生涯规划课，一度感到十分遗憾。进入研究生阶段后，看到有这个课立马就选修了。课堂上我学到了诸如霍兰德职业六角形、舒伯生涯价值因子等理论工具，对自己有了更加深入的认识。“简历是做出来而不是写出来的”以及老师自己的幸运故事等也让我深受启发，对于研究生生活应该怎么过有了更深入的认识。

上课之前，我读研的理由主要是对于本科自己掌握的能力不自信，并没有许多能证明自己专业素质的工作，同时了解到与专业相关岗位主要面向研究生学历，不少岗位并不向本科生开放。

学习了生涯规划课后，我有了更多的思考，主要是：①通过研究性学习提升可迁移技能，通过在实验室或者院内、校内的工作学会如何做一个积极、负责、可靠、稳定的工作者；②抓紧时间，做一些产品（成果）出来，不管是写文章还是做开源项目，做一些能写进简历里证明自己专业素质的工作。

根据舒伯生涯彩虹图，我现在仍处于职业选择的探索阶段，主要任务是实现自我观念，将一般性的选择转为特定的选择，初步确定并试验一个工作成为长期职业的可能性。目前承担的生涯角色包括：子女、学生、休闲者以及公民。子女方面父母一直是我最好的朋友，我们一直保持着良好的联系；学生方面，虽然研究生课业压力明显不如大学阶段，但是好好上完每一堂课、做完课堂布置的作业依旧是最低的底线，同时还需要对导

师负责、完成好导师布置的工作，认真阅读论文、思考创新点是必须做也是应该去做的事；休闲方面，娱乐休闲是我们感知生活的一个重要通道，相比于大学期间的种种体验，我计划在研究生阶段做一些更有深度的体验，坚持一个爱好，一步步感受自己的进步，在娱乐自己的过程中体验心理状态带来的幸福感；最后，是作为一个公民，我要遵守法律法规以及社会秩序规则，做一个遵纪守法的好公民。

根据课程所学的知识，目前我的自我认知如下：

MBTI 人格类型——我的 MBTI 一直在 INFJ 和 ENFJ 之间来回变动，最近的状态逐渐偏向 ENFJ。总体来说，我是一个外向、更在乎人际关系和谐度、喜欢理性思考、喜欢做好规划再行动的人。

霍兰德职业兴趣——测试结果为 SEI，对于社交性活动充满兴趣，这与我本科以来对自我的认知是相符的，我一度认为自己应该去文科而不是在理工科继续挣扎。

素质能力——大学主修课程为数字图像处理、机器学习、人工智能等 CV 相关课程以及自动控制原理、现代控制理论等控制相关课程，辅修了数学与应用数学，主要辅修课程为数学建模、常微分方程、运筹学，能熟练使用 C 语言、Python 语言以及 Matlab 语言等进行编程，曾开发过基于 Python 和 PyQt5 的课程软件，目前正在单独负责一个基于 Python 和 GTK4 的图形建模软件。

其他方面，曾负责过多个学生组织公众号的运营，了解利用秀米制作公众号推文的主要流程。在网页制作、PS、PR 使用方面也有一点业余经验。

价值观的分析——就舒伯生涯价值因子来看，我最在乎的五个价值因子分别是生活方式、经济报酬、上下级关系、创造性以及独立性。其中，生活方式应该是我最看重的一个。我十分在意工作给我带来的生活方式改变，“work-life balance”是我不想放弃的追求。我希望能有充足的时间进行除工作外的自我提升活动或娱乐活动，同时，在工作时间内我会尽力完成好工作。除此之外，上下级关系能大大影响我的工作体验，但这可遇而不可求，并不能因为我的努力而改变太多。内在价值维度中我比较在乎工作的创造性和独立性，希望能够有足够自己安排工作的机会，同时工作本身比较富有创造意义，美感也是我非常在乎的一个方面。

职场环境分析与判断：

就我目前收集的信息来看，我们专业最可能的就业途径主要有以下几类：

一、进入航空或航天相关的国企，做一些概念性的文职工作，工作内容不定；

二、进入美团、理想等大厂从事人工智能算法工程师相关工作，主要工作内容可能是 CV 或 NLP 人工智能算法研究，与我们专业目前论文主要发表的方向比较一致；

三、读博，继续科研生涯，读博后再入职单位或留在高校；

四、考公，当公务员。

进入国企和考公都比较稳定，但是工作内容不太符合我对创造性的需求，经济报酬可能也达不到我的期待，因此并非我的首选。读博方面，一是我对于自己的学术能力目前还缺乏认知，不确定自己是否有科研天赋，且读博还需要导师的肯定，需要看我后续在科研方面展现出的能力，因此看后续情况才能做决定。比较常规的道路是进入大厂：大厂的不稳定性及加班情况确实令我望而生畏，考虑到生活方式，我希望能去更遵守劳动法的企业。

目前的想法是进入股份制企业，因为本专业相关的内容目前只有在股份制企业中才有比较明显的落地，我很希望能看见自己的工作在生活中切实带来改变。虽然这类企业不如国企稳定，被辞退的风险及高竞争压力环境都让我有些踌躇，但我心底里其实更在乎工作是否有智性激发、是否富含创造力和美感。

虽然这只是一个 18 课时的课程，刘思同学在生涯发展理论工具的应用上已是可圈可点了。十多年来，数千名北航大一学生尝试运用生涯发展理论工具，制订了自己的第一份生涯规划方案。本书后文将展示更多本硕学生实施生涯规划方案的分享。

从过来人的分享中，可以看到及早开展职业生涯规划的必要性及重要性；不论本科阶段是否开展过职业生涯规划，研究生阶段都需要继续进行职业生涯规划。

本章小结

本章旨在启发大学生对比大学生活与高中生活的差异，思考自己上大学的目的及未来工作、生活的目标，帮助大学生厘清思路，尽快适应大学生活，重新树立大学学习的目标，理性思考读研或留学的目的，不要虚度大学时代的美好时光。通过介绍职业生涯规划的基本理念，引导大学生采取科学的方法规划自己的大学生活，以实现各自的人生理想。此外，通过分享在读研究生或博士生对职业生涯规划的思考，提醒本科生：即使已经坚定地选择了读研，也需要开展职业生涯规划。

课后思考

我上大学的目的是：____________________。

我在大学期间最重要的学习目标是：____________________。

我希望本科毕业后____________________，这个选择的依据是____________________，____________________，____________________。

这学期，除了上课，我希望参加如下活动：   ，____________________，____________________，____________________。

研究生阶段最重要的生涯目标是____________________，制定这个目标的依据是____________________，____________________，____________________。

第2章

自我认知

知人者智，自知者明。胜人者有力，自胜者强。

——老子

认识你自己。

——古希腊箴言

学习目标

本章内容是关于信息加工金字塔（见图 1-3）底部左下角部分的“自我知识”。通过本章的学习，大学生能够认识到认知自我对于职业生涯规划的重要性，了解认知自我的重要内容，掌握认知自我的多种途径，对自己的人格特征、职业兴趣、素质能力、工作价值观有基本准确的了解，并将其与职场基本匹配。

导入案例

转，还是不转？

来到北京航空航天大学人文社会科学学院经济学专业，是我高考前从未想过的。

我是山东考生，我们这一届是高考改革的第二年，高中时我的选课组合是物理、化学、历史。高考前最想学的专业是电子信息，其次是自动化；志愿填报时也选过金融、精算等经济类专业，却从未想过进入理工科院校学习经济学这一社科专业。所以进入北航之后，我就极力想转到理工科大类去，继续理科方向的学习。大一学年中，我转专业的想法十分强烈，甚至呈现出愈演愈烈的趋势。

虽然刚进入大学时我曾经考虑过留在本专业学习，可看着课表上“中国文明文化史”“西方经典研读”等文学类课程，让在高中身为理科生的我无所适从。面对成堆的论文作业，我感到压力重重，而让我感到慰藉的反而是令周围同学愁苦不堪的高等数学。这样的学科体验和学习氛围让我非常痛苦，从中抽身、转战理工的想法就愈加强烈，即使后来得知北航文转理需要降级转专业也丝毫没有动摇我的决心。我向老师、学长学姐、教务处等多方打听过转专业的方法和所需要做的准备，在本学院的课程之余也着手学习了理工类专业的课程，从各方面为转专业打好基础。

大一结束，我面临明确的专业选择，重新思考了转专业这件事；本以为自己会毫不犹豫地选择转走，却在最终决定时刻犹豫了。

虽然理智告诉我转专业是自己一直期待的，可情感上我却迈不出这一步。为了让自己做出理性的选择，我必须重新思考、评估自己想要转专业和留在本专业的心路历程与利弊比较。想起来大一上学期选修的本科生学业规划课，课上介绍的理论工具与方法，当时只是觉得挺有趣，现在是时候认真地予以应用、全面地开展自我评估了！

于佳琪

上面这段文字是北航人文社会科学学院 2021 级本科生于佳琪同学在大二时谈及自己半年前面对专业分流时的纠结和困惑。在大学校园中，这并非少数学生面临的问题。

在我国现行的教育体制下，高考后填报志愿存在一些典型的误区：即使是被第一志愿录取的学生，很多人也并非按照自己的兴趣选择专业；不少学生是在信息不全的情况下盲目填报，甚至主要听从了家长和老师的建议。高考录取中调剂志愿的现象也很常见，有些冷门专业中超过三分之二的学生都是经调剂录取的。因此，不少学生进入大学后对自己的专业并不满意，但又不知道自己真正适合的专业是什么。在生涯规划课上做了一些简单的测试后，有些学生会根据测试结果更换专业；更多学生只能明确自己不喜欢目前的专业，仍无法确定到底适合哪些专业。

如果在大学期间没有解决兴趣与所学专业的匹配问题，这将影响学生对工作的投入与事业的成功。其实，除了兴趣，人格类型（又称性格类型）、职业价值观、个人素质与能力结构等因素也会影响个人的职业成功。

因此，自我认知是个人成长中非常重要的环节。现在，让我们一起借助游戏和测试，通过有关认知的思考，更加深入地了解自己吧！

2.1 自我的内涵

从职业选择的角度来看，一个人的职业自我是由外在自我、心理自我和社会自我三方面构成的（见图 2-1）。

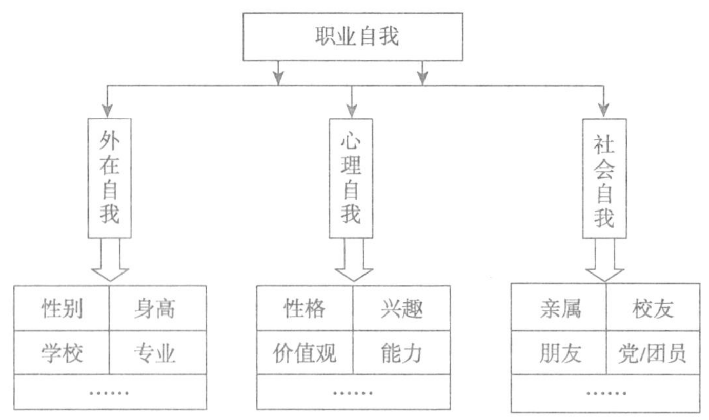

图 2-1 职业自我的构成

外在自我是指人们可以直接观测到的自我因素，是自我中最为凸显的部分，分为身体特质和体外特质两类。身体特质由物理实体构成，表现为身体特征，包括性别、身高、体重、外貌、视力等，基本可以通过观测或物理测量得知；体外特质也称为延伸自我，即日常生活中所说的“我的××”，如名字、家乡、学校、专业等。当提到延伸自我时，人们往往会产生特定的情绪，如听到有人喊自己的名字时，会迅速环顾四周；看一张集体照时，会迅速找到自己的位置；向别人介绍自己的家乡、母校时，亲切、自豪之感会溢于言表。

外在自我属于个人基本信息，是求职时首先要关注的方面。不同的职业有不同的要求。比如，从事教育工作要求口齿清晰、善于表达；从事客户服务工作要求五官端正、亲和力强；从事食品行业要求无传染性疾病；等等。一些特殊职业往往有更严格的要求。

心理自我指的是自身内在因素，无法直接观测得知，具体包括三个部分：

（1）心理自我的动力系统——我为什么喜欢从事这份工作？为什么有人喜欢做教师，有人喜欢做软件设计师？为什么有人工作干劲十足，而有人总是无精打采？原因在于个体的动力倾向不同，这涉及兴趣、价值观等心理因素。探索心理自我的动力系统，可以帮助我们找到让自己感到兴奋的职业领域。

（2）心理自我的效能系统——我能胜任这份工作吗？为什么有的人在人际沟通中驾轻就熟，而面对电脑却常常束手无策？为什么有的人在操作机械时游刃有余，而在组织策划活动时却毫无章法？原因在于每个人的能力不同，这涉及潜能、技能、自我效能等因素，这些因素共同构成了个体的效能系统。探索心理自我的效能系统，可以帮助我们弄清自己擅长的职业领域。

（3）心理自我的风格系统——我适合做这份工作吗？为什么有的人工作起来雷厉风行，而有的人却慢条斯理？为什么有的人常常注意到细节，而有的人则擅长发现潜在的信息？原因在于人的风格千差万别，这涉及气质、性格等因素。探索心理自我的风格系统，可以帮助我们弄清自身适合的职业领域。

求职时，外在自我只是应聘的第一道门槛，心理自我其实更为重要。不同的岗位对应聘者的心理自我要求是不同的。例如，工程设计要求严谨创新，财务管理要求细心缜密，市场营销要求灵活多变，客户服务要求耐心热情，等等。

同时，我们都是生活在社会中的社会人。正如德国著名诗人歌德所言：“人不能孤独地生活，他需要社会环境。”每个人都会逐渐发展出复杂的社会自我，涉及家庭关系、朋友关系、职业群体、党群组织关系等。这些关系隐藏于个人身后，对职业选择和发展起着支持或制约作用。对于大学生而言，家庭中有亲子关系，学校里有同学关系和师生关系，还可能存在共青团员或共产党员的组织关系……这些构成了社会自我。

总体而言，职业自我包括外在自我、心理自我及社会自我。与心理自我相比，外在自我和社会自我较为客观，相对容易探索明确。本书主要讨论对心理自我的探索。

2.2 性格类型及其与职业的关系

分析心理自我，首先要分析性格。谈及同学朋友时，我们经常会听到：“她的性格特别好！”“我很喜欢他的性格！”不过，当仔细问及“好性格”的标准时，不同人的回答竟大相径庭！有的学生说：“他很爽快，做事不拖泥带水。”有的学生说：“她性格很温柔。”有的说：“他为人很宽厚。”还有的学生说：“她善解人意，有不开心的事情，跟她谈过后心里感觉好多了。”不一而足。所以说，好性格是相对的；朋友之间，彼此性情相投，就会接纳、喜爱对方的性格。

性格的形成受到遗传、生理、父母养育方式、生长地的文化习俗、学习经验等多方面因素的影响。一旦形成，性格具有独特性、一致性及相对稳定性。俗话说，江山易改，本性难移。人的一生往往会被某种性格类型所支配，从而形成相对稳定的且不同于其他人的独特的行为方式。即使两个性格不同的人从事同一工作，其处事方式及心理感受也是不同的。

“性格决定命运。”莎士比亚名剧《哈姆雷特》中的主人公性格优柔寡断，在“生存还是毁灭”这样的重大人生命题面前犹豫不决，错失复仇良机，最终成了悲剧人物。

不过，性格对人的职业选择影响不大。文化名人李叔同年轻时学习了西方的绘画、戏剧、音乐等多种艺术门类，在多个领域都备受瞩目；后来，他成为杭州艺术专科学校的教师，培养出了丰子恺等具有高艺术成就的学生；人到中年，他笃信佛学，最终剃度修行，成为一代高僧弘一法师。在人生的三个阶段，可以说从事了三种不同职业，李叔同的性格始终如一，做事严谨，对人对己都非常严格。

古希腊医生、哲学家希波克拉底（Hippocrates）在公元前 4 世纪提出的“体液学说”将人分为多血质、抑郁质、胆汁质和黏液质四种性格类型。虽然这种分类方法不尽科学，但两千多年来仍然得到了广泛认可。

现代心理学中性格类型的概念由著名心理学家荣格（Carl G. Jung）于 1921 年提出。他认为，如果了解了人们的潜在心理活动和性格偏好，就可以预测其行为，于是提出了三种性格偏好维度。心理学家凯瑟琳·布里格斯（K. Briggs）和伊莎贝尔·布里格斯·迈尔斯（I. Briggs Myers）母女发展了荣格的性格类型理论，将三种性格偏好维度发展为四种，将性格类型发展为十六种，并将这一理论运用到职业选择的实践中。通过大量的个案分析，她们总结出与不同性格类型相对应的职业体系，开发出迈尔斯-布里格斯性格类型指标（Myers-Briggs Type Indicator，MBTI）测评系统。这个测评系统目前广泛应用于职业生涯规划与指导，帮助求职者找到与其性格类型相匹配的职业。很多知名的外企在进行员工培训及新员工岗位配置时会使用该系统。

MBTI 测评系统有四个子量表，分别是内倾—外倾（I-E）、感觉—直觉（S-N）、思维—情感（T-F）、判断—知觉（J-P）。

内倾—外倾（I-E）：根据个人的能量更集中地指向哪里，分为内倾型性格（I）与外倾型性格（E）。心理学以人自身为界，将世界分为外部世界和内部世界。外倾型的人倾向于将注意力和精力投向外部世界，热衷于个体间或群体间的交往，常常被外界的人和物吸引，喜欢大量的活动；内倾型的人则将注意力和精力集中于自身的内部世界，喜欢独处或在小群体间社交，通常会避免成为关注的焦点。两种类型的区别广泛而明显：个体在自己偏好的世界里会觉得自在和惬意，而在相反的世界中则会感到不安与疲惫。典型表现见表 2-1。

表 2-1 内倾型性格（I）与外倾型性格（E）的特征比较

内倾型性格（I）	外倾型性格（E）
独处时精力充沛	与他人相处时精力充沛
避免成为关注的焦点	喜欢成为关注的中心
思考，之后行动	行动，之后思考
在心中思考问题	喜欢边想边说出来
更封闭，更愿意在精挑细选的小群体中分享个人的情况	随意地分享个人情况
听得比说得多	说得比听得多
不把兴奋说出来	高度热情地社交
仔细考虑后才有所反应	反应快，喜欢快节奏
喜欢深度而不是广度	注重广度而不是深度

生活中兼具内倾型性格与外倾型性格的人很多，不少同学同时具备部分外倾和部分内倾的性格特征。然而，一个人的性格倾向不能单纯从其外在表现来判断。下面是一位本科生与笔者的交流。

学生：老师，您能帮忙分析一下我的性格特点吗？我比较开朗，善于与他人沟通，喜欢开玩笑，但对公开演讲有轻微恐惧，所以不确定自己到底是内向的还是外向的。

教师：你能详细说明自己内向或外向的事例吗？

学生：外向的例子比如融入班级、融入球队都做得比较好，能和同学开玩笑，在晚会上进行演唱表演也没问题。内向的例子比如公开演讲时会感到紧张、焦虑，前阵子出国做交换生时，不太习惯与外国人交流。虽然测试结果显示我是外向的，但我在内向或外向的判断上仍有些疑惑：我平时说话声音大，这比较符合外向的特点；不愿与外国人交流是因为语言水平不够高，否则还是可以沟通的；但是我只有几个挚友，这又符合内向的特征。

教师：其实，你不必纠结于自己的人格类型到底是哪一种，只要能够解释自己与别人不同的做事风格并理解他人即可。这样就可以找到最适合自己的做事方式，也能够与他人很好地相处与合作。就内向与外向的定义而言，强调的是你与世界如何相互作用以及你多余的能量向何方疏导。比如，你生气时是独自生闷气，还是倾向于对惹你生气的人大嚷大叫；遇事时，你是更愿意依靠自己的能力解决，还是向人求助。

学生：听完老师的描述，我觉得自己确实更偏外向型。

在日常的学习、工作和生活中，不论是性格外倾型者还是性格内倾型者，都会面临自己不太适应的情境。比如，当性格外倾型者在很多权威人士面前发表意见时，应尽量先思考，再寻找合适的机会，否则，其意见可能会被立即否定；当性格内倾型者在面对需要尽快解决的问题时，即使其他人的资历、级别均低于自己，也必须尽快拿出解决方案，当众表达。大学生需要弄清楚自己在哪种情况下状态最好，将来应尽量寻找能令自己状态自然的工作环境。

儒家传统推崇内倾人格、抑制外倾人格的做法（如《论语》中提到“君子讷于言而敏于行”）。2023 年暑期大火的动画片《长安三万里》展示了唐代大诗人李白、高适等人的人生华章。其中的李白就是非常典型的性格外倾型者，开心、兴奋、郁闷与愤怒时，除了写诗，还要找朋友分享、倾诉。而高适则显示出典型的性格内倾型者，失望时藏在心里，愤怒时付诸笔端，写成名诗《燕歌行》，而非找朋友倾诉。当时，李白这类性格外倾型者被视为“狂狷之士”，不太符合传统士大夫的标准。

近年来，很多家长教育孩子应该外向一些，因此不少内向的学生可能表现得很外向。

事实上，内倾型与外倾型的区分更多地取决于个人的本能倾向，而不应受“我应该表现得活泼些”或“女孩子应该文静些”等观念的影响。具有比较典型的内倾型与外倾型性格的学生，应注意自己的性格在某些特定情境下可能产生的问题。

因此，内倾型的学生既要注意主动与人沟通，也要在压力较大时给自己多留些私人空间；外倾型的学生既要注意尊重别人的隐私，也要对自己有足够的宽容。人格类型没有优劣之分，每个人都可以根据自己的人格类型偏好发挥最大的优势。

感觉—直觉（S-N）：根据个人收集信息方式的不同，分为感觉型性格（S）与直觉型性格（N），典型表现见表 2-2。感觉型性格和直觉型性格的人在面对同样情形时，关注的重点和依赖的信息渠道往往有很大的不同：感觉型的人关注的是事实本身且注重细节，直觉型的人则注重基于事实的含义、关系和结论；感觉型信赖五官体验到的有形有据的事实与信息，直觉型的人则注重“第六感”；感觉型的人擅长记忆大量事实与材料，往往能清晰地讲出大量的数据、人名乃至概念、定义，直觉型的人则更擅长解释事实、捕捉零星的信息、分析事情的发展趋势。

表 2-2　感觉型性格（S）与直觉型性格（N）的特征比较

感觉型性格（S）	直觉型性格（N）
相信确定和有形的东西	相信灵感和推断
不喜欢缺乏实际意义的新想法	喜欢新思想和新概念
重视现实性和常情	重视想象力和独创力
喜欢使用和琢磨已知的技能	喜欢学习新技能，但掌握之后很容易厌倦
留心具体的和特殊的；进行细节描述	留心普遍的和有象征意义的；使用隐喻和类比
循序渐进地讲述有关情况	跳跃性地展现事实
着眼于现实	不愿意维持现状，着眼于未来

直觉型性格的人行事，往往不会事事追究“事实”，而是善于“抓住现象看本质”。例如传说中的九方皋相马：对秦穆公说寻到的千里马是“黄色母马”，牵过来的却是一匹黑色公马；当然，更重要的事实是：确实是一匹难得的千里马！以我国古代几位著名诗人为例：李白是“天授奇才”，诗作中不乏“危楼高百尺，手可摘星辰”“飞流直下三千尺，疑是银河落九天”“朝如青丝暮成雪”之类夸张之语。你要是认真，就错了！苏轼在“高考”作文中的用典就是“想当然耳！”，也是典型直觉型性格的人的做派。那句“不识庐山真面目，只缘身在此山中”更是“透过现象看本质”的高级事例了。

对比之下，诗圣杜甫属于感觉型性格的人，其诗作被誉为“诗史”，非常写实，“兼备众体，又自铸伟辞”。在写景物的诗作中，有更多的细节描绘：“两个黄鹂鸣翠柳，一行白鹭上青天。窗含西岭千秋雪，门泊东吴万里船。”“迟日江山丽，春风花草香。泥融飞燕子，沙暖睡鸳鸯。”杜甫的诗作从来都言之有据，给出很多具象；即便有所发挥，也不似李白的诗那么“不靠谱”。

一位学生在上完生涯规划课后这样分析自己：“在处理各类问题时，我更加关注事实本身的细节，相信有凭有据的信息。在日常学生工作中，常常需要处理大量文字材料，整理信息或编辑文字、统计结论等。我擅长整理大量繁杂的资料并处理细节，能够较好地完成日常工作。在高中学习生涯中，作为传统的文科生，我通过大量刷题和整理各种笔记来提升成绩。"这些都是较为典型的感觉型性格的特征。另一位学生则这样描述自己："我更注重想象力和创造性，总是会提出一些创意性的想法，不大喜欢做大量重复性的工作，对于大量的数据资料往往觉得束手无策。"这些是直觉型性格的典型表现。

两种类型的人各有所长，也各有不足。感觉型性格的人不必因直觉型缺乏对细节的关注与把握而感到气恼，也不必因其灵动洒脱而感到不自在；直觉型性格的人则不必因感觉型给出过多的细节而感到厌烦，也不必在其百科全书式的记忆"功能"面前自叹不如。我们应该在享受自身性格类型带来的优势的同时，有意识地弥补自身的弱点：直觉型性格的人要有意识地多关注一些细节，感觉型性格的人则可以多留意那些潜在信息。

感觉型与直觉型并无高下之分。近年来，国家倡导工匠精神，强调精益求精，"工匠"是个褒义词。然而，如果一位画家太拘泥于细节，重复描绘同一主题，就会被认为匠气太重。如果乔布斯没有足够的想象力，触屏技术就不会得以应用；马云在多年前提出建立全球互联网交易平台时，很多人认为他是痴人说梦。这些都是典型的直觉型特征的体现。可是，如果没有工程师不断地研发、试验（感觉型者擅长），就不会有苹果系列产品，也不可能成就今天的阿里巴巴。

思维—情感（T-F）：根据个人做决定方式的不同，可分为思维型性格（T）与情感型性格（F）。

思维型性格的人偏好符合逻辑的决策，往往通过分析和权衡各种信息做出决定，不太习惯根据人情因素变通；情感型性格的人在做决策时依赖于自身的价值观，比较关注决策可能给人带来的情绪体验，人情味较浓。思维型性格和情感型性格的主要特征比较如表 2-3 所示。

表 2-3 思维型性格（T）与情感型性格（F）的特征比较

思维型性格（T）	情感型性格（F）
退后一步思考，对问题进行非个人因素的分析	超前思考，考虑行为对他人的影响
重视符合逻辑、公正、公平的价值；一视同仁	重视同情与和睦，重视准则的例外
被认为冷酷、麻木、漠不关心	被认为感情过多，缺少逻辑性，软弱
认为坦率比圆滑更重要	认为圆滑与坦率同样重要
只有情感符合逻辑时，才认为它可取	无论是否有意义，认为任何感情都可取
被渴望成功而激励	被得到欣赏而激励
很自然地看到缺点，倾向于批评	容易理解别人，对其缺点不太挑剔

同样，思维型与情感型这两种性格类型也并无好坏之分。我们要尽量理解与自己不同类型的人的做法，尽量避免走入极端：思维型性格的人经常表现出公私分明，甚至能够做到大义灭亲，但有时候过于强调原则，让人觉得不近人情、冷酷；情感型性格的人往往特别善于共情、体察别人的难处，但也不应一味同情"弱者"，以至于失去原则。

判断—知觉（J-P）：根据个人感到舒适的生活方式，分为判断型性格（J）与知觉型性格（P）。

判断型的人喜欢有计划、有条理的世界，偏好有序的生活；他们做事往往一板一眼，目的性较强。知觉型性格的人往往表现出很强的好奇心和适应性；他们会不断关注新的信息，考虑许多可能的变化因素，更喜欢灵活、随意、开放的生活方式。在做决策时，判断型性格的人比较果断，一旦认为有足够的信息，就会对新的信息置之不理；而知觉型性格的人总希望获得更多信息后再决断，往往表现出优柔寡断、迟迟下不了决心。可以对比判断型性格与知觉型性格的特征（见表 2-4）。

表 2-4　判断型性格（J）与知觉型性格（P）的特征比较

判断型性格（J）	知觉型性格（P）
做了决定后最高兴	当各种选择都存在时，感到高兴
坚持“工作原则”：工作第一，玩乐其次	坚持“玩乐原则”：先享受，再完成工作
建立目标，准时完成	随着新信息的获取，不断改变目标
愿意知道将要面对的情况	喜欢适应新情况
着重结果（重点在于完成任务）	着重过程（重点在于如何完成任务）
满足感来源于完成计划	满足感来源于计划的开始
把时间看作有限的资源，认真地对待最后期限	认为时间是可更新的资源，而最后期限是可调节的

在学习、生活和工作中，判断型性格的人和知觉型性格的人要学会互相欣赏和包容：判断型性格的人既要欣赏知觉型“享受生活，活在当下”的乐观态度，又要容忍他们时间观念不强的缺点；知觉型性格的人既要欣赏判断型的做事果断，也要容忍他们在面对计划改变时的不安。

此外，在日常生活、工作中，人们也会受到其他因素的影响而改变一贯的方式。面对紧急或期限明确的任务时，知觉型性格的人会变得果断；面对变化较大的任务时，判断型性格的人也不得不灵活应对。尽管这些不自然的行为方式会让他们感到压力和焦虑。

MBTI 测试系统中的性格类型理论及其应用揭示了不同类型的人所具有的不同的、本能的、自然的思维、感觉及行为模式，使我们明白为什么不同的人会对不同的事物感兴趣，为什么不同的人擅长不同的工作类型，并帮助我们与不同类型的人相互理解、有效配合。半个多世纪以来，这种理论已广泛应用于团队建设、职业发展、婚姻教育、职业咨询等各个方面，成为世界上应用最广泛的识别人与人差异的有效测评工具之一。

2.1　案例阅读

大学低年级学生通过课程学习，可以有效地判断自己的 MBTI 人格类型，从而指导自己的学习生活。右侧二维码中是北航一位大一女生上完生涯课后的自我分析。可见，这个工具并不难掌握。

心理学研究表明：MBTI 人格类型与各种工作表现之间的关联非常微弱（Gardner & Martinko，1996）；MBTI 使用手册中也明确不鼓励将其作为工作绩效的预测指标，因为它测量的是偏好而不是能力。一个人偏好于思考并不等于善于思考，可以去寻求与偏好相一致的环境，而至于能做得怎么样、开不开心等，则是另外一回事。

有研究者分析了不同职业中每种 MBTI 人格类型的占比，发现其结果接近于随机抽样人口中的类型占比（Pittenger，1993），即特定职业中的类型分布与一般人群中的类型分布基本一致。然而，在职业选择、就业指导等领域，近年来 MBTI 人格类型测试一直备受推崇，许多年轻人甚至将自己的 MBTI 人格类型印在名片上，以此表达自己适合某个职业。当下流行的很多介绍 MBTI 人格类型的书籍也会用实例说明某种类型的人适合某类特定的职业，言之凿凿。比如，ESTJ 型的人被认为适合担任企业的中高层管理者。果真如此吗？

事实上，CEO 及企业中高层管理者需要管理多名下属，因此相对于内倾型性格的人，外倾型性格的人更适合这个职位。在非创业企业的管理人员中，外倾型性格的人所占比例更高。

对于发展稳健的大中型企业而言，细节决定成败。在能够晋升为 CEO 的企业高管中，显然感觉型性格的人更占优势。这类企业强调规范，要求有统一的标准，因此注重原则性，思维型性格的人在这类企业中具有显著的优势。同时，这类企业的业务发展相对稳定，每年都要制订详细的发展规划及业务执行计划，对时间节点的要求很高，判断型性格的人容易脱颖而出。

ESTJ 性格类型倾向于担任公司 CEO 或中高层管理者的说法并不科学，这只是一种表象。如果全面分析著名企业 CEO 的性格类型，ESTJ 所占的比例并不高。

在开展生涯规划与职业选择时，人格类型的影响相对有限。关键在于自身对职业的兴趣、能力的匹配程度以及价值观是否与职业所能满足的价值观相符。比如教师这个职业，是性格内倾型者适合还是性格外倾型者更适合呢？很多人会脱口而出性格外倾型者。然而，若请他认真回忆一下自己从小学到大学遇到过的好老师们，性格内倾型者与性格外倾型者的比例很可能旗鼓相当呢！谈到企业管理者的人格类型，很多人可能会认为是性格外倾型者更适合；然而，任正非、张瑞敏、李彦宏、马化腾等都属于较为典型的性格内倾型者，似乎并没有因为其内倾的性格影响他们成为出色的 CEO；放眼全球，性格内倾型的 CEO 更是比比皆是，如稻盛和夫、乔布斯、比尔·盖茨、扎克伯格、库克等。

再来看感觉型（S）与直觉型（N）这一组维度：在企业界，奉行“细节决定成败”的大企业的 CEO 们多属于感觉型性格的人；然而，贸然提出“我就是要那种触屏手机”的乔布斯，以及“我要把人类送上火星定居”的埃隆·马斯克则是妥妥的直觉型性格的人。

对于那些对期末考试成绩斤斤计较，不给学习努力但天分不足、考了 58～59 分的学生及格的老师，若他是当事人，固然也会觉得心里不爽。然而，对于那些只要学生表现得积极些、舍得下功夫跟老师套近乎，就不会让学生的考试成绩太难看的老师，也会让那些靠自己努力成绩过关的学生感到很不公平。作为企业管理者，“行事公允”似乎是无可置疑的基本前提，因此 T 型人格是基本要求；然而，在乔布斯等创业者身上，F 型色彩过于浓厚，实在无法将其归为 T 型。

由布里格斯和迈尔斯母女提出的 J-P 维度是同学们最有亲身体会的一组维度：下课后就想着尽早完成老师布置的作业的大 J 们，实在难以理解“直到下次上课前一晚才赶作业”的同学如何也成了学霸。手机里常常保留着几百条未读短信的大 P 们，好奇为何大 J 们课间着急忙慌地把新信息匆匆点开，没来得及仔细看就又上课了：“难道他们不担心会错过重要信息吗？”中学老师常以“一屋不扫，何以扫天下”来提醒同学们要整理好自己的房间、书桌之类，不要把书本、日常用品等不分类、堆得到处都是。事实上，还真能找出家中各种书籍、杂物堆得无处下脚的大学者们，一些互联网公司也被报道“公司希望员工们的办公桌不要收拾得太整齐"，以便更好地激发员工的创造性。

综上所述，性格类型更多地决定了从业者的做事风格，而非某类职业（职能方向）本身。性格类型是将人与人区别开来的重要个性特征，也与人们的学习、生活和工作息息相关。根据人职匹配理论，人们应该根据性格类型与自己喜欢的职业内涵，找到最适合自己的工作方式，而非单纯依据教材中引用的经验资料来选择职业。

2.3 职业兴趣及其与职业的关系

"兴趣是最好的老师。"清华大学交叉信息研究院院长姚期智教授多次强调："我告诉学生，你们在大学唯一的任务，就是要发现你们最擅长的是什么，最感兴趣的是哪个方向。"不过，我们平常所说的兴趣与选择专业、职业时所言的职业兴趣有很大差别。《中国大百科全书（心理学卷）》对兴趣的定义是：人们力求认识某种事物和从事某项活动的意识倾向，具体表现为选择性态度和积极的情绪反应。职业兴趣是指一个人是否喜欢某种职业，是一种职业选择与态度的倾向，同时是个体的兴趣类型与职业类型及目标职业对个体的能力素质要求（职业环境）相一致的状态；不同的职业需要具有不同职业兴趣特征的人。

日常生活中所说的兴趣大致可以分为四个层次，如图 2-2 所示。

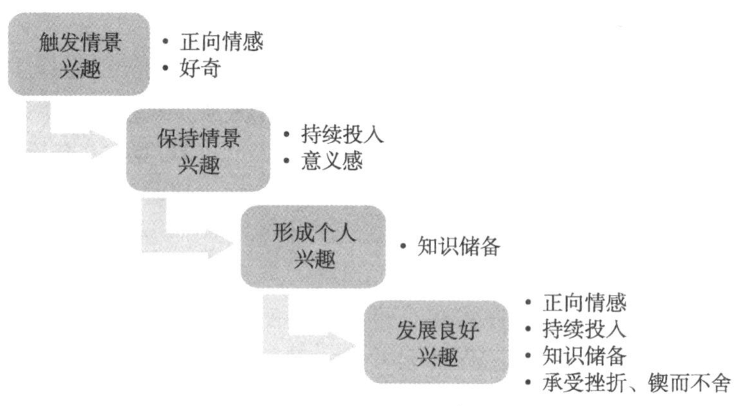

图 2-2　兴趣的层次

第一个层次，触发情景兴趣，是由好奇心和需求引起的。做某些事情能够引发正向情感。比如人们看烟花，会感叹好漂亮；看文艺节目，会赞叹导演或演员好厉害，仅此而已。人们往往不会深究烟花是怎么制造的，文艺节目是怎么制作的。人们看烟花、看节目，只是想休闲娱乐，不会持久关注。

第二个层次，保持情景兴趣。相比上一个层次，在这个层次上人们对事物的关注时间就长了很多，往往是主动的。比如追剧、打游戏，令人感到快乐，甚至能体会到其中的意义感，不过仍旧停留在娱乐阶段。

第三个层次，形成个人兴趣。对某件事情持续关注，形成了一定的知识储备。例如，打游戏的时间很长，成了半个专家，对很多游戏的类型、打法拥有一定的心得。人们的很多爱好都是在这个阶段形成的，比如很多学生爱下棋、爱打球等。

第四个层次，发展良好兴趣。这个层次的兴趣不仅具有前面三个层次的特点，即正向情感、持续投入、知识储备，还有一个重要的特点就是能够承受挫折，为做成某件事锲而不舍。

积极心理学的代表人物之一米哈里·希斯赞特米哈伊（M. Csikszentmihalyi）提出了著名的心流（flow）概念，即当人们专心致志、积极地参与某种活动，忘记了时间、空间和自我时，他们感到最为愉快和满足。这种体验被称为沉浸体验，人们在做感兴趣的事情时会有很多这样的体验。他认为，总体上讲，真正的兴趣具有以下核心特征：

（1）兴趣是让你感到开心的事情。

（2）兴趣是那些你愿意重复做并且乐在其中的事情。

（3）兴趣一定是指向活动本身的，偏向过程而不是结果。

（4）兴趣是指即使你知道这件事情很麻烦、又苦又累，但你依然能够乐在其中。

另外，要避免将兴趣与其他一些概念相混淆。

（1）兴趣不是好奇心。一时的关注不是真正的兴趣。

（2）兴趣不是短时间的需求。你喜欢山山水水，很可能是因为需要休息，休息够了就不再感兴趣了。

（3）兴趣不是爱好。很多人的业余爱好只是为了满足娱乐需求，并不能经受挫折。

（4）兴趣不是特长。将事情做好是一种能力，不见得乐在其中。有些学生被家长逼着去学钢琴或者武术，甚至拿了奖，但在日常生活中并不喜欢从事这类活动。

（5）兴趣不是价值观。只想要结果的是价值观。你认为一些事情，比如赚钱，很重要，但对赚钱的过程可能并不喜欢，这也不是真正的兴趣。

上大学后，很多学生发现自己所学的专业与自己预期相差甚远，因此产生了换专业的想法。然而，所学的专业是否真的与自己的职业兴趣相悖？希望调换的专业是否真的与自己的职业兴趣相匹配？这两个问题绝非如一些学生想象的那么简单。

当然，大学转专业并不容易。本章开篇案例中的于佳琪，在专业分流时已经做好了降级转专业的准备，但最终还是改变了主意。具体发生了什么？我们来看一下于佳琪的回顾。

我之所以会有强烈的转专业意向，一半原因来自我认为社会科学课程不适合自己。对此，我重新思考了这个问题：社会科学等于文科吗？学习社会科学就是刻板印象中的每天吟诵诗词歌赋或是钻研中外典籍吗？虽然大一的一些通识课程确实涉及大量对文明和文化的研读，这一度误导我社会科学需要很强的语文素养；但实际上，社会科学的专业课更多偏向于通过数理模型研究社会规律，与古汉语文学这样的传统文科并不相同。相对于文科的浪漫，它们更需要理科的理性。比如当我完成一篇社会科学的文章时，相对于优美的辞藻，结合模型分门别类地把道理说明白才更为重要；而这，恰是受过多年理科逻辑训练的我尤为擅长的。想明白这些，我开始打破了自己“学不好” 社会科学的设定。

接着，我又反思了自己想要学理工科专业的原因。一方面，我认为我在高中是理科生，所以大学理应学理工科才会发展得更好，可是，这个“理应”是从何而来呢？自己也说不清。我尝试过学习理科的课程，其难度与高中课程实在不在一个层次，所谓“高中能学好理科大学也能学好”的朴素想法并不现实。通过选修本科生生涯规划课，我了解到自己的职业兴趣类型是EISC，作为工科生所必要的R型职业兴趣倾向却并不具备，这从理论上说明我不适合学工科。

最初了解到我的职业兴趣类型时，由于与我的理想相违背，所以我一直说服自己忽视它；在这次反思中我突然意识到，之所以想要让自己忽视，是因为我认为自己应该选择理工科专业，而之所以认为自己应该做此选择，离不开高考失利后的不甘心理在作祟——这份不甘一直在麻痹我，让我觉得只有学习理工类专业，才更有利于就业，才会稍稍弥补高考失利给我带来的落差感。可这份不甘也让我忽略了选择一个不适合自己的专业会遇到更多的不甘与痛苦。最终，我让自己从“转专业”的自我设定中走了出来，以更理性的态度看待这件事。

意识到自我心理上的前置设定之后，我并没有立即放弃转专业的想法：毕竟以上多为理论推导，谁都无法确定我转专业前后的真实发展状况。因此，我根据学院氛围做了一番分析。我所在的知行书院，功课压力不及理工类书院，所以我们有更多时间参加学生工作、出校游逛，感受大学生活的丰富多彩；而我认识的几位理工类同学，在繁重的课业压力之下鲜少有时间拓展自己的业余爱好与社团工作，这对于喜欢交际和接触新鲜事物的我来说是不希望经历的。认识到这一点后，我果断放弃了转专业，选择留在人文学院学习，目前已成为一名新晋的“经济学人”。这一选择为自己大二发展学生工作和课余生活提供了空间：我积极担任学生工作、参加科研竞赛、拓展实践经历，这些带给我的收获并不少于课堂与书本所得。

尽管留在人文学院的决定是我认真考虑之后做出的，但刚做出这个决定时对这一选择的正确性并不太确定。因此，我又利用课余时间阅读了一些经济类专业的书籍，帮助自己理解什么是经济学、经济学是学什么的。幸运的是，阅读了几本相关书籍后，我对经济学的兴趣逐渐被唤起，越来越觉得自己适合这个专业。

现在，离我做出这个决定已经过去了一个学期。大二上学期，我坚持通过专业课学习、非正式咨询、多方收集资料等方式挖掘自己的专业兴趣。目前看来，经济学是我被隐藏的心之所向。虽然我无法确定这个思考半个月做出的选择是否对我今后漫长的生涯发展是最优的——这个问题的答案或许要到我步入工作岗位时才能确认，但是我已经做出了现阶段最适合自己的决定。

记得有位优秀学长说过：“很少人能在某一时期的选择下从一而终，而处于青年时代的我们就更难了。”高考填志愿是如此，大学的专业选择也是如此。这次经历让我明白，推翻自己过去的选择并不可怕，可怕的是不敢推翻自己的既定选择，因为那样会让我们在错误的路上越走越远。或许未来，我会再一次发现更好的选择；但我相信因为这次经历，在那时我会有足够的勇气重新选择，再为自己开辟一条新路。

于佳琪对自己的霍兰德职业兴趣类型进行分析，最终做出了理性的专业选择，毕业后直博到北京大学经济学专业。而她使用的工具正是笔者接下来要介绍的霍兰德职业兴趣理论。

美国著名心理学家霍兰德提出的职业兴趣六边形模型，是职业兴趣理论中最受关注和肯定的。他编制的量表是当今应用最广的职业测评量表之一。根据他的理论，个体的职业兴趣可以影响职业满意度。调查也表明，个人的职业满意度在很大程度上取决于个人兴趣和职业环境的匹配程度。

霍兰德职业兴趣理论有四个核心假设：

（1）根据人格特质及兴趣倾向，人可以分为六大类，即现实型（Realistic Type，R）、研究型（Investigative Type，I）、艺术型（Artistic Type，A）、社会型（Social Type，S）、经营型（Enterprising Type，E）、事务型（Conventional Type，C）。这既是兴趣类型，也是人格类型，因为霍兰德认为职业兴趣的选择反映了个体的人格特征。

（2）职业环境也可以分成与人格特征相对应的具有同样名称的六大类型。

（3）人们寻求能够与自己兴趣、能力相匹配的职业环境，如艺术型的人喜欢在艺术型的职业环境中工作，而现实型的人倾向于寻找现实型的职业环境。

（4）兴趣与职业的匹配程度决定了个体的职业满意度、稳定性和成就感。

通过广泛细致的调查研究，霍兰德给出了每种兴趣类型的特点。

（1）现实型（R，又称实践型）。具有此类倾向的个体往往身体技能及机械协调能力较强，常常沉浸于工具与技术的世界中。他们稳健、务实，喜欢从事规则明确的活动及技术性工作，热衷于亲自动手操作，具有较强的实践能力，对人际交往及人员管理、监督等活动不太感兴趣。他们倾向于选择的职业有：需要熟练技能的职业、动植物管理方面的职业、机械管理方面的职业、生产技术方面的职业、需要手工艺技能的职业、机械装置与运转方面的职业等。

（2）研究型（I，又称调研型）。具有此类倾向的个体喜欢理论思维或偏爱数理统计工作，能够对解决抽象问题投入极大的热情。他们通常倾向于通过思考、分析来解决难题，而不一定落实到具体操作上；他们往往是好奇的、聪明的、内省的且具有批判性的，喜欢具有创造性、挑战性的工作，不太喜欢固定程式的任务，独立倾向明显。他们对于人员管理及人际交往不太感兴趣，倾向于选择的职业有：分析员、设计师、科学家、学者等。

（3）艺术型（A，又称创意型）。具有此类倾向的个体对具有创造、想象及自我表现空间的工作表现出明显偏好。他们具备一定的创造力，特立独行，乐群性较低，不喜欢结构化程度较高的任务及环境，对机械性及程式化的工作毫无兴趣。艺术倾向明显的个体善于自我表现，具有丰富的想象力，直觉力较强，敏感而开放。他们倾向于选择的职业包括各类艺术创作的工作，如美术、音乐、舞蹈、戏剧等方面的职业。

（4）社会型（S，又称社交型）。具有此类倾向的个体喜欢以人为对象的工作，通常言语能力优于数理能力，善于表达，随和、乐于与人相处，愿意帮助他人，具有人道主义倾向，责任心强。他们习惯于通过商讨或调整人际关系来解决问题，不太喜欢以机械和物品为对象的工作。他们适合从事咨询、培训、辅导、劝导类工作，倾向于选择的职业有：学校教育及社会教育、社会福利事业、医疗与保健、商品营销方面以及各种直接为人服务的职业。

（5）经营型（E，又称企业型）。具有此类倾向的个体喜欢制订新的工作计划、事业规划以及设立新的组织，并为有效发挥组织作用而积极开展活动，喜欢影响、管理、领导他人；他们自信，精力充沛，具有强烈的支配欲和冒险精神，并有较高的成就需求；

不喜欢具体、精细或需要长时间集中精力的工作。他们倾向于选择的职业有：推销员、企业经理、政治家、工商与行政管理人员等。

（6）事务型（C，又称传统型、常规型）。具有此类倾向的个体喜欢高度有序、要求明晰的工作，对于规则模糊、自由度大的工作不太适应；习惯于服从，忠诚可靠，偏保守；在工作中与人交往时会保持一定的距离。工作仔细、有毅力，做事有条理、责任心强；对社会地位、社会评价比较在意，通常愿意在大型机构中从事一般性工作。他们倾向于选择的职业有：银行职员、图书管理员、会计、出纳、统计人员、计算机操作人员、办公室职员等。

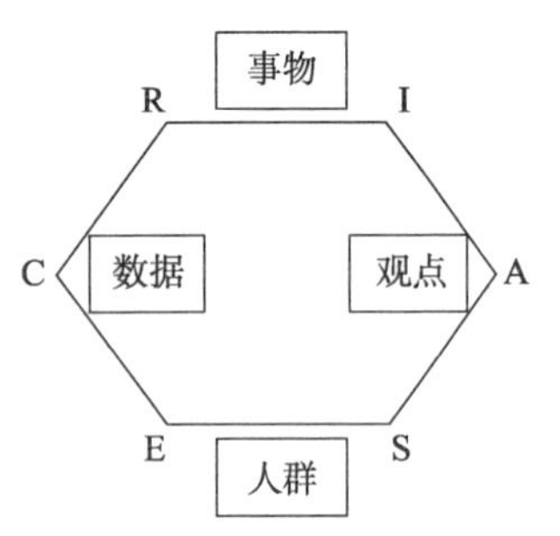

图 2-3　霍兰德职业兴趣六边形模型

在六种兴趣类型的人群中，R 型、I 型的人对事物较为关注，E 型、S 型的人对人群较为关注，C 型的人对数据较为关注，A 型的人对观点/观念较为关注（见图 2-3）。

不过，霍兰德所划分的六种兴趣类型并不是并列的，而是有着明晰的边界。如果个人的兴趣与职业一致性高，就可以达到人职协调；一致性中等，则为人职次协调；一致性低，则会出现人职不协调。

根据上面介绍的六种兴趣类型及其特点，你能从中发现自己的兴趣类型吗？如果还不清楚的话，可以通过学校招生就业处等部门的相关测试，结合学习生活中的一些事例进行分析，相互验证并进一步探索。

例如，中学课本中有一篇节选自《论语》的文章，记录了孔子与弟子们讨论各自的人生志向，现抄录如下：

“点，尔何如？”

鼓瑟希，铿尔，舍瑟而作。对曰：“异乎三子者之撰。”

子曰：“何伤乎？亦各言其志也。”

曰：“莫（暮）春者，春服既成；冠者五六人，童子六七人，浴乎沂，风乎舞雩，咏而归。”

夫子喟然叹曰：“吾与点也！”

这段内容明显地体现了孔子 S 型（社会型）与 A 型（艺术型）的职业兴趣倾向。

再如，2023 年获得多项奥斯卡大奖的传记片《奥本海默》中的主人公奥本海默，他在 20 世纪初物理学理论伟大革命的尾声进入量子物理学领域，探索了许多新的方向。他精力旺盛但过于小心翼翼，不喜欢在特定问题上深耕下去；他不擅长做实验，因此在求学时饱受折磨，但最终带领一支庞大的团队完成了人类历史上最重要的科学实验工程之一；他富有魅力，但因直言不讳、口无遮拦，得罪了许多不该得罪的人；他的科学研究晦涩艰深，但他一直热爱诗歌，在他的同事们认为是浪费时间的地方，他都从中获得心灵的安宁。以上对其特点的描述，对应的是他 AEI 型的职业兴趣倾向以及 R 型职业兴趣倾向偏弱的特点。

开展职业兴趣探索后，有些学生感到很欣慰：自己的兴趣（如R型）与所学的专业（如机械工程）是一致的，说明自己选对了。另有一些学生则感到郁闷：自己的兴趣（如S型）与所学的专业（如材料工程）在霍兰德职业兴趣六边形模型中正好处于对角线的两端，说明自己可能选错了专业，那么是否应该马上申请调换专业呢？

这里需要提醒三点：

（1）课堂上的测试不一定准确，还需要通过其他方式进行验证。

很多学生的爱好集中在玩游戏、动漫、电影/美剧、音乐/听歌等，其中大多数同学并不具备相关的职业兴趣，而是通过这些爱好来缓解紧张情绪。另外一些学生虽然拥有钢琴十级等艺术特长，但这并不是他们真正的兴趣，而是家长为他们指定的。有些同学甚至说，自从通过了钢琴十级考试，就再也没有碰过钢琴。

你真正的兴趣是什么？如果根据上面介绍的六种兴趣类型及其特点，你仍然无法确认自己的兴趣类型，可以仔细思考以下这些问题。

①“我的白日梦”：请列举三种你现在或曾经非常感兴趣的职业（排除所有现实的考虑）。这些工作的哪些特征吸引着你？

②请回忆三次做某件事情时令你感到快乐或满足的经历。请详细地描绘这三个画面，是什么令你感到如此快乐/满足？

③从小到大，你担任过哪些职务？其中你喜欢哪些，又不喜欢哪些？请具体说明原因。

④你最喜欢看哪种杂志？这些杂志中的哪些部分吸引你？或者，如果你去图书馆看书，通常会停留在哪类书架前？（不考虑学习需要的因素。）

⑤你最喜欢看哪几类电视节目？这些电视节目中有什么吸引着你？（不排除仅仅是为了放松或娱乐。）

⑥你喜欢浏览哪类网站？喜欢看网站的哪部分内容？它们属于哪个专业领域？

⑦在休闲时，仅仅出于兴趣的考虑，你最想做什么或学什么？其中又是什么吸引着你？

⑧你最喜欢的科目是什么？为什么喜欢？（排除不喜欢某位老师等因素。）

⑨生活中某些时刻，我们会因为全神贯注于做某件事情而忘记时间。什么样的事情会让你如此专注？

如果回答了以上所有问题后得到的答案仍是一致的，比如你喜欢和别人在一起，喜欢帮助别人、与人合作，充满热情、关心他人，而你目前所学的专业或指向的职业需要的是有动手能力的人或喜欢在工作中接触实物（如机械、工具、设备和动植物）的人，在这种情况下，你就需要认真考虑自己所学的专业是否符合自己的兴趣。

（2）即使确认了你目前所学的专业与自己的兴趣相悖，仍然要慎重考虑是否需要调换专业。目前，我国高校对学生调换专业有较为严格的规定，往往要求大一学年成绩排在本专业前三名或前5%的学生才可以申请调换专业；这使得大部分因对所学专业不感兴趣而申请调换专业的学生不能如愿。在这种情况下，一些学生选择退学后再次参加高考。对此，笔者要奉劝各位一定要慎重。因为高考毕竟有很多不确定性；万一高考失利，学生失去的不仅仅是一个较好的学习平台（初次考取的大学），还有一两年的宝贵时光。大家在做最后的选择时必须充分考虑失败带来的风险。

（3）职业生涯规划并非建议大家“非感兴趣的专业不学，非感兴趣的工作不做”，而是根据自己当时面临的情况“审时度势”，做出最理性的选择。

2.2 案例阅读

左侧二维码案例的作者郑茜是985高校H大的本科生，专业为学校的主流专业导航制导与控制。虽然她对所学专业高度认可，但由于职业兴趣不匹配，她在学习专业课时感到很吃力。经过系统的自我探索，她终于做出了艰难的决定：放弃原来的专业，发挥自身优势，最终成为字节跳动的一名产品经理。

中国台湾学者金树人教授提出了职业兴趣的“落地生根”概念，对学生应该会很有启发。金教授在研究中发现，不少人的卓越成就并非一直按照自己的兴趣学习、工作而获得，而是在自己不太感兴趣的学习领域获得了专业的知识与技能，再将这些专业知识与技能应用于自己感兴趣的领域，最终取得了那些一直致力于自己感兴趣的专业领域的人们难以取得的成果。金教授举过这样一个例子：一位酷爱文学（A型）的植物学（R型）硕士研究生，毕业后到一家植物研究所工作。他对《红楼梦》情有独钟，利用两年的业余时间研读全书多遍，并利用自己的植物学知识写出了一篇颇有分量的红学论文，受到业内专家的高度重视及好评。

对于兴趣与专业/职业的匹配，中国台湾学者黄素菲教授提出了“霍兰德小六码”概念，可以帮助人们更好地连接兴趣与职业。比如，有学生说：“我对艺术（A型）感兴趣，但是我学的是工科（R型），应该怎么办呢？”

前面介绍过，霍兰德把世界上的所有活动大致分为六类。每类活动涵盖的范围非常广泛，但其核心特征可以大致归纳为：

- R型活动——动手操作；
- I型活动——探索真知；
- A型活动——美感创新；
- S型活动——热心助人；
- E型活动——影响他人；
- C型活动——规则高效。

其实，艺术工作类别众多，如雕塑、绘画、舞蹈、歌唱等，差别很大，为什么霍兰德将这些活动归为一类呢？因为这些活动有一些共同点，那就是与美感和创意有关。如果你能够理解到这个层面，就会发现生活处处是艺术。

如果你从事典型的R型职业——工程师，也可以在你的日常工作中体现美感。你绘制的工程图可以更加美观。其实，工程设计工作往往是R型和A型的结合。前文提到的郑茜也是在一个工科院系开展了很多A型的活动，如写文章、编辑班级相册等。还有一个不寻常的例子是孔龙震，他原本是一名卡车司机，因为每天开车看到不同的风景，后来转型成为画家。这件事告诉我们，可以在自己目前的生活中寻找美。

如果你是一位科研工作者，从事典型的I型职业，可以进行与美相关的研究，如美学研究、美术史研究，撰写类似《数学之美》《物理之美》等书籍。在这些科学研究中，人们能够获得创新、灵感和美感。同学们也可以在网上搜索中科院物理学家陈涌海吉他弹唱《将进酒》的故事。

如果你是一位教师，从事典型的 S 型职业，可以通过把自己的课件设计得富有创意和美感来体现艺术性。笔者有一位同事教授人格心理学，这实际上是一门相当抽象的课。他在课堂上模拟不同人格的表现，具有很强的表演性，学生们总是被他逗乐。大家认为他的第一职业应该是“段子手”，只是偶然进入了教师队伍。这些其实都是 A 型职业兴趣的体现。

如果你从事典型的 E 型职业，涉及跟商业和管理相关的工作，那么从事艺术品交易、商业推广等方面的工作可以发挥 A 型职业兴趣的优势。通过了解“管理美学”这一学科，能够发现管理学和美学都是让世界变得和谐美好的一种途径，在某些方面是殊途同归。

如果你从事典型的 C 型职业，比如秘书，体现美的途径多种多样：可以将文件排版做得简洁美观，将办公桌装饰得雅致。

这些观点在生涯辅导领域已有广泛应用。黄素菲教授提出，每个大的六角都隐藏着一个小六码。

比如以教学为主的教师是典型的 S 型职业。然而，教师这个群体中人们从事的工作有很大不同。

研究型大学中的教师除了授课，更多的时间用于科学研究，需要进行调研并撰写论文。职业兴趣为 IS 型的人在这方面工作会更加游刃有余。

教育工作者中有一些主要为学生和教师服务的岗位，如教务系列需要处理烦琐的手续、审批程序等工作，更适合职业兴趣为 SC 型的人来担任。

有些老师教舞蹈、音乐等艺术类课程，工作中更多的是与美感相关的活动，教学活动中强调求新求变、力求创新。前几年有位特别火的研究生辅导班老师张雪峰就是 SA 型。

当然，工科、理科实验室的老师需要动手操作仪器设备，跟实物打交道较多。这类老师适合由 SR 型的人来担任。

教师队伍中 E 型者也不少见。中小学校长、教导主任的主要工作不是教书，而是从事管理，需要的是影响力。负责学生社团相关工作的老师，一边进行教学，一边担任培训师或开办咨询公司的老师，都具有相当强的 E 型特征，更适合由 SE 型者来担任。

了解了霍兰德职业兴趣六边形模型的核心含义、金树人教授的“落地生根”概念以及黄素菲教授的“霍兰德小六码”概念，你的职业发展思路是不是更加开阔灵活了呢？从原先刻板的归类到现在灵活多变的应用，是否也让人感受到一些艺术感和美感呢？

不少大学生甚至研究生并没有理解一些职业的真正内涵，对从事某项职业所需要的职业兴趣倾向并不清楚。比如，一些学生喜欢打游戏，就想到要学习计算机或软件工程专业；一些学生喜欢旅游，就觉得当导游正好可以一边旅游一边挣钱。这都属于对职业内涵不清楚，没有厘清个人兴趣与职业兴趣的关系。

一个人的兴趣在某种程度上与其职业兴趣是一致的。比如，喜欢与人交往的人，往往不仅喜欢与人打交道的工作，平时也会喜欢与朋友一起参与娱乐活动。然而，并非所有的个人兴趣都能转化为职业兴趣，也许作为一个业余爱好会更好。虽然很多学生都喜欢玩游戏，近年来电子竞技发展迅速，我国选手也屡获世界冠军，但真正能成为职业玩家的人相对于人口总量和整个行业来说人数较少，通过玩游戏成为游戏开发人员的更是凤毛麟角；而且职业选手的从业时间非常短，往往在 20 多岁时就不得不面临职业转型。旅游主要是个人与风景或人文环境的互动，而当导游更多的是协助游客拥有更好的旅行体验，与对应的职业兴趣类型有显著差异。

总之，兴趣是人们学习、工作的重要驱动力。然而，职业兴趣并不能仅凭一堂课、一次练习来确定。课堂学习更多的是引发学生对自身职业兴趣的探索与思考，这是最终确定自身职业兴趣非常重要的开端。此外，虽然兴趣是影响学生专业选择的重要因素，但绝非唯一因素；个人的性格、价值观、能力乃至社会机遇等都会对最终选择的职业有深刻的影响。最终的职业选择是以上各种因素综合作用的结果。

2.4 素质能力与工作胜任力的匹配

2.4.1 能力初探

如果提到某位学生“能力很强”，你会认为他/她是怎样的人？在课堂上，不同班级的学生给出的答案竟然一致：“他/她是学生干部”“他/她的组织能力很强”“他/她口才很好”，所指的几乎都是社会交往能力、人际交往能力。

能力的内涵十分丰富，既包括学生提及的社会交往能力、人际交往能力，也包括诸如绘画、表演等艺术方面的能力，以及打球、滑雪等体育方面的能力，更包括几乎人人都需要的学习能力、适应能力等。心理学中的能力是指人们成功完成某种活动所必须具备的个性心理特征。“必须”意味着如果不具备一定的能力，相关的活动就无法进行。虽然笔者前面提及的性格、气质等个性心理特征也会影响活动的进行，但它们往往并非必要条件，其作用只是使不同个体的活动带有各自独特的色彩而已。

在确定自己未来从事的职业时，必须了解自己的能力及与相关专业的匹配程度。

当在课堂上讨论能力时，不少学生会说：“我从小到大都没当过学生干部，没什么能力。”这是大家对能力的狭隘理解造成的。下面的练习可以帮助大家探索个人的能力。

课堂活动

分享“我的光荣史”及评选“班上的牛人”

活动目标

通过回忆、描述和分享曾经带给你最大成就感的事件，发现你的能力所在；通过小组及班级的分享，评选出大家心目中的“最牛”同学，并据此分析这些“牛人”的能力。

活动准备与要求

1. 写下你做过的带给自己巨大快乐和成功感的 5～7 件事情。

2. 每件事情包括以下内容：你要达到的目标是什么，完成这件事情的障碍是什么，你具体做了什么，取得了什么成就，用什么能够度量你的成功。

3. 提前准备，留有充分的时间考虑并按照要求写下来，填入表 2-5。

表 2-5 技能探索表 1

	要达到的目标	障碍	具体做了什么	取得了什么成就	体现了你的哪些素质能力
1					
2					
3					
4					
5					
6					
7					

活动过程

1. 在小组中分享每个人曾经历的成功事件。
2. 每讲完一件事，说明完成这件事所运用的几种能力。
3. 每个成员在分享别人的成功喜悦时，也指出完成这件事情用了哪些技能。

课上学生分享的光荣历史真是五花八门、精彩纷呈：既有成绩优异、考上理想的著名大学、参加竞赛获奖等能够获得社会认可的荣誉事件，也有学习上不让父母操心、能够为父母做饭、经济完全或部分独立等个人成长事件；既有小学二年级拼好魔方、中学读完整本英文书、掌握乐器演奏等需要较强学习能力及天赋的事件，也有成功解决家庭矛盾、交到好朋友、学会烧菜、独自旅行等需要人际交往能力和社会交往能力的事件；既有成功减肥、保持良好的学习及生活习惯等体现毅力的事件，也有克服性格缺陷、主动适应新环境等体现挑战自我的积极心态的事件；等等。

通过分享，很多学生觉得自己的能力挺强，还有不少学生发现了自己的"新能力"。很多学生为班上有这么多"牛人"而感叹，并因此为自己树立了更高的目标。

如果不太能够找到"成就事件"或者"光荣历史"，还可以从 SIGN 模型的角度思考自己的能力优势。SIGN 模型的提出者是马库斯·白金汉，他在《现在，发现你的职业优势》中详细描述了如何发掘自己的能力优势。

"SIGN"（信号）是由 Success、Instinct、Grow、Need 四个单词的首字母组合而成的。这意味着，通过关注"信号"进行思考，就能够找到自己的优势所在。具体应用如下：

Success——你在某个方面自我效能感强，你有信心做成功。

- 跟别人聊什么话题让你更有信心？
- 你在哪些方面能够指导别人？
- 别人常常向你请教哪些方面的问题？
- 你在做什么事情的时候，不会感到焦虑和担心？

Instinct——在某些事情上，开始之前你就会感到迫不及待，直觉上想要尝试。

- 你在什么事情上很少拖延？
- 在完全没有工作任务的情况下，你会主动去做什么事情？
- 你宁愿放弃休息时间也要去做的事情是什么？

Grow——在做某些事情的过程中，你很专注、求知欲强，学得很快。

- 做什么事情会让你感到时间过得飞快，沉浸其中，甚至忘记了吃饭？

- 做什么事情的时候，会让你暂时忘记“刷手机”？
- 你做什么事情不容易感到疲倦？

Need——在做完某件事情之后你有真实感和满足感。

- 做什么事情让你觉得“无论结果如何，做这件事本身就是一种奖赏”？
- 做什么事情让你有“如愿以偿”的感觉？

请找一个安静的地方，画一个大大的田字格。每个格子代表一个字母，在每个格子里写上若干件事情。可以从你上学时期开始回顾，将所有记得的属于这四类的事情都列出来。当然，有的事情可能会被重复填写到不同的格子里，说明这件事情具备四种属性中的多种，属于你的优势的可能性很大。你还可以逐步提炼这些具体事件，寻找它们的共同点，如“善于交朋友”“体力好”“组织安排事情井井有条”“动手能力强”等。在某些事情上你感到自己很强大，循着这样的方向很可能找到自己的优势。

当然，你还可以去问问周围你信任的师长和朋友以下几个问题：

- 你觉得我身上有什么优点？为什么？（请他列举具体事件）
- 你觉得我身上有什么不同于别人的特质？
- 你最欣赏或者佩服我哪些方面呢？
- 在你看来，我做什么事情的时候最兴奋、最忘我？
- 我曾经做过的哪件事情让你印象深刻？

如果你很难找到自己的优势，似乎什么都做不好，很可能是你的“对待”方式不对。在根据以往个人经验评估自己的优势时，对自己的判断可能是正确的，也可能是误判的。如果你怀疑自己在某些方面的能力，就要考虑这种怀疑是怎么形成的，是不是受到了环境的极大影响？当时的环境是不是不太适合你？有没有其他方法可以去发展这些能力？你还有哪些从未被挖掘的能力呢？因此，继续发掘你的能力的唯一办法就是多去尝试，直到找到它。

2.4.2 能力的内涵

那么，为什么一开始问及能力时，学生的回答都集中在很小的范围呢？大家为什么对能力如此有偏见呢？这可能源于对能力的理解存在局限性。

从定义来看，能力是一种个性心理特征，具有经常性、稳定性等特点，是影响活动效果的基本因素。能力的高低会影响一个人从事活动的速度、难易程度和巩固程度。一个具有较强动手能力的人，学习工程专业会觉得容易些，掌握得也更快，这是因为他所具备的能力与所从事活动的要求相匹配。

能力分为一般能力和特殊能力。前者是指符合许多基本活动要求的能力，如学习能力、记忆能力、观察能力等；后者是指符合某种专业活动要求的能力，如乐器演奏、体育竞技中所需的各种能力。不同的职业岗位既要求具备一些一般能力，也要求具备某些特殊能力。

在能力和知识的基础上，通过反复练习而形成的相对稳定的行动方式称为技能。不同的职业会有不同的职业技能要求。职业能力是一个人有效完成特定职业活动所必需的各种能力特征的总和，既包括个人在接受教育和培训之前的能力倾向，也包括个人在社会生活中积累的职业经验，以及通过教育和培训获得的学识与技能等。

潜能即能力倾向，具有潜在性、适应性、容纳性、可能性等特点，具有遗传方面的特征，同时包含经过训练后发展的潜在可能性。技能和潜能是用人单位特别感兴趣的，简而言之，既包括你现在能做什么，也包括你将来的职业发展潜力，即你是否有可能承担某些工作。

一般来说，职业对任职者的能力要求主要体现在技能层面。技能分为专业知识技能、自我管理技能和可迁移技能。

专业知识技能：是指那些需要通过学习才能获得的特殊知识或能力，这些技能涉及你学习的专业和课程。例如，律师这一职业需要系统的法律专业知识，工程师这一职业需要专门的工程专业知识，会计这一职业需要全面的财务管理知识。专业知识技能需要经过一段时间有意识的、专门的学习才能掌握，而且不能轻易迁移。例如，如果没有额外的训练，即使是一位经验丰富且成功的律师，也往往不能胜任普通工程师的职位；即使是一位资深的高级工程师，也无法承担初级会计的工作。

自我管理技能：经常被视为一种个性品质，而不是技能，因为它常被用于描述或说明一个人所具有的某些特征。这类技能可以从非工作领域迁移到工作领域，有助于推销自己，是职业成功所需的品质。

可迁移技能：也称通用技能，是指职业生涯中除岗位专业能力外的基本能力。这种能力适用于各种职业，能够适应岗位的不断变换，并伴随人的终身发展。在德国、澳大利亚、新加坡及中国台湾地区，这种能力被称为“关键能力”；在美国，这种能力被称为“通用能力”；在全美测评协会的技能测评体系中，这种能力被称为“软技能”。可迁移技能的特征可以从生活的方方面面，特别是在工作之外得到发展，并且可以应用于不同的工作。在职业规划中，可迁移技能是需要最先和最详细叙述的，也是最能持续应用和最值得依靠的技能。专业知识技能的应用都是建立在可迁移技能的基础之上。

在企业招聘中，可迁移技能往往先于专业知识技能被考核。在大多数情况下，可迁移技能不足的应聘者没有机会进入下一轮针对专业知识技能的筛选面试。笔者曾对1000多家用人单位进行调查，结果表明：用人单位最看重的本科毕业生素质与能力中，责任心、团队精神、道德诚信、沟通能力、学习能力、创新能力、抗压能力等排在前几位。用人单位认为本科毕业生最有待提高的素质与能力中，排在最前面的分别是团队精神、沟通能力、责任心、抗压能力、创新能力和自我管理能力。

显然，目前大学生的自我评价与用人单位的要求存在一定的差距。学校及学生看重的学习成绩和外语成绩得分都不高，学校在很大程度上仍然以分数高低来判断学生，而用人单位看重的能力如团队精神、道德诚信等都难以通过分数来衡量。

技能主要通过后天学习获得，可以通过练习加以强化，并通过过去取得的成绩来验证。接下来，笔者将根据西德尼·法恩（Sidney Fine）和理查德·博尔斯（Richard Bolles）的分类，从三个方面对能力进行探讨。

（1）内容性技能：是指那些需要通过教育或者培训才能获得的知识或能力。前文介绍的专业知识技能属于内容性技能。理查德·博尔斯将内容性技能分为三大类（见表2-6）。

表 2-6 内容性技能举例

数　据	人	事　物
数字	儿童、老人、年轻人	机械、设备
统计	客户、顾客	材料、金属、布料
书面记录	学生、工作人员	森林、矿物、土地、植物、水、空气
开支	残疾人	产品、工具、计算机

福特汽车公司首席专家路易斯·罗斯（Louis Ross）曾说过，在信息时代，“对你的职业生涯而言，知识就像鲜奶，纸盒上贴着有效期。如果时间到了，你还不更新所有的知识，你的职业生涯就会腐朽”。人的一生中，从获取知识的途径来看，学校学习只占大约10%，而 90%的知识来自学校之外。因此，大学生应特别关注社会实践、兼职实习等其他方式。通过各种途径获得的知识、产生的感想或引发的思考等都可以构成内容性技能。

（2）功能性技能：是指完成某件事情的程序或方法。平时所说的组织、分析等能力就是功能性技能，其重要特点是可应用于多个领域，也称为可迁移能力。如果具备了组织能力，既可以用在学生活动中，也可以用在企业会议安排中。理查德 · 博尔斯将功能性技能分为三类（见表 2-7），对每一类都从低到高列出了不同的标准。

表 2-7 常见的功能性技能举例

数　据	人	事　物
应用创新	谈判、领导	工艺制作
分析预测	说服、沟通	拆装组合
计算、推理	影响、协调	设计绘制
归类、分解	与人相处	驾驶操作
收集、整理	服从、执行	使用工具

（3）适应性技能：用于描述或说明个体所具备的某些特征，体现了个体在完成一件事情时的态度、情绪等，更像是个人品质而非单纯的技能。适应性技能与内容性技能不同，很难仅通过学校课程学习获得，应由家庭、学校和社会全方位培养。

适应性技能是职业成功所需的重要品质，能够帮助个人更好地适应周围环境，因此在职场中的作用日益突出。在招聘中，越来越多的用人单位更加重视面试，考官会通过肢体语言、面部表情、语速语调等方式了解应聘者，甚至通过一些模拟场景来考察应聘者的适应性技能，从而挑选出企业所需的人才。

调查发现，接受过高等教育的应聘者普遍具有较强的内容性技能，入职较为顺利；职场中发展较好的往往是那些拥有良好适应性技能（如情绪稳定、热情、细致等）的员工。内容性技能很强但适应性技能较弱的应聘者，可能会在工作中受挫。因此，很多人认为，内容性技能和功能性技能使人得以录用，而适应性技能使人得以晋升。

在三类能力中，比较容易衡量的是内容性技能。然而，由于知识、信息的快速更新，在当前的职场上，功能性技能和适应性技能显得更加重要。这也为人们提供了跨越自己所学专业，在更广泛的范围内选择职业的机会。

在工作中衡量一个人的能力，往往需要综合考察三类技能。下面先来看一家移动通信设备制造公司在其网站上发布的招聘启事。

销售专员：要求一年以上IT及手机终端等销售管理经验；具有良好的职业操守和团队合作精神，较强的应变能力、观察力及沟通能力；责任心强，具备协调能力，熟悉电信营业厅运营管理；熟悉店铺运营流程，具备产品陈列技能；熟悉电脑基本操作；有亲和力，谈吐优雅。

这则招聘广告中涉及的能力有观察力、沟通能力、管理能力、合作能力、协调能力、陈列能力、计算机操作能力、销售能力、应变能力等，这些能力都是销售专员这一职位对应聘者的要求。能力探索能够让人们清楚地了解自己的能力构成，以便确定自己是否符合招聘职位对能力的要求。其中，内容性技能有基础的IT知识和销售知识。功能性技能有观察力、沟通能力、管理能力、合作能力、协调能力、陈列能力。适应性技能有应变能力、责任心、亲和力。

根据美国全国大学与雇主协会（National Association of Colleges and Employers）的调查，美国雇主最重视的技能按顺序排列如下：①沟通能力；②积极主动性；③团队合作精神；④领导能力；⑤学习成绩；⑥人际交往能力；⑦灵活性/适应能力；⑧专业技术；⑨诚实正直与工作道德；⑩分析和解决问题的能力。从中可以看到，①、④、⑥、⑦、⑩属于功能性技能，②、③、⑨则是适应性技能，而内容性技能仅有⑤和⑧。

内容性技能是工作的基础，功能性技能是对知识的运用，适应性技能是对功能性技能的管理。如果将技能比作一艘船，那么内容性技能好比船板，功能性技能宛如船桨，适应性技能则如风帆。大学生若想学有所成，就要努力协调发展这三类技能。

2.4.3 工作胜任力

事实上，未来进入职场时，用人单位最关心的是应聘者对所应聘职位的胜任力。

胜任力的概念是美国学者麦克利兰（McClelland）于1973年提出的。他主张用那些对人在某一特定工作中的绩效表现有直接影响的特征测试，代替智力和能力倾向测试。胜任力是与工作/工作绩效或生活中其他重要成果直接相关或相联系的知识、技能、能力、特质或动机。这些要素的关系可以通过胜任力冰山模型直观地看到（见图2-4）。

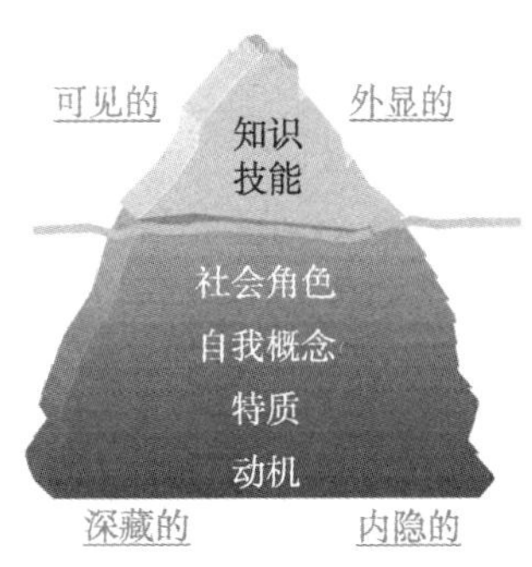

图2-4　胜任力冰山模型

胜任力冰山模型中的知识是指个人对特定领域的了解；技能是指个人将事情做好所掌握的能力；自我概念是个人对自己的看法，即内在自我认同的本我；特质是指个人持续而稳定的行为特征；动机是行为的动力，引发并推动人们朝着特定目标努力。对于工作绩效而言，知识和技能就像冰山露出水面的部分很容易被人们观察到，社会角色、自我概念、特质、动机等埋在水面之下的部分虽是最重要的，却经常被人们忽视。这是很多学生在提到自己的能力优势时容易感到困惑的原因：觉得自己没有获得什么奖项、没有拿到什么证书，就没有能力优势。其实，自我认识清晰、性格温和、人缘好、做事认真等都是一个人的能力优势，或者说是工作胜任力的重要组成部分。

2.4.4 技能的培养与提升

在分享完“我的光荣史”及评选完“班上的牛人”之后，请填写表 2-8。

表 2-8 技能探索表 2

1. 我用得最多的技能是：
2. 我从来没有用到的技能是：
3. 我渴望的职位所要求的技能是：
4. 我需要提升的技能是：

填完这张表格后，不少学生有些泄气：“我需要提升的技能太多了！”

不过，没关系——大家还有几年时间才会真正进入职场，接下来的大学时光为大家提供了提升能力的充足时间和诸多机会。课堂上的能力探索能够让大家全面了解自己的“才”，同时大家也要明白在职业世界中，对能力的要求是复杂的。成才的关键在于以发展的眼光看待并提升自己的能力，若不知如何做，可以从以下几方面着手。

1. 通过实践拓展和提高自己的能力

职业所要求的能力大多要靠后天努力才能完善，其拓展与提高的关键在于平时的实践。

2.3 案例阅读

左侧二维码案例中的北航 2018 级本科生陈龙，入学后就给自己贴上了“小镇做题家”的标签，大一时很不自信。好在，在老师的帮助下，陈龙从自卑、迷茫转变为勇敢面对和积极参与，最终顺利保研，继续在自己喜欢的专业学习。

必须承认，在现行高考制度下，绝大部分高中生都将主要的时间、精力用于解题相关的技能方面，对于其他方面的能力着力较少。进入大学后，在学习理论知识的同时，学生则要逐渐根据自己未来的职业发展目标，努力培养提升相关的能力。不具备一定的技能有时是因为没有接触过，如熟练使用电脑，编程等，只要认真学习有关知识，不断练习，就能逐渐掌握这项技能。如果对某方面的能力不自信，首先要鼓励自己大胆地尝试：你可能会发现自己表现不佳只是因为之前一直没有机会或没有胆量去展示。

能力探索让学生了解了自己的能力，但是能力毕竟不是说说就能提高的，要敢于实践多实践，这样能力的提高才会指日可待。在大学期间，培养能力的方式多样，如参加科研活动、学科竞赛、社团活动及学生会工作等。一位大一寒假参加了美国数学建模大赛的学生谈道：“通过参赛，我对团队有了更深入更切身的体会。团队中的每个人都应该尽己所能为团队做贡献，每个人的分工没有高低贵贱之分，都会对团队产生巨大的作用。”一位大一暑期就走进实验室参与科研工作的工科专业女生，在导师的指导下阅读相关文献、参与科学实验、参加科技竞赛，为接下来的专业学习打下了很好的基础；她在大二、大三期间不断地提升自己，获得多项国家级、省级比赛大奖，以优秀等级结题两个国家大创项目，有三项国家发明专利，被免试保研。大学生还可以通过参与志愿活动、暑期实习等提升各种功能性技能。

2. 根据职业岗位的要求整合自己的素质与能力

一位在学生时代拥有丰富社团活动及学生工作经历的硕士毕业生阿轩，在回顾自己学生时代时写道：

我不是一个天才，只是一个从小康家庭出来的努力者。也许学弟学妹们会觉得，毕业后从事专业技术工作，读书时做那么多学生工作、实习，有用吗？我的体会是：那段用心投入的时光，走得实、走得稳，必有所得。这些经历中锻炼到的各类能力，学到的诸多知识，强化的心理与思考，都化作了自己生命的一部分，陪伴着通往未来。并且，自己知道自己的选择是经过仔细思考的，如果再重来一次，还是会做出相同的选择，不会有后悔的念头，心安理得、问心无愧。而且，我在工作中也因为这些综合素质的提升，得到了更多的机会。

如果把人生比作登山，读书时一定是爬山的过程，是一个经历各种各样新鲜事物的过程，这些积攒下来的体验，会成为培育心灵的沃土，会成为过冬时的燃料，会让你觉得不虚此行。比如可以经历的事情：

①学生工作：社团或学生会，一伙人围在一起，拼尽全力促成一些事情的成功，这也太美妙了。②学习：大学，大不了自学。大学时学的知识，可能后续用不上，但培养的学习模式和方法论，是可以受用终身的。有余力学点心理学、管理学，不会有坏处的。③恋爱：学生时代的恋情，“情，心上青梅， 年老仍记年少涩”。④旅游：社会对学生还是比较友好的，新鲜的视角，充足的时间，可以尽情体验大好河山。⑤实习：企业对学生比较宽容，比起进了单位犯错留下不好的第一印象，不如实习先蹚雷，也方便知道自己到底喜欢啥样的工作。⑥社会实践：走出象牙塔，看看这社会。

事实上，职业活动不仅需要某种能力，还需要整合多种能力。人们不可能仅凭一种能力就胜任某种职业，但每种职业都会特别强调某种能力。例如，文秘工作需要的能力有语言沟通能力、资料处理能力、创造力、基本的电脑维修能力、会议的组织与安排能力，但其核心职业能力仍是资料处理能力。

对于那些目前还不具备的能力，同学们应认真思考原因：是自己确实没有这项能力且在短期乃至较长时间内都难以具备，还是缺乏意愿或动力不足？正如孟子所言：“是不为也，非不能也。”对于那些已经拥有的技能，同学们应琢磨哪些可以做得更好，哪些目前难以再提升。可以根据表 2-9 的内容进行练习。

表 2-9　技能提升表

我梦想中的职业		
功能性技能	我已经拥有的	
	我仍需发展的	
内容性技能	我已经拥有的	
	我仍需发展的	
适应性技能	我已经拥有的	
	我仍需发展的	

关于技能的提升与培养，美国佛罗里达州立大学的心理学家安德斯·艾利克森（Anders Ericsson）在这个领域潜心研究了几十年。他在研究了一系列行业或领域中的专家级人物（如国际象棋大师、顶尖小提琴家、运动明星、记忆高手、拼字冠军、杰出医生等）后发现，不论在哪个行业或领域，提升能力最有效的方法均遵循一系列普遍原则。他将这种通用方法命名为“刻意练习”。所谓专家级水平都是按照这个原则逐渐练出来的。这一发现已在《刻意练习》这本书中详细介绍；著名的“一万小时定律”就出自这本书。

所谓“一万小时定律”是指在生活中，打球、开车、弹琴、烹饪等技能，以及写作、销售、编程、设计等工作能力，都离不开大量的练习。从新手到专家的历程，要经过大概一万小时的练习。然而，“一万小时定律”仅仅强调了时间的长短，并没有告诉人们其中的细节，即还需要有方法地进行练习。例如，一位看门的大爷看大门十年，也未必能成为特别出色的保安；一个教师如果不用心教书、总是敷衍，教十年也仍然可能是一个平庸的教师。刻意练习是有方法的，主要讲究以下几个核心原则。

第一，目标明确。有效进步的关键在于找到一系列的小任务，让受训者按顺序完成。这些小任务必须是受训者目前不会做，但又可以通过学习掌握的。

第二，高度集中。完成这种练习要求受训者思想高度集中，这与那些例行公事或者带有娱乐色彩的练习完全不同。需要突破舒适区。很多人的重复练习，都是在舒适区或者娱乐状态下进行的，并没有高度集中，只是在玩，故没有技能的提升。

第三，有反馈。了解练习到哪里了，哪里需要调整。这里最好有个导师，他知道你现在处于哪个阶段，应该往哪个方向调整。

“刻意练习”的中心思想是：杰出不是一种天赋，而是一种方法。

能力是最终使人们完成某项工作的关键因素。然而，笔者在课堂上发现，很多学生认为自己能力平平、乏善可陈，这实际上是对能力的误解。总体而言，考入大学的学生都有较强的学习能力，智商也普遍较高；不少学生同时具备身体技能和人际关系技能。具备了这些基本技能，再根据自己希望将来从事的职业的要求进行相关能力的培养，在迎接职场挑战时将更加自信。

2.5　个人价值观及其与职业的关系

2.5.1　价值观及职业价值观

在生命中，你认为什么最重要？你最需要什么？你生命的意义是什么？这就是一个人的价值观。

若问什么是“好”工作，通常是仁者见仁，智者见智，莫衷一是。有人看重高薪，有人追求稳定，有人乐于竞争，有人安于清闲……什么会特别打动你，让你毅然选择某份工作？在选择职业时，你会考虑多个因素，但没有哪个工作能够满足所有的条件，而你最看重的又是什么？这一点可能会左右你的选择，这就是职业价值观。

课堂活动

我最看重的五项生涯价值

活动过程

人的一生中总有许多东西难以割舍。在同学们的生活中，同样也有一些东西非常重要。现在，请大家用五分钟时间，认真思考，然后写下你认为生命中最宝贵的五项人生价值。接下来，请同学们逐一删去你认为这五项中不那么重要的项目，最后只留一项。练习结束后，请同学们仔细思考：最终留下的是不是你生命中最宝贵的东西，这是不是你生命存在的意义？

首先要说明，这是一项探索个体价值观的练习。那么，这里的价值是指什么呢？为什么会认为有的事物有价值（意义），而有的事物没有价值（意义）呢？

价值涉及两个方面：一方面是主体的需要，另一方面是客体的某种结构或属性，二者缺一不可。客体及其属性是价值的载体，如果没有这种载体，也就失去了价值的源头。然而，如果这种载体不与人发生功能联系，只能是纯粹的自然之物，只能是事实而不表现为价值。只有当主体以自身的需要为基础对其意义进行鉴定时，才表现为价值。比如，人们习惯于将有利于人类需要的鸟称为益鸟，把不利于满足人类需要的鸟称为害鸟，其中的“益”和“害”都是相对于人类这一主体的需要而言的。

价值观是指个人对客观事物（包括人、物、事）以及对自身行为结果的意义、作用、效果和重要性的总体评价。它是对什么是好的、什么是应该的总体看法，是推动并指引一个人做出决定、采取行动的原则与标准，是个性心理结构的核心因素之一。价值观是人们在生活和工作中所看重的原则、标准或品质。它指向人们一生中最重要的东西，因此也是一套自我激励机制。人的价值观在形成之后相对稳定持久，此时对于很多事情就会有一个基本的评价体系。然而，随着人们经历或经验的增加，以及人生观和世界观的改变，价值观也会随之发生变化。

心理学在探求人的价值观时会用到“价值因子”这一概念。心理学界对于价值因子的分类有多种，其中罗克奇（Milton Rokeach）的分类方式为大多数人所认可。罗克奇根据“工具—目标”维度把价值因子分为终极性价值（terminal values）和工具性价值（instrumental values）两种（见表 2-10）。终极性价值指的是一个人希望通过一生实现的目标，是理想化的终极状态和结果。工具性价值指的是达到理想化终极状态所采用的行为方式或手段，是个体实现终极性价值的手段。

表 2-10　罗克奇的价值因子分类

终极性价值	工具性价值
舒适的生活（富足的生活）	雄心勃勃（辛勤工作、奋发向上）
令人振奋的生活（刺激的、积极的生活）	心胸开阔（开放）
成就感（持续的贡献）	能干（有能力、有效率）
和平的世界（没有冲突和战争）	欢乐（轻松愉快）
美丽的世界（艺术和自然之美）	清洁（卫生、整洁）
平等（兄弟情谊、机会平等）	勇敢（坚持自己的信仰）
家庭安全（照顾自己所爱的人）	宽容（谅解他人）
自由（独立、自主地选择）	助人为乐（为他人的福利工作）
幸福（满足）	正直（真挚、诚实）
内在和谐（没有内心冲突）	富于想象（大胆、有创造性）
成熟的爱（性和精神上的亲密）	独立（自力更生、自给自足）
国家的安全（免遭攻击）	智慧（有知识、善思考）
快乐（休闲的生活）	符合逻辑（理性的）
救世（永恒的生活）	博爱（温情的、温柔的）
自尊（自重）	顺从（有责任感、尊重他人）
社会承认（尊重、赞赏）	礼貌（有礼貌、性情好）
真挚的友谊（亲密关系）	负责（可靠的）
睿智（对生活有成熟的理解）	自我控制（自律的、约束的）

工具性价值和终极性价值虽有差别，却相辅相成。例如，你认真努力地完成一项工作，其工具性价值是锻炼能力，终极性价值则是获得舒适的生活；你与他人和谐交往，其工具性价值是助人为乐、博爱，终极性价值则是自尊、快乐。在探寻价值时，由于生活经历的局限，人们更容易体会和认同工具性价值，而事实上，往往是那些终极性价值长期影响人们的职业感受，塑造人们的职业价值观。

另一位著名心理学家舒伯认为，职业价值观是个人追求的与工作有关的目标，即个人的内在需求及其在从事活动时所追求的工作特质或属性。它是个人价值观在职业问题上的反映，即个人对与工作有关的客观事物的意义和重要性的评价与看法。不同的个体对职业的需求和看法各不相同，因此产生了不同的职业价值观。

职业价值观体现了一个人真正想从工作中获得什么，它决定了个体对工作的相对稳定的、内在的追求，对于个体的职业选择与发展起着方向引导及动力维持的作用。

对于职业价值的内在结构，不同的学者有不同的划分方法。对于职业价值观因子的研究，不同的学者也有不同的看法。其中比较有代表性的是舒伯的工作价值观量表研究，具体的因子有 15 个（见表 2-11），可归纳为三个维度，分别是：

（1）内在价值维度，指与职业本身性质有关的因素，即工作本身的一些特征，包括智力激发、利他主义、创造发明、独立自主、美的追求、成就满足和管理权力 7 个因子。

（2）外在价值维度，指与工作内容无关的外部因素，包括工作环境、同事关系、上司关系和多样变化 4 个因子。

表 2-11 舒伯的职业价值因子

职业价值	职业价值内涵
智力激发	提供独立思考、学习与分析事理的机会
利他主义	直接为大众的幸福和利益尽一份力
创造发明	能让个人发明新事物，设计新产品或发展新观念
独立自主	允许个人以自己的方式或步调来进行，不受太多限制
美的追求	努力使这个世界更美好，且能得到美的享受
成就满足	能看到自己努力工作的具体成果，不断实现自己的目标，从而获得精神上的满足
管理权力	能赋予个人权力来谋划工作、分配工作且管理属下
工作环境	追求比较舒适、轻松、自由、优越的工作条件和环境
同事关系	能与志同道合的伙伴一起愉快地工作
上司关系	能与主管平等且融洽地相处，获得赏识
多样变化	能尝试不同的工作内容，多彩多姿、富有变化
声望地位	能提升个人身份或声望，所从事的工作在大众心目中具有较高的社会地位，使自己受到他人的推崇和尊重
安全稳定	能提供安定生活的保障，即使经济不景气也不受影响
经济报酬	能获得优厚的报酬，使个人有能力购买所需的物品，过上较为富足的生活
生活方式	能选择自己的生活方式，并实现自己的理想

（3）外在报酬维度，指在职业活动中能够获得的因素，包括声望地位、安全稳定、经济报酬和生活方式 4 个因子。

实际上，职业价值观不仅关系到个体的职业选择，也推动着个体的职业发展。

2018 年 4 月初，“摩拜创始人胡玮炜套现 15 亿”的新闻不胫而走，虽然这个传闻的内容颇有争议。胡玮炜的经历及一贯的言行很容易与利他主义、多样化、生活方式等价值观联系起来。而对于一个成功的企业经营者，经济报酬、管理权力、成就满足等职业价值观是必要的。虽然赚钱不是企业经营的唯一目的，但如果不赚钱，企业就活不下去。正如管理大师彼得·德鲁克所言，企业需要通过赚钱而存在，就如同一个人活着需要阳光、水和空气一样。一个人需要通过工作赚钱来养活自己，不过，对很多人而言，养活自己不需要付出全部的才智与时间，余下的才智与时间投向哪里，多半由价值观决定。摩拜经营不力，不能说与胡玮炜的价值观不匹配没有任何关系。

2020 年，湖南留守女孩钟芳蓉以高考 676 分的高分被北京大学录取。她在选择专业时没盯着所谓的“热门”专业，而是选择了“冷门”的考古系，原因是单纯的“从小就喜欢”。以湖南省第四名的高分选择考古专业，曾一度引发社会热议。钟芳蓉坦言自己选择就读北京大学考古系完全是自己的决定，原因是她喜欢历史，同时也是受敦煌研究院名誉院长樊锦诗的影响，未来希望从事敦煌学的研究。北京大学考古文博学院党委书记陈建立说，考古可以帮助我们找到中国文化的源头，对国家文化建设和社会发展都能起到很大作用。综合以上信息，可以看到，钟芳蓉最显著的生涯价值因子是成就满足、独立自主、智性激发等内在价值维度，对经济报酬等外在报酬维度看得不是很重。四年后，从北京大学考古文博学院完成本科学业的钟芳蓉，入职敦煌研究院，从事石窟考古方面的科研工作，再次做出了与其价值观相符的选择。

职业价值观通常与某种工作相关联。如果你非常在意工作的稳定性，那么公务员、国企管理人员可能是不错的选择；如果你看重的是创造性，那么广告设计、策划管理等工作会更有吸引力。

职业价值观能够让你在面临困境时仍保持斗志。当工作与个人价值观相悖时，工作往往会成为痛苦的来源；但如果工作与个人价值观相符，即使其他条件并不如意，你往往也能乐在其中。

2.4　案例阅读

一个清楚自己职业价值观的人，往往明白工作的目标和意义是什么，知道自己在工作中真正想要的是什么，能够在面对许多职业选择时较容易做出明智的决定，最终找到适合自己的职业。左侧二维码案例《放弃高薪的市场风险管理岗报考心理学博士，毕业后任北航思政教师——北大女学霸“逆社会主流价值”的生涯选择》的主人公付丽莎，北京大学硕士毕业工作两年后，放弃了薪酬优渥、被同龄人羡慕的工作，遵从内心的价值观，跨专业考取清华大学心理学博士。毕业后，她进入北航，成为一名受学生欢迎的思政教师，在三尺讲台上实现了自己的人生价值。

2.5.2　职业价值观评估

职业价值观是个体独特经历的反映，影响着人们的职业选择和发展。因此，澄清自己的职业价值观是十分必要的。那么人们如何才能厘清自己的价值观呢?

在职业价值观的心理测评中，国内使用较多的是宁维卫于 1990 年修订的舒伯编制的职业价值量表，以及麻省理工学院斯隆商学院沙因（E. H. Schein）教授提出的职业锚理论及其测评方法。前者修订的职业价值量表包括 60 个项目，涉及 15 种职业价值观；后者将职业锚分为技术职能型、管理型、自主独立型、创造创业型、安全稳定型、服务奉献型、挑战型及生活型 8 种，常用 40 个问题进行测试。二者均得到较为广泛的使用。

需要说明的是，职业价值观一旦形成，往往能够决定人们的职业追求，但它也会随着现实环境的变化而发生一些改变。尤其对于大学生而言，由于年轻、尚未形成独立的人格，在进行职业生涯规划时，价值观具有一定的可变性和现实性。

一方面，职业价值观应符合社会现实。探索职业价值观需要在一定程度上将个人价值观与社会价值观相结合。另一方面，既要了解“我想要什么”，也要符合“社会需要什么”。每个人都是社会的一员，不可能离开社会而独立存在。社会价值观是实现个人价值观的基础，没有社会价值观，人生的自我价值就无法实现。

与其他特质相比，职业价值观隐藏较深，不易被察觉和理解，却具有重要影响。职业价值观的最终形成来自生活的磨砺，以及在成败得失之后对职业的总结。因此，对大学生尤其是大一新生而言，价值观的探索具有一定难度。即便有所收获，也可能是肤浅的、理想化的或模糊的。这就需要人们在日后多磨砺、多思考、多反省，使其逐渐明确。

总之，价值观是一种价值体系；在生命中你认为什么是最重要的，生命的意义是什么，这就是一个人的价值观。每个人都受到生存环境和生活方式的影响，形成了自身独特的价值观，这种独特的价值观会影响人们对职业的选择。人们在择业时可能会因外界的诱惑而违背自己的价值观，做出错误的选择，导致自己在将来的工作中不如意。因此，认识并尊重自己的价值观非常重要。

2.6 自我评估

个体在成长过程中不断进行自我认知：幼儿学会说话后，先知道自己的名字、性别、年龄，接下来会表达自己的喜好与厌恶，进而了解父母的情况。随着年龄的增长，开始通过比较将自己放在整个社会的维度上，以加深自我认知、进行自我评价。可惜，随着学业压力增大，不少学生反而陷入了自我认知的误区：除了学习，对其他事物丧失了好奇心和兴趣；除了老师、家长认为正确的事情，自己对世界缺乏独立的判断；除了学习能力（考试能力），不知道自己还拥有其他能力。因此，自我探索是个人成长过程中非常重要的一项内容。刚进入大学、处于快速成长期的学生，对自己的性格、兴趣及能力的认知往往不是特别清晰，而且价值观尚未稳定、成熟。因此，唤醒学生进行自我探索的意识，介绍一些便于操作的方法，是本节最核心的内容。

通过前几节的探讨，学生已经清楚地了解到，在谈及一个人时，除了他的姓名、性别、社会身份，还会涉及他的其他方面，包括性格——他适合做什么以及与他相处时需要注意的事项；兴趣——他喜欢做什么；素质能力——他能做什么；价值观——他看重什么。这些个性特征从不同侧面展示了个体的职业心理，对于选择最适合的职业具有重要的参考意义。在这些个性特征中，性格有一定的先天成分，需要个人去发现；兴趣、价值观的形成受成长环境的影响，经历一个稳定、成熟的过程；素质能力主要依靠后天的努力获得，可以不断提高。研究表明：个体的素质能力是职业规划中最为外显的因素，其次是性格和兴趣，而价值观则最为隐蔽。

上述四个因素对职业选择和生涯发展有着至关重要的影响。一个人对其职业选择是否满意，并非取决于某一因素，而是需要将四个因素作为整体来把握。因此，各因素之间的整合尤为重要。

在进行个体个性特征的整合时，应力求全面分析、重点把握。一方面，应深入细致地理解各个心理因素的评估信息，特别是相关特征以及测评分数的含义；另一方面，需关注得分偏高或偏低的特质，这些特质往往是个体职业心理中非常突出的特点。通过将这些特质联系起来，通常可以看出某个人的特征。在此过程中，应尽量区分不同特质。

2.6.1 性格与素质能力

目前，无论是组织招聘还是个人择业，在考量胜任特征时往往强调素质能力，而对性格的重视度不够。事实上，素质能力代表的是个体在活动中达到的最高水平。如果性格与所从事活动的要求比较吻合，则素质能力的发挥比较自然；否则就需要付出极大努力。与此同时，性格的差异决定了个体的素质能力优势体现在不同的方面。

例如，学会计专业的两位同学，成绩都不错。在大学毕业找工作时，尽管二者所体现的内容性技能是接近的，但因在功能性技能和适应性技能方面存在很大的差异，所以适合的职业类型大相径庭。假设两人都选择从事会计专业，ENTJ 型可能因经常面临账目不平的问题，而感到不胜其烦；ISFP 型则可能遇到同事报销时因不符合财务制度而请求通融的问题，使其在情感与原则之间左右为难。

2.6.2 兴趣与素质能力

人的兴趣和素质能力可能是重合的。兴趣促使人们更加关注工作的内容，有利于相关素质能力的提升，使其更好地胜任工作。同样，胜任某项工作也会激发人们更大的兴趣，从而更加努力地工作，这样一切就会比较顺利。由于现实条件的限制，经常会出现个体感兴趣的未必是擅长的，或擅长的未必是个体感兴趣的情形。此时，职业选择会出现两种情况：一是以兴趣为导向选择职业，这会令人兴奋甚至痴迷，个人会加倍努力以胜任工作，但若素质能力仍有差距，则会带来焦虑；二是以素质能力为导向选择职业，这会给人带来轻松，但若忽略了兴趣，也极易导致职业倦怠。

若是，对于自己感兴趣的事情并不擅长（素质能力不支持），该怎么办呢？

这个问题至少需要分两种情况来讨论。不过在这之前，先要弄清楚是不是真正的兴趣，即职业兴趣。

如果是职业兴趣，只要方法得当且足够努力，一定能够获得超出常人的成就。第一种情况可以看一位 D 同学的例子。D 同学，17 岁时从江西农村考入北航，中学时代唯一的活动就是学习课本知识，几乎没有读过课本之外的文学作品。在大学第一次中秋晚会上，一位女生被临时安排表演节目，她从自己的书架上抽出一本小说《蝴蝶梦》，朗诵了开篇的那段描写月光的文字。D 同学后来回忆说，那是她第一次强烈地感受到西方文学作品的美。这之后，她对文学产生了浓厚的兴趣，她利用课余时间拼命阅读，并报名参加了文学社。由于之前文学作品阅读量很小、积累不足，她刚开始写出来的作品在文学社中并不出众。不过，D 同学异常勤奋，而且从不掩饰自己在文学上的无知，乐意向别人学习。大二寒假她没有回家，每天以学校图书馆与国家图书馆为自修室，一边阅读相关书籍一边写作，最终完成了两万多字的一本小册子《爱情宣言》，成为文学社中少数拥有个人作品的成员。

第二种情况是，个人的兴趣可能并非职业兴趣。笔者在中学时期对化学感兴趣，一直希望报考化学专业；而 2003 年轰动全国的清华大学直博生刘同学则因对化学专业不感兴趣而退学，重新参加高考，进入了他感兴趣的清华大学建筑学专业。两人的情况不尽相同，但相同之处在于，他们对兴趣的认知都没有建立在职业兴趣的维度上：笔者在中学时期喜欢化学，源于对居里夫人的钦佩甚至崇拜，因而对化学产生了兴趣，根本没有考虑到科学研究及化学实验等活动的细节。而刘同学显然缺乏与建筑学相关的职业兴趣，因此从清华大学毕业后未能成为专业的建筑设计师，只是在规划设计院从事项目管理工作。

同时，由于不同的组织类型、岗位设置对员工素质能力的要求有很大不同，因此，选择适合自己个性特征的组织及岗位显得非常重要。例如，张锋和王岩都想去企业工作，由于张锋性格外向、善于与人沟通，并且具有较强的规则意识和计划性，他在管理规范的大中型企业会有更好的发挥平台。王岩性格内向、不太喜欢与人沟通，但善于把握细节，能够适应新情况，在创业公司会有更大的发挥空间。

2.6.3 职业兴趣与价值观

职业能够为人们带来多重回报：工作过程可能满足人们在创造、自由、审美等方面的诸多诉求，工作结果则会带来各种回报，如薪水、福利、进修机会等。然而，在审视具体工作时，人们经常会发现让自己感到遗憾的地方。比如，一份工作很难提供人们希望得到的所有资源：也许会对某项工作带来的报酬感到满意，但对工作内容或工作活动本身不感兴趣；或者对工作内容感兴趣，但对工作结果不满意；或者对工作所得的薪酬满意，但对社会地位不满意；等等。解决这类冲突的过程实际上就是价值澄清的过程，这有助于弄清人们为何对某些职业感兴趣而不是对另一些职业感兴趣。

北京某重点高中的一位同学在高一就锁定了生物工程专业："至于最终报考哪所学校，就看高考发挥了。"这位同学选择专业的过程是这样的：初中时，他很喜欢天文学，后来读了很多文章，觉得在该领域未来几十年不太可能取得特别大的专业成就，因此颇为失落。高一时，生物老师讲课特别精彩，所以他对生物产生了浓厚的兴趣，继而了解到生物工程很有前途，很快就认定了这个专业。

由此可以看出，这位同学选择生物工程专业源自"未来要做出一番超于常人的成就/惊天动地的事业"的理想，而非真正的兴趣。十七八岁至二十岁出头的年轻人有这样的志向或理想，是值得鼓励的，然而，万一该同学的职业兴趣无法支持自己选择的专业方向时，很可能在未来的职业发展中壮志难酬。唐代诗人李白就是类似的情况。

虽然兴趣对一个人的职业选择有很大的影响，但并非所有人刚毕业就能进入自己最感兴趣的工作领域。可以先选择一个与自己兴趣接近的领域，在工作中培养、提高自己各方面的能力；在价值观的引领下，选择合适的机会进入最感兴趣的领域。在职业生涯中，人们只有通过对性格、兴趣、素质能力和价值观的全面整合，才有可能获得最大的成功。

通过主动学习、全面探索自己的个性特征来解决专业困惑，远比单纯从老师那里获取"标准答案"更为准确且有意义。许多同学通过上课、学习，明白了自我认知和职业探索并非一劳永逸，延伸至走上工作岗位之后也是可能的。

每个人都有自己独特的性格、兴趣、素质、能力和价值观，这些特性组合在一起，使每个人都有自己的特点。性格、兴趣、价值观没有好坏之分，素质和能力也体现在方方面面。很多认为自己没什么能力的同学通过课堂练习及分享，也发现了自己的很多能力。因此，只要能找到适合自己个性特点的职业，就能够充分发挥自己的才能。所以，发现独特的自我是走向成功的前提。当然，自我认知不是一蹴而就的，需要同学们将自我探索视为贯穿一生的课题，以完善自己的职业发展之路。

本章小结

本章旨在通过同学们在日常生活和学习中经常接触和经历的事件，引发大家对自身个性特征的思考与探索。笔者将引用一系列心理学研究成果，通过简单的测试和练习，引导同学们全面地认知自我，并初步了解个性特征与不同职业的匹配。

课后思考

我的 MBTI 人格类型是：____________________；对专业学习及未来的职业影响主要有____________________。

我的霍兰德职业兴趣类型是：____________________；适合的职业/岗位类型有____________________。

我最突出的主要素质能力是：____________________；适合的职业/岗位类型有____________________。

我的显著的职业价值观因子是：____________________；适合的职业/行业有____________________。

第3章

探索职场与职业

闻道有先后，术业有专攻。

——韩愈

我们一来到世间，社会就在我们面前竖起了一个巨大的问号：你怎样度过自己的一生？

——爱因斯坦

学习目标

本章内容主要是关于信息加工金字塔（图1-3）底部右下角的“职业知识”部分。通过本章的学习，同学们可以系统思考专业与职业的关系，认识并理解职业的内涵及其对于大学生职业生涯规划的重要性，更好地了解大学毕业走上工作岗位后面临的社会职业环境，了解职业对同学们生涯发展的真正意义、个人希望及可能从事的职业类型，为科学规划个人的职业生涯打好基础。

导入案例

一位刚刚确认保研到本院读硕士的小萌同学充满焦虑地来找职业生涯咨询师。

小萌：老师，我已经保研了，可还是不清楚将来的职业方向！目前这个专业学了三年，我还是不确定是否喜欢，也不知道自己的兴趣是什么……

咨询师：你能具体谈谈自己的情况吗？

小萌：我是机械工程专业的，总成绩在班上排名第三，保研时想申请模式识别专业，可是老师认为我没有相关项目基础，没有录取我，现在保研在原专业机械工程。这一个月来，我越来越觉得自己很失败……

咨询师：你三年总成绩在班上排名第三，说明学习能力挺强的。如果从专业的角度看，这其实是职业兴趣匹配的重要体现。你能谈谈为什么自己觉得失败吗？

小萌：我觉得读研应该上一个自己喜欢的专业。我现在甚至很羡慕那些正在准备考研的同学：他们清楚自己的目标并为之奋斗，将来也会有所收获。可我其实一直对自己的专业没啥感觉，想跨考又没有勇气……

咨询师：你说的这些，都表明你挺上进，对自己有很高的要求。不过，你当初申请模式识别方向的原因是什么呢？为什么不想学本科的专业呢？

小萌：因为这个方向很火啊！而我本科学的是传统专业，没啥大前途。

咨询师：模式识别这几年确实很火。不过，你清楚这个专业具体需要的能力倾向吗？另外，“传统专业没啥大前途”这种说法值得商榷。

小萌：老师，其实我对模式识别的能力要求不是特别了解。说实话，这几年我的主要精力都投入到学习中了。通过参加保研夏令营，我认识了一些外校的同学，他们中不少人都有项目经验，确实实力比我强……不过，我觉得自己目前最大的问题是不清楚自己的兴趣。这么下去再学三年，将来找工作怎么办啊？就是觉得这个专业没啥前途，所以学起来也没啥特别的热情。

这是一位典型的985高校的优秀工科生，进入大学后一直尽己所能努力上进，也取得了优异的成绩，却在保研后陷入了对所学专业的深深怀疑。这不是她个人的问题，而是缺乏生涯发展科学理论指导所造成的。

3.1 探索职业世界的重要性

对信息加工金字塔底部右下角的“职业知识”部分的探索，直接决定了上一层的职业决策部分。可以说，很多学生无法确立自己的职业目标，源于没有充分探索职业世界。对他们而言，有一种迷茫叫作“你根本不知道有什么选项”。先来看两个案例。

A同学说：“我本科学的专业是学前教育，我很喜欢，尤其是在写毕业论文时，发现自己特别喜欢与学前教育有关的研究、课程开发等工作。本来想考学前教育的研究生，在这条路上继续发展，结果阴差阳错被调剂到心理健康教育，其培养方向是中小学心理健康教师。当时我想放弃，但父母觉得毕竟是个硕士学位，放弃了挺可惜的。另外，我信任的一位老师说，学前教育和心理健康教育有很大的交叉，学一下未尝不可。目前我很纠结，毕业后是继续走学前教育的道路还是走中小学心理健康教师的道路。如果我走学前教育的道路，似乎相关的专业能力还不够，是否要继续读个博士呢？可心理健康教师的道路又不太喜欢。我该选哪一条路呢？”

B同学说：“我本科学的是英语专业，因为对沙盘治疗等感兴趣，本来想考特殊教育专硕。但后来被调剂到心理健康教育，培养方向是心理健康教师。观摩了中学心理健康课之后，我确信自己不想从事这样的工作：主要是感觉有点幼稚，只是闹哄哄地跟学生玩一节课罢了。本科毕业后稍微培训一下就可以去讲这个课，何必要读个研究生？几次见习下来，我坚定了不做中小学心理健康教师的决心。教师的工作按部就班，也不是我喜欢的。回顾为数不多的工作经历，令人印象深刻的就是第一次考研失败后去实习的面试环节。我喜欢那种快节奏、高挑战的环境，所以后来参加了很多次面试，想去尝试不同的公司。我希望未来的工作充满挑战、快节奏、自由跳跃，不那么受约束。既然学了心理学，我希望工作内容与心理学有关，最好还是在英文工作环境中。可是到哪里去找这样的工作呢？”

如果你从来没有接触过学前教育、心理健康教育等领域的专业知识，可能会觉得这两个同学的问题都很现实且很难解决。当他们提出这样的困惑时，笔者尝试问过他们：“如果这个世界上有一个职位符合你的要求，你知道是什么吗？”他们都比较茫然。

然而，如果你对这个领域有了充分的了解，且知道一些职位的细分情况，就会明白这个世界上一定有符合第一个同学要求的职位，既能从事学前教育领域的相关工作，又不浪费心理健康教育方向所学的知识。肯定也有职位符合第二个同学的要求，甚至有多种选择。第一个同学可以考虑学前儿童心理健康教育与研究，或学前儿童心理健康类图书的运营；第二个同学可以考虑以心理知识为主的翻译工作，或以心理为内容的咨询顾问工作。这些建议得到了两个同学的认可，他们积极探索这些领域，以确认是否适合自己。

社会认知生涯理论（Social Cognitive Career Theory，SCCT）能够很好地解释这种生涯探索不够充分带来的决策迷茫（见图 3-1）。

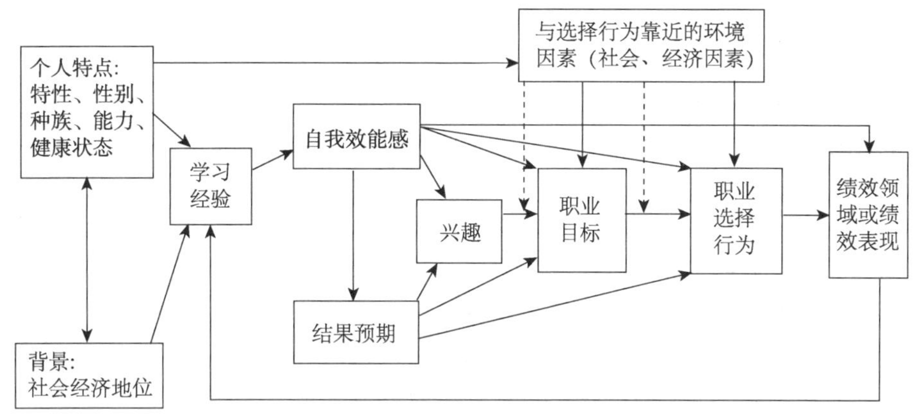

图 3-1　社会认知生涯理论职业选择模型

该理论认为兴趣直接影响人们的职业目标，影响兴趣的重要核心变量有三个。

第一个是自我效能感。自我效能感的概念是由著名心理学家班杜拉（Bandura）提出的，是指个体对自己能否在一定水平上完成某一活动所具有的能力判断、信念或主体自我把握与感受。也就是说，只有认为自己能够胜任，才能产生兴趣，从而将某个职业视为自己的目标。自我效能感可以通过某种学习经验获得。

第二个是结果预期。结果预期是指个人对从事特定行为的结果的信念（如果我这么做，会发生什么事）。结果预期可以通过与自我效能感相似的学习经验获得，如回忆成功的经历、观察他人的成功活动、关注自己的活动及其影响力等。

第三个是学习经验。这里的学习经验是一个心理学概念，泛指人们因经验的不同而导致行为的改变。班杜拉特别强调观察学习或模仿学习。在观察学习的过程中，人们获得了示范活动的象征性表象，并引导适当的操作。

除了这三个核心变量容易受到外界环境影响，从图 3-1 中还可以看到，从兴趣到职业目标、从职业目标到职业选择行为、从职业选择行为到绩效表现的路径也容易受到“与选择行为靠近的环境因素（社会、经济因素）”这一变量的调节。

下面来看另一个案例，主人公陈达同学分享了自己兴趣的两次改变过程。

第一次改变是这样的：

由于高考录取时与自己最理想的两个专业擦肩而过，大一我一直在思考要不要转到电子工程或者计算机学院去。但我得先了解自己的专业。我认为对我帮助最大的是学院组织的实验室参观活动。在参观遥感实验室的时候，我看到了一些非常有趣的东西：几道带着条纹的蓝光咔咔一闪，直接就算出了整个物体的三维点云；把植物叶片放到一个仪器里，屏幕上就显示一条曲线，据此可分析植物是不是缺氮、磷、钾……我之前从未见过这样神奇的仪器，听老师讲了才知道：第一种技术叫结构光三维测量，第二种技术叫高光谱分析，都是遥感探测技术。我当时就觉得遥感这门学科还有点意思，挺想再深入学习。如果有朝一日自己也能造出这样的仪器，那就太酷了！这次参观让我发现自己并不讨厌所学专业，甚至还有点好奇和喜欢。

第二次改变是这样的：

我从小学到大学一直是学生干部，并且干得很开心，在大学获得担任辅导员的机会怎么能错过呢？……不过后来的事实证明，学生干部不一定适合做辅导员。

一开始做辅导员助理，就是给辅导员帮帮忙。我经常与他们聊天，对他们的生活状态有了一定了解。我发现当好辅导员的难度超出了我的想象，不是只管管学生，而是要搭建学校和学生之间的桥梁。不仅要关心同学的成长，还要执行学校的各项安排，经常会有大量的事务等着你去做，真的很不容易。

此外，我还发现自己对这份工作越来越没动力，因为在工作中得不到我所期望的成就感。我喜欢工程项目之类的工作，一段时间的努力换来一个较大的成果，就像踢足球一样。而辅导员的工作更像是打篮球，事情都不难，进球更容易，有许多小的成就感，但这并不是我所期望的。……最终，我艰难地选择了退出。

他还有一段非常精彩的反思：

为什么我从小都喜欢做学生工作，但是到了真正要去做辅导员时却打退堂鼓了呢？我认为是大学的经历改变了我的兴趣。刚上大学时我做过一次霍兰德职业兴趣测试，结果是“企业型+社会型”，与专业匹配的现实型的得分并不高。而我现在的测试结果是“企业型+现实型”。从结果来看，貌似是大学的经历改变了我的兴趣，但我觉得是大学经历让我不断刷新对自己的认识，让我知道自己的手脚没有想象中那么笨，对于行政工作也没有那么感兴趣。大学的重要意义，不就在于让我更接近真实的自己吗？

从这个案例可以看出：对一件事是否感兴趣，兴趣是否发生了改变，最终树立了怎样的职业目标，跟环境有非常大的关系。你可能因为环境发现了新的兴趣，也可能因为环境对某些东西不感兴趣了，或者在与环境互动的过程中，你对世界、对自己有了新的认识。这就是自我建构。

陈达的大学经历让他“知道自己的手脚没有想象中那么笨”，自我效能感提高，所以他的霍兰德职业兴趣测试中现实型分数提高。他做了一段时间辅导员助理之后，对于辅导员工作的结果预期不太好，所以没动力做下去。在两方面的共同作用下，他的兴趣代码从“企业型+社会型”变成了“企业型+现实型”。

陈达最终留在本科学院而没有转专业，是因为学院组织的实验室参观活动让他获得了新的学习经验，知道所学专业的技术也很厉害；大四顺利保研，继续在本院读研。学习经验从哪里来？这会受到个人特点的影响，因为你会因个人特点而选择自己想要的环境。学习经验还会受到社会经济地位的影响。同学们可能不知道，比尔·盖茨在计算机领域的起步与他母亲的职业有重要的关系。

自我概念是在经历中建构起来的，会随着环境的改变而变化；“真我”并不先于经历存在，生涯测评和基于头脑反省所得到的不过是“根植于过去的我”。固执于探寻过去的真我，既难以应对高速变化的社会环境，也会让自我的发展陷入停滞。

沈一凡是北航自动化学院2016级本科生、计算机学院2020级研究生。硕士毕业时，他从热门的计算机就业方向转向了教育事业。在刚选择计算机专业时，他通常将大厂作为就业的主要方向。除了较高的收入，年轻化的工作氛围、专业对口以及行业未来的发展前景都非常具有吸引力。但随着大厂的招聘竞争越来越激烈，进入之后的未来发展也变得愈发不确定，甚至可能随时面临被“优化”的风险，沈一凡开始思考自己真正的职业兴趣。在求职过程中，他认真梳理了求职方向，更倾向于选择能够符合自身职业兴趣、实现个人价值、相对稳定并在时间上有一定自由的职业。

提起计算机专业，很多人的第一反应可能就是毕业后直接进大厂挣大钱。然而，随着近两年互联网行业开始降温，各业务线面临着一波波的“优化”，招聘形势自然远不像前几年那样“疯狂”。大厂的主营业务确实是计算机专业最对口的，也最能发挥其优势，但很多其他行业对计算机专业的毕业生也有较大的需求。

沈一凡坦言最终选择成为一名中学数学教师，其主要原因有三点：

（1）个人热爱教育事业，对教师职业的价值认同感强，认为能够在工作过程中获得较高的职业幸福感。这符合个人的职业兴趣和当前的条件，并且在未来能够实现个人价值。

（2）教师行业相对稳定，并且在时间上具有一定的自由度，每年有固定的一段时间可以自由支配。

（3）霍兰德职业兴趣测试包含了S（社会型）和I（研究型）。其中，S表明喜欢与人打交道，渴望发挥社会作用；而I表明喜欢逻辑分析和推理，偏好智力和分析类任务。基于这两方面，担任数学教师便是一个不错的选择。

可见，尽管沈一凡所学的是热门的计算机专业，但经过对职业兴趣与生涯价值观的匹配以及学习经验的积累，他确认了个人的职业兴趣倾向，进一步坚定了从事教育行业的职业选择。

希望在越来越激烈的竞争环境中，同学们能够从沈一凡的经历中得到一些启示：遵从内心，看重长远发展，才是通向自我实现的康庄大道。最终，沈一凡“意料之外、情理之中”地成为一名中学教师。之所以是“意料之外”，是因为北航计算机学院的硕士专业性较强，对口的岗位及单位广泛，即便不想去大厂“卷”，仍有很多选择；说到“情理之中”，确实因为沈一凡的职业兴趣类型非常典型，与高中教师较为匹配。第5章中还将进一步分析说明。

从这个意义上看，信息加工金字塔中的自我知识和职业知识并不是独立存在的，而是相互作用的。个体对职业世界了解得越多、越充分，对自我的认识也会更加清晰。否则，通过各种职业测验得到的关于自我的认识只是一个标签，恰似空中楼阁，对于人们做出准确切实的职业决策并无助益。

如何消除因“不知道有什么选项”而带来的迷茫呢？答案很简单，就是要怀着一颗好奇的心，积极探索并拥抱世界。不论是查阅资料、参加实习，还是进行生涯人物访谈，你都可以通过多种方式了解未来同行和从业人员的状态，判断是否符合你的预期。如果不符合，就再次进行调整。这就像逛市场，去之前往往并不明确要买什么，但逛过之后就知道哪些东西很合心意。

下面是北京师范大学珠海校区一位同学的探索心得：

老师提到的咨询行业是我过去从未接触过的，但通过老师对行业内容的大致介绍，我发现自己对人力资源方面的咨询顾问工作比较感兴趣。日常承接面试的外包工作，可以在紧张状态下锤炼自己。咨询顾问经常出差，让我有“一直在路上”的感觉，整体较快的工作节奏和不断出现的新挑战让我感到充实，较灵活的休假和较丰厚的报酬让我能够更率性地安排旅行。这些为我的职业生涯提供了更多的选择。我上网搜索了一些资料，比如知名的公司、知乎上的一些问答，并向相关行业的前辈取经，了解咨询行业的工作内容、工作待遇、用人条件与自己的设想是否有偏差，询问前辈所在的公司是否有实习机会，以做好准备。此外，完成老师布置的有关情绪方面的翻译任务让我收获良多。翻译也许是未来职业的一个备选项。

面对这种类型的迷茫，答案在哪里？答案在你的好奇心中，在不断探索的行动中。人们在寻找职业世界的同时，也是在寻找自己。

3.2 职业的内涵与发展趋势

选择一份合适的职业意味着什么？毋庸置疑，“选择一份合适的职业”是大学生开展职业生涯规划的重中之重。根据帕森斯提出的“人职匹配”原则，职业规划的核心内容是在科学地开展自我认知、充分理解职业的内涵（包括职业背后蕴含的时代意义、职业道德等）的基础上，做出理性的决策。本节内容将帮助大家厘清职业背后的意义。

3.2.1 职业的内涵

职业是指人们在社会生活中所从事的工作，以获得物质报酬作为主要生活来源，并满足自身的精神需求。这类工作在社会分工中具有专门技能，是对特征相同或相似的一类工作的统称。职业的分类以国家的职业分类大典为标准。

对于绝大部分成年人而言，职业通常意味着某种特定的生活方式，因为生活方式是由工作性质决定的。例如，公司员工上班“朝九晚五”，收入水平处于中等偏上，不过可能会经常加班，节假日也无法保证休息，而且工作不是很稳定；公务员上班时间固定、加班较少，收入水平中等，工作稳定，福利待遇较好；中小学教师的工资虽然不高，但有寒暑假，生活稳定，社会地位和生活质量也较高；新闻采编人员的工作时间不确定，按时上下班通常是一种奢望；地质队员的工作地点肯定不是在大城市，主要是在野外，生活方式自然会受到影响。选择了一种职业，也就意味着选择了相应的生活方式。

职业还直接决定了个人的人生观念。农民每天都亲近大自然，他们感受到的或许不是回归自然的喜悦，更多的是土里刨食的艰辛。不然，为什么许多人会选择外出打工的生活方式呢？而越来越多的城市人选择在节假日去农家乐放松一下，是因为他们常年生活在高楼大厦林立的都市里，看到田野会觉得兴奋、舒适和愉快。

职业能够决定一个人的视野。小老板与高级白领在收入上可能相差不多，但在观念上常常具有很大的差异。白领每天西装革履，出入各种高档场所，接触高水准的人士，自然会见识多、视野广。他们的月收入不超过五位数，却能轻松地谈论几千万甚至上亿的大项目。小老板赚的是蝇头小利，虽然月收入可能达到六位数以上，但谈论几十万元的业务时也觉得是大买卖。

职业本无高低贵贱之分，但不同的职业会导致不同的生活方式。选择一种职业也就意味着选择了与该职业相关的文化氛围、精神境界及生活方式。

“成为成功者”是当今社会最引人注目的话题之一，身边的职业成功者往往成为我们的职业榜样。尤其是年轻人，总是梦想着自己能像成功人士一样光彩照人，那些成功人士所从事的职业就成为他们的职业理想。例如，我国神舟五号载人宇宙飞船发射成功之时，许多年轻学子梦想成为宇航员；在“大众创业，万众创新”的热潮中，一些大学生想退学去创业；杨超越在女团选秀成功时，一些女生的职业理想就是成为“爱豆”；郑钦文、全红婵在体坛上的成功也吸引了一批年轻人梦想成为体育明星。越来越多的大学毕业生愿意舍弃外企去互联网创业企业工作，也源于近年来互联网行业的飞速发展，很多创业企业发展势头良好甚至成功上市。很多人认为，成功者所从事的工作才是好工作。从某种意义上说，职业成功确实是人生成功的主要表现，因为绝大多数人都需要通过职业获得人生成功。然而，每个人的成功之路是不同的，要知道在每个行业和每种职业中都有成功者。

人生经历同样影响着人们对职业的认识。居住在农村地区的人，从小看到父辈农耕劳作的辛苦及有限的回报，小小年纪就会将“农民”归为“不好的职业”；很多同学在小学时就立志努力学习，以期通过高考“跳出农门”。居住在城市的孩子，小时候听到的教诲可能是“如果不好好学习，将来考不上大学，你这辈子就只能如何如何了”。这里的“如何如何”，往往是父母心目中“不好的工作”，这使得孩子在童年时期就认定了一些工作是“不好的”。在认定考不上大学会不得不从事“不好的”工作的同时，他们自然而然地认为考上大学就能够从事好的工作，因此对考上大学充满期待。

生活环境影响着人们对职业的期望。由于幼儿园的教师绝大多数是女性，因此没有男孩会将幼儿园教师作为自己未来的职业目标，这源于职业与性别之间的联想。由于父母是中小学教师，他们教过的学生对父母很尊敬，对自己也很友善，因此不少孩子将教师作为自己未来的职业目标；而小区里收废品的外来务工者往往衣着破旧、外表邋遢，还常常遭人白眼，因此孩子不会将收废品作为自己的未来职业。这些都源于职业与社会地位之间的联想。

某网站调研的结果表明，在青少年最理想的职业中，歌星或影星排名靠前，这是源于职业与个人知名度、社会认可度之间的联想。

在成长过程中，很多中学生在家庭聚会中开始关注正在工作的亲朋好友所从事的职业，逐渐区分出职业的“高低”。不少同学将职业理想定为外企白领、政府公务员、IT工程师、金融分析师、医生等，此时他们已经开始考虑职业与收入、社会地位及自身能力等多因素之间的关系。

个人在成长过程中对职业的了解会越来越全面，越来越深入，越来越接近实际。

以上例子中的学生都是从自己所接触到的职业的某些方面来认识职业，这存在一定的片面性，绝大部分的判断显得偏颇。如果按照这些认识来找工作，难免会有落差。为了避免这种认知偏差带来职业选择上的错误，大学生在选择职业之前需要较为系统地了解各种职业，尤其是自己感兴趣的职业，并根据自己的实际情况来判断自己适合从事哪些职业。

到底什么是好工作？不同的人有不同的答案。

课堂活动

发现“好工作”

想一想你认识的人当中，你认为谁的职业是最好的？为什么？

请进行分组讨论，每组推选一种职业进行分享。

分享与思考

1. 什么是好工作？
2. 你选择好工作的标准是什么？
3. 你所看到的工作来源于哪里？

总结

有些人认为：好工作能让自己摆脱艰苦的工作环境、改善生活；好工作可以满足父母的期望；好工作是良好学习的目标和个人成功的标志。然而，这些定义都没有揭示工作的内涵，也无法传达出职业的真正意义。

在正式进入职场之前，大学生应真正了解工作，可以从观察、了解身边人的职业开始，学会系统地了解、分析及判断将来可能从事的各种职业。

就业是绝大多数人在社会上自立的方式，且每个人在选择职业时或多或少都会受到社会环境、个人兴趣、家庭期望等多种因素的影响。在大学期间尽早了解职业的内涵，对同学们选择适合自己的职业很有帮助。通过查阅信息及课堂交流，很多同学看到了自己向往职业的“缺点”，也有不少同学发现了自己所学专业对应工作的闪光点。建议同学们利用课余时间，认真填写本章“课后思考”中所附的《工作世界调查表》，以更加全面地了解自己希望从事的职业信息。同时，还请同学们详细分析自己选择这份职业的原因。

一位“双一流”大学管理学的徐博士师从知名博导，毕业前联系了多所高校，目标就是成为高校教师。问及原因，他答道：“因为喜欢呀！从小就想当老师，所以当初才读博士。写论文是读博士之后才慢慢喜欢上的。”

然而，为什么要选择教师这个职业呢？徐博士的回答是：

我感觉自己清楚想当大学老师是在大学本科。之前只是一些模糊的想法，比如从小就喜欢工作时穿正装但又非工装；受妈妈影响想要有弹性的工作；从小有亲人朋友评价我能说会道，我总是有自己的想法等。

上大学后，看到了大学老师，又了解到他们的工作状态，突然就明白了：原来我想要做的就是这个！然后我又了解到大学老师必须是博士毕业，所以在大四考上研究生之后就拜托父亲请他单位刚分来的博士给我讲讲怎么才能攻读博士。硕士毕业后的我没犹豫找别的工作，直接备考博士了。

徐博士对大学教师这一职业的了解，如果用第一性原理（回归事物最基本的条件，将其拆分成各要素进行解构分析，从而找到实现目标的最优路径）来分析：首先，他提到的“从小就喜欢工作时穿正装但又非工装；受妈妈影响想要有弹性的工作；从小有亲人朋友评价我能说会道，我总是有自己的想法”这三项，显然都不是大学教师这一职业的核心内容；“上大学后，看到了大学教师，又了解到他们的工作状态”“又了解到大学教师必须是博士毕业”开始接近内涵但也并未明确说明。

回到“第一性原理”，分析大学老师这一职业的核心内涵——教书育人。具体对应一下“大学老师的任职条件要求”：

（1）教师资格证。这是最基础的要求，只要你从事教师行业，那么拥有教师资格证是最基本的敲门砖。

（2）学历要求。大部分高校要求应聘者具备硕士及以上文化程度，少部分岗位还需要具备博士及以上文化程度，最好是名校毕业或有海外留学经历的博士。

（3）学术研究成果。要想当一名大学老师，应聘者最起码在省级以上刊物发表过学术论文，或者在某些行业领域具有一些突出的研究成果。

（4）相关工作经验。对于教师这一工作性质了解透彻，如果没有工作经验的话，一般都是要先从助教开始做起，最后经过自己的工作水平和学校的考核，决定是否具有成为大学教师的资格。

（5）具备良好的身体素质和心理素质。应聘者需要热爱教育事业，有良好的师德，有扎实的文化基础，谈吐优雅，对学生有良好的引导作用。

在以上五项中，对于应届毕业生而言，第四项可以通过博士期间担任导师助教来替代，其余则需结合各自的实际情况来匹配。比较抽象的第五项“热爱教育事业，有良好的师德” 较难考核，否则难以解释近年来一些大中学教师的师德问题。教育管理部门推出“破五唯”政策后，第二项“最好是名校毕业或有海外留学经历的博士”不再是硬性要求。

然而，符合上述五项条件的候选人远远超出岗位需求的人数，具体哪些人选更适合呢？这里引入“暗物质”的概念来分析。暗物质（dark matter）是理论上提出的可能存在于宇宙中的一种不可见的物质，它可能是宇宙物质的主要组成部分，但又不属于构成可见天体的任何一种已知物质。这里借用“暗物质”来说明在职业认知中，一般招聘广告中很少提及或很容易被忽略的那些信息，比如伴随着“高薪”或“超稳定”属性的那些元素。

毋庸讳言，近年来很多大学毕业生将“高薪”作为“好工作”的第一标准，其次可能就是“稳定”了。然而，毕业生首先应该了解职业薪酬高及稳定性强的原因及其利弊。

仔细分析当前的“高薪”岗位，原因不外乎以下几种情况：

（1）岗位责任重大，任职资格和资历要求高，能够胜任者少。其中，CEO、CTO、CIO、CFO 等需要较丰富的管理经验和专业能力的各类职位，显然不是为应届毕业生准备的。随意上网查询一下企业高管的简历就能明白，这类岗位往往需要 10 年以上的业内经验。第二类主要是需要拥有 CFA、精算师证等考试难度较大的专业证书的人，而这些专业证书不仅取决于对相关专业知识的掌握及应试技能，也需要一定的从业经验才能获得。第三类岗位虽然对专业知识或管理经验要求不高，但往往伴随着高强度的工作量及高风险责任，如笔者面试过的国家电网的安全工程师、首都机场的调度人员等。

（2）岗位工作强度大，投入时间长。比如，早在 20 世纪 90 年代，投资银行的分析师、管理咨询公司的咨询顾问等每周平均工作时间已动辄七八十个小时，比近年来互联网企业“996”的工作节奏有过之而无不及。其薪酬策略是“雇一个人，干两个人的活儿，付三个人的薪酬”。这类职位对任职者的能力与体力要求都非常高，只能在短期内（35 岁甚至 30 岁之前）承受这样的压力。

（3）行业风险高。“三年不开张，开张吃三年”，从长远来看，收入水平不稳定，职业安全性不高。一些高利润的代理产品的销售人员就属于这种情况。

（4）新行业和热钱大量涌入，使得“水涨船高”，短期内整个行业从业人员的薪酬偏高。然而，虽然“猪在风口上也能飞起来”，但风一旦停下来，只有鸟儿还能飞，猪肯定会掉到地上。

（5）属于垄断行业。比如，我国的电力、移动通信、石油、石化等行业。这些行业因垄断经营而获得高额利润，员工收入水平普遍偏高。但随着我国市场经济的深入发展，这种垄断行业会越来越少；其员工往往缺乏市场竞争力，一旦企业丧失垄断地位，员工可能面临非常尴尬的境地。20 世纪 90 年代国企改制时，大批员工下岗就是类似的情况。近年来，随着高速公路 ETC 系统的普遍应用，大批高速公路收费员下岗也属于同类情况。网上流传的几年前那位唐山高速公路收费口女工下岗的视频就是典型的事例。

再简单分析一下“稳定”的职业：毋庸置疑，公务员是最稳定的工作系列，其次是事业单位、国企及其他体制内单位。提醒毕业生一定要思考一下：“工作稳定”意味着什么？意味着用人单位轻易不会“开除”员工，即所有员工只要不严重违反单位的管理制度就不会失去工作。因此，这类用人单位的人力资源成本是非常高的。正因如此，稳定性强的单位薪酬水平都不会很高，所以“稳定的高薪工作”不符合人力资源管理原则，不可能长久存在。同时，员工提拔“论资排辈”是普遍现象，除非你业绩特别突出，才能被破格提拔，可见升迁之难。据笔者的一些调研，不少体制内单位对“双一流”硕士毕业生的首次提拔，都超过了 5 年，绝大部分要达到 6～7 年；其后的提拔速度会加快，原因是体制内提拔干部一贯谨慎。而很多年轻人都在认真工作 3～5 年后因得不到提拔而选择了离开。

以上提到的高薪和工作稳定伴随的“收入水平中等”“升迁速度慢”等都可归于职业认知中的“暗物质”。不少毕业生觉得自己完全符合岗位需求，面试表现也自我感觉良好，最终却未能拿到 offer，也可以借助“暗物质”来分析：真不见得是面试中存在不公平，真相是影响面试结果的因素太多了，远非单纯地将候选人与招聘广告中的那几项条件进行匹配。

综上所述，对于职业的薪酬待遇要有理性的认知：从本质上看，职场人士的薪酬水平是其作为人力资源所创造的社会价值的价格表现。虽然“价格围绕价值上下波动”，但从长期来看，价格一定会逐渐趋近其价值。如果有同学认为“那也不妨先以高于价值的价格变现为好”，请再参考一个行为经济学概念——“价格锚定”：在初入职场时，因为“水涨船高”而获得了“高于自身所创造价值的价格”，即追捧热门行业、高薪进入职场后，人们往往会接受这个薪酬水平，并按照该薪酬水平安排自己的生活及消费；假如“水落石出”、热钱退潮，收入逐渐回归正常水平，就会产生巨大的心理落差，生活方面也可能因此遇到困难。事实上，真正地提升自己创造价值的能力，终将会迎来自己“价值变现”的时候。

3.2.2　职业的发展趋势

大学期间，在尝试深入理解职业内涵的同时，同学们还要关注职业的发展趋势。

随着全球和我国社会经济的发展与进步，职业领域也发生了翻天覆地的变化。1958 年，联合国正式颁布了《国际标准职业分类》，将职业分为 9 个大类、83 个中类、284 个小类、1506 个细类。1999 年，我国劳动和社会保障部组织制定了《中华人民共和国职业分类大典》，明确区分了三大产业。2015 年 7 月，国家职业分类大典修订工作委员会审议并颁布了《中华人民共和国职业分类大典（2015 年版）》；2015 年版的职业分类大典将职业分为 8 个大类、75 个中类、434 个小类、1481 个职业。

2022 年，人力资源和社会保障部进一步颁布了新修订的《中华人民共和国职业分类大典（2022 年版）》，中国的职业数量达到了 1639 个，比 2015 年版净增 158 个新职业（如密码工程技术人员、碳管理工程技术人员、金融科技师等），其中 97 个数字新职业赫然入列。这些新增的职业坚持面向世界科技前沿，面向经济主战场，面向国家重大需求，面向人民生命健康，紧跟时代发展步伐，为新兴领域、新兴职业的从业人员提供了更大的职业发展空间。未来职业发展的新趋势主要体现在以下几个方面：互联网技术改造相应的传统服务业，智能技术改造传统制造业，如大数据架构师、云服务专家；迅速发展的高新技术产业、创意产业成为催生新职业的主要领域，如电子竞技员、无人机飞手；新时代需求催生新兴职业，如收纳师、宠物美容师、代驾员。

进入 21 世纪以来，世界发生了令人应接不暇的巨变：新技术信息正以惊人的速度累积，每两年便实现一次翻番。美国《纽约时报》一周所刊载的信息量，相当于生活在 18 世纪的人一生的资讯量。这些变化对人们的职业影响巨大：通过谷歌搜索的“2010 年最急需的 10 种职业”，在 2004 年时根本不存在。2000 年《财富》评出的全球 10 强企业，到 2010 年已经有 7 家换了面孔。2000 年，仅有 10 家中国企业入围《财富》世界 500 强；

而2022年最新的《财富》世界500强榜单中，中国已有145家企业上榜；2023年和2024年的上榜总数虽略有下降，但仍超过了130家。

人们对职业的认知和倾向也随着社会发展而不断改变。2008年金融危机之前，外企是国内大学毕业生眼中的“香饽饽”；金融危机后，国有大中型企业及事业单位以较高的职业安全感和稳定的收入水平受到年轻人的青睐。这是一种更为成熟或者更为实际的职业选择思路。

随着互联网浪潮席卷全球，互联网技术及其应用开始逐渐影响、改变我们的社会生活，尤其是消费习惯；互联网思维也在加速改变着产业结构和企业经营模式。尤其是自2010年以来，整个社会从PC互联网时代进入移动互联网时代，更多的人从开始接触、使用互联网到对互联网服务形成了依赖。互联网大厂，如BAT（百度、阿里巴巴、腾讯等）成为计算机等专业学生毕业后的首选。

2020年暴发的新冠疫情对社会形态的发展冲击很大，人们希望在毕业后找到一份更稳定的工作。这与整体社会环境和经济环境所面临的风险有关，这种风险在疫情防控期间表现得尤为突出。在这三年间，很多企业停工停产、大量裁员，员工工资或多或少地受到影响，唯有体制内工作的待遇受影响最小，对大学生的择业观造成了一定影响。这些变化令人应接不暇，冲击着人们对社会的传统认知，也改变着职业结构及人们对职业的看法。

随着人工智能时代的到来，社会对职业的需求正在发生变化。对那些例行公事的、程序化的体力劳动和脑力劳动的需求正在减少，而对非程序化的脑力劳动，特别是需要与人互动的技能需求则越来越大。同时，还应关注职业形态的变化：从有边界到无边界。

随着市场环境变得越来越难以预测，尤其近年来受疫情等因素影响，经济增长速度放缓，出现大规模企业重组、倒闭等现象。在这种背景下，组织由传统的科层制结构向更为柔性化、扁平化、网络化的结构形式发展，呈现出虚拟化、小型化、信息化和分散化等特点，无边界组织的趋势逐渐呈现。更多企业也开始探索各种节约用工方式，除了全职员工以外，项目制用工、临时性用工、劳务派遣用工、实习生、自由职业者纷纷参与到企业用工潮中，在企业内部组成更多灵活的团队。这个趋势近年来在中国企业中也越发普遍。随着国内共享经济、平台型企业的不断发展，越来越多的人加入支配碎片化时间的队伍中。无论蓝领、白领还是金领，都有机会参与灵活的“零工经济”。

从员工角度来看，组织环境越来越不稳定，员工的工作安全感明显降低，传统的沿着组织内职业阶梯的晋升路径正逐渐消失，长期稳定的雇佣关系逐渐变得短期化。员工必须提高技能和适应力以提升自身的可雇佣性。社会变化速度如此之快，以至于在你高考填志愿的时候，因为某个专业是就业热门专业而做了选择，但在毕业时，有可能发现所读专业早已变为就业困难行业。因此，越来越多的人选择脱离传统职业，寻求更为灵活、流动的职业规划，或同时拥有多重职业身份，成为“斜杠青年”。

扩展阅读

斜 杠 青 年

“斜杠青年”一词源于英文“Slash”，出自《纽约时报》专栏作家麦瑞克·阿尔伯撰写的《双重职业》一书，指的是不再满足于“专一职业”的生活方式，而选择拥有多重职业和身份的多元生活的人群。这些人在自我介绍中会用斜杠来区分职业身份。例如，记者/演员/摄影师，“斜杠”成为他们的代名词。在当今时代，斜杠青年越来越流行，已成为年轻人热衷的生活方式。

在这个多变的社会中，当代大学生的职业选择不应该只停留在某一条固定的道路上，而应努力发展自己的创造力和适应能力，通过自主的职业规划和合理的职业流动实现人生追求。大学生应以动态发展的视角看待行业趋势，结合自身优势，为自己的职业选择做出准确的定位和决策。

3.3　大学所学专业与职业的关系

生涯规划课堂上，笔者第一次问同学们：“你们认为自己的职业生涯是从什么时候开始的呢？”很多同学回答“毕业前找工作时”。在教师的启发下，他们会将这个时间节点前移至“大三找暑期实习岗位时”“大二分专业时”，甚至“高考报志愿时”。

人们对职业的探索有多个层面。对于大学生而言，首先关注的可能是自己所学专业与未来从事职业的关系。当前，高中毕业生报考大学，首先是根据分数选择尽可能“好”的大学，其次才是在可能被录取的大学中选择尽可能“好”的专业。所谓的好专业，无外乎该专业对应着热门职业及该学科师资力量雄厚等。至于学好该专业对学生有哪些要求，似乎很少有人关注。

因此，上大学前根据自己的兴趣、爱好报考专业的同学为数不多。这些人中仍有一些其实并没有真正了解自己选择的专业，进入大学后才发现选错了专业。下面分析一下本章导入案例中小萌同学的情况。

平时谈到兴趣时，往往将是否有很大的热情投入作为必要的条件。职业生涯发展理论中的兴趣更强调的是能力倾向。小萌同学的学习成绩体现了她在本专业的能力倾向很强。“没热情”的原因是觉得这个专业“没前途”，其实这个专业的应用非常广泛，而且在国家政策的支持下将会有长足的发展。IT、互联网等相关专业的“火”也意味着竞争更加激烈。目前大家熟悉的比较火的互联网企业，工作时间基本上是“996”（每天上班时间是早 9 点至晚 9 点，一周工作 6 天）。而且有些岗位如“码农”，虽然北航硕士毕业入职年薪基本上能达到 30 万元以上，可业内普遍认为这个岗位“到 35 岁简历就递不出去了”！工作两三年就要考虑将来“转行”的问题；同时每周工作时间长、工作压力大，很多人都会处于焦虑中。

每种选择都有利弊。一方面，大学生要考虑自己的能力倾向，比如工科专业对应的能力倾向与计算机编程还是有差异的；另一方面，即使自己的能力倾向与当前最火的行业相匹配，也需要考虑由于“行业火”、竞争激烈，工作压力会很大，个人要考虑自己是否愿意承担这么大的压力，而不必一味地与别人进行比较。

小萌同学提到的选择大学专业的几个原因非常具有代表性，这与《中国教育报》2015 年 5 月刊登的《“学非所愿”的根到底在哪儿？》一文中的观点相呼应。

其实，幼儿园的孩子往往好奇心很强，兴趣广泛。但上了小学后，随着课业负担的加重，个人兴趣开始慢慢萎缩。不少学生上中学后就基本上没有什么兴趣了，因为他们几乎把所有的精力都用在了应试上。虽然随着年龄的增长，人的兴趣衰减、转移也是一种常见现象，但好的教育会维持并强化人内心的求知欲和好奇心。然而，如果基础教育违背人的成长规律，“重分轻人”，就有可能磨灭学生的兴趣，透支学生的未来。

对于“为什么我们的学校总是培养不出杰出人才”这句著名的“钱学森之问”，许多人都在试图破解，但有些人给出的解决之策令人瞠目。比如，有人主张孩子在幼儿阶段就要学奥数、做习题、背古诗，认为这是培养未来杰出人才的妙招。殊不知，正是这种违背规律的学习方式，耗尽了孩子的兴趣和好奇心。这种超前、过度的教育方式，恰恰是培养不出杰出人才的重要原因。

像小萌同学这样不喜欢自己所学专业的大学生该怎么办呢？是否应该申请调换专业呢？

事实上，本科生起初很难确认自己适合的专业方向，需要探索自己真正的职业兴趣。探索职业兴趣是大学生一项非常重要的任务。然而，很多大学生对自己的职业兴趣并不清楚，甚至到了研究生阶段仍无法明确。这种情况不仅影响大学生的学习热情，还会在毕业前找工作时给他们带来困扰。

小萌同学通过主动学习、全面分析自己的个性特征，消除了专业困惑，这比从老师那里获取“标准答案”更有意义。而且，她明白自我认知和职业探索并非一劳永逸的过程，即使在踏上工作岗位后仍需继续进行。

北航自动化专业硕士研究生林长宏在高考填报志愿时，对自动化专业的认知仅停留在模糊的阶段。进入大一后，通过学校举办的冯如杯创意大赛，他了解到自己的专业可以做什么，可以解决什么问题。发现往年的作品中有设计机器人、设计软件以及设计各种自动化设备的论文，有用于国防、航空航天、医疗和农业等领域的作品，他顿时觉得自动化专业很酷，能够解决多个领域的各种问题，是一个很有意义的学科。

通过学院的本科导师制度，导师会对学生的专业学习、职业发展提供一些建议。当然，有时也可以跟随导师参与科研项目，了解到自动化学院老师各自富有特色的研究方向。通过询问学长学姐和查阅资料，他了解了机电工程、鲁棒控制和虚拟现实这些课题的含义，对自动化的认识也从单纯的“自动化”三个字，延伸到了更细分的研究方向。通过学术论文的写作，他了解了研究现状和研究成果，在老师的指导下完善了理论、设计实验等，对学科的研究流程有了直观的认识，包括如何选题、如何了解同行成果、如何借鉴别人的方法、如何建立模型、如何设计实验等。这个阶段对于专业的认知是：这是一个解决控制领域和机器人领域等子领域科学问题的专业。

林长宏同学从“万金油”工科专业到机器人专业，从控制科学专业再到医工交叉和可靠性专业，似乎一直在不断地更新、转变。其实，大部分理工科学生的专业认知都类似于孙悟空取经的经历，在一些必然及偶然因素的影响下，不断探索、实践并获得经验。在此过程中，参加科研竞赛、与本科导师交流、尝试专业论文写作等都是非常好的方法。林长宏同学特别提出了一点：“随着各学科研究不断深入和细化，会出现越来越多的学科融合和学科交叉，因此，专业的内涵也是在不断更新的。”

高考填报志愿时，家长和学生往往困惑于专业的选择，担心选错专业会影响毕业就业及未来的事业发展。然而，专业选择是否能影响一生的职业呢？事实上，专业与职业之间并不存在一一对应关系。专业是高等学校根据社会分工需要而划分的学业门类，如航空工程、流体力学、电子信息、行政管理、翻译等专业。职业的定义是指人们在社会生活中从事的工作，这些工作以获得物质报酬作为主要生活来源，并能满足个人的精神需求。在社会分工中，职业通常需要具备专门的技能。职业是对特征相同或相似的一类工作的统称，并以国家的职业分类大典为标准。大学的专业可以对应很多职业岗位，如电子信息专业的学生可以从事网络工程师、算法工程师、系统工程师、软件测试员、项目经理等。

毕业前求职时，具体从事哪种职业，一方面取决于大学生的职业兴趣，另一方面取决于大学生所具备的职业素质与能力。因此，在明确了自己的职业兴趣后，大学生还需要了解自己毕业后希望从事的职业及用人单位对新员工的素质能力要求。不太喜欢本科所学专业的大学生，最好根据自己希望从事的职业的任职要求来对照找出自己的差距，以此判断自己能否在未来几年通过努力满足这些要求。

2023 年春季学期，笔者共开展了 50 余场个体生涯咨询，与 47 位北航本硕博大学生进行了针对生涯发展与求职就业的一对一交流。咨询中的主要问题有：

第一类问题：我适合什么类型的工作？

超过一半的大学生在择业认知方面存在最基础的疑问。其中约三分之一的问题是“我对自己的专业不太感兴趣，毕业后到院所做科研担心做不好”；另有三分之一的问题是“自己在学生工作等方面做了很多，想考公务员或从事行政管理，又担心专业白学了”。再就是关于硕士研究生转博/考博/读博等问题：有转博机会却一直犹豫，考博失败不知是否要再考，读博过程中的疑惑，延毕的苦恼……种种问题不一而足。

先从职业兴趣的角度进行分析。在咨询中，推荐的最重要的自我认知工具是霍兰德职业兴趣理论。在生涯规划课堂上讨论职业时，提醒大学生“职业=职位+领域”。职位或称岗位（position）首先应与职业兴趣类型相关，岗位本身也具有由三个字母组成的霍兰德代码。个人的职业兴趣类型与岗位代码匹配时，往往能够事半功倍；当然，前提是自己认可这份工作——这是价值观层面的问题。

第二类问题：找工作时“钱多/事少/离家近/发展好”等优势该如何取舍？

前文提到，霍兰德职业兴趣类型不仅仅是个人兴趣，其实也是一种能力倾向；如果某类能力倾向特别弱，靠学习、训练，只能达到一般水平，想做出杰出成就基本上不可能。985 高校的大学生往往拥有“做出杰出成就”的理想，因此教师在课堂上才强调要挖掘自己真正的职业兴趣，也就是姚期智院士所言：“最擅长的是什么，最感兴趣的是哪个方向？”在此基础上，生涯价值观的作用就非常大了。

针对一般求职中看重的“钱多/事少/离家近/发展好”这几项因素，需要清楚的是：这几项好处“不可得兼”。首先，“钱多”与“事少”是一对矛盾；“钱多”往往与“稳定”也无法得兼。这些可以根据“第一性原理”来分析，也可结合用人单位的人事政策与人力资源管理制度来理解。

从“第一性原理”的视角看，结合前文中对“高薪”职业的分析，长期来看“钱多、事少”是不可能并存的。而“离家近”体现的是对生活方式的重视，“发展好”则与自我实现相关；二者兼顾不是不可能，但可选择性偏小。比如某同学在毕业选择航空航天企业时考虑工作单位要“离家近”，就只能比较家乡附近的一些用人单位，在其中选择出自己未来最可能“发展好”的，会受到很大限制。

如果用舒伯生涯价值因子进行分析，上述几项其实都是生涯价值因子中的外在报酬维度，其特点是：一旦满足，对个人的激励就很有限。因此，还是建议借助霍兰德职业兴趣理论、舒伯生涯价值因子等工具开展自我认知，通过澄清职业兴趣与职业价值观，明确自己的专业选择及未来的职业方向。

3.4 职场的内涵

3.4.1 社会——职场的基地

经常有人感慨：大学毕业后就要离开校园走向社会了，环境就没有那么单纯了。这令大学生对于走向社会是既好奇又担心。

社会是什么？事实上，所有人从小就生活在社会中，正是每个人身边的社会帮助你了解这个世界。

父母及家庭其他成员、亲戚朋友是每个人接触的最早的社会环境。父母的性格、受教育情况及其所从事的职业，他们对子女的期望及对外界事物的评论，使每个孩子对社会有了最初的认识。每个人从小接触的亲戚朋友、幼儿园的小伙伴、中小学的同学，也是构成身边社会的重要内容。

社会是分区域的。一个人生活的国家，其文化传统、政治制度、经济发展状况、人文素养、法律环境、社会习俗等构成了基本的社会环境。

我国地大物博、人口众多，全国各地在地理环境、气候状况、文化习俗及经济发展水平等各个方面都存在差异，影响着生活于其中的每个人。虽然春节是全国性的传统节日，可北方地区腊月二十三过小年，南方地区则是腊月二十四过小年；大年初一，北方地区全家人聚在一起包饺子，所谓“好吃不过饺子”；南方地区则一定要吃年糕，所谓“年年高升”。在受“学而优则仕”观念影响深远的地区，人们心目中的成功是大学毕业后留在北京的机关里，年纪轻轻就被提拔为处级干部；在广州、温州等市场经济发达地区，成功的标准是拥有自己的企业、当老板。

随着全球经济一体化进程的加速，人们需要以全球化视角来看待事物、思考问题。由一位英国心理学家编写、在世界各国广泛使用的心理测试问卷中有这样一道题：“您出门时通常会拿伞吗？”——答“会”者被认为生活态度消极，经常担心天气不好；答“不会”者被认为生活态度积极，总是认为天气宜人。然而，这道题的背景是英国作为岛国一年四季降雨频繁；生活在气候干燥的中国北方地区的人，可能会觉得莫名其妙：没事出门带伞干吗呢？学习英语时，常常会读到人们谈论天气的段落，没有当地的生活经验，很难真正理解。

很多大学生认为社会与自己距离遥远，其实，“有人的地方就是一个社会”，自身就是社会的一部分。社会环境是由经济发展水平、社会文化环境、社会价值观念、政治制度与氛围、家庭关系及个体对他人的了解与认识共同作用形成的，社会环境深深地影响着职业的分类、变化及发展。因此，认知社会环境是大学生了解职业的起点，大学时代是大学生开始系统地认识社会、了解所处社会环境的时期。校园虽然与职场有很大不同，但相同之处也有很多；进入成年期的大学生要逐渐尝试更全面地了解社会。

课堂活动

我身处何处

活动目标

认识自己身处的社会环境。

准备和要求

学生每6～7人一组，每组的学生来自至少三个不同的省（自治区、直辖市），分享各自家乡不同的风土人情和风俗习惯；进一步挖掘这些不同对自身观念及做事风格的影响。

大学时代是个人成长、价值观形成的关键时期；绝大部分人离开了自小生活的熟悉区域，重新适应新的气候及社会环境，开始了相对独立的生活，远离父母的庇荫做各种决定。很多大学生第一次住校，与室友争吵、妥协，最终找到和睦相处的方式。大学生对社会的认识逐渐拓展、深入，开始把书本、小说中描绘的社会与身边的社会联系起来，形成了自己真正的“社会观”。这一切都在潜移默化地影响着人们对职业的理解。

社会发展深刻地影响着人们对职业的认知与选择。社会在不断发展，人们的观念也随之发生变化。近半个世纪，从“读书无用论”到“学好数理化，走遍天下都不怕”，观念发生了转变。尤其是改革开放以来，整个社会对职业的认知与评价发生了翻天覆地的变化，甚至颠覆了很多影响中国几千年的传统观念。其中，最典型的例子莫过于对商界人士的看法。封建社会形成了“士农工商”的传统排序，将从事商业经营活动视为最低等的职业；“商人重利轻别离”“无商不奸”等表述代表了社会对商人的普遍道德评判。然而，随着改革开放的深入、市场经济的日益发展，“商界精英”已经成为社会对成功商业人士的一种尊称；全国各著名高校的商学院也吸引了最优秀的学生报考。

具体到人们对“热门职业”的认知，经历了一系列变化：新中国成立初期“劳动最光荣”的工人、20世纪80年代“科学技术是第一生产力”背景下的知识分子、全面改革开放后的商业精英及外企白领、国企改制后的公务员、互联网兴起后的“码农”工程师、2008年金融危机后的国企及事业单位职员……近年来，国家大力倡导创新、创业，创业者又受到不少年轻人的追捧。随着后疫情时代的到来，越来越多的大学生开始转向体制内就业，希望毕业后找一份更稳定的工作。

然而，正如本书第1章介绍的生涯发展理论所强调的：任何职业都只适合一部分人。如果不考虑自身的特质，一味追求热门职业，一旦热门不热，那些素质能力与职业不匹配的人就会处于尴尬的境地。互联网热潮中流行一句话，“猪站在风口也能飞起来”，可如果风停了，那头飞起来的猪会掉下来，轻则摔得浑身是伤，重则毙命。

作为还在接受教育、即将成为社会经济发展主力军的大学生，非常重要的一点是要独立思考，以客观、辩证、发展的视角看待社会对个人职业选择的影响及周围人的评价。职业的“好坏”因人而异，社会对职业的评判有时会受到一些偶然因素的影响。

同时，要以发展的眼光对职业环境进行考察。改革开放 40 多年来，我国经济持续发展，在世界经济中占据越来越重要的位置。2022 年 8 月 3 日，全球同步发布了最新的《财富》世界 500 强排行榜。上榜企业中，中国企业达到 145 家，首次超过美国，2023 年和 2024 年分别为 142 家和 133 家。自 1995 年《财富》世界 500 强排行榜同时涵盖工业企业和服务型企业以来，还没有哪个国家像中国一样企业数量增长如此迅速。这类信息对毕业生选择就业单位也具有重要的参考意义。同样是将求职目标定位于世界 500 强的毕业生，在 21 世纪之初主要考虑的是欧美企业，现在则主要考虑中国企业。智联招聘《大学生就业力调研报告》显示，2024 届高校毕业生中，应届生慢就业、自由职业的比重分别从去年的 18.9%、13.2%增长到今年的 19.1%、13.7%。随着高校研究生招生持续扩招，应届生在国内继续学习的比例从去年的 4.9%提高到 6.5%。单位就业依然是主要去向，占比 55.5%，但较 2023 年下降 2 个百分点。毕业生对外部环境和自身都有着比较清晰的认识，并能基于这些因素做出适合自己的决策。一方面，他们毕业后的选择更加多元，自由职业、慢就业比例上升；另一方面，他们更加积极地找工作，但并不执着于“好工作”，以更务实的态度，追求稳定的工作和安定的生活，在不确定的环境中寻求确定感。

找工作时需要对职业有全方位的认知。《你的降落伞是什么颜色》一书中对职业是这样定义的：职业=职位+领域。结合我国的国情，除了职位和领域，还要考虑工作单位的性质：政府部门、事业单位、国有企业、中外合资及外商独资企业、股份制企业、民营企业等。接下来具体分析社会、职业与职场的关系。

选择职业，首先要考虑职位，这与大学生的职业兴趣关联度最高。最理想的情况是大学所学专业是自己喜欢和擅长的，可以在所学专业对应的职业中做出选择。同时要考虑领域（field/industry）：一位大学生希望毕业后当老师，除了具体科目，还要明确是当大学老师还是当中学老师——二者的任职要求有很大不同。大学老师除了授课，还需要从事科研工作；在确认了当大学老师后，还要思考希望进入哪类高校——是进入“双一流”高校还是普通高校，不同类别的学校对教师的要求有较大差异。

职场所处的宏观环境就是前文所言的“社会”，职场的微观环境是指每个人的就业环境。在一定的（宏观）社会环境下，每个人将要进入的组织（用人单位）所提供的（微观）职业环境千差万别。

对于绝大多数人而言，职业生涯是与其工作或服务的某个或某些组织相联系的，因此，大学生必须了解各种组织类型及组织形态的变化。有效的职业生涯发展要求个人与组织之间的需要相互匹配；在整个职业生涯中，个人和组织双方共处于一个不断变化的环境中，二者的相互匹配过程也是动态的。如果匹配过程能够有效地推进，组织与个人都能受益：组织将合理运用与开发人力资源，提高绩效和改善人际关系；个人将能较好地管理自己的职业生涯，职业与家庭较好结合，个人才干得到有效发挥，态度与价值观得到较好实现，个人也得到较好的发展。

因此，大学生在进行职业生涯规划时，要根据自己的性格、价值观、兴趣、特长等因素，结合将要加入的组织的具体情况，了解组织类型和特点、组织文化、组织结构，以及该组织对全体员工及某个工作岗位上的员工提出的工作要求，来确定自己能否在该组织中找到适合自己发挥才能的平台。

3.4.2 组织类型及特点

一个人的职业选择除了要考虑社会环境和经济环境，还应重点了解将加入组织的内部环境。具体内容包括以下五个方面。

（1）组织类型。常见的组织类型有五种：一是营利性组织，即现代社会中经济活动发生的主要场所，包括规模不同的工商业企业；二是非营利组织，包括红十字会、基金会等机构，以及近年来在我国出现的自然之友、北京地球村环境文化中心等非政府组织；三是政府组织，在我国包括所有政府办事机构；四是准政府组织，即大家通常所熟知的财政拨款的事业单位；五是各类协会。虽然组织的分类不是固定不变的——随着我国经济体制改革的深入，事业单位的比例越来越小，但这样的分类能帮助大家了解一些工作单位的基本类型，并迅速了解一些组织文化的特征。

（2）组织实力与经营战略。了解组织所处行业、发展战略、战略措施、竞争实力以及发展态势等信息。一般来说，实力雄厚的组织为员工职业发展提供的空间相对较大；组织的发展战略与不同职业人员的职业发展关系密切。组织的发展态势不同——处于发展期、稳定期还是衰退期，员工个人的职业生涯发展速度也就不同。

（3）组织特点和人力评估。了解组织规模、组织文化、组织氛围、组织层级、组织结构、人力资源需求状况、人力资源规划、员工晋升政策、员工流动政策、员工培训政策等。这些对个人职业发展方向、发展路径及个人生涯目标的实现都有重大影响。

（4）组织领导人分析。了解领导人的管理理念和个人能力。组织主要领导人的抱负和能力是组织发展的决定因素之一。对于一家营利性组织而言，企业家要做的事不是找到顾客群，而是创造顾客群；满足顾客的现实需求和激发顾客的潜在需求不是一回事。一个真正的企业家能够创造顾客群，其产品和服务能够满足顾客的潜在需求，他所领导的企业才能发展壮大，为员工提供不断发展的机会和不断上升的空间。比如在世界范围内有影响力的华为、阿里巴巴、海尔、联想等公司，其创始人任正非、马云、张瑞敏、柳传志的管理理念、个人能力及价值观等个性特质，都对各自的公司有着深入持久的影响。对于非营利组织而言，领导人的作用更大。此外，组织的领导人是否真正考虑员工个人的职业发展也是评价分析该组织的重要因素之一。

（5）人力资源管理制度与工作/岗位分析。了解人事管理方案、薪资报酬、福利措施、员工关系、发展政策和工作/岗位的基本能力要求、工作绩效评估标准等信息。这些信息一方面决定了新员工入职后能否胜任岗位、工作是否顺利，另一方面也关系到员工能否获得与付出相当的回报，以及能否在该组织中实现个人的职业规划目标。

3.4.3 组织文化

组织文化是每个员工职业生涯所处的文化背景，每个人的职业成长与理解和有效运用这些知识的能力有关。组织文化是一个组织所倡导并且为组织上下员工身体力行的价值观和行为准则，它使组织独具特色，区别于其他组织。如果仔细考察，这种共同的价值观体系实际上是组织所重视的一系列关键特征。以下七个方面的特征是组织文化的本质所在。

- 创新与冒险：组织在多大程度上鼓励员工创新和冒险。
- 注意细节：组织在多大程度上期望员工做事缜密、善于分析、注意细节。
- 结果导向：组织管理人员在多大程度上关注结果而不是强调实现这些结果的手段和过程。
- 人际导向：管理决策在多大程度上考虑到决策结果对组织成员的影响。
- 团队导向：组织在多大程度上以团队而不是个人为单位来开展工作。
- 进取心：员工的进取心和竞争力如何。
- 稳定性：组织活动重视维持现状还是重视成长的程度。

自 20 世纪 90 年代以来，组织文化对员工行为的影响变得越来越重要。因为现代组织逐渐拓宽了控制幅度，使组织结构趋于扁平化，引入了工作团队，降低了正规化程度，并授予员工更大的权力。这些都要求一种强有力的组织文化提供共同的价值观体系，从而保证组织中的每个人都朝着同一个方向努力。在决定进入一个组织前，人们必须了解其组织文化：如果你不幸进入一个组织文化与个人价值观相抵触的单位工作，会发现自己不仅处处受到限制，而且自认为很得意的成绩得不到应有的肯定。

在考察组织文化时，最好将该组织是不是学习型组织作为重要的考虑因素。学习型组织是时代的产物。有学者做过这样的研究：在一些组织中，所有成员的智商都在 120 以上，而组织的整体智商却只有 62；组织的智商可能妨碍组织内个人的成长与发展。因此，现代组织仅提高员工个人的素质是不够的，还需要积极提升组织的素质，使人才在组织中充分发挥其能力。这就要求组织不断学习，创建学习型组织。

组织文化的贯彻者是全体员工，尤其是组织的高层管理者及各级管理人员。对于刚刚步入职场的大学毕业生而言，影响最大的莫过于其直接上级即主管。主管对员工给予鼓励和指导，会促使新人迅速成长、不断进步；而如果主管对员工仅仅下达任务，一旦没有出色完成就严厉批评，会令员工萎靡不振，甚至丧失对职业的热爱和对工作的热情。主管的管理风格和工作中的言行也会影响其带领的工作团队。因此，大学毕业生在确定接受第一个职业挑战时，应该对将来的领导和同事有相应的了解。

总之，职业生涯的发展是阶段性的，不同阶段的侧重点不同。对于大学毕业生而言，学习型组织的文化和环境有利于其尽快适应工作环境、提高职业技能，为未来职业发展打下坚实基础；工作单位的领导，尤其是直接上级，也在很大程度上影响员工的职业发展。因此，在选择工作时要认真考虑上述因素。

3.4.4 组织结构

组织结构是指工作任务如何进行分工、分组和协作。不同的组织具有不同的结构，组织结构对员工的态度和行为都有影响。

管理者在进行组织结构设计时必须考虑六个关键因素：工作专门化（把任务分解成各自独立的工作应细化到什么程度）、部门化（对工作进行分组的基础是什么）、命令链（员工个人和工作群体向谁汇报工作）、控制跨度（一位管理者可以有效地指导多少个员工）、集权与分权（决策权应该放在哪一级）以及正规化（应该在多大程度上利用规章制度来指导员工和管理者的行为）。

组织结构是管理人员实现组织目标的一种手段，组织的战略、规模、所采用的技术以及所处的环境是影响组织结构的重要因素。组织的内部结构可以解释和预测员工的行为：除了个体和群体因素之外，员工所属组织的结构关系对员工的态度和行为具有重要影响。入职前应该了解该组织的组织结构。随着新经济时代的到来，越来越多的组织，包括营利性企业和金融机构、非营利组织、政府组织、各种协会等，都在形式和结构上发生了改变。在这些变化中，最引人注目的是组织结构从三角形变成菱形，组织结构日趋扁平化。组织形态从三角形到菱形的转变，将对个人职业生涯产生影响。

因此，现代社会成功组织的特征之一是保持扁平化的管理结构，从管理导向的系统转变为团队导向的系统；每个团队成员都拥有足够的专业知识，团队由一些服务提供者和其他自我管理、独立对利润负责的成员组成。在这一变化趋势中，与团队工作、多重技能、终身学习、领导力和自我指导的生涯决策等有关的技术得到了发展。

综上所述，大学生在进行职业生涯规划时，首先要了解自己所处的社会环境及各种组织环境。这是人们认知社会的具体内容，也是人们认知职业的前提。

本硕就读于北航自动化学院的赵同学，曾任院学生会副主席、院研究生会实践部部长等职务，本硕累计获得北航研究生十佳、北京市优秀毕业生、小米奖学金特等奖等各类荣誉奖项 50 项次。在 2023 年秋招期间，他同时参与自动驾驶和选调生两条赛道，斩获 10 个自驾感知算法 offer（其中 6 个为 SSP）；参加江苏名校优生、浙江选调、中央选调，最终选择浙江省厅，并将其作为未来职业选择。

面对两条截然不同的未来发展赛道，赵同学的抉择是内心焦灼的。一条是大家都热衷的“高薪之路”，另一条是截然不同的“清水衙门”。后来，赵同学主要从职业、个人理想以及能力适配的角度进行了分析，最终选择了浙江省选调生。

首先，关于个人理想，赵同学希望通过选调之路能取得一些成绩、做出一番事业，有朝一日能够主政一方、造福人民。在调研中，他清楚地了解公务员工作现实与理想之间的差距，但这并不妨碍他不忘初心，反而促使他更加精进自身、奋勇前进。这些理想与选调生之路完全吻合，而技术赛道匹配的企业之路显然无法实现他的理想。

其次，关于能力适配，赵同学虽然是理工科出身，但文科基础较强。无论是初中的文综、高中的语文，还是大学的思政课，抑或是选调生的笔试和面试，他几乎都是在不怎么投入精力的情况下取得了相当拔尖的成绩，而在技术赛道几乎需要全力以赴才能有所收获。虽然这些考试和未来的工作不能直接画等号，但也能说明一些问题。

不同的职业具有不同的组织特点、组织文化和组织结构，正是这些不同形成了职业选择的较大差别，因此了解职业的相关信息尤为重要。

3.5 职业信息的获取与分析

当代大学生有幸生活在一个信息高度发达的社会，各种职业信息源源不断。通过各种渠道获取职业信息需要花费一定的时间和精力，但这些信息对于大学生职业选择的成功至关重要。“你的决定是否正确，取决于你所获取的信息。”因此，选择合适的渠道了解职业信息就显得尤为重要。在对职业进行一定的探索后，还需要搜索和分析有关各类职业前景的信息。职业信息的来源包括从出版物到实际工作经历各个层面。

智联招聘《2023 大学生就业力调研报告》显示，2023 届毕业生求职渠道中，选择招聘网站求职的占比为 87.4%，较上年有小幅提升，连续三年呈上升态势，已成为高校毕业生求职的最主要渠道。从可视化求职方式来看，使用视频面试的应届生占比 72.6%，较去年上涨 8.9 个百分点。

新冠疫情期间，视频面试成为企业面试的主要方式。疫情后，视频面试因其效率更高、省时省力、跨越地域限制等优势，普及率仍在提升，为企业和毕业生提供了良好的招聘、求职体验。俗话说：“三百六十行，行行出状元。”这句话在今天仍然具有现实意义。大学生一旦结束校园生活、进入职场，便要从事某种职业。通过职业，人与人之间建立起广泛的社会联系，这种联系对社会的存在和个人的发展都具有重要意义。社会依靠职业分工，使各行各业的人从事一定的职业，承担各自的社会责任。无论从事哪种职业，都是社会的需要，都能成就一番事业。因此，每个行业、每种职业都可以成就大学生的成功人生。当前，重要的是了解各种职业的从业要求，选择适合自己的职业。

刚刚进入大学的大学生应该怎样选择职业呢？哪些职业是你感兴趣的？哪些是你适合从事的？哪些又是属于你的事业呢？这要求大学生在做出决定之前，详细了解职业信息，真正明白职业名称意味着什么，否则可能看到的只是臆想中的一个概念。

近年来，随着商业领域职场竞争日趋激烈，不少大学生希望毕业后成为公务员，认为这是一个稳定且拥有社会地位的职业。但一些年轻人在通过严格的选拔考试，实现梦想后，却发现事实并非如此：每天单调的工作令他们失望，员工的贡献换来的不是即时回报，而是长期的职业保障；对于非常看重职业保障的人来说，这个职业很有吸引力，但对于希望自己的努力能够得到即时肯定的人而言，工作的积极性可能会受挫。

要判断一份职业是否符合自己期待的工作特点，需要了解该职业的日常工作情况、工资水平、所需的技能和培训、工作条件、典型的工作环境以及晋升机会等。职业名称正是基于从业者的正式角色、职能和具体事务来确定的，而这些工作内容也决定了他们的职业定位。通过收集相关信息，可以加深对该职业的了解。

在大学期间，可以通过互联网搜索招聘广告，了解一些职位对任职者的要求。

课堂活动

分享招聘广告

活动要求

根据同学们完成的作业“我的理想职业”，小组成员评选出“最靠谱”的职业，然后各小组分别从网上搜寻一则针对该职位的招聘广告，要求列出该职位的岗位职责、任职资格要求、工作待遇、职业发展前景等内容，并在课堂上分享。

请同学们阅读几则从招聘网站上下载的针对应届大学毕业生的招聘广告。

岗位名称：测试开发工程师

职位描述：

你是新时代下世界领先的技术质量人，捍卫蚂蚁产品的用户体验，打造高效能的世界级质量团队，推行担当、创新、共赢的理念。在这里，你致力于推动“五新战略”下复杂业务场景执行的正确性，新零售下千亿级别交易链路的顺畅稳定，云智能下用户数字化转型的平稳落地，云服务、AI 算法、IoT 等测试方法的创新，自动化、无人值守、故障演练等测试产品的发展，用例生成、导购测试、资损防控等 AI 测试的探索。每一次测试升级的背后是我们不破不立的勇气！每一个产品的背后是我们对完美的坚持！

必须具备的条件：

1. 本科及以上学历，计算机、数学、信息管理等相关专业；
2. 熟悉 C/C++、Java、Python、Perl 等至少一种编程语言；
3. 熟悉软件研发流程，掌握软件测试理论和方法；
4. 喜欢钻研技术，对质量保障有热情，不断追求产品用户体验的完善；
5. 学习能力强，对新事物保有好奇心，并能快速适应新环境；
6. 良好的沟通能力和团队协作能力，能与他人合作，共同完成目标；
7. 对所在领域有热情，相信方法总比困难多，善于独立思考并反思总结。

可以加分的条件：

1. 有设计和开发测试工具和自动化测试框架能力的更佳；
2. 有算法和数据分析基础以及相关实践经验更佳；
3. 发表顶刊顶会（CCF-A），一作/并列/二作优先，并且研究方向体现出连续性，与招聘岗位的应用场景匹配；
4. 落地过实际场景的有影响力的项目并取得重大成果；
5. 获得业界有影响力的专利；
6. 在领域内知名比赛中获得优异成绩。

岗位名称：人事主管

职位职责：

1. 负责制定与执行招聘策略，根据公司需求招募合适的人才；
2. 负责发布招聘职位信息，筛选简历，实施面试评估，并跟进招聘流程；
3. 负责维护和开拓招聘渠道，构建并维护良好的人才资源库；

4. 跟进新员工入职流程，协助完成入职手续与培训安排；
5. 监测并评估员工绩效和发展需求，提供招聘及人才发展方面的建议。
任职要求：
1. 具备较强的执行力与管理能力；拥有良好的沟通和协调能力；具有出色的文案策划能力；
2. 形象良好，气质出众，富有亲和力，具备较强的交际能力；
3. 做事细致，条理清晰，学习能力强，能够吃苦耐劳；
4. 能熟练运用 Office 等办公软件，熟悉互联网；
5. 身体健康，爱岗敬业，无不良嗜好；
6. 具有良好的职业道德和责任心；
7. 具备该岗位所需的其他能力。

岗位名称：券商资管部销售
岗位职责：
1. 发掘并分析客户的招聘需求，拓展和维护新老客户，为客户制订合理的招聘解决方案；
2. 把握销售机会，与客户谈判促成合作，达成业绩目标；
3. 快速有效地解决客户的咨询、疑问、投诉、建议及反馈，提高客户满意度；
4. 挖掘自身潜力，收集一线营销信息、用户意见、市场信息及竞争对手的信息；
5. 执行公司的销售策略及政策，积极向公司提出参考意见，维护企业形象。
任职要求：
1. 本科及以上学历；
2. 热爱销售工作，进取心、责任心强，有强烈的成功欲望和抗压能力；
3. 普通话流利，思维敏捷，具备良好的表达能力和沟通技巧；
4. 工作主动，有良好的服务意识；
5. 有人力资源、互联网、互联网教育、电子商务及广告等行业销售经验者优先。

通过阅读、分析招聘广告，可以了解到各种职位不仅对任职者有专业知识的要求，还对某些技能有要求，同时也有一些个性特征的要求。这些分别属于第 2 章介绍的能力中的内容性技能、功能性技能和适应性技能。

如前面几则招聘广告所示，目前各类招聘广告中都有较为简洁的职位说明及相应的任职资格要求。任职资格要求是根据组织特点、工作内容及职位说明书提炼出来的对各个岗位任职人员的素质、能力、经验等要求，是用人单位在长期的人力资源管理实践中总结出来的。对于缺乏工作经验的大学生来说，了解各类职业的素质要求显得尤为重要，因为工作能力更多是在工作中培养和锻炼的，而工作经验只能通过实践来积累。很多知名跨国公司在招聘应届大学毕业生时，重点考核的也是个人的素质。有些职业需要专门的资格证书才能上岗，大学生需要尽早了解，以便提前考证。

近年来，各地都会组织很多针对应届毕业生的招聘会，很多用人单位的招聘会在大学校园中举办。这些招聘会大多是向所有在校生开放的，建议同学们在大三甚至大二期间参加招聘会体验一下，看看用人单位对职位有什么要求；如果能够趁招聘者不忙时聊几句，听听他们对应聘人员的具体要求，收获会更大。

除了上网看招聘广告、到招聘会现场，了解职业信息的渠道还有很多，如阅读书籍、专著、论文、工具书等出版物，以小组为单位开展一些角色扮演等情景模拟活动，通过暑期实践、实习、兼职获得实际的工作体验等。

本科就读于南京航空航天大学的元元同学，研究生保研至北京航空航天大学航空科学与工程学院，本硕所学的都是飞行器设计专业。最初实习的目标是想转行，去一个赚钱比较多的行业。作为北航理工科的硕士生，跨专业在互联网和金融领域找实习并不困难。第一份实习经历是在滴滴出行的运营岗位，做的是数据分析工作。滴滴出行的工作氛围很好，有不懂的地方同事也会热心地教你；工作状态是典型的互联网风格，工作时间很长。第二份实习经历是普华永道，工作出差频繁，但元元同学并不讨厌，毕竟能通过差补赚不少钱。但是这份工作强度比较大，朝九晚九，每天单程近 1 小时的通勤时间，几乎没有能放松的空隙，元元同学不太能适应。

实习是深入了解未知行业最有效的方法。行业与行业之间的差别之大，犹如猫崽和小鱼干，跨专业实习也不能随便挑。起初，元元同学瞄准了对于理工科学生转行相对容易且传闻薪酬较高的两大行业：互联网和金融。原本元元同学一直认为自己是能加班、能熬夜的人，但在实习中认识到自己受不了每天单程近 1 小时的通勤时间、朝九晚九的加班常态，受不了全天高强度无休的工作状态，更接受不了每天下班回宿舍只想睡觉、发呆、看短视频的自己。她突然发现，白天饱满热情的工作状态是以晚上萎靡不振的个人生活为代价的。

实习经历也让元元同学进一步认清了性格上的弱点：与人交往会耗费精力，自己需要通过独处来恢复精力，因此高质量的个人生活对她来说是必需的。

实习是一项几乎没有成本但收益巨大的事情。当然，若想要实习和学业兼顾，肯定要吃苦。对于不打算转行的小伙伴，实习可以增加简历的分量；对于打算转行的小伙伴，实习可以快速、客观地了解你想进入的行业；对于迷茫的小伙伴，实习更多能够让你看清自己喜欢什么、不喜欢什么。想做的工作、能做的工作和适合做的工作，往往在认知上会有错位。想法可以改变，能力可以提高，但适不适合很难以主观意志为转移。

在经历了上述两份实习后，元元同学及时调整了求职方向，重新审视了自己的专业及对口工作。发现自己对于航空航天单位并没有做过深入调查，很多都是道听途说。

元元同学开始与入职航空航天单位的师兄、师姐进行沟通。通过交流，元元同学逐步认清现实、抛开偏见，认为研究所的工作是适合自己的。对于高工资天天加班的工作和低工资朝九晚五的工作，她似乎更倾向于后者。经过深思熟虑，元元同学最终入职上海飞机设计研究院，目前已是一名兢兢业业的工程师。在研究院的工作内容是自己擅长的方向，做研究、写文章、评研究员，有规划、有目标、稳步成长，每天都很自在开心，是很适合自己的一份工作。现在平和的心态得益于前两次实习，若是没有去实习，现在心里可能还会想着要是怎样就好了。

在职业生涯课程中的价值观探索活动中，学生们需要从舒伯的15项生涯价值因子中选择前5项。约三分之二的学生选择了“经济报酬”“安全稳定”和“生活方式”。然而，在现实职场中，“经济报酬”与“安全稳定”常常是一对矛盾因子，二者只能择其一，“生活方式”与“经济报酬”的兼容度也不高。元元同学在实习过程中深深体会到了这一点，并用自己的经历提醒大家：在找工作之前，先开展职业生涯规划，想清楚自己真正想要的是什么，这一点很重要。当然，这里还可以提醒一点：其实所有的工作都是有经济报酬的；没有将“经济报酬”等外在报酬维度作为首选项的价值观选择，并非“不食人间烟火”的空谈，而是更加看重“智性激发”“利他主义”“成就满足”等内在价值维度。因此，他们能够在工作过程中获得更多的满足，从而对工作有更高的投入感，最终个人获得的经济报酬也往往超出预期。

除了以上职业信息收集方法，事实证明，发现和最终找到一份适合自己的工作的最佳途径是通过生涯人物。生涯人物是指那些已经从事某种职业较长一段时间、熟悉该职业的具体情况及发展前景，并将该职业作为长期职业发展方向的职场人士。你需要设法联系这些生涯人物，向他们咨询工作方面的问题。生涯人物访谈有多重作用：帮助你加深对某一职业的了解，培养社交能力，使你在面试时充满自信并且熟悉情况。访谈活动为发展新的关系、新的线索创造了条件，而这些新关系和新线索往往对你的求职非常有用。

人脉关系根据强度和实际效果可以分为强关系和弱关系。强关系是指日常联系紧密，能够分享有用信息和观点，提供实质性帮助的圈里人；弱关系是指日常联系较少，互动不频繁因而对日常生活的影响较弱的圈外人，也就是所谓的泛泛之交。但有时候，圈外的弱关系也能发挥巨大的影响。美国的研究表明，弱关系能够带来异质性信息（由于他们往往身处的环境与你不同，能够提供你无法掌握的信息），如你的大学老师、访谈对象，他们与你的关系可能不会太紧密，但你能从他们那里获取很有价值的信息。

访谈的前提是你已经掌握了有关某项具体工作的详细信息，希望通过访谈向该行业的从业者证实你所了解的信息。从访谈中，你可以获得除工作所要求的技能及工资报酬之外更多的信息：一方面，你可以了解你是否喜欢将来工作中的同事，工作环境是否让你感到舒适，这些人是否友好和乐于助人；另一方面，你也可能发现没有人有时间与你交谈，他们让你长时间地等待，不时地接听电话打断你的访谈，或者一群人拥挤在一个嘈杂的小空间里工作。所有这些信息只有亲临现场才有可能了解。因此，访谈的目的不仅是收集信息，还包括发展新关系和确定这份工作是否适合你的个性和职业目标。

联系到访谈对象、定好具体的访谈时间后，还须考虑用最短时间、最愉快的方式获得最多有效信息。因此，需要提前设计访谈提纲。可以先从诸如业务类型、职务分类、职责描述、工作环境、福利待遇和录用条件等概括性问题问起，然后转入具体的问题。

课堂活动

生涯人物访谈

请依据自我生涯目标定位去采访3～5位生涯人物。下面是访谈时的提问清单：

1. 你最喜欢你的工作的哪些方面？为什么？

2. 你最不喜欢你的工作的哪些方面？为什么？

3. 你是怎样决定进入这个行业的？采取了什么步骤？还能通过其他什么途径进入这个行业？

4. 要想进入这一行业，需要接受什么样的培训？现在需要具备什么样的技能或教育背景才能进入这个行业？

5. 这一行业从新上岗人员到最高层管理人员的工资范围是什么样的？

6. 哪些个人品质对从事这份工作是最重要的？为什么？

7. 每天你都做一些什么样的工作？你能描述一下吗？

8. 在工作岗位上你感受到哪些类型的压力？

9. 哪类人可以在这个岗位上生存和发展？

10. 简历对于被录用是很重要的吗？

11. 有哪些升迁或加薪的机会？

12. 这个行业是在发展中吗？有哪些新的发展趋势？

13. 还有哪些相关的职业是我应该了解的？

14. 你是否可以介绍三位像你一样对这项工作有热情的人？能告诉我他们的联系方式吗？

15. 还有哪些有关这一行业的有用信息是我应该去了解的？

右侧二维码案例是研究生梁炫烨、李博琳、马力等人邀请运载火箭民营企业零壹空间集团的总裁兼 CTO 马超学长，通过采访加深了对航天行业的了解与个人职业发展的思考。

3.1 案例阅读

从访谈过程整理稿来看，同学们切身感受到学长每个抉择的思考与远见，加深了对航天行业的了解和对个人职业发展的思考，同时缓解了同学们关于专业跨度的担忧，并更加有意识地培养自身的团队能力、写作能力和领导力。同学们也获取了许多有关航天公司的职位信息和人才需求信息，对未来职业规划有着一定的指导作用。

此外，通过关注媒体对一些事件的报道，也可以了解职业及职场的相关信息。

第 1 章中提到《三十岁，我从公务员岗位上辞职了》一文，详细说明了公务员日常工作中缺乏激励、乏味的一面：“很奇特的是，单位明明有 OA 系统，可线上系统的提醒功能仿佛经常失效。遇到不能耽搁的事，大家还是要把文件打印出来，挨个找人手动签名。‘跑’这个词是很形象的，签批页上的每个小格子都指向不同楼层的一位领导。为了节省时间，我常常在楼梯间上下奔走。一份文件要签的字有七八个，得把房间号记在便利贴上才不会迷路，像下真人飞行棋一样，不能乱走，运气不好还要倒退几步。最着急的一次，我站在会议室门口从五点等到七点，一刻也不敢离开——万一领导出来上厕所呢？最后，那位每半小时进去倒一次水的小姐姐，也许觉得我等得足够有诚意了，帮我递了个话。前后不过半分钟，文件签完了。但我一点儿欣喜的感觉都没有，因为上面只是画了个圈，意思是已阅，下面还要找另一位领导签批。办会就更费力了。不管多高端的会议，最后都落到一件事上：确保正确的人在正确的时间出现在正确的地方。”

这篇报道非常真实地呈现了初级公务员的工作状态；类似的报道可以作为同学们了解职业及职场的重要参考。

总之，对职业世界进行探索是职业生涯规划的关键步骤。大学期间可以通过多种方式了解自己感兴趣的各种职业信息，对照各种职业对任职者的要求和自身的个性特征，确定适合自己的专业方向。希望同学们通过多元化的职业探索，全面了解自己感兴趣的职业情况，以便及早确定职业目标，根据理想职业的要求提升自己的能力与素质。

综上所述，了解各种职业的工作内容、任职要求及职业发展路径，对照自己的性格类型、职业兴趣倾向、生涯价值观及素质能力，可以及早确定自己喜爱并适合的职业，针对性地培养、强化自己的素质与能力，在毕业时能够顺利地获得工作机会。

3.6 职业道德的内容与培养

除了了解职业与职场的内涵，具备良好的职业道德也是每位从业者的责任和义务。作为未来要步入职场的大学生，了解职业道德规范要求，自觉形成和发展良好的职业道德意识，是对自身发展负责，也是对社会负责。

3.6.1 职业道德的内容

职业道德是指从事某种职业的人群在特定的工作或劳动中所应遵守的行为规范的总和。人们在社会生活中形成各种各样的社会关系，在从事不同职业时，也会因为职业要求与他人形成职业上的关系，如买卖关系、师生关系和上下级关系等。为了保证职业活动的正常进行和健康发展，任何一种职业都有自己特定的道德要求，即人们在从事一定职业活动时必须遵守的道德规范，如商人要诚实守信、教师要为人师表、为官要廉洁奉公等。如果说道德是社会关系的产物，那么职业道德就是由于社会分工的不同而形成的，是职业关系的产物。

《公民道德建设实施纲要》明确指出：“要大力倡导以爱岗敬业、诚实守信、办事公道、服务群众、奉献社会为主要内容的职业道德规范，鼓励人们在建设中做一个好的建设者。”爱岗敬业、诚实守信、办事公道、服务群众、奉献社会这一职业道德规范概括了各行各业道德的共同特点，对各行各业的道德规范建设提出了共同要求。这些规则看似简单，但要在工作岗位中始终如一地坚守，却不是一件易事。例如，烈士守墓人吴立华，守墓 30 余载，始终坚守信念、不忘初心；武汉暴发新冠疫情时，刘军民争当逆行勇士，“疫”无反顾，前往武汉配送救援物资。

职业道德的实质是调整职业活动中的责、权、利关系。合理调整职业活动中的责、权、利关系是职业活动顺利开展的重要保证。每种职业都意味着承担一定的社会责任，职业责任的完成既需要通过具有一定权威的政令或制度来强制执行，也需要通过内在的职业信念和职业道德来实现。当人们以一定的态度、思想或行为履行职业责任时，就赋予了职业责任道德意义。特定的职业责任也需要一定的职业权利来保证。职权无论大小均来自社会，是社会公共权力的一部分，如何行使和运用手中权力，必然涉及社会道德问题。当然，职业劳动既是为社会创造经济效益的主要渠道，也是个体谋生的重要手段，是多种利益的交互点。如何处理各种利益之间的关系，不仅是职业的责任和权利所在，也是职业内在的道德体现。在巨大的利益面前，如何抵制诱惑、坚守职业道德，是大学生立足职场的必修课。

“只要一滴血，就能测出癌细胞。”2003 年，19 岁的美国女孩伊丽莎白·霍尔姆斯凭借一项惊人发明敛财 90 亿美元。霍尔姆斯是斯坦福大学的高才生，大二时就获得总统奖学金，是集美貌和才干于一身的学霸。霍尔姆斯在拿到奖学金后不久便选择辍学创业，成立了一家名为希拉洛斯的生物科技公司。该公司主打血液检测，对外宣称只需在指尖采集一滴血，就能检测出包括癌症在内的百种疾病，且成本非常低，仅需 2.05～4.45 美元。

消息一出，立即在美国引起了轰动。凭借敏锐的商业嗅觉，资本界的大佬们立即看到了这项技术背后的巨大前景。于是，包括美国前国务卿乔治·舒尔茨、报业大亨默多克在内的许多政商名流都纷纷投资入股这家公司。大佬们的加入使得希拉洛斯一飞冲天：2014 年公司市值高达 90 亿美元，折合人民币 600 多亿元，年仅 30 岁的霍尔姆斯成为全球最年轻的女富翁，被称为“女版乔布斯”。

然而，就在美国上下非常看好霍尔姆斯，期待她带领公司创造出下一个传奇时，一家美国媒体突然公开指责霍尔姆斯是个大骗子。为了弄清事实，2015 年年底，《华尔街日报》的一名记者进行了深入调查，事实令人震惊：该公司根本没有“滴血验癌”的技术，霍尔姆斯精心策划了这场骗局，目的就是让那些腰缠万贯的投资人心甘情愿地把钱从口袋里掏出来给她。尽管霍尔姆斯仍然试图为自己辩解开脱，但最终在证据面前无从狡辩。2022 年 11 月 18 日，霍尔姆斯被加州法院判处 11 年零 3 个月监禁，罪名是欺诈投资者。

在巨大的利益面前，霍尔姆斯背弃了职业道德，没有做到基本的诚实守信，不仅在职场中丧失了基本信誉，更葬送了自己的青春和未来。

另一个例子与 2022 年发布的世界上最先进的人工智能对话软件 ChatGPT 息息相关。就在很多人还没弄明白 ChatGPT 到底是什么的时候，不少人趁着 ChatGPT 的这一波热度白赚了几百万。由于 ChatGPT 是美国产品，目前国内无法直接访问，很多国人也只是听说过，没有真正见过。于是有人抢先注册了名为 ChatGPT 的微信公众号，并用 ChatGPT 的 LOGO 作为公众号头像。

一个词火了之后就意味着流量；很多人在微信上一搜，就搜到了这个公众号，有兴趣的人就会关注它。不用花一分钱推广费用，这个公众号就免费获得了几十万用户。按每个公众号粉丝价值 2 元计算，仅这些用户就已经价值几十万元。这个 ChatGPT 公众号的注册者头脑非常灵活，还懂一些技术，在公众号后台嵌入了一个自动回复系统，成了一个山寨版的 ChatGPT 聊天机器人。正版 ChatGPT 是需要付费使用的，山寨版的 ChatGPT 也推出收费套餐：支付 999 元可无限次对话，支付 199 元可对话 3000 次，支付 99 元可对话 1300 次，支付 29 元可对话 300 次，支付 9.99 元可对话 20 次。很多人为了尝鲜，觉得 9.99 元的门槛不高，就顺手付了 9.99 元当作娱乐。这个公众号吸引的粉丝，都是对人工智能感兴趣的精准用户，后期还可以通过招商、广告、销售人工智能产品来变现，价值至少百万。

摒弃职业道德，或许你可以利用一个火爆的新名称，在极短的时间不费吹灰之力白赚几百万，成就一个互联网造富的神话。但这种骗局或漏洞，欺骗消费者，扰乱市场秩序，必将受到法律制裁。

3.6.2 职业道德的培养

职业道德培养是一个由内而外提升和升华的过程，是从业人员不断进行自我改造、自我完善的过程，是提升职业道德素养的关键。职业道德的提高，既是接受社会和他人监督的过程（他律），也是不断加强自律、提升自我修养的过程。二者相辅相成、缺一不可，其中自律尤为重要。从业者须采取有效方法培养职业道德。

首先，要学习职业道德相关知识。即对具体职业涉及的职业准则、行为规范及其意义的认知。这在职业道德培养过程中具有重要意义，是形成职业道德的基础和前提。学习职业道德知识，了解职业法规，是提高并履行职业道德义务的关键步骤之一。

其次，要将理论与实践相结合，实现知行合一。实践是职业道德养成的根本途径。只有将知识付诸实践，通过实践—认识—再实践—再认识的循环反复，才能提高职业道德水平。对于当代大学生来说，实践的内容主要包括：①专业实践。专业实践是最基本的实践活动，通过专业实践活动，大学生可以最直接地了解、体验本行业、本岗位具体而丰富的职业道德内涵；②社会实践。社会实践是职场人士成长的“试验场”，是职业素养锻炼的“熔炉”。大学课堂学习具有一定局限性，因此必须重视社会实践。通过社会实践活动，达到认识专业、走进职场、培养职业道德的目的。

再次，要时刻保持自查自省。通过经常对内心的审视、检查和自我评价，使从业者的言行符合道德标准。职业道德的形成过程除了接受外在监督，更需要反躬自问，这也是职业道德内化的过程。通过不断地自我反省，检查自己是否违背道德规范，找出不足，改正错误，修正自己的道德行为，从而提高自己的职业道德水平。

最后，要努力做到“慎独”。“慎独”是中国自古以来倡导的道德修养方法，是指个人在独处时也不会做出违背基本规范的行为，是考察一个人职业道德觉悟、自制能力的一种修养方法。在个人职业生涯中努力做到“慎独”，能够推动整个社会的职业道德建设。这不仅是每个从业人员应努力做到的，也应是所有人在个人生活中努力追求的精神境界。

养成良好的职业道德可以帮助从业者更好地从事职业活动，营造健康有序的职业环境。要想在未来的职业生涯中赢得更多的信任、支持和帮助，良好的职业道德是不二法则。总之，职业道德修养是知识、情感和行动的统一，它们相互衔接、相辅相成。职业道德行为的落实会受到诸多因素的影响，需要人们在实际工作和生活中，不断修正自己的思想和行为，巩固和发展职业道德，从而成为一名具有较高职业素质的从业者。

本章小结

本章提醒同学们在校园内了解职业及职场，认识自己大学所学专业与未来可能从事的职业之间的关系。通过一系列方法，同学们可以在大学期间了解职场的宏观环境——社会，以及职场的微观环境——各类用人单位的特点及其对员工的不同要求。同时，对照自己的职业理想，获取更详细的信息，并培养职业道德，为明确自己的职业目标做好准备。

课后思考

填写《工作实绩调查表》。

工作实绩调查表

你的理想职业是：

A.____________________　B.____________________　C.____________________。

请从中挑选一个你最希望了解的职业，尝试回答以下所有问题：

1. 职业名称：____________________。
2. 它与下列哪项内容关系密切？（可多选）A. 文字　B. 数字　C. 人际　D. 事物
3. 其主要工作内容是____________________。
4. 其主要工作场所是：A. 室内　B. 室外
5. 其工作时间是：A. 固定　B. 可自行调配
6. 起薪标准是：A. 计时　B. 计件
7. 计薪方式是：A.月薪　B.年薪
8. 从业者所需的教育背景（专业及学历）是____________________。
9. 从业者所需具备的素质能力主要有____________________。
10. 从业者所需的人格特质是____________________。
11. 从业者是否需要专业资格？

____________________ 如果需要，是____________________。

12. 从业者的收入水平如何？____________________。
13. 从业者的工作稳定性如何？____________________。
14. 从业者的就业市场如何？____________________。
15. 从业者的发展机会怎样？

____________________主要升迁路径是____________________。

16. 从业者的主要压力来源是____________________。
17. 你所了解的与此职业有关的其他任何信息：____________________。

第4章

生涯目标与职业决策

择业不可不慎。

——孟子

我们的生活就像旅行，思想是导游者，没有导游者，一切都会停止。目标会丧失，力量也会化为乌有。

——歌德

学习目标

本章内容是信息加工金字塔（见图1-3）中间部分的“一般信息加工技能”。建议借助CASVE循环来了解目标的分类及生涯目标的内涵和重要性，并掌握制定目标的方法；掌握职业选择的核心原理；熟悉职业选择中的难点及其背后的原因，了解如何进行职业决策以及相应的技巧和方法。通过课堂讨论、案例介绍，使同学们了解大学毕业后的几条基本出路，并开始思考自己可能选择的道路，从而有针对性地制订职业生涯规划方案。

导入案例

研究生考试一结束，不少同学就心中忐忑，有些心里有数的同学已确定“失利”并做好了“二战”准备。然而，“二战”是继续“死磕”还是换个方向或学校？考试结束一周后，小韩同学向生涯咨询师发来了求助信。

老师好！我是计算机应用专业大四学生，在刚刚结束的研究生考试中跨考了北京师范大学的概率论与数理统计专业（随机分析方向）。但因准备较晚，我清楚今年无望了。做出跨考决定是因为对本专业（强应用、编程以及用眼强度高）不感兴趣，在第二学位应用数学专业的学习中逐渐对数据理论产生了兴趣，希望未来从事相对有理论深度和不可替代性的领域和工作。做这个决定前父母曾提醒我要考虑大跨度转专业对就业的影响。自己当时对这个问题认识较浅，对专业和生涯认识不够清楚，再加上考研准备时间较晚，导致了研究生考试的失利。我比较坚定要读研，父母也支持我，基本确定要“二战”。所以我需要深入思考一下专业选择和生涯规划问题。

咨询开始后，咨询师请小韩具体说明自己跨考应用数学专业以及选择北京师范大学的具体原因。小韩说："当初高考结束时报考北航信息类专业并没有想得太清楚，主要还是北航信息类比较强，自己的分数又恰好合适。其实大一期间编程课就学得很吃力。不过，在专业分流时，还是觉得计算机专业将来的应用方向比较广，光电仪器、自动化等学院太具体了，就选了计算机。"

当然，计算机学院有关编程的课程很多，小韩不擅长，但其实更大的问题是自己写完程序后难以获得成就感。大三学年的一些课程，需要团队合作来完成，有些同学在调试完一个程序或者做好一个网页后特别开心，兴奋得不得了，而他却觉得花这么多时间跑个程序不太值得。大二他选修了第二学位，那些偏重推理的课让他特别感兴趣，觉得自己的智力又得到了进一步的开发。

虽然编程课程学得不算得心应手，但小韩总体成绩还不错，大三上学期结束时还可能保研。不过，大三下学期，他的 GPA 又有所下滑，最后因零点几分之差没能保研。准备考研时，他觉得无论如何不能学计算机应用了，根据自己第二学位的学习体验，报考了北京师范大学应用数学专业，可惜未能考取。接下来"二战"该如何报考？小韩犹豫了。

大学对许多人来说，是人生中的一个转折点，是一个充满无限可能性的阶段。在这四年里，大学生不仅是在学习专业知识，更是在探索自己的兴趣、激情和未来的方向。大学时期正是大学生开始思考生涯目标和职业决策的关键时刻。

随着社会的快速发展，职业选择变得越来越丰富，但同时也带来了更多的困惑。如何在众多选择中找到真正适合自己的职业路径？如何确保自己所做的决策不仅基于眼前的利益，还与自身长远的生涯目标相一致？

这不仅是一个关于就业的问题，更是一个关于如何定义人生价值和意义的问题。在大学这个关键阶段，大学生需要深入思考，明确自己的生涯目标，做出明智的职业决策，为未来的人生道路铺设坚实的基石。

4.1　职业与生涯目标

4.1.1　生涯目标是什么

通过前三章的介绍与分析，同学们已经认识到职业生涯对每个人的价值，并明白工作是构成生活旅程的关键部分。几乎每个人的生涯目标都需要通过从事某个职业来实现。然而，如何选择一个令自己满意的职业，又如何在毕业时获得这个令自己满意的职业呢？这是困扰很多人的难题，不仅仅是大学毕业生。

智联招聘发布的《应届生就业能力》报告显示，应届大学毕业生中，约 40%的大学生选择了与专业完全不对口的岗位。造成这种结果的原因是多方面的。

首先，用人单位更加看重大学毕业生的经历而非专业。随着时间的推移，许多用人单位在招聘过程中对专业的要求逐步放宽，更加看重应届生的实习经历。因此，在求职过程中，专业的重要性逐渐降低。《应届生就业能力》报告也显示，实习经历对毕业生获得工作机会至关重要。随着用人单位更加注重毕业生的职业技能和对职场的认知，实习经验在求职中的价值逐渐上升。对于新毕业的大学生来说，在求职之前在各种公司和职务中积累经验，可能成为他们在竞聘中的秘密武器。

其次，越来越多的大学毕业生希望“为理想打工”，看重成就感和满足感。毕业生在求职时越来越注重目标的明确性和准确性，这也间接展现了他们选择与专业不完全匹配工作的动因。他们更多地致力于寻找真正感兴趣的工作，并对职位的选择进行了深入的考虑，因此得到的 offer 通常是他们真正想要的。

最后，越来越多的大学毕业生渴望在工作中获得技能培训。2023 年高校毕业生就业报告显示：在毕业生对工作回报的期待中，“能力提升”是选择比例最高的选项，高于薪酬待遇。调研表明：大学生首先渴望接受与工作技能相关的培训，如提高沟通、英语及计算机技能；其次希望得到职业规划方面的培训，包括职业指导、就业策略和职业评估；最后是对求职技巧的培训。他们深知，要在工作中表现出色，需要增强相关技能。因此，与工作技能有关的培训是他们最迫切希望获得的。这也是许多大学生选择与专业无关的岗位的原因之一。

即便专业对口，单纯从专业来看待职业，其实也有一定的片面性。某一职业对任职者的要求，除了专业知识方面（内容性技能），还包括一些通用技能（功能性技能）和某些个性特征（适应性技能）。对于某些岗位而言，内容性技能的培养并不需要很长的时间，反而是一些功能性技能和适应性技能源于任职者的先天遗传、早期教育及长期积累，很难在短期内培养和提升。

因此，虽然大学时期的专业与大学生未来的职业生涯直接相关，但大学的专业并不一定能够决定大学生未来的职业。所学专业与个人职业生涯发展的关系是多维度的。

前面谈到，不少学生将“考上理想的大学”作为自己中学时期苦读的目标。进入大学后，一下子失去了目标，学习也因此缺乏动力。这样的结果虽然令人遗憾，却是可以理解的：没有目标，何来动力？

目标是什么？目标首先是梦想。

一个人的梦想往往是其遥远的目标。这个目标能否实现，取决于个人对这个梦想的正确认知以及为实现梦想所付出的努力。

首先，你需要有一个清晰的人生蓝图，也就是人们经常讨论的生涯规划。这不仅仅是一个目标或愿景，更是一个深入的自我反思，它回答了关于你想要如何塑造自己的性格、你的一生应该如何安排，以及如何投入时间和精力使之变得充实和有意义的问题。你如何定义成功？成功是金钱、地位还是满足感？又或者是与家人共度的宝贵时光？

4.1.2 生涯目标的重要性

生涯目标不是一个简单的愿景或口号。它是一系列经过深思熟虑的决策，涉及你想要的人生轨迹以及你打算如何到达那里。它不仅包括职业选择，还涵盖个人价值观、激情、兴趣和天赋。

把生涯目标比作人生旅途中的“目的地”是很恰当的。正如在旅行中，我们设定一个明确的目的地，随后规划最佳路线、避开障碍，并在必要时调整方向以确保我们最终能够到达那里。

在生涯目标中，职业目标处于核心地位，贯穿人生的整个历程。孩提时代，人们就开始憧憬自己的职业理想。然而，由于少年时期对职业的理解过于肤浅，成长过程中人们会不断地调整、改变自己原先的目标，因为这些目标可能不切实际或者根本不符合自己的需求。在大学阶段，大学生应为未来步入社会并寻找最适合自己的工作，从知识、技能和心态上做好准备。步入职场后，人们不仅依靠工作获得经济回报，还从中获得精神成就和自我价值的实现。因此，职业成为实现人生理想的关键平台和基石。大学阶段，大学生最常反思的可能是关于学习的目的以及职业追求。但也必须认识到，职业目标并不仅仅是寻找一份工作，它应该被视为人生远景中的一个重要部分。职业目标建立在人生目标之上，需要综合考虑个人的内部与外部因素。其中，内部因素涉及价值观、性格、兴趣以及已掌握的技能和知识；而外部因素则包括社交网络、经济条件、家长的期待、职场的供需状况、特定岗位的资格要求、工作所在地以及公司文化等因素。

许多学生进入大学后，感到迷茫，不知所措。习惯了高中那种学习生活被老师安排得井井有条的状态，即使有做不完的作业和实验，填满备忘录的社团活动和学生工作，还是觉得没有目标，对未来感到模糊。初入大学校园的你是否也是如此?

右侧二维码案例的作者颜宇婷是北航经管学院 2018 级本科生，她在大四时因保研差一名未能成功，报考清华大学研究生也没有达到复试线。在春招中，她获得了多个 offer，最终入职中国工商银行总行数据研发中心，经历了从学术追求到职场挑战的转变。她的故事充满了探索、挑战和成长，向我们展示了一名大学生如何确定自己的人生目标，在面对挫折时坚持自己的选择，最终找到属于自己的人生道路。

4.1 案例阅读

在学术追求上，颜宇婷遭遇了连续的挫折，但她始终坚持自己的选择，不随波逐流。她认为，真正的成功不在于跟着别人选择所谓最好的，而在于找到适合自己的道路。颜宇婷很庆幸自己有勇气选择工作这条路，走出象牙塔，看到了一个不一样的世界。尽管她没有丰富的实习经验，但凭借自己的努力和能力，她成功获得了多个工作的 offer。在职场上，她不断学习和成长，为自己的未来打下了坚实的基础。

颜宇婷的故事告诉我们，人生的道路并不总是一帆风顺，但只要我们确定自己的目标，坚持自己的选择，勇敢面对挑战，总会找到属于自己的一片天空。她鼓励大家不要害怕试错，经历过的都是财富。只要听从自己的内心，就一定能找到属于自己的道路。

除此之外，职业目标只是生涯目标的一部分。在人生的旅途中，人们还需要在不同的角色中履行各自的职责，实现各个角色的生涯目标。因此，同学们不仅要明确自己未来的需求和努力的方向，还需要认清当前自己所扮演的角色，并努力实现现阶段的生涯目标。持续地学习、实践和前瞻性准备，以及培养健全的个性，是确保未来事业和生活之路更加顺利和幸福的关键。

综上所述，确定目标主要有以下几方面的意义：

（1）目标能够为人们提供方向感。在职业生涯的漫长征程中，目标如同一座灯塔，为人们指引前进的方向，引领人们走向人生的成功。它赋予人们主导自己命运的力量，使人们不再被外部环境所左右，不再徒然度过时光。

（2）目标能够让人们保持积极的人生态度，不断激发成就动机，遇到挫折时不气馁。

（3）设定目标使人们能够着眼于未来，更有远见，从而更愿意为现在的事负责。

（4）根据目标，努力缩小理想与现实的差距，使自己不至于眼高手低、好高骛远。

（5）人们能够将注意力集中在目标上，根据目标来调动和整合自身的资源；在资源有限的情况下，可以集中精力完成那些拥有丰富资源但缺乏明确目标的人无法实现的任务。

总之，目标是一切行动的指南。有了目标，就有了行动的方向，但更重要的是督促自己去采取行动、实现自己的目标，或者在实践中逐步调整并找到真正适合自己的目标。从中学到大学，不仅有学习内容、方法的变化，还有生活方式等诸多方面的改变。在初步适应了远离家乡和父母的独立生活之后，大学新生面临的首要问题是学习目标的调整。可以说，适应大学生活、重新找到奋斗目标是中学生进入大学后的首要任务。

4.2 生涯目标分解

4.2.1 如何制定目标

要在未来的职业道路上取得成功，首先需要明确人生愿景和现实中的职业方向。接着，将这些目标分步拆解，制定一个切实可行的职业规划，最后将其付诸实践。

如何制定目标呢？下面看小刚的目标。

- 18 岁，高中毕业那天，小刚立志要站在中国的经济之巅。
- 20 岁，与老友年夜饭上，小刚萌生了创建自己企业的梦想，希望在 30 岁前拥有 2000 万元的资产。
- 23 岁，小刚在一家工厂担任技术员，业余时间则投身股市。“这份工作没有太大前景，我要全身心投入股市，争取在 3 年内将 5 万元翻成 300 万元。”
- 25 岁，尽管在股市投资上不太顺利，但小刚在爱情上收获了甜蜜。他开始筹备婚礼，希望在婚礼前手里有 20 万元。
- 26 岁，虽然婚礼并不豪华，但小刚心中最大的期望是与妻子生一个健康的宝宝，工作上能够平稳，过上简单的日子。
- 28 岁，工厂的经济状况不太好，与此同时，妻子怀有身孕。小刚只希望这一轮的裁员潮能够绕过自己。

小刚一直都有目标，而且目标都很具体。可是，他为什么会失败呢？

事实上，仅仅有目标是不够的，还需要对目标进行详细的分类、分析。

生涯规划可以分为长期、中期和短期目标。通常，短期目标是实现中期目标，中期目标则是为了达到长期目标，而长期目标则是实现终身愿景。要实现终身愿景，需要从现实出发，从短期、切实可行的目标开始执行，这正是所谓的将梦想转化为现实。

显然，在设定自己的终身愿景和长期目标时，需要综合权衡社会影响和个人特质；在制定中期和短期目标时，更需深入考虑社会经济背景、职场状况和岗位要求，确保这些因素与我们的个人特点和能力相匹配。通过深入的自我了解和职业探究，确定与自己特质相符的短期、中期和长期目标，从而构建出一个完善的个人生涯规划体系。

4.2.2 目标分类

长期目标：通常涉及 5 年或更长的时间，受我们的人生愿景所驱动。尽管如此，我们在日常生活中往往容易忽略这些长期目标。许多人觉得，5 年之后的事情似乎太过遥远，不值得现在过多地思考。但这种想法真的正确吗？显然，并不是这样。近年来，大学生在求职时遭遇了一些困难，很多刚毕业的大学生难以找到令自己满意的工作。但与此同时，也有部分大学生在毕业之前便被知名企业以优厚待遇录用。这些大学生往往在大一时期便确立了长远的职业规划，受其目标的引导，他们在大学期间设定并实现了短期和中期目标，为自己的职业生涯创造了一个理想的起点。

确定长期目标时，通常须考虑以下几点：目标应与个人的价值观高度契合；对所设定的目标应持有浓厚的兴趣；目标应具有挑战性，并且这些目标应是实际且可行的。

中期目标：通常是在 3～5 年内要达成的，即在大学期间应努力实现的目标。这些目标是基于长期目标而制定的，例如，毕业后进入职场并找到理想的工作；成功进入心仪的研究生院或专业；前往梦寐以求的国家或知名大学留学；或者选择自主创业，追求成为企业家的梦想；等等。

中期目标的特征包括：与长期目标协调一致；根据个人的专业、技能、爱好以及现有的社会资源设定；用精确的措辞描述；对实现目标的可能性进行评估；设定具体的时间线，但在必要时允许适当调整。

短期目标：通常指的是每天、每周、每月、每季度或每年需要完成的目标。它们为中期和长期目标提供了明确、具体的步骤，并确保这些目标具有可执行性。短期目标必须具体且明了。其核心特性包括：确保目标实际且易于执行；为目标设置明确的完成时限；确信目标是可以达成的；能够根据当前环境做出调整，同时确保与中期目标保持一致。

4.2.3 彼得·德鲁克的目标管理

“目标管理”（Management by Objectives，MBO）是由管理思想家彼得·德鲁克于 1954 年首次详细提出的管理模型。MBO 在当今的组织和企业管理中仍然具有广泛的应用和影响。MBO 的核心思想是通过与组织成员共同确定明确、可度量且有时间限制的目标来提升组织的效率和效果。其主要构成要素是：

（1）明确目标：管理者和员工共同确定可量化的目标。

（2）参与性决策：不仅是管理层，员工也参与到目标设定和决策制定中来。

（3）时间框架：对于每个目标，都会设定一个明确的完成时间。

（4）监控与反馈：通过定期检查和评估，确保目标得以实现。

（5）评估与奖励：在达到或未达到目标后，进行绩效评估，并相应地给予奖励或采取改进措施。

工作流程是：

（1）战略规划：在最高管理层进行战略规划，设定整体组织目标。

（2）部门与个人目标设定：将组织目标细分为部门目标和个人目标。

（3）行动计划：每个部门和个人都需要制订具体的行动计划，以实现设定的目标。

（4）执行与跟踪：根据行动计划执行任务，并进行定期的进度跟踪。

（5）性能评估：在目标完成或时间期限到达时，对结果进行评估。

（6）反馈与调整：基于性能评估，进行必要的反馈和调整。

MBO 原本是为企业和组织设计的管理模型，但其核心理念——明确、可度量的目标设定和持续评估——同样可以应用于个人，特别是大学生的职业规划中。

（1）自我评估与目标设定：大学生首先需要对自己的兴趣、能力和职业目标进行自我评估。基于这些信息，他们可以设定短期和长期的职业目标。

（2）制订行动计划：一旦目标设定完毕，接下来需要制订实现这些目标所需的具体行动计划。这可能包括选修特定的课程、参与实习或志愿活动、建立职业网络等。

（3）执行与跟踪：制订行动计划后，重要的是执行计划并进行持续的自我评估。这可能涉及与导师或职业规划顾问的定期会议，以跟踪进度和进行必要的调整。

（4）反馈与调整：在实施过程中，可能会遇到各种超出预期的挑战或机会。在这种情况下，重要的是能够灵活地调整目标或行动计划。

（5）总结与反思：在达到某个阶段性目标后，应进行总结和反思，分析哪些方法有效，哪些需要改进。

通过明确目标和自我监控，大学生可以更有针对性地进行职业规划。参与性的目标设定过程可以增强个人对目标实现的承诺和动机。总体而言，MBO 可以为大学生提供一个结构化且灵活的框架，帮助他们更有效地规划职业路径，从而更有可能实现长期的职业目标。

4.2.4 大学生如何制定目标

对于大学生而言，合理设定短期目标直接影响到中期和长期目标的可达性。短期目标的设定涵盖多种类型，根据不同的标准可以有多种分类方式。

在大学生活中，可以根据每个学年来设定目标，具体划分为大一学年目标、大二学年目标、大三学年目标和大四学年目标。对于这种按学年来设定的目标，有以下建议。

大学一年级——自我认知及对专业初步了解阶段

开展自我认知是大学生最重要的任务之一。在摆脱高考的束缚后，很多大学新生可能还不确定未来想追求的职业方向。这时，他们应该投入时间去深入探索自己的特点、激情、兴趣以及核心价值。这样的自我认知将帮助他们了解对哪些专业和职业感兴趣，并为他们打开广阔的职业天地。因此，大一新生应主动开展自我认知，了解所学专业的特点及发展前景。具体如下：

（1）培养和深化自己的兴趣和才能，持续探索自身的潜力，以学生组织、体育文化活动、全人教育课程和各种课外活动作为机会，积极捕捉学校及周边所能提供的各种实践和训练机遇。

（2）浏览关于各种行业和职业的资料，对其有一个初步的了解，如探索某一行业的未来发展趋势或某一职业所需的基本技能和品质。

（3）进行职业兴趣测评，深入探索自我，明确职业偏好和自身优势。

大学二年级——生涯拓展阶段

经历了大一的体验后，你已对自己有了初步的了解，并对职业世界有了基本认识。但你还需进一步探索，以获取更多关于生涯发展的信息。此阶段的重点是深入研究你感兴趣的职业领域，掌握就业市场的动态，尝试与该领域的从业人员交流，甚至尝试体验一天的职业生活。可以利用暑假进行实习、参与社会活动或加入志愿者团队，以获得更真实的体验，同时更多地了解自己的工作偏好。主动参加就业市场和其他相关的生涯发展项目，增加对整个就业领域的了解。在实践及全面掌握信息的基础上，逐步明确专业和职业发展方向，并做出初步的职业选择。

大学三年级——整理与评估你的选项

通过社会实践和暑期实习，你已积累并培养了一定的技能。接下来，你应该重新评估自己的技能和长处，探索那些尚未充分发掘的潜力和优势。大三是专业课最为集中的学习阶段，你可以进一步明确自己的方向。你需要再次问自己："我是谁？""我到底想要什么？"要逐渐明确以下问题：大一以来，你的兴趣有何变化？这对你当前的决策有何影响？你计划本科毕业后直接就业还是继续深造？是在国内读研还是选择海外留学？是打算延续本科学科还是转专业？选择继续在本校还是换一个学府？如果考虑留学，倾向于哪个国家？有哪些目标学校？为实现这些计划，你需要进行哪些准备？

总之，需要分析自己的选择是否合理，以及通过哪些渠道、具备什么样的知识结构和层次才能达成目标。需要深入了解潜在的工作单位及其工作文化，找出自己与这些职位匹配的技能。此外，开始构建专业的人脉网络，这将有助于你实施未来的求职策略。

大学四年级——决策行动阶段

在此期间，应明确你的生涯方向和目标。决定就业的同学在即将从学生身份过渡到职场新人的过程中，应该预先准备好求职信、简历及相关证明材料；利用学校的职业招聘活动、人力资源市场和在线资源来确定你的潜在工作岗位。所需准备包括：利用你的人脉资源去探索职位空缺，并尝试获得内部推荐。勇敢抓住每一个机会，如参与招聘活动、企业宣讲会；查看职位发布平台，参与校园面试；并与已经工作的校友进行交流，了解他们初入职场的经验和挑战。

准备继续深造的同学，大四上学期要全力投入复习考研或申请海外学校。大四下学期开学前后就可以知道考研或留学申请的结果了。通过复试分数线的同学要认真准备复试；初试不顺利的同学要尽快决定是"二战"还是直接参加春招。

下面接着看本章导入案例中小韩的决策难题。

在自我分析过程中，小韩一方面反思了自己高考后及大一阶段对于专业选择并未认真思考，且以"随大流"为主；另一方面意识到进入大学后还是延续了高中阶段的学习方法，遇到问题不善于求助，浪费了不少宝贵时间。这些都影响了几年来的学习、进步。

从小韩的自我分析来看，他对于计算机应用专业既不擅长也不喜欢，即职业兴趣和价值观都不匹配；应用数学专业是比较匹配的。咨询师肯定了小韩的自我反思，进而分析他报考研究生专业及学校的可行性。此前小韩还提到对物理、生物工程等专业的兴趣，其实只是价值观认同而已，目前的学习基础难以支撑他在短期内考取物理或生物工程专业的研究生；对此，小韩完全认可。

接下来，咨询师问小韩：报考应用数学专业，一定要报考北京师范大学吗？对此，小韩似乎有点儿不知怎么回答。略做思考后，小韩表达了自己的想法：北航的信息类在全国高校中是排在前列的；自己要转学应用数学，也应该是全国高校中排名靠前的学校吧。

咨询师之前遇到过类似的情况：不少北航同学都很“要强”，不太能接受硕士读个排名“差一些”的专业/学校。对此，咨询师分享了自己本专业——人力资源管理领域的一个例子：职场人士跳槽，遵循的原则是“转行不转岗”或“转岗不转行”，同时转岗或转行，“跳空”的可能性就很大。目前小韩跨考研究生，相当于“转岗”；如果他报考北京师范大学，相当于同时转岗又转行，风险非常大。毕竟考研的风险其实远高于高考：高考差几分，最多去个排名低一些的专业或学校；考研差一分，可能就彻底落空了。

咨询师建议小韩考虑北航数学学院，降低“二战”的风险。一段时间后，小韩基本上接受了“二战”报考北航数学学院。咨询师进一步提醒：小韩可以根据之前第二学位学习期间了解到的教师情况，尽快与数学学院的相关教师联系，请教专业知识，或是争取进入教师的项目。通过这些交流，可以获得更多的专业知识，也有利于深入了解专业前景。小韩有点儿恍然大悟：“我之前以为只有分数下来才能与老师联系呢！”咨询师以教师的经验告诉小韩：“其实如果学生是出于对专业的兴趣与教师联系，有些教师会特别喜欢这种没有功利目的的交流！”咨询师提醒小韩：考取研究生当然非常重要，但在备考中拓宽视野、学习专业知识、提升专业能力，从而进一步明确自己的专业方向也同样重要。

接下来，小韩转入下一个问题：未来职业方向的探索以及研究生阶段如何进行职业能力准备和探索。小韩说，目前设立考取应用数学专业研究生的目标主要基于前面对职业兴趣和生涯价值观的分析；然而，他觉得自己学了应用数学专业后，还是希望应用于具体的技术领域，估计接下来会选择与工科相结合的专业读博。不过，他拿不准自己目前想到的这些是否可行，具体该如何进一步了解相关信息。

咨询师再次肯定了小韩的思考；同时，根据小韩希望应用于具体的技术领域、选择与工科相结合专业读博的预期，进一步提醒：“如果你是这么打算的，在北航读研反而有利于未来博士期间的研究，因为读研期间你关注一下工科院系的学科发展，更容易找到结合点；假如你在北京师范大学读研，由于学校没有工科专业，你的学习研究与工科链接就得额外去寻找结合点。”

最后，小韩提到了父母对他跨考的质疑及未来职业方向的担心。对此，咨询师持乐观态度：小韩具有很强的学习能力和独立思考能力，在未来硕博学习期间，找到较为适合的方向并持之以恒，做到行业前5%并非难事，毕竟考进北航的同学，高考成绩基本上是各市区的前1%。小韩这一代人，将来退休年龄很可能要到70岁，找准方向比急于入行更重要。另外，小韩生活在北京、学习在北航，视野其实很快会高于父母，未来如果在职业方向选择上出现分歧，明智的做法是多与父母交流和沟通，而非盲目听从父母的建议，只是要注意一下沟通方法。

至此，小韩认为自己暂时没有问题了，基本上找到了自己的职业方向和生涯目标。

大学四年的规划最好在大一、大二期间完成，然后根据规划安排接下来的学习生活。当然，随着知识的增长与视野的拓展，同学们的认识会发生变化，需要不断地对自己的目标进行调整，但总体的规划应该尽早完成。

在制定年级目标的同时，还可以细化短期目标，比如制定上学期目标和下学期目标，按假期制定暑假目标、寒假目标，等等。此外，同学们还可以按内容制定学习目标、生活目标、社团实践目标、兼职目标、实习目标等。

在本科四年的学习过程中，是否选择考研是许多同学必须做出的决定。有些同学甚至在获得大学录取通知书时就已经将考研视为他们在大学阶段的目标之一。然而，这样的决定是缺乏科学依据的。是否考研，应取决于你未来的职业发展目标，以及你将来从事的职业对职场新人的素质和能力的要求。下面来看一个真实的案例。

中国农业大学大四学生杨峥经过深思熟虑，决定放弃考研，自主创业。然而，考研是父母为儿子杨峥设定的唯一目标。在得知杨峥的决定后，父母强烈反对。杨峥专门请了三天假回家与父母沟通，希望说服父母同意自己的做法。

几年前杨峥的父亲就下岗了，虽然他不懂电工技术，却在一家餐馆学做电工。父母的工资虽然微薄，但每月都会按时给儿子寄来足够的生活费。母亲给杨峥打电话时说："家里已为你攒下好几万元，留着你上研究生时用。"杨峥不考研对于他们来说是很没面子的事情，如果让邻居们知道了，他们会觉得很丢人。

杨峥自己有着明确的职业生涯规划：在30岁时达到较为成功的职业状态。他计划先用两年的时间尝试创业，如果成功了，30岁前会有一份自己的事业，那时还可以继续深造；即便失败，两年后自己也才23岁，同样可以通过读研去寻求发展。杨峥认为，现在研究生毕业后去大公司应聘，用人单位都要求有两年的从业经验，自己先尝试一下创业，即使失败了，也可以从中获得很多经验。

在与母亲的交谈中，杨峥拿出了他的职业生涯规划图。看到儿子的职业生涯规划，母亲的态度有所转变。然而，在儿子暂缓考研的问题上，她仍然有顾虑。原来，在外公家的四个孩子中，杨峥的舅舅和姨妈都有大学本科文凭，都已在广州、武汉等大城市有了比较好的工作和生活，只有杨峥的母亲没有走出桐城。母亲一直认为，是大专文凭限制了自己的发展，让儿子有一张过硬的文凭是她最大的心愿。

最终，母亲对杨峥的想法还是表示了理解，同时也对杨峥提出了两个条件：首先，他必须完成本科学业；其次，如果第二年5月杨峥和合伙人还没有找到创业的资金，那么他必须找一份工作，一边就业一边创业，更加踏实地面对生活。谈话结束时，杨峥再次向母亲做出承诺：无论创业成功与否，两年之后，他都会回到学校继续深造。

本案例中，杨峥起初决定考研，是为了实现父母的心愿。杨峥的父母认为研究生文凭比本科文凭更有竞争力，会让杨峥在毕业求职时占据有利地位，却没有意识到这样的比较是没有意义的。实际上，学历在求职中的作用主要体现在简历筛选等环节，真正决定一个人能否获得一个职位的是其素质能力与岗位要求的匹配程度。如果一定要比较，不应该简单地比较本科生与硕士生的职场竞争力，而应将杨峥24岁研究生毕业时的素质能力与其21岁本科毕业参加工作、努力工作3年后的素质能力进行比较。孰强孰弱，很大程度上取决于他所从事的职业。

案例中，杨峥在决定暂缓考研、准备尝试创业时，并未认真分析自己的个性特征是否适合创业，对于创业环境、创业项目、资金支持等因素也未进行科学考量，并且将两年作为衡量创业是否成功的期限显然没有科学依据。他提到的“研究生毕业后去大公司应聘，用人单位都要求有两年的从业经验”的说法也很片面：要求有从业经验的职位往往是在社会招聘会上发布的；而应届毕业生首选的求职渠道应该是校园招聘会，这些职位通常不会对大学生的工作经验提出硬性要求。此外，杨峥向母亲承诺的“无论创业成功与否，两年之后，他都会回到学校继续深造”也很难实现。因为如果他本科毕业两年后读研，根据目前教育部的规定，他只能报考学术型或某些全日制专业硕士，他一边创业一边准备，胜算不会很大。而对笔试成绩要求不那么高的 MBA（工商管理硕士）联考、工程硕士联考等，对报名者的工作年限要求至少是三年。

这个案例提醒大学生：开展生涯规划不仅需要勇气和决心，更需要科学的方法与必要的知识和信息储备；既要对自我进行充分的认知，也要对环境进行全面的了解。

总之，目标的制定一定要考虑可行性。如果目标过于宏大、难以实现，就可能像前文提到的小刚那样，使规划最终沦为一纸空文。目标的制定应该分阶段完成，同时必须结合个人的性格特征，考虑实施的可能性等因素。在大学期间制定职业目标，最好能够根据所学专业的特点与自身性格、兴趣、能力等因素的匹配程度，按照所处学习阶段来进行。

4.3 大学阶段的职业决策

4.3.1 生涯决策

在明确设定自己的生涯愿景并初步确定短期和中长期目标之后，就需要采取行动来实现这些目标。此时，大学生会面临一个新的挑战：如何做出职业生涯的决策。决策是一个选择的过程，意味着为了实现某一目标，在众多可供选择的方案中进行评估并选定最佳方案。管理学家西蒙（Simon）曾指出：“决策是管理的核心，管理是由一系列决策构成的，实际上，管理即为决策。”决策在达成目标方面的重要性不言而喻。决策的准确性将直接影响目标行动的成败。一个准确的决策能够引导个体朝着正确的方向前进，从而实现预期目标。错误的决策则会使人走上错误的道路，可能导致目标行为的失败。

生涯规划过程中的决策非常重要，需要做出审慎的决定。事实上，决策是一个连续发展的过程，是一个不断自我探索的过程，而非单一事件。下面是一个典型案例。

在北航宇航学院的一间明亮教室里，航天信息工程系 2015 级的本科生陈科研同学坐在窗边，凝视着窗外的蓝天，思考着自己未来的专业方向。

陈科研一直认为，兴趣是选择专业的首要因素。但是，什么是真正的兴趣呢？他深知，兴趣不仅仅是自己喜欢的事物，更是自己擅长的，并愿意为之付出的。在他的心中，兴趣是一个综合体，它既包括情感上的喜好，也包括实际的能力和投入。

但是，生活并不总是那么简单。陈科研经常听到“航几代，穷几代”的说法，这使他对自己的选择产生了深深的疑惑。他深知，航天工程是一个充满挑战的领域，但他对此充满了热情。他想为国家做出贡献，实现自己的报国情怀。但同时，他也不想放弃自己在科学研究和编码实验方面的兴趣和梦想。

在这样的纠结中，陈科研开始寻找答案。他参加了各种活动，与学长学姐交流，还咨询了职业规划师。他希望从中找到自己的方向，选择一个既能满足自己兴趣又能为国家做出贡献的专业。综合了自己对计算机的兴趣和已有的专业基础，他发现自己学院的图像处理和人工智能方向是二者完美的结合，最终报考了图像处理和人工智能方向的研究生。研究生阶段，陈科研发现自己对科学研究和编码实验的兴趣浓厚；随着年龄的增长，陈科研倾向于相对稳定的工作性质，希望以后能从事研究工作。

陈科研的故事告诉我们，选择专业和职业不仅仅是一个简单的决策，更是一个深入的自我探索过程。在这个过程中，需要结合自己的兴趣、能力和期望，找到一个真正适合自己的方向。同时，还需要在追求个人理想和满足社会期望之间找到平衡，为自己的未来创造更多的可能性。

生涯决策是在考虑个人自我认知和外部职业等因素的基础上，面对职业选择时所做出的决定。这个决策过程涉及个人的目标、可选方案及其可能结果，以及对这些结果的评价。此外，决策会受到外部社会机会、环境结构以及个人的价值观和其他内部因素的制约和影响。

克朗伯兹（John Krumboltz）是斯坦福大学教育与心理学博士，全球著名的职业规划大师。他根据班杜拉社会学习理论，主张个人的人格与行为主要受到独特学习经验的影响，应当由日常生活事件来解释生涯决策及其过程。他认为，对个人生涯决策具有影响力的因素包括以下四类：

（1）遗传天赋和特殊能力，如种族、性别、体能外表、人格特质、智力、音乐能力、艺术能力等；

（2）环境条件和事件，如工作性质和培训机会、社会政策、社会影响、科技发展、劳动法令、社会组织的变化、物理事件、家庭特征等；

（3）工具性学习经验（如生涯规划技巧、职业或教育表现等）和联结性学习经验（如观察学习等）；

（4）任务取向技巧，如问题解决技巧、工作习惯、心理状态、情绪反应和认知历程。

克朗伯兹认为，在个人与环境事件的互动中，学习得到的新经验、个人的兴趣、价值观与人格特质等均可通过学习经验加以改变与拓展，每个人一生中的独特学习经验会影响个人的职业决策。他将人的生涯决策阶段分为七个步骤：①界定问题，制定明确的目标；②拟订行动计划，规划达成目标的流程；③澄清价值，界定个人的选择标准；④收集资料，找出可能的选择；⑤依据自己的标准，评价各种可能的选择；⑥系统地删除不适合的方案，挑选出最合适的选择；⑦开始执行行动方案。

生涯混沌理论是一个独特的生涯观，强调职业领域的复杂性、动态性、偶发性和非线性特点。这一理论指出，人们在进行职业决策时应充分考虑这些要素。首先，复杂性意味着职业路径受到多种因素的影响，这些因素之间相互作用，使得整个职业生涯构成十分复杂。其次，动态性反映了职业环境和影响因素的不断变化，稳定性只是短暂的。再次，偶发性表明某些意外事件会突然出现，对人们的职业轨迹产生影响，而这些事件是难以预料和控制的。最后，非线性凸显了在这种复杂的职业生态中，一个小的变动可能会引发大的系统性改变，也就是说，系统对初期条件极为敏感。

生涯混沌理论特别强调的两个效应是“黑天鹅效应”和“蝴蝶效应”。“黑天鹅效应”是指非常难以预测且不寻常的事件，通常会引起某些方面的连锁反应甚至颠覆。“黑天鹅效应”往往具有意外性，并会产生重大影响。2020 年席卷全球的新冠疫情给全球经济带来了重大冲击，在宏观层面改变了劳动力市场的分布，在微观层面则对个体职业状态和价值观的转变产生了影响。

“黑天鹅效应”在学术上也称为职业冲击事件或职业突发事件。它会影响人们对职业成功的主观感受、生涯发展的态度、职业的可持续性、工作繁荣感以及对职业机会的关注等。客观上，它会影响人们的离职行为、工作搜寻、继续教育、职业决策，以及在职场中的组织公民行为、反生产行为和创新行为。

“蝴蝶效应”是指在一个动力系统中，初始条件下微小的变化能够引发整个系统长期的巨大连锁反应。在复杂系统中，由于众多内部因素的深度互动，系统对变化展现出高度的敏感性。有时，那些表面上微小、不起眼的变动，随着时间的推移，可能会导致个体改变其原先的生活路径或沉浸在特定的模式中。而一些更大的波动可能深刻地重塑人们的生活。在生涯规划中，许多看似随机的因素，如家庭背景、人际关系、社会经济状况和个人兴趣，即便是其中的微小转变，也可能对人们做出的决策产生巨大的影响。这些变化如同网状结构般相互影响，一个突发事件都可能触发生涯发展的非传统路径。

生涯混沌理论为人们提供了一种理解职业发展复杂性的全新视角。其中，收敛维度和发散维度是两个核心构件。

收敛维度主要关注生涯发展中的稳定性和连续性。它基于人们在一生中追求某种程度的稳定和秩序，如选择一个固定的工作领域、坚持一种生活方式或遵循某个长期目标。这一维度的重点在于对已有的知识、技能和经验进行整合，以期在未来的生涯发展中获得预期的结果。

发散维度强调的是开放性、多样性和偶然性。在这一维度下，个体不仅接受职业生涯中的变化，而且积极寻找、探索并利用这些变化。这意味着，当面对未知的职业机会或遭遇预期之外的挑战时，个体能够快速调整策略，采取新的行动路径。

生涯混沌理论的这两个维度提醒人们，成功的职业规划不仅需要明确的目标和持续的努力，还需要面对不断变化的外部环境，具备灵活应变的能力。这种平衡既需要坚持，又需要创新，确保人们在生涯发展的道路上，既有目标的指引，又有机遇的探索。

当前，人们在职业规划上普遍采取的是一种收敛性的匹配思维。这种思维模式有助于人们从众多情境中找出其中的规律，并迅速确定目标方向。尽管它强调了逻辑和理性，并在多数情况下能帮助人们做出最优选择，但其固有的局限性也显而易见，特别是在应对不确定性和变化时的灵活性上。

生涯混沌理论提供了另一种视角，强调从“概率”转向“可能性”。这种发散性思维模式鼓励人们探索各种潜在的可能性，而不是受限于既定的规则或框架。它强调开放性、创造性和自主性，使人们对未来持有更加乐观和富有挑战性的态度。当遇到失败时，应将其视为学习和成长的机会，而不是障碍。此外，追求自己真正热爱的事物，听从内心的呼唤，也是这种思维模式所提倡的。

总的来说，生涯混沌理论不仅提供了一个更加开放和多元的视角，更是一种生活的态度，鼓励人们积极、勇敢地面对职业生涯中的各种挑战和变革。

4.3.2 生涯决策的困难性

虽然已经有较为成熟的理论作为指导，但生涯决策过程十分复杂，生涯决策困难一直是备受学者关注的问题。

大学阶段，面对许多未知的职业选择和对自身特点的不充分了解，大学生很容易陷入犹豫和迷茫。一方面，由于大学生缺乏关于职业领域或自身职业素质的详细信息，难以做出明确的决策；另一方面，当个人的职业意愿与父母的期望存在分歧时，决策变得更加复杂。此外，当个人偏好的职业与社会实际需求不匹配时，选择也变得更加艰难。

这些因素交织在一起，使得许多大学生在职业决策过程中感到困难重重。值得注意的是，职业决策困难并非不可克服。通过积极主动地寻求信息、参与实践、进行内省思考和与他人交流，可以逐渐解决这些困难，为自己的职业道路找到更加清晰的方向。

右侧二维码案例的作者王苏羽晨同学在职业决策过程中也面临着迷茫和困惑。通过不断摸索和试错，他逐渐明确了自己的兴趣和重视的事物，最终找到了内心的答案。

4.2 案例阅读

生涯决策困难是指个人在面对生涯决策问题时，由于缺乏自我了解、信心不足、兴趣与能力的冲突等内在阻力，以及生涯资料的缺乏、重要人物支持不足等外在阻力而产生的决策困难。生涯不确定的程度越高，意味着个体面临的困难就越大。

决策并非一个结果，而是一个逐步推进的过程。因此，在职业决策过程中，人们可能会在多个阶段遇到困难，这些困难可能涵盖职业决策意识、决策起步、决策过程以及计划执行等方面。表 4-1 对生涯决策困难进行了分类，这或许能让大学生明确自己所处的决策阶段以及具体表现的困难。

表 4-1 生涯决策的困难分类

困难类别	判断条目
职业生涯决策意识的困难	A. 未觉察到做决定的需求
	B. 不知道做决定的过程
	C. 知道要做决定，但逃避承担做决定的责任
收集信息的困难	A. 不充分、不一致的信息
	B. 过量的信息带来的困惑
	C. 不知道如何收集资料，例如，在何处收集、如何组织、如何评估等
	D. 因信息与个人的自我概念不一致而不愿意接受信息的有效性
产生、评估、选择替代方案的困难	A. 由于面临多重生涯选项而难以做决定
	B. 由于个人条件的限制，如健康、资源、能力、教育等，无法产生足够的生涯选项
	C. 由于害怕失败、害怕社会不赞许、害怕承诺或投入行动等焦虑情绪，导致无法做出决定
	D. 由于人际关系、冲突、情境、资源、健康等因素局限个人的选择
	E. 不知道评估的标准（价值、兴趣、性格、能力、资源、健康、年龄、个人环境等）

续表

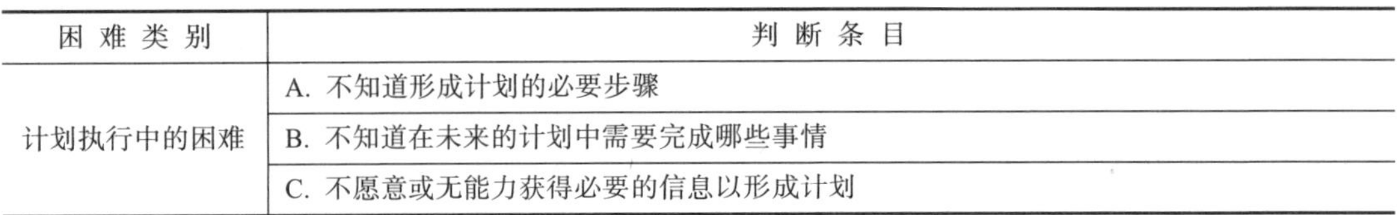

困难类别	判断条目
计划执行中的困难	A. 不知道形成计划的必要步骤
	B. 不知道在未来的计划中需要完成哪些事情
	C. 不愿意或无能力获得必要的信息以形成计划

通过这个分类表，大学生可以更清楚地了解自己在职业决策过程中遇到的问题所处的阶段。一旦识别出决策困难的具体表现，接下来可以有针对性地寻找解决这些困难的方法，从而更有效地推进职业决策的进程。

4.3.3 生涯决策的影响因素

生涯决策常常受到自我因素、专业因素、家庭因素、社会因素、职业因素及资源因素等的影响。下面着重讨论前四个因素。

1. 自我因素

自我因素包括本书在自我认知部分讨论过的个体人格类型、职业兴趣、能力及价值观等多种因素。自我认知是人们进行职业决策的基础，对自我了解得越多，决策时的失误就会越少。既要了解自身的优势，也要了解自己的不足；在选择和确定职业目标时，应扬长避短，选择与自我特质相匹配的职业。

由于缺乏社会经验和独立思考能力，不少大学生在进行职业选择时存在一些误区。

误区一：热门职业就是“好工作”。一直以来，热门职业都被认为是大学生向往的“理想工作”。由于热门职业备受追捧，往往竞争激烈，对从业者的要求也很高。虽然这些职业吸引了众多人的关注，但最终成功就业的人却相对有限。如果大学生盲目地追随潮流，忽略自身的能力、素质等因素，一味追求所谓的热门职业，最终可能会面临就业的失败。

大学生应该审慎地考虑自己的兴趣、优势和能力，而不是盲目追逐热门职业的虚荣。职业的选择应该与个人的天赋和意愿相匹配，而非仅仅被外界的声音所左右。这样，才能更有可能找到适合自己的职业，获得更加满意和成功的职业生涯。

误区二：别人认为“好”的工作就是“好工作”。李璐同学在咨询时问：“我修了经济学与英语双学位，但不知道自己毕业后该做经济方面的工作还是英语方面的工作。老师，您是职业顾问，帮我指条道吧。我相信您，您告诉我怎么做，我就怎么做。”

我们是否真的能够将人生道路的选择完全交由他人来决定呢？显然不行。虽然父母、老师以及职业咨询专家的建议和职业测评结果可以为我们提供宝贵的参考，但最终的决策必须由自己做出。因为别人所认为的好工作未必适合每个人，每个人的情况和需求都是独一无二的。没有人能够真正代替你做出最适合自己的决策，因为你的人生前程归根结底是你自己要负起的责任。

在面对职业选择和人生决策时，我们必须充分认识到自己的价值观、兴趣、能力和目标，权衡各种因素，最终做出符合自身情况的决策。虽然他人的意见和建议具有重要性，但最终的决策权在于自己。只有通过深入思考和自我认知，才能找到最合适的职业道路，使自己的人生得到充分发展和实现。

《高等教育研究》2015 年刊发的一篇专业论文《我国高校“非升即走”制度的合法性反思》称：“今天的博士毕业生面临着要么去一所名校承担不断升级的科研压力，要么去一所三四流学校拿编制内职位的现实选择。虽说‘非升即走’改革的目的是激励高校教师多出科研成果，不养闲人、庸人，但这种类似企业的竞争淘汰制度是否适用于研究周期长的学术领域，是否会挤走那些因全身心投入课堂教学而导致科研成果不足的优秀教师，一直争议不断。”面对受到越来越多质疑的“非升即走”制度，博士生在期待高校改革的同时，也在考虑如何开展个人职业生涯规划，以应对未来可能面临的职业难题。

1999 年我国高校全面扩招，仅仅 6 年后的 2005 年，“大学毕业生就业难”就成为社会问题。2007 年年底，教育部印发了《大学生职业发展与就业指导课程教学要求》通知（教高厅〔2007〕7 号）以解决大学生就业难问题。然而，博士生的职业生涯规划至今都没有引起足够重视——不仅高校鲜有为博士生开设的职业生涯规划课程，甚至博士生自身也缺乏应有的重视。据笔者了解，目前全国高校针对本科生普遍开设了职业生涯规划课；近几年来，一些高校在对研究生开设职业生涯规划课的同时，也开放给博士生，但选课的博士生寥寥无几。然而，这并不意味着博士生不需要开设职业生涯规划课，事实上，也并非所有博士生都是在规划好职业生涯后才选择攻读博士的。

职业生涯规划的核心内涵是做好“人—职匹配”：通过系统科学的自我认知与职业/职场探索，根据自己的价值观和职业兴趣（能力倾向）偏好，将自己放在最恰当的位置上。对博士生而言，特别重要的自我认知探索是了解自己的生涯价值观和职业兴趣倾向与高校教师的岗位要求是否匹配，而非单纯的学历、已发表论文等硬件条件。

大学教师首先对其本学科领域对应的职业兴趣类型有较高的匹配性（比如工科需要很强的 R 型），同时对 IA 型也要求较高。此外，目前名校考核教师对于发表高水平专业论文有硬性规定，而发表高水平专业论文不仅仅需要 IA 型职业兴趣，还需要较强的 C 型，因为本质上发表论文也有一定的“套路”，要根据期刊的格式规范来撰写。从这个意义上说，就算是爱因斯坦在目前的高校体制中，也可能无法满足考核要求。“诺贝尔物理、化学、医学甚至经济学等奖项的获奖者发表高水平期刊论文者并不多”这一现象，其实正好说明了这一点：诺贝尔奖是鼓励真正意义的创新成果，而太过创新的观点并不适合发期刊论文，因为期刊论文需要非常漂亮的数据与模型，是需要 C 型职业兴趣来支持的。

因为一位拥有智力激发、利他主义、创造发明、独立自主、成就满足等内在价值维度、希望进入高校任教职的博士生，同时要具备较强的 IAC 型职业兴趣，工作起来才能较为得心应手。否则，即使凭借名校的博士学位及在大牛导师指导下发表的论文得到了名校教职，接下来的职业生涯还是要靠自己来应对啊！那些“因为觉得硕士毕业不好找工作，所以读了博士”的同学，更要慎重决策：因为你们原本读博士就不是开展生涯规划后的理性决策，贸然申请去高校任教，确实风险会更大呢……

找工作的实质是为了自己将来站在最能发挥才能、最能创造社会价值的职业平台上，自身也将因此获得成就满足，从而拥有更美好的人生。“非升即走”制度本身是希望留下最适合在大学任教的“青椒”；没能留下，绝不能说明你不够优秀，很可能是因为你没有选对平台。要坚信：这是“上帝给你关上一扇窗，又为你打开一道门”的契机。

误区三：薪酬高的工作就是“好工作”。刘强同学在咨询时说：“我是一名计算机专业的大三学生。当周围的同学沉浸在网络游戏、谈恋爱时，我一直在思考是出国深造还是工作。我喜欢汽车，我的目标是在 30 岁以前挣足够多的钱，开上宝马。为了实现我的‘宝马梦’，人生必须奋斗，可我该怎样做呢？”

2023 年 6 月，麦可思研究院基于 2023 年度大学毕业生跟踪数据撰写的《2023 年中国本科生就业报告》（就业蓝皮书）数据显示，2023 届本科毕业生平均月收入为 6050 元。这一数据反映了 2023 届本科毕业生在就业市场上的薪资水平。此外，根据麦可思研究院发布的《2024 年中国本科生就业报告》，2023 届本科毕业生的平均月收入在东部地区较高，达到了 6642 元，而在长三角地区就业的毕业生半年后的平均月收入为 6691 元。这些数据表明，地理位置对大学毕业生的薪资水平有着显著的影响。在当前严峻的就业形势下，大学毕业生的薪资增速正逐渐减缓。越来越多的毕业生正在选择考研或公务员考试，这一比例持续上升。尤其是本科毕业生脱产备考公务员的比例，在过去 5 年内翻了一番。

特别提醒：从长期来看，高薪且稳定的职业机会是不存在的！建议希望获得高薪的同学，先去了解那些职业薪酬高且稳定的原因，具体内容在 3.2 节已有详细分析。

因此，选择职业不仅要考虑是否有“钱”途，还要考虑这份工作是否有助于自身的发展，因为工作的目的不只是挣钱，更不是只顾眼前的收入。有的工作起薪虽然很低，但如果这份工作非常符合你的兴趣倾向，而你又具备相应的能力，那么从长远来看，对你的发展是十分有利的。因此，选择职业不能只追求眼前利益，更要着眼于长远的发展。

实际上，用人单位在招聘时的目标并不是寻找绝对最优秀的人才，而是寻找与其需求最匹配的人才。同样地，对于求职者来说，追求的不是被社会或他人认为的“最佳工作”，而是寻找最适合自己的职位。事实上，工作并不能简单地划分为好与坏，但对每个人而言，工作可以分为适合与不适合。对于个人的性格和特点来说，只有与之相契合、对个人长期发展有益的工作才算是适合的。适合他人的职业未必适合自己，而适合自己的职业才能真正称得上是一份优质工作。

自我决定理论（Self-Determination Theory，SDT）是由心理学家 Edward Deci 和 Richard Ryan 在 20 世纪 80 年代初发展起来的，主要用于解释个体的内在动机和自主性。这一理论在教育、健康、工作和其他多个领域有广泛的应用。

主要构成要素如下：

（1）自主性（Autonomy）：指个体有选择和控制自己行为的能力。

（2）胜任力（Competence）：指个体感受到自己有能力和效力去完成特定任务。

（3）归属感（Relatedness）：指个体与他人建立积极且有意义的关系。

动机类型主要包括：

（1）内在动机（Intrinsic Motivation）：指个体由于兴趣或内部价值观而参与某种活动。

（2）外在动机（Extrinsic Motivation）：指个体由于外部奖励或惩罚而参与某种活动。

自我决定理论可以帮助大学生更好地理解和激发他们的内在动机，从而在职业规划中做出更符合自我价值和兴趣的选择。通过参与职业规划和目标设定，大学生可以增加他们的自主性，这有助于长期保持职业满意度。选择与自己能力和兴趣相匹配的职业路径，可以增加个体的胜任感，从而提高工作效率和满意度。在职业规划中，考虑到与他人（如同事、导师、家人）的关系和互动也是重要的，这不仅能提供社会支持，还有助于个体的职业发展。自我决定理论提供了一个全面的动机模型，强调个体的自主性和差异性，有助于个性化的职业规划，使个体能够根据自己的兴趣和能力做出更合适的选择。

2. 专业因素

大学生在进行职业决策时，往往很看重专业对口。因为几年的学习时间都投入某个专业领域，大学生不仅积累了专业知识，也得到了相应的思维训练。如果毕业后能够从事与专业对应的职业，这些知识和训练将对工作非常有帮助。

现实生活中，有些大学生发现并不喜欢自己所学的专业，就想调换专业或者在本科毕业后找一份与所学专业不一致的工作。这并非不可能。不过，一个人选择的职业领域离所学专业越远，对自我学习和自我提高的能力要求就越高。

3. 家庭因素

家庭因素，如父母的教育水平、职业背景、家庭经济状况以及家庭的核心价值观，与个人成长息息相关，同时也在职业决策中扮演着重要角色。此外，家族成员的职业选择也对个人的职业取向产生一定影响。因此，建议同学们在考虑自己的职业生涯之前，也要充分了解家族成员的职业发展情况，最好能够绘制出一个家族职业谱，将家族成员的职业轨迹可视化呈现（见图 4-1）。这样的做法有助于理解家族职业传承对个人决策的影响，同时也可以为个人职业选择提供更清晰的背景信息。

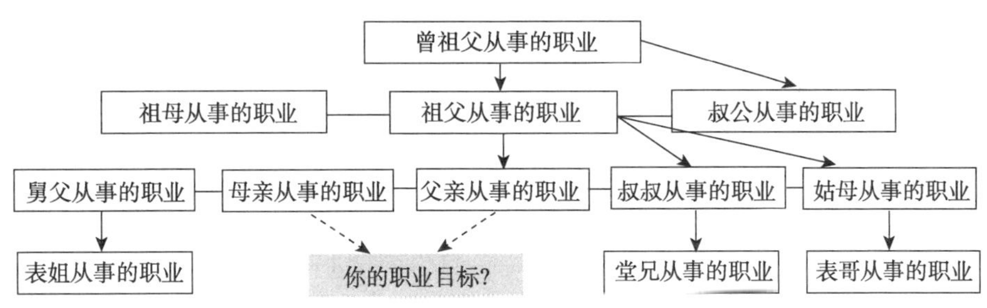

图 4-1　家族职业谱

父母及其亲属的职业可能会对人们自身的职业选择产生直接的影响。前面的章节提到，职业兴趣、素质能力等个人特质在不同程度上受到先天遗传等因素的影响，因此同学们的职业选择可能会与其父母或其亲属的选择相关。同时，如果他们的事业发展顺利，不仅可以为其提供实习、求职的信息，还可以在其入职期间及职业发展的各个阶段给予指导。

此外，根据杨峥的案例，在做决定时，一定要考虑父母的意见和感受。杨峥不考研的决定，对他自己来说仅是一个选择，对于父母却是一个打击，这打碎了父母多年来的一个梦想。因此，同学们在做决定时一定要与父母进行充分沟通，互相理解。

4. 社会因素

社会文化环境与经济技术的发展对职业选择的影响很大。

正如本书第 1 章所探讨的，大学生应该明确自己读大学的目的，不能仅停留于书本理论知识的学习，必须学会如何运用知识，以及如何通过所学的知识来解决实际问题。上大学的目的有很多，其中一个最直接的目的是找到一份自己满意的好工作。而明确自己满意的工作需要花时间去了解社会与职业，否则你心目中的好工作将永远停留在空想状态。

然而，大学生在获取职业信息时存在一些障碍。虽然各种媒体每天都提供职业信息，但这些信息并不一定真实有效。

现在，很多用人单位抱怨大学生不了解职业，职业化程度低。然而，大型企事业单位提供给在校生的实习机会又太少，形成了一对矛盾。此外，人力资源市场的供求信息对大学生选择职业也有很重要的影响。由于缺乏有效的信息，大学生很难了解到其所学专业对应的职业群，或者他想选择的职业的人才供求关系，这在很大程度上造成了其决策困难。

除了上述因素，国家的政治、经济和社会发展状况，所就读学校的教学水平和地位，社会对职业的评价，以及周围人（包括老师、同学、校友等）对职业的评价等社会因素对大学生选择职业也有很大的影响。

党的二十大报告中包含了很多职业生涯决策的趋势。报告强调了经济转型和高质量发展，特别是在数字经济和绿色经济方面。这是一个明确的信号，表明 IT、数据分析、环境科学等领域将有广阔的发展前景。报告中提到科技创新是提升国家竞争力的核心，对科技和研发有浓厚兴趣的同学而言，这是一个明确的鼓励信号，意味着对科研有浓厚兴趣的同学可以在这方面进一步提升自己的技能和专业知识。报告中对社会保障和民生的关注也为社会工作、医疗健康和教育等领域提供了更多的发展机会；对这些领域有特殊兴趣或热情的同学，现在是开始规划和行动的好时机。

党的二十大报告强调了环境保护和可持续发展，这不仅意味着相关政策和资金将更多地倾向于这些领域，也意味着在这些领域工作的人才将更加受到重视。环境科学将成为一个热门行业，从事这一行业的专业人士将有更多的职业机会。如果同学们有相关的学术背景或工作经验，这无疑是进一步发展的好时机。对这一领域感兴趣的同学可以考虑进一步深造，获取更多的专业资格证书，或者参与更多与环境保护相关的项目和研究。

这些趋势也意味着，与环境和可持续发展相关的非政府组织（NGO）、咨询公司、研究机构等将有更多的发展空间。如果你更倾向于从事研究、咨询或社会企业等工作，这些机构可能会是理想的选择。

4.3.4 赫伯特·西蒙的决策理论

赫伯特·西蒙（Herbert Simon）是一位社会学家、经济学家及心理学家，研究领域覆盖了决策制定、组织行为、信息处理和人工智能等多个方面。1978 年，他因“决策制定过程在经济组织中的研究”获得了诺贝尔经济学奖。这一贡献主要在于他提出了“有限理性”（Bounded Rationality）概念。西蒙认为，与传统经济学中“完全理性”的理论模型不同，现实中的个体和组织由于信息不完全、认知局限和时间压力等因素，往往只能做出“相对理性”的决策。

西蒙的决策制定模型主要包括三个构成要素：

（1）问题识别（Problem Identification）：在任何决策过程的开始，第一步通常是识别问题或机会。

（2）选项生成（Option Generation）：识别问题后，需要生成可能的解决方案或选项。

（3）评估和选择（Evaluation and Selection）：评估生成的选项，并选择最佳方案。

西蒙提出“有限理性”这一概念来解释为何人们总是无法做出最优决策。由于信息不完全、处理能力有限和时间压力等因素，个体或组织往往会寻求“满意而非最优”的解决方案。

西蒙的决策过程模型主要包括：①智能阶段（Intelligence Phase）：收集信息，识别问题；②设计阶段（Design Phase）：生成和组织可能的选项；③选择阶段（Choice Phase）：评估选项并做出决策；④实施阶段（Implementation Phase）：执行决策，并观察结果。

西蒙的决策理论可以用于大学生的生涯决策；特别是“有限理性”和决策制定模型，可以为大学生在面临教育和职业选择时提供有力的理论支持。

决策制定模型的应用步骤：

（1）问题识别（Problem Identification）：这是生涯规划的第一步。例如，一个大学生可能会问：“我应该选择哪个专业？”或者“毕业后我应该做什么？”

（2）选项生成（Option Generation）：在明确问题之后，下一步是列举可能的选项。例如，如果问题是“选择哪个专业”，可能的选项包括不同的学科领域，如工程学、医学、艺术等。

（3）评估和选择（Evaluation and Selection）：一旦选项被列出，接下来就是对这些选项进行评价和排序。同学们可以考虑个人兴趣、市场需求、潜在收入等多种因素。

“有限理性”的应用如下：

（1）信息搜索：由于信息不完全和时间有限，大学生可能无法考虑所有可能的选项和结果。在这种情况下，“有限理性”的概念提醒大学生需要设定一个“满意”的标准，而不必寻求“最优”解。

（2）决策压力与时间管理：大学生在做出重要决策（如专业选择、实习或工作选择等）时可能会感到压力巨大。“有限理性”的框架提供了一种管理这种压力的方式，即通过简化选项并侧重于可行性。

（3）生涯规划与反馈：在选择和实施一个决策后，持续的反馈和调整是非常重要的。这不仅可以用于评估先前决策的有效性，还可以作为未来决策的参考。

大学生在开展职业生涯规划时，可以借鉴西蒙的理论来制定结构化决策框架。这个框架将有助于大学生系统地思考与评估面临的各种选择。右侧二维码案例的主人公美君原本怀揣着申请国外博士的梦想，希望在完成深造后回国在高校任教。然而，美君在经历了一段时间的科研挑战和工作实践后，发现自己并不真正喜欢科研工作，开始反思自己的真正兴趣和职业方向。经过深入的自我探索和咨询，她决定放弃原先的留学计划，转而应聘中学教师。在这个决策过程

4.3 案例阅读

中，她不仅深入探索了自己的职业兴趣、价值观和人格特质，还通过各种职业测试和实践来确定自己的最终选择。最终，她成功地在深圳找到了一份满意的中学教师工作，工作两年来职业满意度很高。

在职业生涯规划中，了解自己的兴趣、价值观和能力是非常关键的。只有真正了解自己，才能找到最适合自己的职业方向。即使是名牌大学的硕士或博士毕业生，也可以选择中学教师这样的职业。每个人的职业选择都应该基于自己的兴趣和价值观，而不是外界的期望或压力。即使在确定了职业方向后，大学生仍然需要不断学习和成长，以适应不断变化的工作环境和挑战。

4.3.5 大学生应如何面对生涯决策

生涯决策是大学生本科和研究生期间持续面临的重大课题。决策本身又受到自我、专业、家庭、职业、社会资源等多方面因素的影响，需要大学生采用科学的方法并了解多方面的信息。

基于生涯混沌理论的观点，生涯决策过程可以划分为三个关键步骤：

（1）需要明确和重新构建个人期望。这包括对自我、职业世界和问题解决的期望。在此步骤中，人们必须认识到变化是不可避免的，应接受并拥抱变化，而不是试图阻止或过度规划一切。

（2）要探索和思考职业发展问题。这涉及对复杂性、变化性、机会、构建和意义等因素的反思。在这一阶段，人们需要讨论如何应对变化，如何在当前环境中找到机会，如何勇敢地突破思维的束缚，以及如何在混沌的环境中找到意义和身份认同。

（3）要寻找面对复杂世界的力量。在混沌的环境中，人们需要探索新的职业方向和选择，同时也要在当前生活中寻找意义，而不是等到实现特定目标后才感到满足。这意味着人们应持续寻找生活中的积极体验和启示，不断发展自己的能力和适应力，以适应不断变化的职业环境。

综上所述，基于生涯混沌理论，生涯决策过程可以分解为三个关键步骤。每一步都涉及认识和应对复杂、多变的职业世界，从而更好地适应未来的挑战和机遇。

谈到在混乱环境中找到意义，著名职业咨询专家萨维科斯（Mark Savickas）提出的生涯建构理论提供了很好的思路。他认为个体是自我经验的组织者，而不是被动接受职业测评的结果。人们有能力通过主动建构自我来塑造内在的现实，包括能力、兴趣、需求、价值观以及人格特质。基于这个内在现实，人们可以预测自己在外部现实中的反应方式，包括在职业和生活方式上的选择。在面对现实世界中没有明确选择路径的情况下，人们有能力主动掌控，做出自己的决策和行动，从而重新认识和塑造自我。这就是实现“成为想要成为的自己”的过程。在这个过程中，人们可以根据自己的内在核心价值和目标，积极地创造、适应和选择，实现对职业和生活的自主决策，并在不断的探索中达到对自我的深刻理解。

心理学家弗兰克尔（Viktor Frankl）从纳粹集中营幸存之后，基于自己的经历开创了著名的意义疗法。他提出，即使在最为痛苦的情况下，生命也自有其意义；人类的最后一项自由就是在任何特定情形中选择自己态度的自由。

一些在普通大学读书的同学会说："我们学校名气不够响亮，所以我面试的时候就被拒，真不公平。"按照弗兰克尔的理论，某种意义上这是在自我设限，认为这样被拒的结果是学校的牌子需要承担责任。人们一旦找到了一个可以外推责任的地方，也就很容易逃避自己的人生责任。也有同样情况下的毕业生，面对考官指出他并非名校毕业生时，给出的回应是这样的："我从入学时就知道我的学校名气不够高，可能在毕业时会遇到一些障碍。所以我很早就开始准备其他方面的条件。我去考了英语，考了驾照，还积极参加各种活动锻炼自己，获得了'优秀学生干部'称号，也拿到了一等奖学金。"以上做法也可能不被接受，但可以看到，那些为自己承担责任的人，会选择在自己能力范围内尽量努力，他们也更可能在未来获得更大的自由。

美国著名生涯教育专家克朗伯兹（Krumboltz）晚年撰写了《幸运绝非偶然》，书中提出了"机遇事件学习理论"。该理论的核心观点是：①追求的目标是创造更令人满意的生活，而不仅仅是做决定；②通过测验的方式来刺激学习，而不是为了匹配个性和工作；③鼓励每个人进行探索活动；④积极评价头脑开放的状态；⑤充分利用偶然事件带来的好处；⑥推动终身学习。

克朗伯兹基于自己及许多成功人士的经历告诉大家：生涯目标未确定不可怕，重要的是要保持行动。

笔者特别赞同他的观点：自己的亲身经历验证了这个理论，认识的同学、朋友中有类似经历者也不在少数。本书案例中提到的不少同学在寻找实习机会、参加实习、毕业求职、转换工作等过程中遇到了类似的"幸运"机会。课堂练习中，很多同学也分享了自己在高考、参加竞赛和社团活动中的幸运故事，可以很明显地看出其中的共性。

《幸运绝非偶然》还提醒同学们：

- 不必立即做出一个生涯决策，而应保持开放的态度。因此，读完本书尚未明确自己的职业发展方向、不能做出一份职业生涯规划书的同学不必沮丧。
- 不必一定要追寻你的梦想，也不必因为未实现儿时的梦想就觉得自己是个失败者，而是要逐步验证你的梦想。因此，高考"报错志愿"的同学也无须失落，因为这也许正是一个新的契机。
- 不要等待幸运的垂青而无所事事，而是要行动起来，创造自己的幸运。当你觉得自己运气欠佳，没有被心仪的专业录取时，也许正是这样的"偶然"机会引领你走向一条康庄大道。
- 不必过于小心谨慎、不敢犯错误，而是要敢于冒风险、勇于犯错误。因为你现在年轻，犯错误的成本非常低，失败了还可以从头再来。
- 不必先学技能再找工作，而是可以先找到一份力所能及的工作，再学习理想职业所需要的技能。虽然找工作一步到位最理想，但多步到位更现实——生活中，多数人毕业时都是在骑驴找马。
- 不是完成学业就万事大吉，而是要明白学无止境。

目前，高校为学生授课的教师大多已获得博士学位。然而，很多教师每年仍会参加各种学术交流会、教学研讨会及培训课程，以不断提升自己。

根据预测，我国 00 后的预期人均寿命将超过 85 岁，甚至专家预计约有 50%的 00 后将拥有百岁人生！20 岁上下的你，怎么可能将未来 60 年的事情都预设好呢？预设好的人生会不会很无趣？亚当·马奇克（Adam Marchick）说得好："对一生进行充分规划永远都是一个好主意，但一定要记得写下来的时候要用铅笔，而且手边还要有块橡皮。"

因此，在开展职业生涯规划时，千万不要在尚未体验之前就期望有确定的答案。对于诸如"毕业后想从事什么工作""每个月挣多少钱""40 岁时达到怎样的职位"等问题，在学习期间回答不出来并不要紧，重要的是思考哪些尝试对你而言更有趣，尤其是：此时此刻，你可以采取哪些行动来为自己的职业生涯创造预料之内和之外的好机会？

大学期间，同学们可以通过多种方式来创造机会、发现自我：阅读书籍和文献；向老师、同学表达自己的兴趣；与老师、校友等建立关系；参与学校俱乐部、学生团体的活动，以及积极投身志愿者工作。同时，勇于体验兼职工作和实习机会，都是为自己的生涯发展增添丰富经验的途径。参与学校项目，培养新的爱好；接触一些不熟悉的人；担任课堂活动或项目的负责人；关注自己在当前活动中的情绪变化；等等。

在职业生涯发展的道路上，有许多可行的举措：如果你敢于迎接新的学习和工作环境，并与身边的人分享你的兴趣和经历，很可能会发现新的职业发展方向；如果你保持乐观积极的态度，甚至能够将挫折转化为成功的契机。需要铭记的是，偶然的事件常常是由更多的偶然事件所构成，不断积累将会激发更多的机遇。

所以，如果现在尚未明确自己未来的职业发展目标，你无须担心。因为你参与职业生涯规划课程的目的并不是立即做出一个最终的职业决策，而是学会采取行动来塑造一个更加满意的人生。因此，这门课程强调的是行动，而不仅仅是决策本身。

有同学对"尝试利用偶然发生的事情，甚至利用偶然发生的坏事"感到不解：如何利用"坏事"呢？

对此，笔者有较为深刻的理解。笔者原本没有留学深造的计划，当时被学校推荐参加教育部的澳大利亚留学申请，考试通过了，计划好的奖学金项目却意外地被终止了。在将近两个月的时间内，笔者忙于准备申请材料、备考雅思等事务，耽误了学校的教学工作及兼职公司的管理工作。这一结果对笔者而言绝对是坏事。

好在笔者当时保持了平和的心态，坦然接受了这一切，以开放的态度听取兄长、朋友和老师的建议，积极了解各方信息，重新申请了香港科技大学的 MBA 项目，并最终获得全额奖学金，为后来的职业生涯发展奠定了良好的基础。

后来，笔者对自己及同学、朋友们身上的"幸运"故事进行了认真思考，提出了"幸运曲线"（见图 4-2）。

人的情绪是有波动的，个人心理状态的好坏影响着我们对事情的判断和对机会的把握。同样，人的机会也是一条上下波动的曲线，这两条曲线相互作用，构成了我们的"运气"。幸运的时候，我们的个人状态良好，抓住了机会，取得了成功（图 4-2 中的幸运点）；而"倒霉"的时候，我们情绪低落，偏偏又遇到不顺心的事情（图 4-2 中的背点）。然而，机会曲线应该是有规律的，正所谓否极泰来。情绪是可以调整的，我们可以设法令自己从低落的情绪中较快地恢复到正常甚至较高水平。那些抱怨"一直没有好机会"的人，很可能是这样一种情况：赶上了背点，越想越觉得自己“倒霉”，长久地处于情绪低落的状态。因此，虽然机会曲线已经恢复到峰顶，可情绪低落者抓不住——机会错过了；等到他的个人状态曲线终于恢复到峰值，机会曲线已回落到中位，只能等待下一次机会了。遗憾的是，抱有这种心态的人往往缺乏耐心，难以保持良好状态等待下一次机会，因而容易陷入恶性循环。

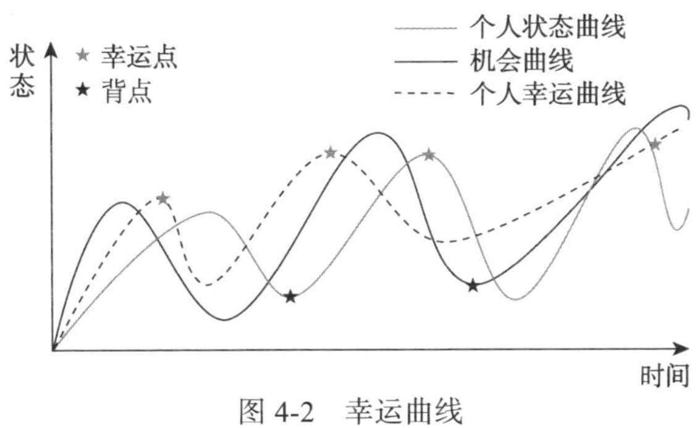

图 4-2　幸运曲线

因此，要想抓住机遇、创造幸运，保持良好的个人状态至关重要。除了情绪，身体状况也是构成个人状态的重要因素。大学时期是人们身体机能的最佳阶段，人们应利用这一时机，不断地调整，保持较高的情绪水平，争取抓住更多的机会。

总结生涯决策方法可以发现：传统的职业发展理论更侧重于预期、计划和控制等方面，相对较少关注偶然事件所带来的系统性变化；一些后现代理论则过于强调主观性，认为个人应该对生涯的发展负有全部责任。生涯混沌理论和机遇事件学习理论融合了传统与现代理论的观点，不排斥其中提出的预测、匹配和决策思想及个人承担责任的观念，而是在此基础上更加注重开放性思维和社会影响的因素。

总的来说，大学生应当同时认识到生涯发展过程中相对稳定因素的影响，不断拓展个人能力，明确适合自己的环境。此外，也要深刻理解偶然性的存在，积极迎接变化并与之互动，认识到变化中蕴藏着机遇。在面对变化的过程中，要有能力抓住机遇，创造机会，并在行动中实现个人的生涯目标。

生活中总会有意想不到的挑战和变故，但正是这些经历塑造了人们的决策和人生轨迹。右侧二维码案例中，北航经管学院金融学专业本科生张可琢同学从放弃推免、出国留学受阻，到最终跨考人大金融专硕，其决策及行动过程值得借鉴。张可琢同学的故事说明：面对困境，人们可以选择勇敢地迎接挑战，调整自己的计划和策略，寻找新的机会。每一次的努力都不会白费，它们会在未来的某个时刻带来回报。因此，无论面对什么样的困难，都要保持积极乐观的态度，相信自己的选择和努力会得到应有的回报。

4.4 案例阅读

4.4 大学生职业生涯规划方案的制订

4.4.1 职业决策的步骤与生涯目标的制定原则

大学时代将奠定大学生未来事业发展的基础，那么，大学生如何进行职业生涯规划，才能有正确的开端呢？

实际上，因为个人的差异和偏好，很难建立一个确定的、切合实际的职业生涯规划步骤。通常来说，职业决策可以遵循以下几个步骤。

（1）确定问题和目标：你首先要认识到对职业前景的不确定感，并决定采取行动来解决这个问题。在职业决策中，首要任务是明确你的目标，比如选择主修和辅修专业，或者确定职业和雇主。

（2）自我认知：进行全面的自我分析，从个性、兴趣、能力、价值观等多个方面深入了解自己。

（3）外部环境和职业了解：了解所处的社会、经济、政治、地理环境，评估可能影响你职业选择的外部因素。同时，深入收集和研究你感兴趣的职业相关信息。

（4）筛选职业选择：全面了解不同职业，仔细研究适合你的各种职业选项，从中筛选出可能的目标职业。

（5）进行比较分析：利用人职匹配、SWOT 分析等方法将个人特点与不同职业进行对比分析，比较候选的目标职业，找出与你最匹配的职业。

（6）做出决策：根据个人特点和对职业前景的评估，最终确定一个目标职业。

（7）实施决策：通过求职活动将你的职业决策付诸实施。

（8）获取反馈：对你的职业决策进行评估，如果遇到负面反馈，可以重复以上步骤。

制定生涯目标有一个“黄金准则”——SMART 原则。好的目标应该符合 SMART 原则。

S（Specific）即确切明晰，要用具体的措辞清晰地阐述所要实现的目标。在成功人士中，明确的目标几乎是共同的特点。许多人未能成功的重要原因之一在于他们设定了模糊不清的目标。举例来说，有位同学的目标是寻找一个与管理相关的工作。然而，这个描述并不够明确，因为“管理”是一个非常笼统的概念。更为具体地说，管理岗位可以细分为工商管理和公共管理，前者主要涉及企业雇主，而后者则与国家机关有关。

M（Measurable）即可度量的，表示目标应当明确而不模糊，应具备一组明确的数据，用以衡量是否已达成目标。若目标无法衡量，就无法判断是否已实现。例如，某领导询问：“离目标实现还有多远？”团队成员回答：“我们早就达到了。”此时，领导与团队之间存在关于目标认知的差异。原因在于缺乏定量、可衡量的分析数据。再如，“提升自身写作能力”。如何衡量提升程度？设定每天阅读书籍、每周撰写两篇公众号推文、本学期发表三篇文章等目标，便具可衡量性。然而，并非所有目标皆可衡量，偶尔也有例外，如大方向性目标难以用度量来衡量。

A（Attainable）即可实现的，指的是要考虑是否具备帮助自己实现目标的外界条件。

有的大学生设定了本科毕业后月收入达到 10000 元的目标，但他低估了达到目标所需的条件，这些条件包括基本素质、知识、能力、经验、外语等。到毕业时，他才发现没有人愿意每月花 10000 元雇用自己。设定目标时，大学生需要考虑自身的实际情况，确定通过努力可以实现的目标，避免设立过高或过低的目标。

R（Relevant）即相关性，指制定的指标是与工作的其他目标相关的。如一位大四学生开了一家餐厅，他准备设定一个目标——本月早餐时段的销售额在上月的基础上提升 50%，即增加 5000 元。这个指标必须与店里的设施改善、提供的餐食品种增加及质量提高等措施相结合才有意义，否则就是个不现实的目标。设定目标时必须考虑各项目标的关联性，根据自己的实际条件和掌握的资源来确定，切忌好高骛远。

T（Timed）即有时限的，指制定目标必须有时间的限制。例如，2023 级某同学计划在 2026 年 11 月 30 日之前参加 5 场校园招聘会，当面递交 20 份简历，2026 年 11 月 30 日就是一个确定的时间限制。没有时间限制，很可能让目标无法实现。一些在校学生缺乏时间观念，上课经常迟到，不按时交作业，养成了不良习惯；总觉得自己很忙，却没有压力和紧迫感，今天的事情推到明天，明天的事情推到后天，结果一事无成。所以，订立目标一定要有时间限制，一定要形成良好的习惯，做到日事日毕。

生涯规划课第一讲之后，教师请同学们简单写出各自本科阶段的 3～7 个目标。其中一位同学是这样写的：①学精专业，发展特长；②考研，争取保研；③锻炼身体，强健体魄；④早睡早起，天天向上；⑤拥有融洽的人际关系，提升实践、沟通能力；⑥好好学英语；⑦课余时间争取多读些书。

在介绍了 SMART 原则后，教师又请同学们对自己的目标进行修改。这位同学的目标调整为：①精通专业，专业课成绩不低于 85 分，争取在大三时参与专业课老师的项目，同时继续练习书法；②认真学习，总成绩保持在全班前 20%，如果在大二结束时明确本专业方向，争取保研；如果发现新的专业方向，准备跨专业考研；③每周至少 4 天去操场跑步，每次不少于 3000 米（8～10 圈）；④周日至周四，每天不晚于 23：30 睡觉，周一至周五，每天不晚于 7：00 起床；⑤不与同学发生激烈冲突，保持融洽的人际关系，课堂上老师提问时积极发言，每堂课至少有　次代表小组到讲台上发言，以锻炼沟通能力，大三前参加两个学生社团以提升实践能力；⑥周一至周五，每天记住 5 个英语生词的用法，大二通过英语四级，大三通过英语六级；⑦每周阅读 1 本人文类或经管类的书，寒假至少读 3 本，暑假至少读 5 本，以丰富自己的知识体系。

请记住：制定的目标通过一定的努力能够实现才是有意义的。

4.4.2　个体职业发展资源分析

制定职业生涯规划首先需要对个体的职业发展资源进行分析。下面介绍一种简单易行的分析方法。

个体职业发展资源可以分为两大类：素质和外部资源。在素质方面，可以进一步细分为流体素质和晶体素质。流体素质受生理遗传和早年经验的影响较大，难以改变，包括智力、外貌、性格、气质、职业兴趣和价值观等。在制定职业生涯规划时，最好将所选职业与自身的个体素质相匹配。而晶体素质则与后天的教育和培训有关，可以在较短时间内改变和提升，包括专业知识掌握程度、沟通能力、求职技巧等。一旦确定了职业目标，就可以有针对性地提升自身的整体素质。

外部资源是个体职业发展资源的另一重要组成部分，主要包括个人的经济条件、家庭背景、社会关系等。其中，家庭背景由家庭的经济资源和家庭的人脉资源组成。越来越多的大学生已经意识到求职过程中人脉关系的重要性。然而，很多同学理解的人脉关系是家庭的人脉关系，即通过父母及其他亲属所建立的人脉关系。其实，人脉关系指的是同学们作为独立个体缔结的社会关系，如发小、同学、校友等。

不论是选择读研、留学还是创业，几乎都需要家庭经济方面的支持。有些本来想读研或留学的同学，因为家里经济条件欠佳，不得不放弃原定目标而选择就业，这是非常理性的选择，同学们不应该因此抱怨自己的父母。父母生养了我们，但是没有义务为我们未来的职业发展提供全部的物质条件和社会支持。同学们应该根据自己的家庭背景和经济条件来选择职业、安排生活。网上流传很广的帖子《我奋斗了 18 年，不是为了和你坐在一起喝咖啡》的作者，就对这个问题有非常理性的认识。

事实上，抱怨自己无法改变的事实是没有意义的。一个人在社会上立足，建立自己的社会关系——人脉关系是非常重要的。很多名人出身于贫寒家庭，但经过多年的奋斗，成为人脉关系极广的成功人士。

2015 年 11 月 19 日，在北京举行了慧 · 聚“互联网+”教育创新高峰论坛及慧科教育集团五周年战略发布会。此次论坛就“互联网+”时代下共享经济对教育模式的创新、产业和教育的融合所带来的新机遇，以及高校在创新创业领域体系构建方面的课题进行了深入研讨。同时，公司正式宣布获得由千合资本王亚伟先生领投的 3 亿元 B 轮融资，融资金额和估值均为所处行业最大。公司的两位创始人都是北京航空航天大学 2004 届本科毕业生，2000 年分别从河南和山东的乡村考入大学。虽然没有任何家庭背景，但他们诚实待人、踏实做事的淳朴个性成为最宝贵的财富。为了减轻家庭负担，他们在本科求学期间就勤工俭学，在此过程中结下了深厚的友谊。毕业后，一人读研，另一人直接就业。五年后，他们一个在美国攻读博士学位，一个准备进入清华大学经管学院攻读 MBA，但一直保持着密切联系，最终在 2010 年 8 月共同创办了公司。多年来，他们的公司保持着发展的活力，成为国内互联网教育行业备受关注的一家企业，其不少项目是与名校合作的，也获得了众多用户的认可。两人也先后被评选为 2018 年中国年度经济人物及 2020 年中国经济十大领军人物。

这两位来自乡村，没有显赫家庭背景的年轻学子，是如何脱颖而出的？在教育领域创办公司，人脉（客户关系）非常重要，而这两位北航学子在读本科时就很注重积累人脉。他们凭借自己的勤奋努力赢得了老师们的青睐，在勤工俭学及创业过程中，很多专业课老师和学校行政管理部门的老师都给予了他们很多帮助。随着公司规模和业务范围的扩大，他们还借助各种业务关系建立了更大的人脉网络。

因此，千万不要质疑“我一个一文不名的大学生，能认识的只有老师和同学，这些能成为我的人脉吗？”实际上，即使是世界上完全陌生的两个人，通过特定的方式也可能建立起必然的联系或关系。甚至在所有互不认识的人之间，只需很少的中间人，就可以建立起联系。1967 年，哈佛大学心理学教授斯坦利・米尔格拉姆（Stanley Milgram）基于这一理念进行了一项连锁信件实验。结论是：世界上任意两个人之间要建立联系，最多只需要六个人。这就是六度分隔理论，后来被称为六度空间理论。显然，由于联系方式和联系能力不同，实现个人期望的机遇将产生明显的差异。

进入大学后，同学们有很多机会去建立自己的人脉资源，即通过自己建立起人脉关系，包括师生关系、同学关系、校友关系、朋友关系、师徒关系（实习单位），乃至家教中与家长的关系等。比如，一名新生如果有建立人脉关系的意识，首先可以与辅导员及任课老师建立良好的关系，请他们在个人成长及专业能力提升方面帮助自己；同时，他可以向高年级的同学请教有效学习或参加社团、兼职实习的经验，尤其是与一些成绩好、能力强的同学保持密切的联系。这样一来，在大三申请暑期实习及大四毕业找工作时，很容易了解这些朋友所在单位的真实情况，甚至由此获得实习或工作的机会。

巴斯德曾经说过："机会只眷顾有准备的头脑。"美国作家维斯特尔（Leo Wieseltier）也曾说过："杰出成就，无论公私，从来不是侥幸得来的。"

请牢记：幸运绝非偶然！请同学们保持行动，创造出更多的幸运！

课堂活动

我的支持系统

请仔细思考后填写表 4-2。

表 4-2　__________的支持系统

姓名	性别	年龄	与你的关系	联系频率	帮助你的主要事件	对你的帮助（程度等）

填好后请思考：在毕业前准备找工作时，你认为上述人物中谁会帮助你？

大学生在选择职业时需要考虑自己所掌握的人脉资源和经济资源，以做出理性的选择。慧科教育集团联合创始人兼 CEO、北航经管学院 2004 届本科生岳伟，虽然在大学期间成绩优秀，但考虑到父母务农、家境不富裕、妹妹还在读高中，大学一毕业就进入了一家知名的 IT 企业从事销售。他工作积极主动，作风踏实，并且善于团队合作，短短三年就成长为一名主管。2009 年，他在大学老师的鼓励下报考了清华大学经济管理学院 MBA，并于 2010 年获得录取通知书。同一年，他经过慎重考虑，辞去了工作，与好友共同创业。十多年来，公司持续发展，个人也取得了长足的进步。

在分析个体职业发展资源时，还要对素质—资源间的互偿模式有所认识：这里既包括内在素质间的互偿——比如“勤能补拙”，即后天努力对智商不足的弥补，又包括外在资源间的互偿——“穷人的孩子早当家”，即自主建立的社会关系对家庭经济条件、背景不足的弥补。素质—资源间的互偿十分重要。不少同学认为家里经济条件有限，无法实现自己的留学或创业梦想。事实上，每年都有一些成绩优异的同学获得全额奖学金去国外留学，还有一些同学通过参加创业大赛等获得创业基金的支持，实现了创业梦想。也有不少同学认为家里没有“关系”，难找工作，事实上，许多同学是通过校友、老师提供的信息获得面试机会，找到了满意的工作。

正如《剪裁人生》一书中所言：

有人是含着金汤匙出生的，
有人是含着银汤匙出生的；
而我是含着自己的手指头出生的，
所以，我只能靠自己！

绝大部分同学都是“含着自己的手指头出生的”，让我们互相勉励“靠自己”吧！

4.4.3　确定生涯目标的定向与定位法

由于缺乏工作经验，在校大学生要想有一个非常明确的目标职业显然不太现实。那么，该如何确定自己的职业目标呢？这里介绍一种“先定向，再定位”的职业目标确定方法。

明确方向，这意味着要基于你当前学习的专业和个人兴趣来决定未来的职业方向。回答一个简单的问题可以帮助你：你是否对自己所学的专业感兴趣？毕业后，是否会选择与你的专业相关的领域就业？如果你的回答是肯定的，那么你就已经基本确定了你的职业方向。例如，如果你的专业是计算机科学，并且你很喜欢编程，那么你需要了解计算机专业对口的职业有哪些。在进行职业探索时，你会发现计算机专业对应的职业非常多：软件开发工程师、网络工程师、网络管理员、系统维护员、网站开发工程师等。你可以在学习期间了解这些职业的任职要求，提前考取一些专业证书，参加老师的课题以获取实践经验，这样到大四时求职就会比较顺利。如果你的回答是否定的，就需要另外寻找自己感兴趣的领域。你可以通过转专业、辅修、选修专业课程以及考虑跨专业考研等方式来调整和确定你的职业方向。这样的调整可以帮助你找到更符合个人兴趣的领域。

一旦确定了职业方向，接下来可以考虑职业定位问题。在此阶段，你需要对已确定的职业领域进行更深入的探索。在定向阶段，你应该尽可能地扩大职业选择的范围，而在定位阶段则需要逐步缩小选择范围。

与明确定向相比，职业定位的选择更具挑战性，因为这不仅需要了解职业的基本要求，还需要通过实际参与招聘会、兼职、实习等方式来获取社会实践和工作体验，从而判断感兴趣的职业是否真正适合自己，是否与个人预期相符。

职业定位过程中有几个注意事项：定位的目标不应过于具体，而应保留一定的选择范围。假如你的专业是法律，并且一直想成为一名检察官，你获得了去检察院实习的机会，通过实习你可能会发现检察官这一职业非常适合自己。然而，检察官这一职业的求职竞争非常激烈，若你只锁定这一个目标，一旦报考公务员失败，将对你的择业带来很大的风险。因此，职业定位不宜仅限于个别职业，可以有几个职业供自己选择。要关注岗位的实际内涵与自身特质的匹配，而非岗位名称本身。

大学生在职业定向和定位的过程中，不能仅仅依据个人兴趣进行决策，还需考虑自身的其他特质、职业状况、人才供求关系、家庭因素以及所掌握的资源等相关因素。"先定向，再定位"的决策方法，意味着在大学的前两年确定一个初步的职业方向，然后在接下来的两年逐步缩小这个方向，实现更具体的职业定位。即使在对不同职业进行了一定的探索后仍然无法确定最终的职业定位，也应当在这个过程中保持初步的方向。这是因为如果没有一个初步的职业方向，你将无法明确在大学期间应该如何努力和做好准备。

"先定向，再定位"的方法不仅能够有针对性地培养大学生的综合素质和能力，还能够循序渐进地培养他们所需的专业技能和素质，成为一种行之有效的大学生职业生涯发展与规划策略。

4.4.4　SWOT 分析

SWOT 分析是战略管理、市场营销管理等领域中的一种分析工具，在职业决策中也非常适用。这里，S 代表优势（Strength），W 代表劣势（Weakness），O 代表机会（Opportunity），T 代表威胁（Threat）。其中，S、W 是内部因素，O、T 是外部因素。

在进行 SWOT 分析时，你可以通过以下四个步骤来评估自己的优势和劣势：

（1）审视个人优势和劣势。每个人都具备独特的性格、兴趣、价值观和能力。现代社会实现了高度专业化，个人很可能在某些领域表现出色，而在其他领域相对较弱。请参考表 4-3，列出你偏好从事的活动和你所具备的优势。

表 4-3　个体职业决策的 SWOT 分析

优势（S）	劣势（W）
机会（O）	威胁（T）

通过表 4-3，可以辨别出哪些是你不太喜欢从事的任务以及你的劣势。弄清楚你的劣势与认识你的优势同样重要，因为你可以基于这两者做出两种选择：一是尽量避免重复犯同样的错误，同时提升自身技能；二是不必执着于那些对你来说技能要求较高，而你又不太擅长的领域。总结你认为自身最为重要的优势和对你职业选择产生影响的劣势，并标记出你认为对你而言非常重要的优劣势。

（2）认清个人的职业机遇和挑战至关重要。不同的领域面临独特的外部机遇和威胁，识别这些外部因素将有助于你成功地找到适合自己的职业道路，因为这些机会和挑战将影响你的首次就业以及未来的职业发展。如果某个公司处于一个经常受到外部不利因素影响的行业，那么该公司能够提供的职业机会可能会受到限制，职业晋升的机会也可能有所减少。相反，那些处于积极外部因素影响的行业将为求职者带来广阔的职业前景。请列出你感兴趣的一个或两个领域，并认真评估这些领域所面临的机会和挑战。

（3）制定未来五年内的职业目标是至关重要的一步。通过仔细进行 SWOT 分析评估，可以明确你的优势、劣势、机会和威胁，从而列出大学毕业后五年内最渴望实现的三个职业目标。这些目标可以包括你希望从事的职业领域，或者你渴望达到的薪酬水平。在追求这些目标的过程中，请你务必充分发挥自身的优势，以便与所面临的行业工作机会完美契合。记住，精心策划职业目标将为你未来的职业发展铺平道路。

（4）提纲式地列出一份今后五年的职业行动计划。这一步主要涉及一些具体的内容。请列出一份实现上述每一个目标的行动计划，并详细说明为了实现每一个目标，你要做的每一件事，以及何时完成这些事。如果你觉得需要一些外界帮助，请说明你需要何种帮助以及如何获取这种帮助。以一个实际的案例来说明，假设你的 SWOT 分析显示，要实现你的职业目标，你需要进一步修读管理课程。在制订你的职业行动计划时，你应该明确何时进行这些课程的进修。尽管进行个人 SWOT 分析需要投入时间和认真对待，但这是值得的。完成全面的个人 SWOT 分析后，你将获得一个有条理、可行的个人职业规划，为你的决策提供有力支持。这样的分析能够指导你在职业生涯中做出明智的选择，因此，付出努力去完成这一分析将会带来丰富的回报。在当前激烈竞争的市场经济社会中，拥有一份既具有挑战性和乐趣，又薪酬丰厚的职业成为许多人的追求。然而，并非每个人都能够实现这一梦想。因此，在提升你的求职和个人职业发展竞争力方面，需要花时间来明确你的个人优势和劣势。随后，制订一份策略性的行动计划，并确保计划得以有效执行。通过这样的努力，你的职业成功将不再遥不可及。

课堂活动

SWOT 分析

活动目的

了解自我，了解职业，了解自己与职业的差距，从而找出自我学习和改进的最佳方法。

活动过程

创建一个由 5～7 名成员组成的小组，为每位成员提供一份 SWOT 分析表格（参见表 4-3）。请各位组员将自己的优势、劣势、机会和威胁填写在表格中，然后与小组内的其他成员进行分享。这个过程将帮助每个人更好地认识自己的优势与劣势，并在小组内共享彼此的机会和挑战。通过这种合作方式，每位成员将能够从多个角度获得反馈和建议，有助于为个人的职业发展制定更明智的策略。

分享与思考

① 当你为自己做了 SWOT 分析之后，是否对自己的认识更加深刻了？

② 与小组的其他成员分享后，你学到了什么？

4.4.5 平衡单法

平衡单法常被应用于问题解决模式和职业咨询领域，以帮助咨询者系统地分析各个潜在选项，评估每个选项的利弊，权衡它们的优劣，并在此基础上进行加权计分，以确定优先级顺序，从而选择执行最优先或最偏好的选项。在职业咨询中，平衡单法的实施主要步骤如下：

（1）列出可能的职业选项。咨询者首先需要在平衡单中列出有待深入测量的 3 ~ 5 个潜在职业选项。

（2）对每个职业选项进行利弊得失的评估是平衡单法的关键步骤。平衡单法专注于以下四个方面，需要咨询者思考：个人物质方面的得失、他人物质方面的得失、个人精神方面的得失以及他人精神方面的得失（详见表 4-4）。咨询者可以根据这些重要的得失因素，逐一审视不同的职业选项，并使用一个 11 点的量表（+5，+4，+3，+2，+1，0，–1，–2，–3，–4，–5）来评估这些选项。

表 4-4 平衡单法中的得失

考虑因素	具体内容
自我物质方面的得失	A. 经济收入 B. 工作的困难度 C. 对工作的感兴趣程度 D. 选择工作任务的自由度 E. 升迁机会 F. 工作的稳定、安全程度 G. 从事个人兴趣爱好的时间（休闲时间） H. 其他（如社会生活的限制或机会、对婚姻状况的要求、工作中接触的人群类型等）
他人物质方面的得失	A. 家庭经济收入 B. 家庭社会地位 C. 与家人相处的时间 D. 家庭的环境类型 E. 参与公益组织活动 F. 其他（如家庭可享有的福利）
个人的得失	A. 为社会做贡献而获得自我肯定 B. 工作任务合乎伦理道德的程度 C. 工作涉及自我安慰的程度 D. 工作的创意发挥和原创性 E. 工作能提供符合个人道德标准的生活方式的程度 F. 达成长远生活目标的机会 G. 其他（如乐于工作的可能性）
他人的得失	A. 父母 B. 朋友 C. 配偶 D. 同事 E. 社区邻里 F. 其他（如社会、政治或宗教团体）

（3）各项考虑因素的加权计分。对于各个方面的利弊得失，咨询者会因身处不同情境而有不同的考量。因此，在详细列出各项考虑因素之后，须进行加权计分。即对个人而言，重要的考虑因素可乘以 1～5 计算分数。

（4）计算出各个职业选项的得分。咨询者需要逐一计算各个职业选项的“得”（正分）与“失”（负分）的加权计分与累加结果，并计算各个生涯选项的总分。

（5）排定各个职业选项的优先顺序。根据各职业选项的总分高低确定优先次序，职业选项的优先次序即可作为咨询者生涯决策的依据。

需要提醒的是，表 4-4 中各项指标的评分是主观的。各项指标的分值实际上取决于个体的价值观。在决策过程中，可能会遇到各个选项分数相近的情况，有时甚至会出现两个选项分数完全相同的情况。同学们因此可能会犹豫不决、难以做出决策，甚至不断纠结，错过最佳的就业机会。这时还需要考虑自己的决策风格。

决策中的最大化倾向是指在决策过程中以“最优”或“最佳”作为决策原则，试图穷尽所有可能的选项或信息，以求找出最好的方案。这个概念源自 Schwartz 等学者在选择理论基础上提出的最优化和满意型两种决策风格。他认为最优化决策倾向表现出三个特点：对自己以及事务保持高标准；寻找和比较备选方案以寻求最佳方案；在做出选择时很纠结，经历困难和压力。Nenkov 等人进一步验证了最优化决策倾向的三维结构，将其命名为选项搜索、决策纠结和高标准。

尽管在现实生活中很难找到绝对的“最优解”，但仍然有很多人在具体决策中追求这个目标。求职过程本质上就是一个连续的决策过程，那些寻求最佳结果的人常常期望能够找到一个“最好”或“完美”的选项。具有这种倾向的大学生在求职过程中势必会不断寻找新的就业单位信息，以获得更多的选择机会。

然而，这也会带来一定的问题：寻求最优决策的人倾向于扩展选项，以增加选出“最优”选项的机会，因此在决策之前会考虑更多的选项，然后综合判断以选择最佳方案。这种倾向可能导致职业决策的拖延。此外，虽然倾向于最优化的人在客观上做出了最优选择，却也更容易陷入反事实思维，认为自己没有选择的那个选项才是最好的，从而感到后悔。因此，追求最优决策的人可能会经历较多的负面情绪，对求职结果感到不太满意。研究表明，追求最大化倾向与幸福感、乐观主义、自尊以及生活满意度之间存在负相关关系，而与完美主义、后悔倾向或自责之间存在正相关关系。

因此，虽然采用最优决策策略可能是为了取得更好的客观结果，但常常会过分看重追求最佳客观结果所带来的情感益处，而轻视整个决策过程中可能出现的情感成本。实际情况显示，大学毕业生在追求更好工作机会的过程中，可能会受到求职过程中持续寻找、筛选和选择工作机会所带来的压力、疲劳和挫折等负面情绪的影响，从而抵消了部分满足感。因此，虽然最优决策倾向旨在获得更好的结果，但实际上求职者可能并未通过这种决策方式获得更高的满意度。

此外，“最佳”不仅限于个体在所有可选机会中所能达到的“最佳”结果，还可能涉及与他人相比的“最佳”结果，即在社会比较中获得比他人更优越的工作机会。研究表明，具有最优化决策倾向的人在决策过程中更加关注他人的行为和选择，会将自己的行动和决策与他人进行对比，并根据社会比较信息的变化来调整自己的决策策略。

当发现自己可能陷入“最大化”陷阱时，需要谨慎反思个人的目标，深入开展自我认知，明确生活中最重要的事情是什么，并设定一个“足够好”的标准。可以回顾生活中那些因达到“足够好”的状态而感到满足的时刻，仔细思考在那些时刻是如何做出决策的，然后将这些经验运用到当前的选择中，避免陷入毫无意义的纠结。

总之，开展生涯决策有很多操作性强的方法。如果能够本着积极的态度，遵循一定的原则，按照职业生涯规划专家的建议，分析个体职业生涯发展的素质与资源，制定符合自身个性特征和专业特点的职业目标，觉察自己的决策过程，提升理性程度，将对自己未来的职业发展有非常大的帮助。

本章小结

大学（包括研究生学习）阶段，学习目标应与未来的职业发展目标紧密结合。大学生在制定职业生涯目标时应分阶段进行，考虑自身个性特征与所学专业特点的匹配程度，同时评估实施的可能性。在具体目标的制定过程中，大学生需要分析个人职业生涯发展的素质与资源对自身职业发展目标的支持程度，以增强目标的可行性。

课后思考

填写目标活动单。

目标活动单

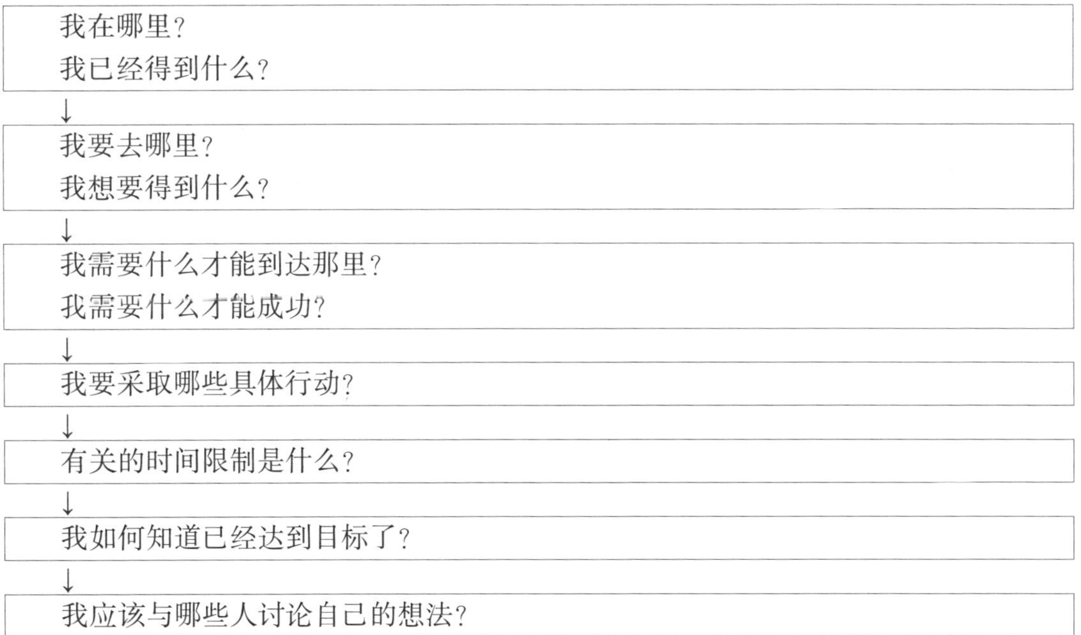

我在哪里？
我已经得到什么？

↓

我要去哪里？
我想要得到什么？

↓

我需要什么才能到达那里？
我需要什么才能成功？

↓

我要采取哪些具体行动？

↓

有关的时间限制是什么？

↓

我如何知道已经达到目标了？

↓

我应该与哪些人讨论自己的想法？

第 5 章

大学生职业素质与能力提升

始吾于人也，听其言而信其行。今吾于人也，听其言而观其行。

——孔子

每个人都靠自己的本事而受人尊重。

——《伊索寓言》

学习目标

从本章起，连续四章的内容均属于信息加工金字塔（见图 1-3）最上层的“元认知”部分，即生涯决策信息的执行加工领域。本章首先介绍大学期间深入了解职场所需的基本职业素质与能力及其对大学生进行职业生涯规划的重要性，进而介绍培养职业素质与能力的多种途径及参加各种实践活动、实习工作的方式。

导入案例

老师，我真的是一个很容易焦虑的人。我常常觉得自己不如别人优秀，觉得自己是实验室里最差的那一个。

“我觉得大家都思维严谨、条理清晰，而我只是一个不敢发言、生怕说错、拘泥于细节、从事底层工作的人。我不知道这是不是因为我的‘双非’背景一直在提醒我‘我没有别人优秀’。难道‘双非’背景是我的原罪吗？”

这是生涯咨询师在一次为博二同学小琪做生涯咨询时收到的一段话。在咨询中，经常遇到本科毕业于“双非”高校的研究生，他们有共同的困扰：很担心自己难以较好地承担科研任务，咨询是否可以在求职中申请行政、党务等岗位，同时又担心这类岗位的可替代性强、前途未卜。

大约十年前，类似“名校光环已逐渐褪去”“985、211 已经名存实亡”“大学毕业生月薪不及农民工/快递小哥”之类“读书无用论”的说法不断见诸报端，并且有强有力的事实依据：早在 2006 年，北京大学光华管理学院金融专业本科毕业生高健因为找不到合适的工作，不得已自行“创业”，在北大三角地摆出招牌招揽“陪聊”生意的新闻就轰动一时，连中央电视台都专门做了报道。同时，自 2003 年以来，应届毕业生人数屡创新高，直至 2024 年突破千万级，“大学毕业生就业难”早已是不争的现实。各类高校包括 985

院校在内，每年也要为保障“毕业生就业率”大费周章。事实上，自20世纪90年代中后期以来，大学毕业生分配制度基本上退出了历史舞台，毕业证书/学位证书已无法保证毕业生一定会有一份工作，更不用说是“值钱”的工作了。

采访中，高健承认：“工作难找首先是因为自己没有好好学习。”他说自己大学四年经常玩游戏，成绩在班里处于中下等，外语也不好。另外，他还提到了性格因素：不愿意求人，找工作时也是这个态度。短短的描述，其实已经涵盖了用人单位对应届毕业生普遍要求的职业素质与资源。

普遍而言，“双一流”高校的本科毕业生在学习基础、资源支持等多方面都比“双非”毕业生有优势；但就个体而言，最终的结果还要取决于学生自身的努力。中小学期间的努力学习使他们获得了进入名校的资格；大学期间，名校提供了很多远优于普通院校的资源。“双一流”高校丰富、优质的资源是社会对学生12年持续努力的奖励。“双非”研究生晚4年进入“双一流”高校，更要珍惜并充分利用这些优质资源来提升自己，而不是将时间浪费在感慨自己“双非”背景的身世上。

本章将根据毕业生进入职场所需要的各类素质和能力，分析并说明大学生在求学期间提升自身职业素质与就业能力的思路与方法。

5.1　大学期间，为进入职场打好基础

很多同学都明白：大学重点是社会、是职场；不论是读本科、硕士还是博士，毕业后都是要进入职场的。从拿到毕业证和学位证的那天起，你就不再是学生了；然而，这是否就意味着你就是一位合格的职场人士了呢？不一定啊，否则也不会存在“毕业即失业”了。本节探讨求学期间，优秀大学生尝试在毕业前成长为合格职场人需要注意的几个方面。一方面，做好时间管理、压力管理对于大学生顺利完成学业非常重要，也是未来职业发展必要的功课；另一方面，要提前了解职场人士与大学生的差异，争取在毕业前培养出心仪的用人单位对员工的各类职业素养要求。

5.1.1　科学规划，做好时间管理

随着高等教育从“精英化”发展为“大众化”，大学是大部分高中毕业生“必须读”或“不得不读”的；如果仅仅是这样，学习就缺乏内在动力。正如一位刚刚读完大一的同学说：“上高中时，学习非常紧张，作业特别多，几乎每天都要做到11点多才能完成；老师和家长经常鼓励我们说：一定要坚持啊，考上大学就轻松了。”很多大学新生都有同感。这样的同学，大学期间很容易将学习作为需要“应付”的事情，于是“必修课选逃、选修课必逃”大行其道。

大学第一学期功课一点儿都不紧，经常有大把时间不知道怎么安排；但高等数学、大学物理等课程又很难，老师讲得还特别快，不像高中时有很多时间复习，期末考试班里好几个同学都挂科了，挺受打击的。

——大学的学习特点与高中有很大不同；如果不事先做好心理准备，一味放松，大一很可能会收获人生的第一个“不及格”。也有些同学进入大学后学习仍然很用功：

可是努力了一学期，期末考试成绩在班上只能算是中等偏上；照这样的情况来看，保研肯定没戏。我听说考研特别难！上不了研究生，我又不像有些同学社会活动能力强，或者有文体特长，简直一无是处！真不知道将来该怎么办！

——大学，尤其是知名的重点大学，学习尖子云集，能够保持学习成绩优势的同学凤毛麟角。这使得一些中学时深受“唯成绩论”影响的同学在进入大学、失去学习成绩的绝对优势后感到惊慌甚至失去自信。尤其是那些乡镇地区考来的同学，儿时没有机会发展文体方面的特长、一心读书；进入大学后会感到自己一无是处。还有些同学听说大学期间应该锻炼能力：

开学后一个多月就赶上了社团招新！看着各个社团丰富多彩的活动，很多都让我跃跃欲试，于是我一下子参加了13个社团！一学期下来，我每天的生活都像打仗，可并没有感到收获很大，期末考试还差点儿挂科！

——社团活动虽然重要，但不能喧宾夺主，同学们应该根据所学专业学习的特点及自己的爱好，挑选一两个参加，因为社团活动影响学习就得不偿失了。

大二的课程一下子多了；可大一养成了懒散的习惯，很难适应紧张的学习。再加上在社团中担任了职位，需要投入更多的精力，学习感到挺吃力的。

——养成良好的学习习惯很重要；大学相对自由的环境，使得缺乏学习自觉性的同学会过分放松自己，影响考试成绩，影响自信心。

大三一开学，看到大四学长参加各种招聘会，回来跟我们说找工作的难处，心理上就有退缩，不知道一年后自己怎样面对。看到那些已经保研的学长，真是羡慕，他们不用现在找工作；等过两年研究生毕业，总归比本科生好找工作。可惜已经晚了，想读研只能自己考了。

——由于没有及早规划，一些同学大三才意识到问题的严重性；两年的大学生活已经荒废了，错过了不少培养能力、提升素质的机会。

大三下学期，正犹豫是否要考研，考研辅导班开始高密度地进驻校园开宣讲会。每听一场就更觉得自己不考研没出路；况且现在报名即使到时候不上课，也能把钱退回，所以就报了名。不过，钱都交了，就听听吧！大三暑期就交给考研辅导班了。学校要求的暑期实习，只好应付；好在只是要求有实习单位的红章。

——“考研”成了不少大三同学补救前两年努力不足的救命稻草；殊不知，这是对就业难的一种逃避。一些并不适合考研的同学，因此错失了大三暑期的实习机会，加剧了自己毕业前找工作的难度。

“不过，考研的成功率最多是 30%，所以还是要两手抓：找工作的事情也不能一点儿不管啊！重要的校园招聘会还是要去碰碰运气的。可惜，我现在才明白：两手抓，很难做到两手都硬；找工作肯定对复习有影响。最后离复试线还差近 10 分呢！可接下来也没什么好的工作机会了。”一位即将毕业的大四同学很遗憾自己当初的选择。

要解决上述问题，拥有一个充实的大学生活，最终实现生涯目标，简单一句话，就是“科学规划、积极行动”。本章的时间管理和压力管理是从宏观的角度剖析在现行高等教育体制下，如何通过学习和参加各项活动有效地提升自己的素质与能力。同学们可以先回顾一下第 1 章中提到的黑箱原理。图 5-1 是根据黑箱原理总结的大学期间的个人成长原理。

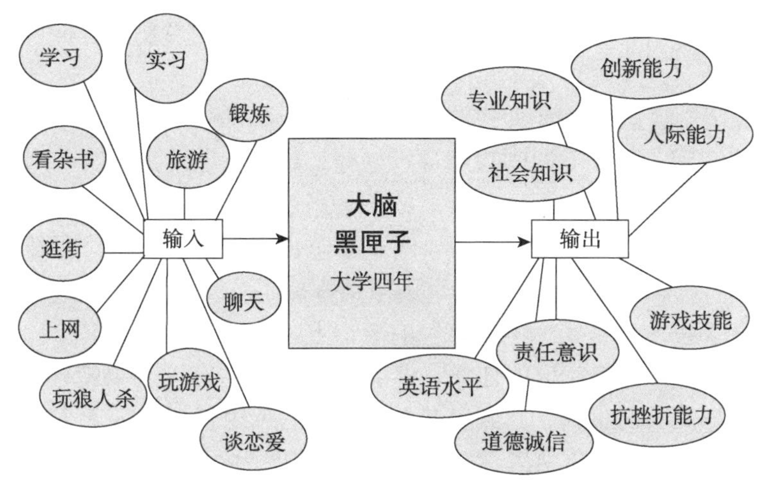

图 5-1 大学期间的个人成长原理

图中左侧列举了同学们在大学期间参与的各项主要活动。其中，学习、锻炼和实习是学校有明确要求的，学校通过要求同学们参加课程学习、修得学分的方式来进行考核。通过这些课程和活动，同学们学习专业知识，培养和提升学习能力。然而，在当前的高等教育课程体系和主流教学方法下，仅仅达到学习的考核要求、获得相应的学分，并不能保证同学们获得必要的社会知识，以及用人单位在招聘时重点考核的道德诚信、责任意识、创新能力、人际交往能力和抗挫折能力等。

大学期间，同学们有很多可自由支配的时间，可以用于课外学习及休闲活动。在这些活动中，有些有助于培养同学们的就业能力。例如，阅读杂书有助于拓宽知识面，旅游（特别是自助游）可以锻炼应变能力，与朋友交谈不仅可以锻炼口才，还能够碰撞出思想的火花。有些活动对同学们提升能力的帮助则有限，如逛街、玩游戏等。同样是娱乐休闲活动，一些人际互动的活动在令人放松、得到休息的同时可以增进同学之间的感情、提升人际沟通能力，而绝大多数电子游戏则纯粹是在“杀时间”。因此，特别提醒同学们：对休闲娱乐活动也需要做出明智的选择。

自由支配的时间多了，同学们反而陷入时间不够、时间管理不善、经常拖延的困境。例如，同学们经常抱怨：“每天都非常忙，忙着上课、忙着写作业、忙着参加各种社团活动。有时候白天时间不够用，还要熬夜甚至通宵。一周过去了，却不知道自己在忙些什么。”“学习计划刚开始的那两天执行得还比较好，但总是没办法坚持下去。很多原本计划好的事情，经常会变。有时候不知不觉就开始刷微博或者朋友圈，时间一晃半天就过去了。每当这个时候，就特别自责和内疚，但就是控制不住自己。”

在大学之前，学生身边有家长和老师的耳提面命，他们被规划、约束、激励和推动。时间管理等伴随着学生成长的难题，在师长的帮助下共同面对，大多得到了解决。进入大学后，自主支配的时间增多了，想做的事情增多了，诱惑也增多了，而老师和家长的约束反而减少了，这才真正启动了自我管理的按钮。要做好自我管理，需要亲身体验、观察思考、总结决策并付诸行动。努力积累实战经验，通过对未来的规划和期待的愿景，激发自己的“元认知”。有意识地培养、提升自我管理的能力，从被动管理跨越到主动管理，真正做到为自己负责。通过管理、约束和激励自己，实现长远目标、成就自我。

有关时间管理，这里提供几个科学管理时间的方法。

时间“四象限”法：美国管理学家科维（Stephen Covey）提出的一个时间管理理论，将工作按照重要和紧急两个不同的程度进行划分，基本上可以分为四个“象限”，即紧急又重要、重要但不紧急、紧急但不重要、既不紧急也不重要。在处理顺序上，依次为紧急又重要>重要但不紧急>紧急但不重要>既不紧急也不重要。当然，需要警惕的是只顾得上处理紧急事件，将“重要但不紧急”的事情拖成了“既紧急又重要”的事情。因此，空余时间应该主动投入“重要但不紧急”的事情上，如“诗和远方”。

番茄钟法：选择一个待完成的任务，将番茄时间设为 25 分钟，专注工作，中途不允许做任何与该任务无关的事情，直到番茄钟响起。然后短暂休息一下（5 分钟即可），再开始下一个番茄时段。每完成 4 个番茄时段后，可以多休息一会儿。番茄钟法不仅能极大地提高工作效率，还会带来意想不到的成就感。

GTD（管理时间的方法之一）：GTD 是 Getting Things Done 的缩写，意思是“把需要做的事情处理好”。由美国的戴维·艾伦（David Allen）提出，是目前流行的一种时间管理方法。它让你将所有想法从脑海中倾倒出来，记录在纸上，然后根据轻重缓急安排下一步行动。

此外，同学们还可以使用本书第 4 章介绍的 SMART 原则制订计划，利用有效的提醒日程软件和辅助时间管理 App 来减少拖延，提高学习和工作效率。

5.1.2　自我调整，做好压力管理

在管理学中，压力管理是对感受到的挑战或威胁性环境的适应性反应。个人层面的压力源来自工作和非工作两方面。工作方面的压力源包括物理环境、个人承担的角色及其角色冲突、人际关系等因素。其管理策略包括锻炼、放松、行为自我控制、认知疗法以及建立社会和工作网络等。

从心理学角度看，压力是一个人对“需求”和“满足需求”的感知能力失衡。从明尼苏达工作适应理论来看，压力是个人需求和工作技能要求的不匹配。明尼苏达工作适应理论起源于美国明尼苏达大学，由罗圭斯特（Roguist）和戴维斯（Davies）提出，是

一个强调人职匹配的心理学理论。简单来说，只有当工作环境能满足个人的需求（内在满意），个人也能满足工作的技能要求（外在满意）时，个人在该工作领域才能够得到持久发展。

适当的压力可以提高神经系统的兴奋性，但过度的紧张反而会抑制大脑运转，导致记忆力和反应能力下降。同学们可以通过放松的社交活动、保证充足的睡眠等方式来缓解短期压力。右侧二维码案例展示了小邓同学如何做好压力管理，实现从挂科“差生”到华为杯创新大赛一等奖，最终考研成功的完美逆袭。

5.1　案例阅读

大一时，小邓过得漫无目的，整天想着回宿舍打游戏。到了期末，虽然没有挂科，但绝大部分成绩都不理想。然而，当时的小邓并没有意识到成绩的重要性，依旧过着在教室睡觉、在宿舍打游戏的生活，仅仅为了达到能够毕业的最低要求来安排生活。

大二的小邓面临社团学习难以兼顾，期末挂科敲响警钟的困境。

大三时，小邓退出了乐团，更加重视专业课的学习。课余时间，他参加了一些创新竞赛，比如冯如杯等，还参加了华为公司举办的华为杯创新创意大赛，并获得了全国一等奖。大三结束后，他全力投入考研，最终顺利通过了笔试与复试，拿到了研究生录取通知书。

回顾四年的本科学习，小邓很庆幸自己及时下定决心考研、不留后路，这促成了他最终成功上岸，而不是半途而废。目前，小邓已硕士毕业，投入了博士阶段的学习，立志走上学术研究之路。

5.1.3　尝试从学生视角转换到职场人视角

大学时期是大学生进入职场前的最后一站，大学生要充分利用大学提供的学习机会来提升自己。鉴于大学的评价体系与职场的评价体系并不一致，了解职场对优秀员工的评价标准是大学生在大学期间的重要任务之一。

大学里的好学生一定会成为职场的好员工吗？答案是“不一定”。虽然好学生和好员工有不少共同点，但成绩优秀的毕业生不一定能成为优秀员工。原因可以通过以下对比了解一二。

首先，大学中几乎每门课都有清晰的教学大纲，试卷都有标准答案。学生只要把握大纲，跟随老师的授课节奏上好课，就能成为一名好学生；如果考试又能取得优良成绩，就是优秀学生了。那么，用人单位对员工的要求是什么呢？虽然单位大多有职位说明书，但很多内容都有一定的随机性。比如，多数职位说明书中有一项是“完成上级交办的其他工作”，这可能令一些职场新人很好奇：“其他工作”包括哪些内容呢？在实际工作中，有可能是帮主管对其电脑进行软件升级及杀毒，甚至有可能是帮他取一份客户寄来的快递！有一句流传很广的广告词：“（产品质量/服务）没有最好，只有更好！”麦当劳公司有两条员工守则：第一，顾客永远是对的；第二，如有例外，请参照第一条。这些“规则”常常令职场新人无所适从。因此，习惯于知道标准答案、擅长做选择题的优秀学生，在工作后可能会不知所措，无法顺利地成为优秀员工。

其次，大学里各门功课的成绩几乎都是以个人考试结果计分的，然而在工作中，很多情况下需要根据工作团队进行业绩评估，这令职场新人很不适应。“80 后”进入职场后，有关“如何管理‘80 后’员工”的讨论成为人力资源管理领域的热门话题，原因之一就是“80 后”员工大多是独生子女，从小被家里捧为“小太阳”，在谦让、合作等品质上先天不足。遗憾的是，大学教育也没有相应的机制帮助他们补上这一课，因此他们进入工作岗位后立即“个性凸显”。随着大批“90 后”年轻人进入职场，“如何管理‘90 后’员工”成为新的管理话题。近年来，“‘00 后’整顿职场”的新闻又不时见诸媒体。

2022 年，大批“00 后”进入职场，直面社会，开始从大学生向职场人进行转变。“工作一年仲裁 4 家公司，告倒闭两家，我就是我，不一样的烟火。”一段聊天记录引发了“‘00 后’整顿职场”“‘00 后’仲裁侠”等话题的热议，也让这个初入职场的年轻群体获得了越来越多的关注。过去，新人帮主管跑腿买咖啡、取快递似乎是“正常现象”，那么如今的“00 后”如何呢？智联招聘发布的《“00 后”“整顿职场”调研报告》显示，42.8%的“00 后”选择“委婉拒绝，表示自己在忙其他事”，这一比例最高，还有 16%的“00 后”干脆直接拒绝，这两项比例均高于总体。多数“00 后”非常有勇气将非职责内的事项拒之门外，“倚老卖老”对他们来说不再奏效。然而，从另一个角度解读这则报道，也提醒在校大学生要从职场规则的视角来思考自己的个性对未来职场适应及职业发展的影响。

此外，大学期间的课程安排往往具有很大的弹性，不会从周一到周五从早到晚都排满课。加上近年来受“必修课选逃，选修课必逃”风气的影响，不少学生以自己“自学能力强，晚上学习效率高”为理由，上课迟到甚至缺勤。在大多数情况下，这种做法并不会影响期末考试成绩。然而，绝大多数用人单位的工作时间安排是固定的，这令大学四年已习惯晚睡晚起的新员工感到痛苦不堪。不少人迟到成为家常便饭且不以为意，认为只要把任务完成好就行了。可惜，大部分主管人员并不这么认为。很多企业将“不迟到、不早退”列为优秀员工的基本条件之一，这又使得优秀学生与优秀员工之间产生了差距。

目前，大学评价学生的最重要标准仍然是学习成绩。大多数高校的课程仍然以学习理论知识为主，考试主要考核学生的理解能力、记忆力，而用人单位则主要考察实践能力、人际交往能力和创新能力等。此外，有些学习成绩优秀的学生属于“考试型选手”，甚至有学生一学期不去上课，只在考试前两周每天通宵学习，成绩也能达到优秀。因此，这些成绩优秀的学生与成为优秀员工的相关性就更弱了。

大学期间学习成绩一般甚至中等偏下的学生分几种情况。

第 1 章分析过，一些学生是抱着“考上大学后就可以尽情玩了”之类的态度进入大学的，进入大学后丧失了必要的学习动力，因此“必修课选逃，选修课必逃”；也有一些学生因为对所学专业没有兴趣，上课时看自己感兴趣的资料而没有专心听讲。以上两类同学往往抱着“60 分万岁”的心态，对学习成绩不太看重。不过，他们的情况并不相同：前者会将很多时间用在打游戏等消耗性的“爱好”上，大学几年下来，很可能除成为“游戏高手”外，没有获得工作岗位所需的素质能力，即使拿到了毕业证，也很难找到一份满意的工作。而那些对自己感兴趣的领域投入了大量时间和精力的学生，能够获得与所学专业不同的素质能力，最终在社会上找到适合自己发展的道路。

求学期间，要想在各种考试中取得高分，除了认真学习、关注自己感兴趣或擅长的领域，考试技巧也能起到一定的作用。然而，在未来的工作中，要想取得优异的成效，“应试技巧”类的作用就不大了，而是需要找到自己擅长的领域并通过持续投入才能达成超越他人的成就。这就需要大学生关注自身兴趣特长与专业/职业的匹配，不可一味看重外在评价。求学期间，通过深入自我剖析，如果发现所学专业与自身兴趣相矛盾，要勇于自我调整，以转专业或跨专业保研或考研的方式走出迷茫和低谷。

985 高校顶尖工科专业的本科生小谢，在大二时转入了自己心仪的专业。在别人看来，他原来就读的专业在全国排名第一，而转到需要“浪费”高考多 10 分的经管学院似乎很不值得。下面的二维码案例展示了他如何寻找并坚定自己的选择，并在大四时成功保研到清华大学读直博的过程。

从小谢的分享中可以看出，他在刚转入感兴趣的专业时，学习上并不是很顺利；他放弃了自己的娱乐时间，但成绩仍然不尽如人意。好在他没有放弃，全力投入，很快找到了正确的学习方法，并且在大三第一学期后冲到了专业第一名。大四时，他保研到了清华大学核能与新能源技术研究院攻读博士。几年来，他在自己感兴趣的专业领域不断深入学习、研究。

5.2　案例阅读

可以看到，除了具备勇气改变以外，小谢也很有规划意识。职业生涯规划课只是帮助大学生掌握一种更方便规划生涯的方法论，而非唯一的路径。真正的核心是行动，是执行力；而小谢　“是一个执行力特别强的人”。

由于衡量大学生最重要的标准是学业成绩，所以优秀的大学生不一定自然成为优秀的职场人士。在大学期间，应尝试以职场人士的视角审视自己。先要找到自己擅长的专业方向及职业领域，并在此基础上积极投入，培养未来职场中优秀员工所需的素质与能力。

5.1.4　大学生就业能力开发模型

由优秀的大学生成长为成功的职场人士，应是同学们接受高等教育的最重要目标。要实现这一目标，需要了解通过高等教育培养社会所需人才的原理与方法。笔者构建的我国大学生就业能力开发模型（见图 5-2）列举了我国高校人才培养模式的主要渠道。

首先，高校提供了以讲授基础课程及专业课程为主的知识性教育，学生通过完成必修课和选修课，学习基础理论，掌握专业知识。由于传统教学模式以教师为中心设置教学内容，教学方式以“填鸭式”学科型教育为主，学生对课堂教学缺乏兴趣，培养出的毕业生普遍存在实践性、创新性不足等问题，难以满足社会经济发展的人才需求。

其次，学校通过鼓励学生参加社团活动、社会实践及实习工作，帮助学生提升职业素质与就业能力。高校对学生参加社会实践、生产实习等活动设有学分，一些学校还为学生参与这些活动提供机会。例如，有些高校在大三暑期由老师带队组织学生到专业对口的单位进行实习。习近平总书记在全国高校思想政治工作会议上指出，要重视和加强第二课堂建设，重视实践育人，坚持教育同生产劳动和社会实践相结合，广泛开展各类

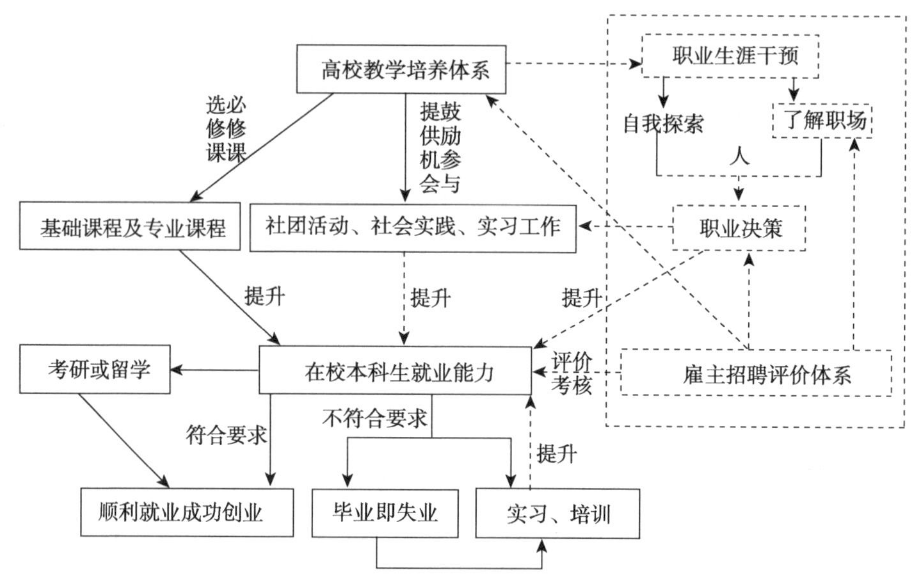

图 5-2 我国大学生就业能力开发模型

社会实践，让学生在亲身参与中认识国情、了解社会，受教育、长才干。然而，总体来看，学校和学生对这类活动的重视不够。学校布置的暑期社会实践、工作实习等活动对不少学生而言只是走过场，但这些活动恰恰是在校学生认识职业和职场、提升自身职业素质与就业能力的重要环节。

5.3 案例阅读

当然，同学们通过社团、社会实践和志愿服务等活动收获的素质能力，不仅能在求职时大幅加分，在出国申请中也能增添亮点。左侧二维码案例中展示了仙致同学通过丰富多彩的大学经历，以 GPA3.2 进入约翰·霍普金斯大学读研。

仙致后来写道："我之所以会被 JHU 录取：一是我的 writing sample 质量不错，二是我的咨询公司实习和大量志愿者工作与政府分析非常契合。"可以看出，无论是实习实践还是志愿服务，都能够成为求职和申请出国的加分项，但更重要的是，同学们可以在这些课外活动中收获智慧和能力。不过，千万不要以为学习成绩不太重要：仙致坦言 GPA 低给她的留学申请造成了很大障碍，不得不放弃本科的金融工程专业，改学商业分析。

此外，通过职业生涯干预可以有效激发学生提升职业素质与能力的主动性，增强学生的就业能力。职业生涯干预是指通过职业生涯规划讲座、课程、个体咨询、团体辅导等方式，唤醒学生的生涯意识，帮助他们探索自我，认识职场，掌握职业决策的科学方法，根据人职匹配的原则确定职业目标并采取相应的行动，最终获得职业成功的一系列职业生涯辅导活动。目前，国内仅有少数高校对部分在校生开展了较为系统的职业生涯干预活动，绝大多数高校只是在学生临近毕业时提供一些与就业相关的讲座或培训。这导致很多学生在求职时，甚至在拿到 offer 后仍感到迷茫。

刘力是自动化学院的一名研三学生。在读研期间，他除了完成导师的课题，还在编程方面下了不少功夫；研三开学两个月后，他就获得了一份在 BAT 公司进行数据挖掘的工作，年薪为35万元，公司承诺实行五天工作制；每天的上班时间是早9点至晚9点，周末肯定有一天休息，平时还能调休一天，比大部分实施“996”工作制的互联网公司好多了。

然而，刘力在接到offer最初欣喜之后，反而感到有些迷茫，于是约了一位生涯教育领域的咨询师进行咨询。他表示：“在网上看了很多信息，都说这个岗位最多干到35岁。我马上就要满25岁了，10年后怎么办呢？所以我意识到自己必须做职业生涯规划了。”

图5-2右上方大虚线框中的内容是大学生就业能力开发模型的重点。其中，以毕业生的雇主招聘评价体系作为高校培养和提升大学生职业素质与就业能力的重要依据。这是笔者在对国外各种就业能力开发模型进行对比研究的基础上，根据多年高校教学、学生就业辅导及人力资源管理实践经验提出的，并在过去15年中应用于本科生和硕士生的教学、咨询、团体辅导中，深受学生欢迎。积极参与活动的大学生，其职业素质和就业能力明显提高，在求职过程中表现出色，一定程度上验证了其必要性和有效性。

事实上，高等教育的根本目的是培养符合社会经济发展需要的人才，高校的教学管理工作应重点考虑毕业生雇主的用人需求。同时，职业生涯干预活动是培养和提升大学生职业素质与就业能力的重要渠道。从短期来看，可以将雇主招聘评价体系作为高校课程改革的重要参考依据，使学生在大学学习期间及早了解不同雇主的要求，确立职业目标，有针对性地提升个人的职业素质与就业能力；从长期来看，促使大学生提早进行职业生涯规划，可为其未来的职业发展和人生规划打下坚实的基础。

5.2 用人单位对新员工的素质能力要求

右侧二维码案例中是几位在校生对一位资深人力资源经理的访谈，从中可以了解用人单位招聘员工的标准及对毕业生的建议。接下来将系统说明用人单位对新员工素质和能力的要求。

5.4 案例阅读

5.2.1 用人单位对新员工的要求

2024年，我国普通高校毕业生规模达到1179万人。此前，我国高校毕业生人数连年创新高，同时受新冠疫情和经济下行压力增大等多方面因素的影响，同期劳动力市场需求减少，就业形势面临着前所未有的严峻挑战。

2005年，我国首次出现了100万名当年未能就业的应届大学毕业生。虽然很多人将此归因于1999年开始实施的高校扩招政策，但就学生个体而言，没有找到工作的主要原因在于：缺乏工作经历，动手能力和实际操作能力较差，以及就业期望值过高。虽然可以从高等教育体制方面找原因，但为了对自己的未来负责，大学生必须尽早行动，通过实习和实践锻炼自己的实际能力，增强就业竞争力。

多项研究表明，不少应届大学毕业生存在职业定位不清、对职场和职业了解不够、自身职业素质不高等问题。在找工作时，他们表现出职业意识缺乏、动手能力和实际操作能力差等。此外，我国大学教育基本完成了从精英教育向大众教育的过渡，但不少本科毕业生仍自视为天之骄子，以至于就业期望值过高，难以找到满意的工作。

由于家庭环境宽松，“95 后”“00 后”求职者对薪酬待遇的要求普遍偏高。他们并非为了追求高薪而提出高要求，而是认为自己的生活不能太委屈：如果一份工作养活不了自己，何必接受呢？大不了等一等，反正家庭有足够的经济实力供养他们。他们往往不愿降低自己的生活水准来迁就“低工资”。至于自己能否为公司创造出超过月薪两倍的价值（这几乎是公司确定岗位薪酬水平的基本条件），他们并没有考虑过。

讨论至此，有些同学已经意识到应根据实际情况调整自己的就业期望值。笔者曾在全国多个省份组织针对用人单位的调查，得出了相似的结论：面试时考察应聘者的主要素质依次是敬业精神、责任意识、团队合作精神、道德品质、踏实肯干及主动性；面试时考察应聘者的主要能力依次是沟通能力、解决问题的能力、灵活应变能力、专业能力、组织能力和创新能力。雇主认为大学生最欠缺的能力是工作、实习经验及吃苦耐劳；雇主认为毕业生就业难的原因依次是毕业生期望值高、缺乏工作经验、眼高手低、求职目标不清及社会实践能力弱。

在对用人单位进行访谈后发现，他们认为现在的大学生存在以下问题：其一，大学生的社会实践经历不足，高校不注重社会实践与专业知识学习的结合，从而导致学生所学知识及其工作理念与社会脱节，无法满足雇主的需求；其二，大学生的综合素质不高，表现为责任心不强、职业道德水平较低、心理素质较差、沟通能力不佳、创新能力弱、诚信意识薄弱、眼高手低、缺乏团队合作精神等；其三，高校对大学生的培养脱离企业需求和市场化的人才培养导向，导致大学生的认识普遍过于理想化，对社会的了解不够深入；其四，高校专业设置不合理，导致专业不对口，课程多而不精，致使大学生的专业知识基础不扎实。

以上问题的出现，很大程度上与同学们进入大学后没有及时进行科学的职业生涯规划有关。事实上，很多同学在顺利获得大学毕业证书及学位证书的同时，并不能顺利找到一份工作。要想解决这个问题，同学们必须尽早了解用人单位需要什么样的员工，并通过学习、实践等活动提升自己，以在毕业时达到用人单位的要求。

因此，在大学阶段，同学们在确定自己的职业目标后，除了完成书本知识的学习，还要根据用人单位的要求努力提高自己，使自己在毕业时成为用人单位能够接受的职场新人。要做到这一点，就要事先了解用人单位需要什么样的人。

先看三则招聘广告。

某互联网公司 Web 前端开发工程师

【岗位职责】

1. 针对智能运维领域的业务场景，选择并实现机器学习算法，完成通用模型的训练、评估和发布，实现算法和模型的工程化及服务化；

2. 深入了解业务需求，对算法和模型的应用效果进行评估分析，持续开展针对性优化；

3. 基于 AI 驱动的研发架构，构建高可靠、高性能、高质量的软件架构、度量标准和预测模型体系，制定中长期的 AI 驱动研发领域的技术与业务规划蓝图，通过 AI 提升产品的架构竞争力。

【岗位要求】

1. 熟悉主流的机器学习算法（包括但不限于 NLP、Image Detection、Scene Text Recognition 等）及其应用，并在大数据处理、计算机视觉、分布式计算（distributed computing）等方面具有一定的理论基础；

2. 熟悉一个或多个主流的深度学习框架平台（包括 TensorFlow、Caffe、Scikit- learn、Torch 等）的使用，有大型 AI 项目经验者优先；

3. 熟练掌握 Java、C++、Python 等主流开发语言的一种；

4. 具有强烈的责任心，做事认真细致，具备良好的团队合作精神，沟通能力佳；对技术充满激情，喜欢钻研，具备较强的独立和主动学习能力。

生物医药行业：分析师/投资经理/投资总监

【岗位职责】

1. 负责投资项目的前期市场调研、数据收集及可行性分析等；

2. 对拟投资项目进行初步尽职调查，撰写尽调报告、框架协议、立项报告等相关文件；

3. 参与或主导投资交易，包括但不限于重要文件的起草、拟订投资方案、项目投资谈判、签约和投资实施与退出等；保持与合作伙伴、主管部门和潜在客户的良好业务关系；

4. 协助投后管理服务，监控和分析投后项目的经营管理，确保项目增值并安全退出；

5. 收集、整理投资项目档案，建立并维护投资信息库；

6. 完成上级领导安排的其他相关工作。

【岗位要求】

1. 医学、药学、生物学、化学等相关专业，精通英语，能够熟练进行外文文献阅读和专利检索，具备 1 年及以上工作经验；

2. 具备靶点探索、创新药研发、创新药投资或者药物临床试验等工作经验 3 年及以上者，学历要求可以放宽至硕士；

3. 对创新药投资具备扎实的相关行业/市场分析能力，对投资项目有较强的洞察力和判断力，具有较强的风险意识；

4. 具备良好的谈判沟通和组织协调能力，较强的分析以及解决问题的能力，拥有优秀的资源整合能力；

5. 有责任心和良好的团队合作精神，对待工作认真负责、耐心细致；

6. 愿意长期从事金融与投资工作，能够承受工作压力，能适应出差和加班。

专业设备制造企业管理培训生

【岗位职责】

1. 定期轮岗：根据企业安排，在公司各部门，如研发部、市场部、项目部等，接受全方位的业务培训和实践锻炼；

2. 根据公司安排，协助完成相关项目并提升业务能力；

3. 根据职责提供工作改进意见：根据所承担的职责，提供工作分析意见及改进建议。

【岗位要求】

1. 硕士或博士学历，机械电子工程、自动化、计算机、人工智能、机器人、工商管理、金融、外语等相关专业；

2. 对智能制造行业具有较高的热情，具备较强的事业心；

3. 具有海外留学经历、英语口语流利者优先考虑；

4. 具有较强的内驱力、执行力和快速学习能力，思维逻辑清晰，并具备较强的沟通表达能力。

对比招聘广告中的职位要求描述，很多同学可能会感到茫然：为什么没有提到学校的名气、学习成绩、奖学金、学生干部这些条件呢？怎样才能符合用人单位的要求呢？

根据目前外资企业、大中型私营企业和国有企业招聘新员工的筛选条件，同学们在求职时首先要明确求职目标。针对企业负责招聘的人力资源管理人员的调研发现：在筛选简历过程中，用人单位比较注重的内容依次是求职目标、专业能力及社会实践经历。很多同学写了两三页的求职简历，却没有写明求职目标，暗含的意思是："您看看我在贵公司能做些什么？"这样的求职简历往往直接被淘汰。当然，明确求职目标并不容易，这实际上就是本书前面介绍的职业生涯规划中的职业决策。

学习了职业生涯规划的同学们，大多能够在本科阶段就对自己的职业生涯进行探索。他们在不断的实践中逐渐明确了目标，因此有强烈的成就动机，愿意为达到目标克服困难、不懈努力。首先，同学们为了更快更好地达到目标，他们能够放弃一些小的利益。用人单位在招聘员工时，往往将求职目标、成就动机作为考量应聘者的首要指标。实践证明，求职目标明确、成就动机强的员工更能够取得优秀的业绩。其次，同学们都表现出做事认真、责任心强的特点，这也是用人单位对新员工优先考核的重要素质。根据人力资源管理人员的经验，员工认真做事的态度、责任心与其敬业精神是相关联的。再次，同学们分别掌握了不同的专业技能，相关知识也很丰富；通过社团、实习、志愿者活动等培养了较强的学习能力、人际交往能力和沟通能力。最后，同学们都积极向上，能够正确面对挫折。"抗挫折能力不足"是很多用人单位对应届大学毕业生提出的批评。

再来看同学们的疑虑：学校的名气、学习成绩、奖学金、学生干部经历能说明什么？就读于名校可以说明这位同学的高考成绩不错，大学期间接受的教育比较规范，信息来源较多。学习成绩优秀、获得奖学金，说明学习能力强。担任学生干部的经历往往与沟通能力、组织协调能力相关，但需要具体的事例来支持。

如果同学们在低年级时就能明白这些"门道"并提早做准备，毕业时就会从容得多。因为用人单位对新员工的这些素质和能力要求，基本上可以通过参加实习、实践等活动来培养和提升，并非一定要在全职工作中获得。

5.2.2 大学生职业素质与就业能力指标体系

笔者根据大量调研、访谈，总结出了基于企业雇主（近年来约 60%的应届大学毕业生进入此类用人单位）招聘评价标准的大学生职业素质与就业能力指标（见表 5-1）。

表 5-1 大学生职业素质与就业能力指标

指　　标	项　　目				
一级指标	个人属性	专业素质与能力	通用技能	实践经历及解决问题的能力	成就动机与心理素质
二级指标	性别	所学专业/专业知识	学习能力	社会实践/社团活动	抗挫折/承受压力
	仪表礼仪	解决专业问题能力	团队合作	实习经历	责任感
	所毕业学校/学历	相关专业证书	人际交往能力	解决问题的能力	主动性
	—	—	组织协调能力	—	敬业精神
	—	—	口头表达能力	—	成就动机

根据目前企业人力资源主管在招聘时筛选人员的标准，笔者将个人属性、专业素质与能力、通用技能（可迁移能力）、实践经历及解决问题能力、成就动机与心理素质五个一级指标的权重分别确定为10%、25%、25%、20%及20%。个人属性在简历筛选阶段具有指导作用，如性别在某些行业和岗位中并不被看重，而有些行业和岗位则倾向于女生，另一些则倾向于男生，差异很大；个人属性中的仪表礼仪包括毕业生的外貌、穿着及待人接物等职场礼仪；所毕业学校/学历在初步筛选（尤其是网上申请）过程中起到较大的作用，但在面试中并非关键要素。

在表 5-1 的基础上，笔者又对涵盖电子、通信、机械制造、房地产、物流、金融、咨询、电力、食品、餐饮服务、航空航天、民航等 10 多个行业中规模不同的 30 家企业的资深人力资源主管进行了访谈，对企业雇主在招聘应届大学毕业生时所看重的专业素质与能力进行了较为深入的探讨。下面简要介绍研究发现。

毕业生所学专业知识、解决专业问题的能力及相关专业证书均侧重专业与行业、岗位的匹配，不同行业、岗位之间存在很大差异。例如，工程技术职位对专业与岗位的匹配要求很高，几乎不招聘非本专业的毕业生；管理培训生职位对应聘者所学专业没有特别要求；教师资格证是从业人员的必备专业证书。几乎所有职位都要求具备解决专业问题的能力。因此，本书根据实际应用情况将三者的权重确定为 10∶12∶3。

由于应届毕业生普遍缺乏全职工作经验，用人单位聘用应届毕业生重点考察的是其工作潜力而非工作经验，应聘者的专业素质与学习能力就显得非常重要。这一项中，又要区分“专业对口”和“专业不对口”两种情况。

迄今为止还有很多考生及家长特别看重本科所学专业；每年高考志愿填报中同一所大学“热门专业”比普通专业的录取分数往往高出 5～10 分。然而事实上，随着大学生毕业分配制度退出历史舞台及社会经济环境的“日新月异”，“专业对口”的作用越发有限。根据智联招聘网站的调研统计：目前仅有 18%的应届毕业生选择了与相关专业完全相关的工作，37%的应届生选择了与专业有所联系的工作，而 45%的人选择了与自己专业完全无关的工作。医学、文学和工学专业的学生就业对口率较高，教育学、理学和农学专业的学生就业对口率较低。因此，“专业对口”并非“找到好工作”的前提条件。

当然，硕士毕业生要应聘的专业技术岗位，往往是对专业知识与技能有较高要求的。因此，如果对所学专业很有兴趣且该专业对应的行业发展前景光明，大学期间就要努力将专业课学好、取得较好的成绩，参与相关领域的实习或科研活动，积累、提升相关领域的知识、技能。对于不喜欢所学的专业，或者认为所学专业对应的行业发展前景不好的学生，课余时间可以利用学校各类资源在自己感兴趣的专业领域内有所实践，选修第二学位课程、参与相应的实习实践活动等，以积累知识、提升技能。

通用技能下的学习能力是几乎所有岗位都非常看重的。团队合作、人际交往能力等与情商密切相关，是新员工职业能力快速提升的重要前提。组织协调能力和口头表达能力也是很多岗位非常看重的。因此，最终将这五项二级指标的权重定为 8∶5∶5∶4∶3。

实践经历及解决问题的能力是衡量应届毕业生能否迅速适应岗位要求、从校园人转变为职场人的重要指标，因此是用人单位非常看重的。根据深度访谈中企业人力资源主管列举的招聘评价标准可知，企业非常重视员工解决问题的能力，而社团活动、社会实践及实习经历都有助于培养大学生解决问题的能力。因此，这三项指标的权重定为 6∶6∶8。

成就动机与心理素质决定了毕业生将专业知识与能力转化为实际生产力的程度。成就动机被认为是预测员工工作投入度的重要指标；在能力水平相当的员工中，成就动机强者会由于较强的投入感而获得较高的绩效。成就动机还与责任感正相关：成就动机强者，往往表现出更强的责任感。同时，主动性、敬业精神也被认为与绩效正相关。此外，抗挫折和承受压力的能力是新员工适应职场环境、尽快从校园人成长为职场人的职业素质，大学生抗挫折和承受压力的能力不足是近年来许多雇主的普遍看法，因此特别将其列为一项指标进行考察。

结合本章的导入案例来看，成就动机会直接影响入职者的责任感与敬业度。在这方面，“双一流”高校毕业生与“双非”毕业生的区分度较高。受学校氛围影响，“双一流”高校生“志存高远”者众多，找工作不仅仅是为了“挣口饭吃”，更希望实现个人价值。而“双非”毕业生大多被教育要“面对现实”，找到一份自己力所能及的工作就好。因此，他们在工作中对自己的要求就不太一样，这直接或间接地影响着工作质量。因此，业务发展前景好的企业往往更愿意聘用成就动机强的毕业生。不过，那些进入大学后心有不甘的“双非”学生，以及克服重重困难考入“双一流”高校读研读博者，不在上述之列；“双非”背景的硕博毕业生成就动机与本科即进入“双一流”高校者并不存在差异。

据此，笔者得出了基于企业雇主招聘评价标准的大学生职业素质与就业能力指标（见表 5-2），可供同学们在大学期间进行职业素质与就业能力的培养和提升时参考。

表 5-2　基于企业雇主招聘评价标准的大学生职业素质与就业能力指标

二级指标	一级指标（权重）				
	个人属性（10%）	专业素质与能力（25%）	通用技能（25%）	实践经历及解决问题能力（20%）	成就动机与心理素质（20%）
性别	2				
仪表礼仪	4				
所毕业学校/学历	4				
所学专业/专业知识		10			
解决专业问题能力		12			

续表

二级指标	一级指标（权重）				
	个人属性（10%）	专业素质与能力（25%）	通用技能（25%）	实践经历及解决问题能力（20%）	成就动机与心理素质（20%）
相关专业证书		3			
学习能力			8		
团队合作能力			5		
人际交往能力			5		
组织协调能力			4		
口头表达能力			3		
社会实践/社团活动				6	
实习经历				6	
解决问题能力				8	
抗挫折/承受压力					3
责任感					4
主动性					4
敬业精神					4
成就动机					5

有些同学希望毕业后到政府机关担任公务员，或者到高校及研究机构工作，成为学者、研究人员。这些用人单位对求职者的要求与企业雇主有很大的差异，同学们在学习期间所需培养、提升的素质与能力也有所不同。由于篇幅所限，本书不再一一列举其中的差异。建议同学们通过第 3 章介绍的各种职业探索活动，了解自己心仪的职业及具体岗位的任职要求，提早进行相应的准备。

2020 年，赵小伟从北航机械工程学院硕士毕业，入职中国航空集团某研究所任软件设计师。他为同学们澄清一个误区：系统内的工作绝对不像传闻那样，“一杯茶，一包烟，一份报纸看一天”。实际上，尤其是科研岗位，基本上每人会有 2～3 个任务并行，除去一些必要的会议和学习时间，有时还需要一些时间维持社交关系。如何合理安排时间，提高工作效率，显得极其重要。5 月入职的他现在工作有一段时间了。总体感觉是比较繁忙的，因为是新员工，工作中知识和技能的不足以及研究所的流程都亟须熟悉和提高；结合项目的实际任务也是接踵而至。

如果想有闲暇时间做些自己想要做的事，就更要做好安排。这时候做事就要进行计划，老生常谈的事，却无比有用和真实。没有计划，很多事情就会重复在“背 abandon”，很难进步，尤其一天工作忙碌之后，身心疲惫，想做成事就更难。很多时候计划赶不上变化，突然的加班导致没有时间完成其他事进而导致计划完成度很低。这时候不用气馁，需要做的是保持惯性。比如想坚持健身锻炼，而突然的任务导致一段时间连续加班，每天没有心力和体力再去做，这时候建议缩短时间，比如睡前 5 分钟，简单地做几个深蹲和俯卧撑，保持住每天运动的惯性，过了这段时间，回归正常即可。保持住做事惯性，就会保持住心气，心气还在，事情总会慢慢提高和改善的。而失去了惯性，再想捡起心气，重新整装出发就很难了。

综上所述，如果能够在进入大学后不久就进行职业生涯规划并确定自己的职业发展目标，那么在大学期间就可以根据自己的职业目标及目标雇主招聘和选拔新员工的标准，及早进行相应素质与能力的培养和提升。这样，在毕业求职时，就能够顺利地获得心仪雇主的青睐，得到宝贵的录用机会。

此外，近来随着以 ChatGPT 为代表的强人工智能的开发与应用，诸如《ChatGPT 一出，这十大职业可能先丢饭碗》之类耸人听闻的文章不时见诸媒体。其中不乏提到程序员、数据分析师等技术岗位，广告、记者等媒体工作者，法律助理等法律行业工作者，以及市场分析师、财务分析师、平面设计师、交易员等当前尚属于“多金”职业的岗位。不过，专家也分析了人工智能的短板：缺乏常识、推理能力、原创能力、自我意识及同理心等。因此，从同学们长远的职业发展考虑，不仅仅要参考上述职业素质与就业能力指标，还需思考如何针对人工智能替代人类某些岗位的趋势制定符合自身优势的发展规划。

5.3　从优秀大学生到合格职场人

5.3.1　优秀职场人具备的素质

现实生活中的很多现象令成绩优秀的同学感到非常不公平。例如，一位一向成绩优异的同学，研究生毕业后应聘到一家国有企业做技术员，月薪才 1 万元左右；他惊讶地发现，自己的一位只考上二本院校的高中同班同学，本科毕业后直接就业，在同一家企业已经成为一名小主管，年收入接近 20 万元。这是否太不公平了呢？读书好还有用吗？

这里与同学们分享北京师范大学于海波教授领导的团队的一项研究成果：从人力资本（human capital）、社会资本（social capital）和心理资本（psychological capital）三个角度来衡量大学毕业生的可就业性。其中，人力资本主要是指个体拥有的知识、能力、技能等，是其求职过程中必要素质能力的综合体现。然而，在市场经济环境下，大学生需要自己找工作，仅有人力资本是不够的，还需运用其人际网络、社会关系等社会资本。在就业难的大背景下，社会资本的重要性愈发凸显。同时，求职是一个漫长的过程，积极心态、自我效能等心理资本逐渐成为大学生可就业性的核心内容。

再来分析上面的例子。虽然那位成绩优异、硕士毕业的同学具有人力资本优势，但也许他那位只考上二本院校的同学具有更强的社会资本和心理资本。这二者都没有体现在学习成绩上，甚至大部分课程中也没有专门介绍，需要同学们在课外活动、实习实践中去培养、提升。高校中的优秀大学生主要是指成绩优秀者，即人力资本单项得分高者；企业中的优秀员工，则往往是人力资本、社会资本和心理资本三项总分高者。

由优秀大学生蜕变为优秀员工，不大可能在告别校园进入职场时自行发生，这需要大学生在大学期间就开始做准备。

下面看看三位学长学姐在毕业入职 2～4 年后，对学生时代的反思以及对学弟学妹的建议。

小新，H大法学院本科毕业，在某著名律所工作已3年。她的建议如下。

首先，肯定的是在学习阶段，尽可能多地掌握基础的专业知识和业务技能，厚积薄发。法学前期就是很辛苦，这个没办法。

其次，也是我认为最重要的就是要敢于尝试，包括两方面：一方面是把生活中或者自己遇到的每一个相关问题都当成案例来解决，及时地把自己所学应用出来；另一方面是在学生时代尽可能多地去实习、去体验，拥有后会在一定程度上祛魅，打破你自己想象或者道听途说的职业滤镜，尽可能多地去尝试，才能清楚自己想做什么；因为也可能都尝试过了，发现自己并不想从事本专业的工作，也没关系，遵从自己内心即可。但接下来就要尽快去寻找自己想要从事的行业或者岗位，然后开始新的试错流程。

再次，我认为第二重要的就是去交朋友，去交流，去参加学生活动、社团活动，认识不同的人。朋友是自己的一面镜子，你会在和朋友相处交流的过程中，不断更新自己的想法观念，同时也可以吸收来自不同专业不同经历的视角带来的观点。朋友也是最好的精神良药和稳定剂。非常感谢我的朋友们，在我觉得暗无天日的那段日子里，陪着我，鼓励我，支持我，才会有今天如此坚定自洽、乐观向上的我。

最后，建议大家可以有自己的一技之长或者爱好，让你课余时间尽可能少地胡思乱想，减少内耗，行动起来：去学一门外语也好，去运动也好，去培养自己的一个爱好，总之动起来就好。行动是解决焦虑的唯一办法。

小雪，H大工科硕士毕业进入中科院下属单位任可靠性工程师，工作2年。她强调大学期间学习之外应该多参与社团、认知自我、实践实习。

作为家里的第一个大学生，没有亲人的经验指引，我很庆幸自己在大学期间，应对课业之余积极参加各种“有的没的”的活动。主动报名加入广播站成为新闻台的主持人，和搭档一起准备内容，深夜录音，音频剪辑，听自己的声音在周四早上在学校播出；主动参加院庆和迎新晚会，利用特长站在舞台上表现自己，满足自己的虚荣心；接触学院的学生事务性工作，让我在老师、导员团队中留下靠谱的印象……这些都让从小城走出来的我有了融入大家的自信和底气。

如果能重来，我一定会珍惜每一个假期和每一个能走出去的机会。工作后的假期几乎没有的，能够双休是简单的小幸福，可是一想三天的小长假要配上调休连上六天、12306抢票无果、单位临时通知加班、自驾出/回京高峰，对生活的希望都黯淡了（有些夸张），但劝君珍惜眼前时，不负天下好春光。希望在校期间能够多多利用学校提供给我们走出去的假期和交流的机会，看看不同的国家、城市，它们的风俗、文化有哪些不同，读万卷书也要行万里路。看看世界，开阔眼界，不会后悔的。

小陈，H大本科毕业后入职某大厂任后端开发工程师，工作3年，提醒在校生“趁年轻，多尝试，职业规划也可以调整”。

年轻是一种可贵的资本，代表着试错的机会。不设边界，突破自己的边界与舒适圈，积极去尝试新的东西，探索新的方向，能给我们带来更多的体验。尝试可大可小：可以是利用国庆假期系统地学习 Excel，大幅提升你处理基础物理实验数据的效率；也可以是选修一门生涯规划课程，提早带领你走入职业生涯规划。

我大学成绩处于中等水平，不过承担过几项社会工作和重大任务，参加过勤工俭学，立项过冯如杯和科研课题，也曾骑行 12 小时往返大兴机场。这些事情未必每一件都是完全的正收益，但这些经历可能会在未来的某一个时刻影响我的决策，比如做学生科研课题，我就得出结论，我喜欢动手实践，但是不喜欢做纯粹的科研，以后还是走工程赛道比较合适。尝试和探索肯定会犯错，但是我们不能改变已经发生的事情，却可以改变还未发生的事情。多试几个方向，遇到有兴趣的事情探索一下，也许其中一个就成为未来的职业方向；兴趣和职业相近是一件很幸运的事情。

我把职业规划比喻为划船，提前的思考并不是定下一个不可调整的计划，河里还有未知的水流与礁石，需要及时调整甚至某些时候可能需要完全颠覆原有的航线。职业生涯规划不是一锤定音的事情，但是一个充分的计划、一个良好的开局会让接下来的日子更顺利。

以上三位学长学姐在经历了职场体验后，给出的建议可谓干货满满，希望同学们能尽早明确“自己想要什么、想成为谁”，并尽快“行动起来，与目标更近一些”。

结合上述建议，一个优秀职场人的素质和能力需要从三个方面同时进行培养和提升。

（1）全面提升自身的人力资本，需注重知识学习、能力培养与技能掌握。首先是基础理论与专业知识的学习：一方面是在课堂上跟随老师学习书本上的理论知识，另一方面是在课余时间参加学科竞赛、参与老师的课题研究等。在这个过程中，同学们应保持正确的学习态度，不能过于功利。比如，大学低年级开设的高等数学、大学物理、普通化学等基础课程，虽然看似不具备直接的实用性，但对训练逻辑思维非常重要。不过，单纯强调理论及知识的学习，可能造就“高分低能”或“眼高手低”的毕业生。根据我国大学生就业能力开发模型（见图 5-1），同学们应在基础课、专业课学习之余，根据个人兴趣、特长，有针对性地参加社团活动、社会实践、生产实习等，全面提升自身素质与能力；同时加深对职业的了解，逐步明确自己未来的职业发展方向。在此过程中，还建议同学们根据职业生涯规划的相关理论及方法，不断厘清个人价值观，深入了解自己的职业兴趣和人格类型，通过多种形式加深对职场和职业的理解，力求未来的职业目标与自身的个性特征、素质能力相匹配。

（2）积极拓展人际网络、社会关系，有意识地积累自己的社会资本。本书第 4 章中介绍了分析个体职业发展资源的具体方法，同学们已经了解到个体的职业发展资源既包括素质资源，也包括外部资源；提升人力资本，主要是加强个体素质的培养。在大学期间，同学们还需要分析个人的经济条件、家庭背景、社会关系等外部资源。对于绝大部分在校大学生而言，经济条件取决于家庭状况，个人的成就主要依赖于通过老师、同学、校友、实习单位的同事等拓展社会关系。如果同学们较早有这个意识，就可以从低年级开始拓展自己的人际网络，建立一些社会关系，以便在将来求职时寻求帮助。

六度空间理论，是指世界上所有互不相识的人只需要通过很少的中间人就能建立联系。1967 年，哈佛大学的心理学教授斯坦利・米尔格拉姆（Stanley Milgram）根据这一概念做过一次连锁信件实验，尝试证明平均只需要五个中间人就可以联系任何两个互不相识的人。

根据六度空间理论，每个人都可以通过少数几个中间人联系到世界上的任何一位名人。然而，联系到这些名人就意味着拥有了人脉资源吗？当然不是，因为只有彼此承认的社会关系才能形成人脉资源。如果你认识对方（某杰出校友），而对方不认识你，这种社会关系就是无效的，无法成为人脉资源。如何能够建立有效的社会关系，进而转化为自己的人脉资源呢？这需要同学们以积极的心态进行投入，因为良好的人际关系需要时间、精力与情感的投入来维系。即使是大学同班同学，如果两个人从未单独交流过，毕业后相遇时，只会因为母校情结产生亲近感，很难成为彼此的人脉资源。

也有同学了解了以上原理，在大学期间投入了大量时间于社交活动，甚至同时参加多个社团，以期尽可能拓展人脉网络。然而，这样做的结果可能并不令人满意。英国牛津大学进化人类学教授罗宾·邓巴（Robin Dunbar）发现，社交网站上“好友”上千的用户与“好友”较少的用户实际交流的“好友”数量并无明显差别。原因是人的时间、精力是有限的，不可能无限制地维系好友关系。因此，人们可以拥有1500名社交网站“好友”，但只维持与现实生活中类似的大约150人的“内部圈子”，即真正意义上的好友。依照邓巴的定义，“内部圈子”是指一年至少联系一次的人。人们希望拥有大量好友，但实际上每个人经常联系的好友不可能太多。两个社交广泛的同学，其人脉资源的差异在于社会关系的质量而非数量。与对方结成社会关系的前提是彼此能给对方带来价值。这里所说的价值并非指物质上的，否则就成了酒肉朋友；朋友的价值可以是精神上的支持、情感上的慰藉等多方面的。真诚待人、真心投入是建立社会关系的原则与基础。因此，提醒同学们在建立社会关系时端正自己的态度。

（3）通过树立积极心态、提升自我效能等方式来开发与积累心理资本。国内外的教育研究与实验表明：心理资本是个体在成长和发展过程中表现出的一种积极的心理状态，是每个人心灵深处的一股永不衰竭的力量，是人的潜能的根源，是实现人生可持续发展的原动力。心理资本包括自我效能、乐观、希望和韧性四个要素。总体来说，心理资本是一个人的积极心理状态，包括自信地应对挑战性的任务；对当前和未来的成功积极归因；坚持不懈地追求目标，并在需要时及时调整目标以取得成功；在逆境中坚持不懈，直至成功达到目标。对于一个人的职业生涯而言，心理资本代表了生涯资本的认知和动机因素，有助于形成生涯理想、生涯认同及生涯意义。

然而，传统的应试教育对学生心理资本的建立与积累不够重视，甚至存在很大的缺失。近年来，媒体不时报道一些骇人听闻的新闻，从优秀博士生、硕士生因求职不顺跳楼自杀，到硕士生向室友投毒致其死亡等，令高校及家长反思：我们的教育怎么了？

分析以上案例，事件的主人公往往由于难以承受求职中的不确定性压力，以及对同学及周围环境持消极态度等，最终导致了冲动行为。国内外多项研究表明，心理资本方面的素质有助于个人不断适应多样化、不断变化的工作条件，具有生涯资本动力方面的特征，对个体成功具有重要价值。因此，在大学期间，同学们的重要任务之一是通过读书学习、参与各项课外活动来保持积极心态，通过提升自我效能感来增强自信，以有效应对求职过程中可能遇到的各种挫折及不确定性。

以上从方法论的角度为同学们提出了建议：大学期间应有意识地逐步从学生的角度

转向职场人、社会人的角度来要求自己，全面提升自身素质。关于求职阶段所需具备的素质和能力，同学们还需尽早了解用人单位的需求。根据笔者近年来组织的有关用人单位对应届毕业生素质和能力的调研结果，用人单位对高校及在校大学生提升职业素质与工作能力的建议如下。

- 针对高等教育机构：学校应加强对学生专业技能的训练，并做到理论与实际相结合，根据企业需求和社会需要及时调整专业和课程设置。
- 针对大学生自身：同学们应及早开展职业生涯规划，多参加社会实践、社团活动，提高沟通能力，学会从基础工作做起，增强团队合作意识，培养创新意识、自信心、就业心态及心理素质；要脚踏实地，发扬吃苦耐劳的品质，不要眼高手低；做到全面发展，多与社会接触，了解社会需求，努力成为符合雇主需求的复合型人才。

在大学环境没有发生根本性转变之前，同学们应自觉、主动地根据用人单位的要求进行自我调整。一位上过职业生涯规划课的同学说：

> 上了这门课之后，我对职场的认识有了提高，对自己以后找什么样的工作有了一定的概念。我的专业是飞行器制造工程，以后大概率会从事机械类的专业技术工作。对于现在的职场而言，专业能力是必不可少的，企业所看重的其他能力包括沟通能力、团队协作能力、人际关系能力、职业道德等十项。我对比了一下，觉得自己的专业能力还需加强，分析能力、编程能力也需要加强。

根据笔者从事人力资源管理及招聘工作的亲身体会，以及近年来与多位企业高管及资深人力资源管理者的交流，发现多数管理规范的企业在招聘和筛选新员工时，会看重三个方面——基本的职业素质、通用技能（可迁移能力）、专业知识与能力。

下面分析一下企业所看重的职业素质与通用技能。校园招聘大多由人力资源部门组织并进行初步筛选。筛选分两步：一是筛选简历，主要考察求职目标是否明确、所学专业及实习实践经历是否与求职目标匹配；二是初步面试，主要考核应聘者的成就动机、职场礼仪及沟通能力、团队合作能力、学习能力、抗挫折能力等可迁移能力。

经过筛选，具备基本职业素质和通用技能的同学进入复试，由各部门主管考核其专业知识与能力。此时，同学们所就读大学的名气、个人的学习成绩、参与过的课题、学科竞赛成绩、毕业论文的选题、发表过的论文等才派上用场。

5.3.2 职场飞跃指南

前面提到，工作经历缺乏、沟通能力和动手能力差是大学毕业生找工作难的主要原因。针对以上现实，高校学生应尽早未雨绸缪，在校学习期间设法积累工作经验，提高各方面的能力，以增强自己的就业竞争力。

因此，毕业后希望从事与自己所学专业相关职业的大学生，在学好专业知识的同时，也需要培养、提升自己的通用技能。建议从以下三个方面着手。

1. 培养和提高沟通能力

“找工作本身就是一种工作。”不少大四学生说起找工作都是一肚子苦水，一大堆委屈。沟通能力是一项非常重要的通用技能，是用人单位在校园招聘初次面试中重点考核的基本素质与能力。沟通能力强的同学在面试中往往显得更自信，能够充分展示自己的才能，从而赢得更多机会。然而遗憾的是，目前我国高校课程设置中对大学生沟通能力的培养和考核不足，很大程度上需要大学生通过实习实践等课外活动来培养和提升。

沟通能力的培养越早越好。人际沟通是人与人之间信息的传递，是人与人之间的意识交流与情感沟通。人们通过口头语言、肢体语言来传递各种信息。成功的人际沟通有以下几个基本要素：空间距离接近、情感吸引、需求一致、特征相近和意识交流等。例如，亲戚、同学、朋友很容易拉近双方的空间距离，而同一运动的爱好者有较多的共同语言。在这些要素中，情感吸引和意识交流是最基本的要素。

目前，我国大学生多为独生子女，没有兄弟姐妹，从小几乎都是在长辈的过度关爱下长大的。尤其是那些较少担任学生干部、性格内向的同学，沟通能力的欠缺在面试中表现得尤为明显。因此，进入大学后，同学们应有意识地培养和提高自己的沟通能力。

沟通能力的培养和提高有多种渠道。首先，在日常生活和学习中，要注意与家人、老师、同学乃至商家进行沟通；性格内向者要有意识地养成主动与人沟通的习惯，例如在课堂上争取主动发言，遇到熟人时主动打招呼，甚至通过买东西时讨价还价来提高沟通技巧。同时，可以通过阅读有关人际沟通能力的书籍、文章，以及选修类似“沟通技巧”等课程来训练自己、提高能力。在担任学生干部及承担社会工作的过程中，会有很多机会锻炼组织能力和沟通能力。因此，在大学期间，应主动争取承担一定的社会工作，通过担任班委及学生会干部为同学们服务，通过参加一些社团活动结识更多志趣相投的朋友。这样不仅可以提高沟通能力，还可以扩大视野、培养爱好、结交朋友、丰富自己的人生经历。

诗扬本科毕业于北航经管学院，现为一名管理咨询顾问。在大学期间，她热衷于学生工作，通过参与学生会、辩论队等各类学生活动，全面提升了她的综合能力，特别是沟通能力。这为她本科毕业后顺利就业铺平了道路。右侧二维码案例是她对在校期间有助于职业素质提升的社会团队、学生工作的分析和说明。

5.5　案例阅读

诗扬在大学期间参加的活动，直接或间接地培养和提高了她的沟通能力。尽管她在大四时参加考研，结果不如人意。考研失利之后，她参加了春招。得益于学生活动的锻炼和丰富的经历，她在每场群面中几乎都是最受关注的一个，还有几次被当场约去加试单面，最终获得了好几个 offer，并从中选到了满意的工作。

当然，时代不断变迁，前人的经历只能作为参考。随着高校扩招、经济不景气、劳动力供需失衡，很多企业将学历门槛作为招聘条件一刀切的标准；虽然这一现象很不合理，但身处这样的时代，为了进入理想的公司，可能需要为这样的门槛条件付出额外的努力。关键是要提前了解相关要求，并做出相应的规划和选择。

2. 锻炼和提高实践动手能力

研究人员在上海进行的一项问卷调查中列出了大学生的各种求职条件，分为学校声誉、所学专业和学习成绩等学习因素，以及社会关系、工作履历、处事方式、个人形象包装等非学习因素两大类。被调查者认为，求职中学习因素占 56.1%，非学习因素占 43.9%。而这些非学习因素实际上是大学生将理论知识转化为实际工作能力的必要条件。提高动手能力是应届大学毕业生提升就业竞争力的有效方法。曾经有一段时间，社会在将大学生视为“天之骄子”的同时，也给他们冠以“书呆子”的称号。由于“食书不化”，很多大学生毕业后发现学习的很多知识用不上，用人单位也对招来的高才生动手能力感到十分失望。因此，锻炼和提高动手能力是大学生必要的就业准备。

大学生实践能力、动手能力的培养，可以在学习理论知识的基础上，通过案例分析、参加科研竞赛渗入老师的课题研究，以及对专业理论知识进行实际应用演练等活动来进行。例如，工程专业的学生做实验、设计，计算机专业的学生进行编程训练，会计专业的学生练习做账，金融专业的学生分析股票走势，营销专业的学生进行市场调研、促销活动的策划与实施等。其实，高校中也有一些实践环节的训练，如工科专业的实验课及生产实习、课程设计，工商管理专业通过社会调研、实践才能完成的作业。遗憾的是，有些学生将老师的要求当成负担，草草应付了事。那些非常认真地按照要求完成各项实践任务、在实践中发现问题再向老师请教的学生，通过完成作业，真正掌握了方法，提高了实践动手能力，在求职面试中也会表现出应有的自信。

赵睿同学本科期间参与了多项科研项目，在这些科研经历中他逐渐完善了自己的专业认知，进而有了初步的职业目标：很享受高校的氛围，想将来在高校任教。

大一时，我同时在学机械类课程和编程类课程，原本以为对机械很感兴趣的我发现机械类课程并不能吸引我，反倒是自己选修的 Python 语言和学院统一开设的 C 语言编程在我看来更好上手，而且可以提供即时反馈，这一点让我觉得工作效率很高。我的 C 语言任课教师徐大军老师在课上问有没有同学想要暑假做些项目，我下课后便联系了徐老师。大一结束后的暑假正式开始了我的科研之路，在徐大军老师的指导下和学长学姐一起做 AR（增强现实）和手势识别方面的研究。在徐大军老师的工作室我度过了一个充实的暑假，我们团队基于 Unity 和 Python 开发了一款 AR 明信片，这款明信片后来作为冯如书院的新生礼物送给了所有 16 级的冯如书院本科新生，看到自己的作品给别人带来了快乐，让我觉得自己的暑假过得很有意义，同时让我认识到了编程的工具性。

大二前期做的手势识别项目是我第一次真正接触到的第一个 CV（计算机视觉）项目。当时在徐大军老师的指导下，我设计了一款基于手势识别的互动游戏街机，有了暑假科研的经验，感觉新的方向上手和进展很快，最后这个项目获得了冯如杯学生学术科技作品竞赛三等奖，并且申请了实用新型专利并被授权。在暑期科研中，我主要做了遥感图像目标检测方面的研究，研究成果发表在中文核心期刊上，获得了冯如杯学生学术科技作品竞赛二等奖。

大三，在已有的经验加持下，我继续进行遥感图像目标检测方面的研究，同样在师兄和老师的指导下快速进步着，我以第一作者身份将相关成果发表在了 SCI Q1 区期刊上。和大一刚结束的暑假自己是一个小白不同，这次的自己更加有信心、有方法地去做好一个方向的研究。同样地，在大四学年的毕业设计自己进行得也比较顺畅，规划时间、设计方法、进行实验、写论文、答辩等这样的过程，我在之前的科研中早已经历过数次，有一种渐入佳境的感觉。此后，毕业设计的成果和师兄的研究成果一起发表在了 SCI 一区期刊上，算是为我的本科科研画上了句号。

赵睿同学在本科阶段的科研经历相当丰富，令笔者想起牛顿的一句话："我好像是一个在海边玩耍的孩子，不时为拾到比通常更光滑的石子或美丽的贝壳而欢欣鼓舞，而展现在我面前的是完全未探明的真理之海。"一个个科研项目就像贝壳一样，牢牢地吸引着他徜徉在知识的海洋中，并最终发现了自己的兴趣，产出了科研成果，锻炼了他的实践能力和动手能力。

5.6 案例阅读

除了在科研活动和实习实践中可以培养实践能力和动手能力，在志愿服务中，也有很多机会能够发挥专业理论知识，使大学生不再"眼高手低"。左侧二维码案例展示了两位工科生分享自己大学期间参加志愿服务对能力提升的故事。

兆鹏本科就读于北航工业设计专业，大四时保送至上海交通大学攻读研究生。在冬奥会闭环管理的近三个月时间里，他不仅学到了知识，提升了技能，结识了一群好朋友，也在忙碌中对自己和生活有了更深刻的认识。

计算机硕士沈一凡从小学到研究生阶段，一直坚持参与志愿服务。他认为，参加志愿服务对自己全面提升能力大有裨益。

志愿服务不仅仅是奉献自我，也是一个了解并提升自我的过程。从小学到中学再到大学，我参加过许多志愿服务，小到社区环境清理、教老人使用手机，大到在天安门广场服务国庆盛典，在国家高山滑雪中心为北京 2022 年冬奥会贡献自己的力量。在服务的过程中，我遇到了不同的人，经历了不同的事，看到了在不同场合下解决问题的方法。每次活动我都会有不同的体会和收获。

3. 增加实践阅历，积累工作经验

积累工作经验的方法有很多种。例如，现在很多高校要求学生在大二进行社会实践，在大三暑期参加生产实习，这是积累工作经验的好机会。此外，在专业课程的学习中，完成老师布置的一些需要实践才能完成的作业、练习，以及在大四下学期的毕业论文撰写阶段，找到机会参与指导教师承接的课题，都有助于积累非常实用的、与未来工作密切相关的实践经验。此外，一些同学利用寒暑假及黄金周的时间做兼职，不仅能够赚些零用钱，而且可以锻炼动手能力，提高沟通能力，更重要的是积累工作经验，为自己的求职简历添上浓重的一笔，以顺利赢得面试机会，可谓一石三鸟。

大一暑假，北航法学院的靳雯钰同学作为实践队的队长，组织了十多位同学到陕西省延川县梁家河村进行实践，他们重走了习近平总书记当年知青时走过的路，并到县北关小学进行志愿支教，将学习理论的成果转化为实实在在的行动。这个实践队从准备到成形，再到结束后参评奖项，她和小伙伴们耗费了很多心血，付出了很多努力。当然，他们也收获颇丰，实践队获得了一些奖项，并且每年都会去支教。延川县送来了 24 册《延川文典》，后来由指导老师高宁与队员们一起转赠给校图书馆。那些日子令人难忘：一排排坐过知青小院的板凳，在淤地坝黄土上实打实地进行劳动，趴在窑洞的炕头上交流体会。三天的支教，他们尽可能地准备，主要是为了增长孩子们的见识和科学素养，希望各种体验课程能悄然在孩子们心中埋下梦想的种子，相信有一天它们会生根、发芽。这次亲身经历让她对基础教育有了一些认识，感受到了教育这门面向未来的事业的责任感和使命感，也体会到了“欲育人，先育己”的深意。

刘佳辰在大二前的那个暑假做了助研，比她的同学更早收获了一点科研的概念。当时在学长学姐的带领下，完成了老师给出的一个题目，这也让她比同专业的同学更早接触了一些与土木相关的知识，自己动手做了实验，积累了很多宝贵的经验。

杨心玥，北航本科毕业后进入北京大学心理与认知科学学院读研，目前已成为北京某重点高中心理老师，她在本科时可以预见到有三条不同的道路：第一种是去中小学做心理老师，直接将所学应用到基础教育一线；第二种是做科研，为一线教师提供理论和实践的研究证据；第三种是去比较有影响力的教育机构，为学校提供第三方支持或是家庭辅导。她在研究生期间，开始尝试验证哪一条路最好、最适合自己。她利用假期，通过日常科研、教育机构（一家创业公司）实习和中学实习，选择成为一名中学心理健康教师，并为之努力，最终成功入职。

以上方法已通过一些毕业生的亲身经历得以验证，具有较强的操作性。建议同学们积极尝试，相信这对提升职业素质与能力、最终顺利就业会有很大的帮助。

当然，要成功就业，端正择业观念、科学进行职业定位，并充分拓展信息渠道、掌握一定的求职技巧也是非常必要的。

总之，从优秀的在校大学生成长为优秀的员工，需要同学们在大学期间就注重培养用人单位所需的优秀员工的一些基本素质和能力。幸运的是，这些可迁移能力并非都需要进入工作岗位后才能习得，大部分可以在大学期间通过学习和实践来培养和提升。

本章小结

通过本章的学习，同学们应该了解，为了在毕业时顺利达成职业目标，在大学期间需要明确目标职位所要求的素质与能力，注重培养和提升这些素质与能力，并了解具体提升素质与能力的渠道与方法。

课后思考

（1）你目前设定的职业目标是怎样的？

（2）你认为达成职业目标的最佳路径是怎样的？

（3）为了达成你的职业目标，你认为大学时期必须做到的五件事分别是什么？

（4）完成这五件事对你来说困难吗？你还需要得到哪些支持？

第6章

生涯规划方案实施之深造篇

业精于勤，荒于嬉；行成于思，毁于随。

——韩愈

走得最慢的人，只要他不丧失目标，总比漫无目的徘徊的人走得快。

——莱辛

学习目标

本章引导同学们在初步制订职业生涯规划方案的基础上，根据实际情况调整行动方案，确定未来职业目标范围。根据职位的学历要求，决定本科毕业后是否需要读研或留学，并根据自身的实际情况进行相应的准备。

导入案例

老师您好，我是来自高等理工学院大三的李煜。早就想申请生涯咨询，因为被默认为企业账号一直没能预约上。为了提高面谈效率，给您发邮件说一下自己的情况。

我在高等理工学院选择了电子信息专业就读，目前学业成绩一般，暂时不能保研；我担任了三年的小班长以及学院的学生会干部，也作为社团的主要负责人将社团从三星发展到了五星；我在一些文体活动中也取得了大大小小的成绩，总的来说兴趣爱好和特长都比较广泛，且组织沟通能力还算不错。

大二的专业选择，我选择了电子信息，主要出于专业前景不错的考虑，学习内容也不排斥。两年过去了，我发现自己越来越不喜欢做技术工程类的工作，但是明确不了自己真正喜欢的专业方向，所以也没有考虑转专业，而是跟着大部队继续学习电子信息。

为了弄清楚自己的职业方向所在，我在这学期找了一份实习，在互联网公司做回访工作，想借此机会了解一些自己合适的非技术岗。

之前有去香港读一年硕士尽快就业的打算，但与家里商量后，家人建议我继续考本校研究生，目前我也暂时认可了这个建议。读研的方向目前打算也是电子信息，想借读研期间积累一些创业的想法和人脉。我有健身的爱好，并且了解了一些健身与互联网结合的创业模式，也有一些自己的想法，想在研究生期间通过创业比赛等将想法落实。

以上是我自己的一个打算和规划，不知道老师有没有更好的建议？期待与老师的见面与沟通！谢谢老师！

这是本科生咨询邮件中较为常见的一类，且很快得到了咨询师的回复。

李煜，你好！

感谢你的信任！从邮件中得知，你对未来已经有了很多思考。不过，似乎你尚未掌握相关的理论依据。

生涯规划强调的是基于科学的自我认知（职业兴趣、人格类型、价值观及素质能力）与专业/职业/职场的匹配，因此，自我认知与专业/职业探索都很重要。

为了提高咨询效率，建议你先阅读公众号的相关文章：有关人格类型，请查阅 2020 年 2 月 24 日的文章及文末“相关文章链接”中的几篇；有关职业兴趣和价值观的，请查阅 2020 年 4 月 10 日和 17 日的那两篇文章和文末相关推文。有关生涯决策，请阅读 2020 年 2 月 1 日的推文及文末相关推文。请对照自己的测试结果慢慢阅读，一边阅读一边思考。

生涯规划是与自身未来关系重大的事情，不能指望别人给你出主意，也不要指望一蹴而就。咨询师能够提供的只是思路、方法，真正决策的还是你本人。

祝一切顺利！

6.1 大学三年级的重要决策

近年来，很多考入“双一流”大学的高中毕业生在收到大学录取通知书时就确立了读研的目标。一方面，这源于应试教育对同学们思维长期固化训练所产生的从众心理；另一方面，大学生就业难问题日益凸显，很多同学将硕士学位证书视为敲门砖。然而，当真正开始行动时，有些同学又产生了疑虑。

通过前面几章的学习，同学们已经根据自己的个性特征、职业兴趣和生涯价值偏好等，结合专业特点初步确定了职业方向。随着对专业方向、职业特点和职场环境的深入了解，大部分同学明白了在大学阶段可以通过参加学习、竞赛、实践、实习等活动来提升自己的素质与能力。至此，同学们需要设定一个非常具体的目标：你希望离开大学校园、进入职场后的第一份工作是怎样的？你如何获得一份满意的工作？

要找到这些问题的答案，大学三年级是非常关键的一年，很多决策对生涯发展影响重大，是大学生活的分水岭。请同学们把握好人生中这关键的一步，不论是计划毕业后直接找工作，还是先考研或出国留学，都需要多方了解信息，慎重做出决定，为自己未来的职业发展奠定良好的基础。

探讨这些问题时，需要再次回顾职业生涯的内涵，即一个人一生中所有与职业相关联的行为与活动，以及相关的态度、价值观、愿望等。职业生涯可以简单地理解为伴随着一个人的职业从开始到结束的历程。由于人生发展遵循一定的规律，职业生涯是可以规划的。根据规划角度的不同，职业生涯分为内职业生涯和外职业生涯。

内职业生涯指的是从事一种职业所需具备的知识、能力、经验和内心感受等因素的组合及其变化过程，是他人无法替代和剥夺的。内职业生涯的因素主要依靠个体自身的不断探索而获得，不会因外界因素的改变而自动具备或丧失。外职业生涯则是指从事一项职业的工作内容、条件、待遇、职务、地点等因素的组合及其变化过程，一般来说，须依赖于内职业生涯的发展而增长。当同学们即将离开校园进入职场时，通过几年的学习已经具备一定水平的职业能力。不过，在没有获得用人单位的 offer 时，大家的职业身份都是一样的，即“在校大学生”。一旦有同学通过了求职面试并被正式录用，其职业身份就变成了所应聘岗位的职责、待遇、工作地点等内容。

内职业生涯规划是指对职业生涯发展中，通过提升自身素质和职业技能而获取的个人综合能力、社会地位及荣誉的总和进行的规划；相应地，外职业生涯规划是指在职业生涯过程中所经历的职业角色/职位及获取的物质财富总和的规划。外职业生涯因素通常由他人决定、给予、认可，容易被他人否定、剥夺；内职业生涯因素则主要靠自己不断探索获得，不会因为外职业生涯因素的失去而失去。可以说，一位知识丰富、能力超群的大学毕业生，就已经拥有了较强的内职业生涯；即便他/她一时没有拿到 offer（外职业生涯），也应该对自己有信心。相反，一位腹内空空的毕业生（内职业生涯乏善可陈），哪怕是依靠家庭背景拿到了很好的 offer，也不能说他拥有了良好的职业生涯。

事实上，内职业生涯发展是外职业生涯发展的前提，能带动外职业生涯发展；而外职业生涯发展也可以促进内职业生涯发展。大学生活以校园中的学习活动为主，这决定了大学生的职业生涯规划应以职业生涯发展为重心。

在职业发展过程中，当一个人的内职业生涯超前于外职业生涯时，可能出现三种情况：①超前恰当时，会感到非常舒心，因为在工作中完成各项任务时都会感到游刃有余；②超前较多时，会感到烦心，因为往往会觉得工作缺乏挑战性，自己提升的余地不大，而且薪酬待遇等也没有吸引力；③超前太多时，你很可能会“变心”——希望寻找新的发展空间，因为这份工作对你而言太无聊了，简直是浪费生命。

当一个人的外职业生涯超前于内职业生涯时，会出现三种情况：①当超前恰当时，任务有一定的挑战性，工作中会有不断学习、提高的欲望，一旦完成任务便会有很强的成就感；②当超前较多时，会感到很大压力，如果缺乏主管的鼓励和同事的指导，个人很难应对；③当超前过多时，会觉得工作压力过大，经常处于高度紧张的状态，感到力不从心。即使为了更好的薪资待遇及发展前景而咬牙坚持，也往往以牺牲身体健康为代价。近年，职场中频频出现的“亚健康”“过劳死”等现象，大多与此相关。

个人职业生涯发展过程中，内职业生涯与外职业生涯不匹配的情况会反复出现。通常情况下，在人力资源管理比较规范的用人单位，新员工在接受一个新职位时，应处于外职业生涯适当超前于内职业生涯的状态。这样，员工既有一定的工作压力，又有努力提升自我以适应新职位的动力。一般通过半年至一年的时间，员工能够应对新职位的各种职能；一年半至两年后，员工能够得心应手，对完成该岗位的各项职能游刃有余。如果这个岗位的职能相对单一，一些员工逐渐会觉得工作缺乏新鲜感，这其实已经进入了内职业生涯超前于外职业生涯的阶段。

当外职业生涯略微领先于内职业生涯时，员工会感到工作轻松，业余时间可以完全用于娱乐或与工作职能不直接相关的学习活动。然而，如果内职业生涯远远超出外职业生涯，员工可能一进入工作场所就会产生厌倦情绪，难以对工作投入必要的精力与热情。

根据麦可思等机构的调查结果，近年来我国应届毕业生的半年离职率为 30%～40%，原因包括：一些应届毕业生在入职前对岗位要求不够了解，造成人岗不匹配；一些学历高、能力强的毕业生求职时过分看重职业发展，入职后难以忍受“简单、乏味”的岗位。建议处于职业生涯初期的大学毕业生关注职业的发展，对自己的收入、职位、知识、能力、观念之间的关系有正确的认识。

同学们应明确“好工作”的标准。根据前文的探讨，好工作的标准因人而异，适合自己的工作才是好工作。尤其对于初入职场的年轻人来说，衡量好工作应优先考虑职业生涯的发展。这意味着在确定第一份目标工作时，薪水待遇、单位名气、工作性质、岗位职务、城市户口等因素并不是最重要的。从职业生涯发展的角度来看，对自身锻炼最大、能力提高最有帮助的工作就是好工作。

由于“唯有读书高”等传统观念的影响，国内普遍存在对高学历的追捧。自 1999 年以来，高校持续扩招，本科生、硕士生的招生人数及毕业人数逐年增加。一些用人单位，尤其是国有企事业单位，在招聘新员工时通常要求“本科以上学历，硕士研究生优先”。

其实，根据人职匹配原则，应聘者的学历应与岗位要求基本匹配，高于或低于岗位要求都是不合适的。而且，从个人发展的角度来看，学历略低于岗位要求反而能够激发年轻人的学习热情，使其对工作的投入感更强；相反，学历高于岗位要求者，往往对工作内容本身存在一定的“轻视”。用人单位想激发员工的积极性，只能依靠提升薪酬待遇或职位晋升等手段，这样成本高且难以持续。讲求管理效率的公司在招聘新员工时往往“学历就低不就高”；对于应届毕业生，同一岗位的起薪标准中，硕士生与本科生的“学历差级”仅为总薪酬的 5%～10%。

因此，本着对自身职业生涯发展负责的态度，在毕业求职时，应特别关注工作岗位对任职者的各项要求，尽量选择自身内职业生涯与用人单位提供的外职业生涯相匹配的岗位。具体到个人决策，那些容易焦虑的同学，可以先选择内职业生涯略超前于外职业生涯的岗位，以减轻工作本身带来的压力，使自己顺利度过试用期；对于那些生性乐观、做事总是“不着急”的同学，应尽量选择外职业生涯超前于内职业生涯的岗位，以增强自己的工作投入感。

下面是本章“导入案例”中李煜后来咨询的情况及最终做出的职业决策。

老师，您好！我花了两天时间阅读了您推荐的相关文章，也结合百度对职业生涯做了一些大致了解。以下是我的情况。

人格类型：ENFP

关于人格类型，我做了两次测试，两次测试结果都显示我的人格类型是 ENFP，我查看 ENFP 的人格描述，也与我的特征匹配度极高。我继续浏览了 ENFP 的合适职业，发现里面有很多我感兴趣的职业方向，如人力资源经理、变革管理顾问、营销经理、企业培训师、公关人员等。

职业兴趣和价值观：待定

关于职业兴趣和价值观，我在网上做了两次霍兰德职业兴趣测试，分别是 EIA 和 RIS；看两次测试的结果并不一致，不知道参考性是否足够，还请老师给点建议。

生涯决策：待定

关于生涯决策，我从小生长于一个传统家庭，整个求学历程都比较中规中矩，父母的安排和我的意向大致契合，在高中以前我们都没有决策上的分歧。第一次我有挣脱原生家庭的欲望是高考填报志愿的时候。我把人大作为首选，并根据当初我一些可能不成熟的认知，填报了人力资源管理、法学、社会学等一系列文科专业。父母一直对我的决定忧心忡忡，不断给我灌输男孩子一定要学技术的思想，无奈在最后关头拗不过我，让我填报了人大。戏剧性的是，最后我差了两分，没有考上人大，来到了第二志愿北航，开启了另一个方向的生活。

我对工科的反感越来越深，在工科的学习中我找不到成就感，也陷入了恶性循环。但由于一直没有明确我自己真正热爱的职业方向，我也一直没有勇气做转专业的选择。如果不给您写邮件，不出意外，我还会在北航读研，走上中规中矩的生活，我的父母也会很开心、很安稳。可哪怕我在北航继续完成学业，我相信我最终是不愿意走上技术岗的。那么对于工科背景的男生，又有哪些非技术岗的工作适合选择呢？这是我想与老师交流的核心问题。或者说，从效率上考虑，我是否需要换一个专业？至于直接就业，我并没有这样的打算。我觉得研究生文凭是对我学习能力的认可，我也渴望得到这样的承认。

总的来说，家庭对我做出决策并没有决定性的影响，他们会在最后关头尊重我的决定。可能是自己进入大学以来一直都有的迷茫感让他们无法放心，也让我自己无法舒坦。我在无法做出决策的时候喜欢尝试，我现在在保证课内任务的同时，做着一份打杂性质的实习，还在准备即将到来的托福考试。

以上是我看完老师的推文之后自身情况的测试以及一些不成熟的思考。我期待老师的回复，如果可以，想和老师有当面的交流。毕竟考研的号角也即将吹响，我也必须走上做出决策的风口浪尖。

谢谢老师！

可以看到李煜的纠结：他不喜欢目前的工科专业，但也不希望让父母过于操心，同时自己也担心本科学历无法在职场中立足。为了尽快缓解李煜的焦虑，咨询师立即回复了邮件：

李煜：

看到你已经进行深入、系统的思考，很为你高兴。

不过，从你的探索过程来看，你似乎对测试结果过于依赖。其实，目前网上的测试基本上是基于统计学的情境性测试，存在相当大的偏差。建议你根据推文中的相关内容进行自我判断，这可能比测试结果更能帮到你。另外，相关推文强调，MBTI 人格类型并不能决定你的职业选择，更多的是与你从事一项职业的方式有关，建议你再仔细阅读一下。为了进一步深入了解相关内容，建议你阅读相关教材。

希望 5 月 2 日我们的面谈能够解决你的问题！

5 月 2 日的咨询如约而至。在咨询师的指导下，李煜根据在招就处网站上的测试结果，确定了自己的 EAI 霍兰德职业兴趣类型，并结合自己的价值偏好开展了职业生涯规划，坚定了本科毕业直接工作的选择。5 月底，他顺利申请到了一家高科技公司的暑期实习机会，并最终获得产品经理的 offer。目前工作已满 4 年，职业发展非常顺利。

调研表明，近年来应届大学毕业生中有超过 60%进入各类企业工作。21 世纪初的应届大学毕业生往往最青睐外企，认为外企待遇好、培训机会多，未来的职业发展空间大。其实，外企之间也有很大的差别。首先，企业文化不同，决定了用人制度的不同；其次，企业规模及所处行业不同，决定了企业的薪资待遇差异。

与同行业的外企相比，国企的起始薪资往往较低，但职业安全性较高，工作压力较小。规模较大的国企对新员工的培训也较为完善。然而，正因为其职业安全性高，员工的服务年限普遍较长，员工的职位升迁往往与其工作年限有较强的关联性，新员工常常会觉得自己的努力得不到应有的肯定。

大型企业的管理规范，对新员工的培训较为完善，但年轻员工往往只能接触到较为单一的工作任务。相比之下，小公司的部门分工不够明确，新员工有可能接触多项业务，自身能力的提升会很快。然而，小公司抵御市场风险的能力往往不强，员工的职业安全性得不到很好的保障。

随着 2008 年北京奥运会的成功举办，中国经济持续高速增长；加上互联网行业的迅速发展，整个业态发生了很多变化，越来越多的中国企业进入了全球 500 强，涌现出华为、BATJ 等一大批明星企业，吸引了越来越多的大学生入职。

近年来，由于经济增速放缓，尤其是新冠疫情暴发以来，公务员这一职业颇受大学生青睐。社会普遍认为这是一个稳定且具有一定社会地位的职业。但不少同学通过严格的选拔考试，终于获得稳定的工作后，发现工作比较单调、职位升迁需要长时间的等待，因此感到郁闷。本书第 1 章引用的公务员辞职案例，正是这种情绪的体现。

在高校任教是不少同学的职业梦想。教师的工作条件令人羡慕，因为平时不必坐班，一年还有两个假期。不过，宽松、自由的背后是教学、科研以及教学管理等多重工作压力。目前，在高校任教，名校的博士学位已经成为基本的任职条件；国内一些研究型大学在招聘青年教师时，海外学成的博士及博士后往往具有更强的竞争力。因此，选择在高校任教的同学，常规做法是本科毕业后直接攻读硕士及博士学位，并在打好研究基础的前提下提升自己的演讲、沟通能力。不过，随着越来越多的高校实施“非升即走”政策，青年教师的工作压力也越来越引发社会的关注。

因此，应根据个人的生涯目标来决定毕业后选择何种职业领域，进而了解自己希望进入的企业/组织类型。根据其职位信息中对初入职员工的素质和能力要求，决定本科毕业后是直接求职，还是通过读研、留学来转换专业，提升自己的学历层次。

下面分别分析在国内外深造的决策要素。

6.2 国内读研：理由澄清与行动

对于本科生而言，考研/读研是一个非常重要的决定，因为这不仅意味着同学们在时间、精力和金钱等各方面的投入，还意味着错失工作机会以及至少晚两年进入职场的巨大成本。随着高校的扩招，研究生不如以前稀缺，但很多人仍抱着“硕士生总比本科生好找工作”的想法。殊不知，硕士生找工作的难度很可能并不比本科生小。此外，研究生学习期间的学费、生活费等也是一笔不小的开支。然而，很少有同学认真思考“读研究生值不值”这个问题。

每年秋季新学年开始时，笔者都会为刚刚入学的硕士生、博士生开设职业生涯规划讲座。在关于“你的读研/读博理由”的调查中，以下几项是选择最多的。

（1）未来从事学术研究工作：对科研有特别的兴趣，希望将来进入高校或科研机构工作；有些同学会直接争取硕博连读或报考直博生。

（2）换专业：高考时为了进入排名较好的学校，被调剂到不喜欢的专业；或者进入大学后发现自己原先选择的专业并非自己想象的那样，因此果断决定跨专业考研。

（3）换学校，以提高学历和优化教育背景：由于高考未能发挥出真实水平，进入的学校不够理想，因此一进大学就全力以赴准备考研，最终成功进入理想的大学读研。

（4）换环境，进入经济发达地区的高校或综合类大学学习：高考时选择了偏远地区的高校，希望研究生阶段能到北上广等大城市学习；或者本科在理工科院校学习人文或商科，希望在研究生期间进入综合类大学，感受更加浓厚的学术氛围；并获得更多在大城市工作的机会，尤其是能解决户口的工作机会。

（5）保研机会难得，放弃太可惜：这部分同学其实并没有明确的读研想法，其中一些人可能已经获得了不错的工作机会，但在大四开学后得知可以保研，觉得放弃这个机会太可惜，于是选择了读研。

（6）男/女朋友（同屋的好哥们/好姐妹）都考研：每年都有一些同学“陪考”，结果“无心插柳柳成荫”了。

此外，也有些同学因为挂科，想通过考研实现“重新洗牌”；还有人是单纯为了满足父母及亲戚朋友的期待；等等。

当然，除了这些理由，还有一个大家心知肚明的原因，那就是逃避就业压力。很多同学一进大三，就看到学长学姐为找工作而忙碌、焦虑，想到自己根本没有做好工作的准备，于是决定先考研，在校园里多待几年。

也有一些同学在本科阶段所学的专业并非自己感兴趣的，读研时才真正转换到自己喜欢的专业。右侧二维码案例的作者晓晗同学在“双一流”大学的工科王牌专业就读，本科毕业前获得了保研资格，却跨保到了与本专业几乎没有交集的中国哲学专业。

6.1　案例阅读

晓晗系统回答了“为什么换专业”。其实，早在晓晗大二上完职业生涯规划课时就写道：“我现在最想转去的专业是中国哲学。第一，我的职业兴趣中的 I 型很强，符合哲学对逻辑性和思辨能力的要求；A 型体现在因为沉迷于旧体诗词创作，自然而然地浸润了古文功底。第二，学哲学大概率以后会在高校或研究院里做学者。较为自由灵活的工作安排、独立思考的机会、稳定的收入、不需要每天和同事竞争，这种工作可以符合我看重的所有职业价值因子。第三，除了自身兴趣，还有一个原因，那就是北航人文与社会科学高等研究院的中国哲学研究生录取线不高。”最终，她选择进入本校人文与社会科学高等研究院攻读哲学硕士。晓晗的经历向同学们展示了一个通过开展职业生涯规划、探索自己的职业兴趣和价值观，在保研时转到自己真正愿意投入的专业方向的可行案例。

晓晗的选择并非个例。《大学生》杂志 2023 年第 2 期《跨度再大　爱之则至》一文分别介绍了清华大学王铭亮同学放弃化工专业跨保新闻专业，医学硕士刘晓静跨考马克思主义学院博士，以及本科从人文学院转入新闻学院、保研时又转入美术学院的刘之航同学的案例，希望对同学们有所启示。

事实上，读研并非“有百利而无一害”的选择。在将读研作为本科毕业后的目标之前，同学们必须认真考虑读研的弊端。

第一，并非所有专业都要求高学历才能就业，有些岗位研究生毕业找到的工作质量与本科毕业生差别不大。有同学可能会说：“这怎么可能呢？”这里先举个例子。10 年前，一位来自胶东地区“双一流”高校的女生本科毕业后报考了北京一所知名大学的会计专业研究生，因 3 分之差未能获得面试资格，心有不甘地进入了当地的一家银行工作。三年后，由于工作表现出色，她被调入管理部门，而她的一位本科同学在研究生毕业后也进了同一家银行，与她刚入职时一样在储蓄所做柜员。目前，她已经是一家支行的副行长。在她毕业时，单位入职的应届毕业生中本科生约占 75%，硕士生约占 15%；三年后，新入职的应届毕业生中硕士生已近 50%；最近几年更是高达 70%。这是近年来较为常见的一种现象。暂且不分析银行招聘这么多硕士生的合理性，从毕业生个人角度看，研究生学习在做好柜员工作方面并没有什么优势，这一岗位是大专毕业生都能胜任的。可以想象，对苦读十几年的硕士而言，这样的工作是多么无聊。相比同一年入职的本科生，硕士生的收入差别仅体现在每个月几百元的学历补贴上。

第二，如果考研失利，可能会错过就业的黄金时期，导致难找工作。目前，我国应届毕业生的求职季从 9 月份开始，持续到次年的 5 月份，大部分学校将提交三方协议的截止日期定在 5 月中旬。虽然很多高校规定国庆节后用人单位才能进驻校园举办招聘会，但实际上，应届生招聘的高峰期在 9—11 月。然而，临近毕业时，同学们因从众心理产生恐慌情绪，找工作时倾向于“赶早不赶晚”，很多同学在大四尚未开学时就开始找工作。这使得大四下学期留给应届毕业生的工作机会大大减少；那些考研失利的同学，尤其是 3 月初才知道录取结果的同学，找工作时处于非常不利的境地。同时，由于准备考研的同学提前半年甚至一年就开始上辅导班，进入备考状态，往往不会在大三暑假投入过多精力去实习，这也不利于他们的求职。

第三，年龄问题可能会给就业带来困扰，尤其是对于女生。毋庸讳言，目前我国人力资源市场存在一定的就业歧视，其中性别歧视是最常见的一种。本科毕业的女生二十二三岁，求职时尚显稚嫩，多数用人单位不太担心其很快会结婚生子而影响工作；但研究生毕业的女生会让很多面试官担心，有些单位甚至会要求员工签署“三年内不结婚、五年内不生孩子”之类的“保证书”。更多的单位不会当面提出这些疑虑，但在同等条件下优先录取男生是非常普遍的做法。

当然，男生也会面临进入职场年龄偏大的压力：硕士毕业后的求职压力可能只增不减，因为你的就业期望值有所提升，而符合期待的岗位变少了。初入职场，年轻是一种优势：一个 20 岁出头的大学毕业生犯了错误，单位可能会因为他年纪小而原谅；而年过

25 岁的硕士毕业生犯了同样的错误，则可能让人感到诧异，甚至认为不可原谅。学历层次越高，就业面可能越窄，博士毕业找工作时，更要面对专业不对口带来的不甘心。

读研有利有弊，该如何决策呢？根据前面几章介绍的内容，同学们应该以职业生涯发展理论为指导，全面分析读研对个人职业发展的影响。

一些行业和岗位对硕士研究生及更高学历有偏好，硕士甚至博士学位是必备的求职条件。例如，高校、科研院所等教研机构中，博士学位是求职的基本条件。不少高校要求毕业生来自国内外名校，甚至对其本科毕业院校也有要求；银行、券商、基金、信托、咨询等行业的总部招聘管理培训生主要以硕士研究生学历为主；中央国家机关等招聘的部分岗位、地方政府人才引进以研究生（博士生）为主。其中既有职位本身的需要，也存在少数用人单位盲目追求高学历的情况。不过，总体来看，营销类、财务类、行政类岗位对研究生学历没有太大偏好。就业数据显示，进入会计师事务所的毕业生中，本科生的比例比研究生还要大，但在券商、基金等行业，本科生的比例非常小。

同时，如果同学们投入足够的时间、精力读研，可以帮助自己提升职场竞争力。在读研期间，专业知识、科研能力能得到较大的提升，实践经历也会日趋丰富。一般来说，与本科生的简历相比，硕士毕业生的简历具有以下明显的优势：①专业知识、专业技能的提升：一方面体现在专业课程的学习上，另一方面体现在 CPA、CFA、AFP 等各种专业资格证书的获取上（部分证书在本科阶段无法报考）；②科研能力的培养与提升：不少同学在读研期间参与导师的研究课题，完成科创项目，参加高水平学术会议，发表论文等，从而锻炼了相关能力；③实践、实习经历的丰富：研究性学习时间的分配比较灵活，会有更丰富、含金量更高且具有行业倾向的实践经历，如在热门行业、知名企业总部实习等。

研究生学习经历有助于同学们拓展、丰富人脉圈。研究生阶段的特点与本科不同，同学们来自不同的学校及专业，结构更加多元化；有应届生，也有工作几年后的深造者，年龄、知识背景和行业背景差异较大。研究生的就业结构也较为多元化，就业层次较高。毕业后，研究生阶段的同学是非常重要的人脉资源。有些导师还会每年组织已经毕业的学生与在读学生进行交流，这也为同学们提供了一种拓展人脉关系的途径。

研究生学习可以增加生涯体验。研究生阶段是大学生涯中一段独特的学习经历。这段经历以本科为基础，同学们会以更加成熟和独立的心态去思考和面对学业、情感、人际关系以及职业发展。在研究生阶段，本科阶段学到的职业生涯发展理论仍然可以根据自身发展现状加以运用。笔者指导过的多位本科生在研究生阶段继续厘清自己的价值观、探索职业，寻求与自身情况更加匹配的职业方向。

因此，在本科阶段未完成的梦想和任务，可以在研究生阶段继续实现；在本科阶段未得到提升的素质与能力，可以在研究生阶段巩固和提高；在本科阶段未修完的情感必修课，可以在研究生阶段重修；在本科阶段存在的职业困惑和未厘清的生涯目标，可以在研究生阶段得到梳理，变得更加清晰。

当然，同学们也需要事先评估考研及读研的风险。

其一，考研是一场持久战，需要强大的内心和不懈的坚持。近几年研究生录取改革，名校保研比例保持在较高水平，统考招收研究生的名额越来越少，导致名校研究生考试竞争越来越激烈。全国研究生录取率基本在 30%左右，落榜的比例还是很大的。考研落榜的潜在风险大，准备考研的投入和付出也很大。

研究生初试成绩发布后，落榜的同学面临求职择业的问题。他们的求职准备起步较晚，往往实习经历较少且质量不高，简历内容比较单薄，面试技巧不足，因此在春季招聘中竞争力相对较弱。同时，春季招聘中用人单位数量呈下降趋势，就业岗位数量较少，这对落榜生来说也是一个较大的挑战。

其二，读研本身也存在一定的不确定性。有些同学发现自己不适应研究生学习，尤其是一些转专业读研的学生，可能会遇到相当大的学习困难。还有一些同学在课程结束后，在选择研究课题及具体解决问题时遇到了很大的困难；尤其是一些直博生，可能会遇到很多意料之外的困难，甚至有同学博士学习延长至6～8年才毕业，严重影响了正常的生活规划。还有一些同学遇到了自己的研究兴趣与导师要求不匹配的问题，甚至因此与导师产生了很大的矛盾，也给自己的研究生经历带来了很大的困扰。

综合各项因素，读研还是就业，该如何选择？建议同学们根据以下思路进行考虑。

（1）根据自身特点确定长远的职业发展领域。首先，借助霍兰德六角形模型大致了解自己的兴趣倾向：希望在学术研究领域有所建树的同学，职业兴趣倾向中应包含I，否则不仅在研究性学习阶段会感到困难重重，即使从事科研工作，也将纠结于如何申请到科研经费、如何写出高水平学术论文；希望在银行、证券等行业从事金融分析的同学，如果职业兴趣倾向中缺乏C，将来会越来越觉得工作无趣，尽管收入不菲，也会觉得生活质量不高；希望凭借研究生学历进入国有企业工作的同学，如果兴趣倾向中A显著，在国企从事行政管理工作会因为自己的很多想法得不到实现而郁闷不已。研究生学习应该能够显著提升自己的专业水平，因此明确自己的职业兴趣等个性特征很重要。

（2）根据当前各行业的人才需求状况及发展趋势考虑职业规划。各个行业及岗位对任职者的学历要求差异很大，近年来的变化也很显著。诸如市场营销、公共关系、行政管理等岗位，拥有本科学历者已经能够达到任职资格的要求。更好的发展路径是先积累一定的工作经验，两三年后再根据工作中产生的实际需求，确定是攻读工商管理硕士（MBA）还是某专业领域的在职研究生。否则，很可能出现这样的尴尬情况：你硕士毕业进入一家公司，发现本科毕业后直接工作的同班同学已经成为一名小主管，并且获得了一所名校MBA的录取通知书；当你非常努力地工作了三年，终于也成为主管时，你的那位同学已经获得了名校MBA学位，跳槽到另一家公司担任部门经理了。

（3）根据自身情况评估风险。考研/读研和就业都会存在风险和不确定性：直接就业可能面临职业起点低、用人单位不符合自己预期的情况；考研会面临较大的心理压力及各种诱惑，还需要承担落榜的机会成本；读研过程中及毕业求职时也存在很大风险和不确定性，对这些都应该进行评估。读研意味着延迟就业，而时间是有价值的：即使是公费读研，与本科毕业后直接就业相比，意味着需要由家庭或社会多负担你三年的生活费用。因此，如果家庭收入水平不高，作为成年人的本科毕业生应该主动承担起家庭责任，提升学历水平的愿望可以在几年后自己有经济能力时再设法实现。

6.2　案例阅读

左侧的二维码案例展示了一位北航考研失利的学生纠结是

否“二战”，在与生涯咨询师反复沟通后，决定参加春招，最终获得了满意的工作 offer 的咨询案例。

这个案例体现了一类“考研是大学一门必修课”的典型学生。另一位大一时学习了职业生涯规划的 H 大学生小强，虽然在大四初因意外差了一名未能保研，但在分析了自己的英语、数学等学习情况后，并没有跟风考研，也没有陷入沮丧或焦虑的情绪中，而是根据自己的规划寻找体制内工作，最终成功面试进入长沙市国资委下属的一家单位的技术岗位。同时，拟录取的另外三人分别是 211 高校博士、985 高校硕士及 211 高校硕士。他还感叹道：“400 多万年轻人花一年时间考研，真是人力资源的巨大浪费啊！”小强的感慨，希望引发同学们对考研目的、必要性与可行性的思考。

还有些同学面临的困惑是：一方面有了保研的机会，但并非自己喜欢的专业；另一方面有很好的就业机会，二者该如何权衡呢？要解决这个问题，笔者建议同学们根据自己长远的职业发展规划，运用前文提到的三个步骤。笔者的一位学生是北航工商管理专业的本科生，大二时就决定报考北京大学微电子专业的研究生。为了实现这个目标，他认真学习各门基础课，取得了优异的成绩，为研究生入学考试打下了非常好的基础。进入大三，他开始到北京大学旁听专业课，遇到与自己的课程相冲突的情况时，他诚恳地与任课教师沟通，取得了大部分老师的理解，最终既学习了北京大学的专业课，也在自己的专业课上取得了优异的成绩。大四开学时，他既取得了免试推荐研究生的资格，也联系好了愿意接收他读硕士的北京大学导师。当时学校规定获得保研资格的成绩排在前三名的同学只能在本校读研（好在这个规定早已废止了）。这位同学经过激烈的思想斗争，放弃了保研资格，报考了他认定的北京大学微电子专业。最终，他以第一名的成绩被录取。硕士毕业后，他找到了非常满意的工作，目前已是某著名科技公司的 CTO。

提醒同学们不要为了考研而考研，因为研究生学历及硕士学位证书归根结底只是一纸文凭，并不能保证你获得一份满意的工作。只有选择与自己个性特点及素质能力相匹配的工作，才能拥有真正成功的职业生涯。在是否读研这个问题上，要强调的另一点是：对于很多同学而言，本科毕业后直接就业并不意味着不读研，而是暂缓读研。

目前，提到读研，正在阅读本书的同学们想到的几乎都是本科毕业后马上攻读学术型硕士。一些国家将硕士学位视为获得博士学位的一种过渡学位。中国的学位条例将硕士列为独立的一级学位，既要求读课程，又要求写论文。《中华人民共和国学位条例暂行实施办法》规定，获得硕士学位的条件是高等学校和科学研究机构的研究生，或具有研究生同等学力的人员，通过硕士学位的课程考试和论文答辩，成绩合格，并达到下述学术水平：在本学科上掌握了坚实的基础理论和系统的专门知识，具有从事科学研究工作或独立承担专门技术工作的能力。

按照专业和培养方向来划分，研究生可分为学术型研究生和专业型研究生。两者处于同一水平，但有不同的侧重点。学术型研究生的培养方向是教师、科研人员等，侧重理论研究；专业型研究生的培养方向是高科技专业人才，侧重应用。目前，对在校生的主要培养方向是学术型硕士，因为这类硕士既有学位又有学历，给人的感觉是“含金量高”，而且大部分是公费，费用较低。目前有哲学、经济学、法学、教育学、文学、历史学、理学、工学、农学、医学、军事学、管理学、艺术学 13 个专业，学制一般为 3 年，有些学校将其缩短至 2 年 8 个月。

为了满足社会经济发展对高素质应用型人才的需求，我国自 1991 年起开始探索硕士研究生教育模式的改革，由原来单纯培养学术型硕士研究生转变为学术型硕士与专业型硕士共同培养的模式。尤其是在 2009 年以后，我国专业型硕士的招生人数在硕士研究生招生总数中的比例不断上升。目前，已经发展到包括工商管理硕士、金融硕士、法律硕士、公共管理硕士、教育硕士、公共卫生硕士、体育硕士、软件工程硕士、工程硕士、专业会计硕士、建筑学硕士、临床硕士、艺术硕士、风景园林硕士、农业推广硕士、兽医硕士等 38 个种类，涵盖 200 多个领域，招生人数也逐年增长。目前，全国专业型硕士的招生比例已接近总数的三分之二。

普通硕士（包括学术型硕士与全日制专业型硕士）的考试每年只有一次，通常在年初进行。报考人数逐年增加，而实际录取人数大约只占报考人数的 1/3。尤其是热门专业，竞争相当激烈，报考人数居高不下。一些名校热门专业的录取比例甚至达到 70：1。对于在职专业型硕士来说，不同专业的入学难度各不相同，热门专业相对较难。然而，专业型硕士联考的试题相对于统考的试题难度要小一些，在录取考生时更注重申请者的工作背景和工作经验。

由于培养目的和倾向的不同，两类硕士最终的学位认可度也存在一定差别。普通硕士在学历认可度上略高于在职专业型硕士。普通硕士毕业时，符合学位条例和考核规定的学生可以同时获得毕业证书和学位证书。而在职专业型硕士可以一边工作、一边学习，且大多只能获得学位证书，而没有学历证书。近年来，随着专业型硕士种类的不断增多，报考人数连年上升，很多学校的教学质量也在持续提升，其认可度和求职地位逐年上升。

综上所述，本科毕业生直接就业并不意味着今后就很难有继续深造的机会；相反，不少专业型硕士项目要求报考者必须有三年以上的相关工作经验。因此，本科毕业后是否直接读研，应该取决于同学们选择的职业发展领域对初次入职人员的学历层次及专业水平的要求，而不应该想当然地认为“学历越高越有利于就业”。同学们应理性地做出决策。一位在大一上学期选修了职业生涯规划课的同学写道：“我原以为本科毕业后理应直接读研，从来没有考虑过直接找工作或者先工作几年再读研。经过老师的一番讲解，我才了解到有些专业对于学历的要求并没有那么严格，读研不一定能够延长职业生涯，很有可能减少了经验。而在某些专业中，拥有一定的工作经验后再读研效果会更好。”

在全方位衡量考研/读研的利弊后，同学们就要开始行动了。

一般情况下，同学们在大三上学期就要决定本科毕业后是直接就业，还是先读研或出国深造。因为考研时间基本是确定的：大四第一学期期末/寒假。就目前的考研形势来看，提前 10 个月乃至一年复习是非常必要的。况且，考研班的广告在大三上学期的期末就铺天盖地了；到了大三下学期一开学，各个考研班的营销活动开始进入冲刺阶段。再加上考研班都承诺“到时如果不想上，可以退款”，很多听了考研班宣讲会的同学都报了名。一些原本并没有认真思考过考研问题的同学，抱着“考考看，要是考上了呢”的心态加入了考研复习大军，临阵退考的往往是少数。

希望跨专业及跨校考研的同学，比报考本校、本专业的同学需要投入更多的时间与精力。在专业课程学习方面，由于高校大多从大二开始安排专业课，从大二起就要留意自己想转入的专业课程，尽量提前去课堂上听课。这不仅能够加深对专业知识的理解，有助于将来的专业课考试，还有机会认识专业课的老师，将来有可能向他们请教专业问题。即使计划报考外校及外地的院校，到本校或本地区其他高校听相关专业课程也是可行的。

右侧二维码案例是一位 H 大经管学院本科生小浩跨考工科硕士生的经历分享。

6.3 案例阅读

案例中，小浩提到大一选修的本科生学业规划课帮助他改进了认知；课后，他自我探索认为自己的职业兴趣类型是 IRA 型，给出的事例有："赠送礼物环节，我想按照学校的男女比例，收礼物的应该是个男生，就好好做了一个男生喜欢的风车，但没想到收到礼物的是个女生，不过也挺好的，不枉我花时间做。""我在做物理实验的时候就发现，我的动手能力强，但是不注重精准；在思考问题的时候我喜欢给出大致方向方法，不喜欢事无巨细，且不喜欢重复机械地工作；如果问题之间有很多联系，我会更加喜欢；而且有时喜欢发挥一下，有的放矢。"因此，后来从经管学院跨考工科硕士，可以归为"兴趣导向"。

小浩进入大学后，努力摆脱中学阶段的固化思维，通过独立思考，培养了批判性思维和独立思考的能力。在系统地开展职业生涯规划，并通过积极实践成功跨考工科硕士后，小浩写道：

我想对大学生活中感到迷茫的同学说，迷茫也许是认知水平跟不上现实状况的表现。面临这种情况，我们更应该做一个行动派，多做多想，抓住机会提升认知、提升对世界的理解，在提高认知与不断思考中成长，用双手拨开迷雾后的世界是一片明朗。

我想对准备考研的同学说：注意备考期间的心理建设，少和别人比，多和自己比。考研是自己的事，我们要为自己负责，多关注自己的不足与进步。随着你抵达一个个里程碑，都能收获快乐与激励，直到完成整个长征，苦尽甘来，回望时都是满满的成就感。

近年来，考研学生中"裸考"的比例逐年降低，不少同学都报了考研补习班。一方面是为了从老师那里获得"真经"，另一方面也是为了从一同备考的同学那里获取帮助并增强动力。由于辅导班每班动辄两三百人甚至更多，为了保证听课质量，坐在前排是非常必要的。而座位的编排一般是根据学员报名（缴费）的顺序。因此，建议同学们一旦确定要通过辅导班备考，就要尽早报名。当然，更重要的是按时上课、认真听讲。

备考过程中，同学们需要协调好学校安排的课程与旁听课程的学习及备考复习之间的关系，切勿因噎废食。笔者曾经遇到过有的同学因为过于关注研究生备考而忽视本专业学习，以至于几门课挂科。有的同学考研失利，大四下学期还要忙着补考、写毕业论文及找工作，简直是焦头烂额。

备考是一个漫长的过程，可能会遇到情绪的低谷，尤其是在身体不适时。建议同学们事先制订一个总体计划，明确哪些课程需要优先复习，哪些课程可以临阵磨枪。尽量留出时间锻炼身体，一方面保持良好的身体状况，另一方面缓解压力，以更好地投入复习。

联考结束后，同学们还要准备面试（复试）。目前，各高校基本上是根据联考成绩按照 1：1.2 的比例确定复试人数，即有近 20%的同学就算进入复试也不能被录取。不少学校的研究生面试是独立进行的，即不以学生的联考成绩作为复试成绩的参考，联考总分第一名的同学也有可能不被录取。这么做是因为研究生与本科生的学习特点不同，一些善于考试的同学在研究生学习阶段难以适应导师的科研活动。因此，不少学校在复试中加入了对学生科研兴趣及素质能力的考核。

想保研的同学需要决定是选择本校、本专业保研（内保），还是选择跨校、跨专业保研（外保）。一般而言，内保较为稳妥，但更换专业的机会较小。此外，由于多数高校的学科设置缺乏多样性，继续读研似乎是本科的延续；而外保通常难度较大且存在一定风险。

目前，高校接受保研申请的时间始于秋季开学，到 9 月底基本结束。因此，9 月份对于申请外保的同学，尤其是同时申请多所院校的同学而言，是异常忙碌的。各高校都要组织对申请本校研究生并获得免试推荐硕士生资格的同学（简称“免推生”）的复试，有的专业录取率很低，仅为 10%～20%。因此，同学们首先要正确定位，不要进行无谓的投入；同时，要做好充分的心理准备。

近年来，越来越多的高校开设了“保研夏令营”，其时间安排比校内正常的免推生免试提前一到两个月，因此规避了保研时选择内保还是外保的风险。

不少名校要求申请保研夏令营的同学提交两篇论文，这个任务对很多大三同学来说颇具挑战。大部分高校对本科生完成论文的水平并没有统一要求，主要是看思路是不是合理、PPT 展示过程中口才如何以及对老师提问的回答是否机敏等，这些都是对研究生的一些基本要求。

计划外保的同学可以同时申请多家保研夏令营。这样不仅可以开阔眼界、结识优秀的同龄人，还可以从多所大学的保研预录取通知中选择最适合的项目。

H 大经管学院本科生钱思涵同学，进入大学后不久便选修了数学学院和经管学院开设的通识课，从而更深入地了解两个专业的学科特点。他对科研的兴趣最早可以追溯到大一的暑假。本科毕业前，钱思涵在回顾自己四年学习生涯时写道：

对我而言，大一的暑假可谓是科研启蒙，可能并没有精进多少科研技能，但是在我心底播下了对科学研究的向往之心，对我之后的职业发展影响颇深。首先是非常感谢经管学院的朱磊教授，愿意带着大一年少无知的我参加全国低碳发展管理学术年会这样的学术论坛。其次是参加亚洲科学夏令营，让我有许多宝贵机会与学术大咖亲身交流，感受科学的魅力。在那个暑假之前，我一直对未来的发展去向一片迷茫；看到这么多的学者展示自己丰富有趣又有意义的研究，让我肃然起敬，极大地激发了我对科学研究的兴趣，也让我萌生了以后读博在科研边界不断探索的念头。

在强烈的科研兴趣驱使下，大二的我主动联系学院吴俊杰教授，满腔热血，急切地想参与到科研过程中。虽然被老师婉拒了，但老师给予了很重要且实用的建议，即在大一、大二应该将更多的时间精力放在课内学习上，夯实理论基础是扎实科研的前提条件。当时听到这个还有些心灰意冷，现在看来这条建议真的非常重要！除了建议本身的道理，课内学习带来的副产物——漂亮的学习成绩，对于未来升学而言至关重要，就算单单以后在科研道路上发展，也会让你的选择更加丰富，机会更多、平台更好。

大二结束后，我减少了学生工作和社团活动，将精力主要集中在科研项目上，开始真正进入吴俊杰教授实验室做一些基础的科研工作，和同学一起最终完成了一个小项目。看论文、写代码、小组讨论这些过程都让我非常适应，也收获颇丰。这个过程中，我对偏计算机技术的研究更感兴趣，并且那段时间人工智能的研究非常火爆，知乎上看到各个专业的人都在进军这个领域，未来前景也非常好，于是大三便联系了计算机学院的老师，在那边的实验室进行人工智能方向的研究，这段经历让我对人工智能愈发感兴趣。于是有了初步研究生转计算机、人工智能方向的想法。

大三下学期申请保研夏令营时，我除了本专业 MIS 方向报名，还报名了清华大学计算机专业的项目。一开始觉得具有一些计算机相关的科研经历，转专业就会很容易，但是当真正进入夏令营考核的时候才发现，跨专业保研难度并不小，很多计算机的专业课没有学，短时间很难补上，而这些又是考核的主要部分，并且大三下也是信管专业课业压力最大的一个学期，导致那段时间无暇准备很多计算机专业课的自学。所以如果有跨专业保研的同学，应该尽早准备专业课的学习。

很遗憾最后没能通过计算机夏令营的选拔，但是幸运的是本专业清华管科的夏令营以高分录取，现在回想起来应该是计算机方向的科研经历给我带来了很大帮助，这份跨专业的经历虽然在计算机方向的申请上算是平平无奇，但是在本专业的升学上带来了锦上添花的利好。在计算机夏令营中，给我最大的印象是看到了这个领域最优秀的一些同学，才发现自己与他们相差甚远，很多同学的专业课更扎实、科研做得也非常好，而自己在这方面的能力相比起来局限很多，想起职业生涯规划课上老师对兴趣与职业兴趣的区分：如果仅仅只有兴趣，而在一个领域却不能做得很好，是无法胜任这份工作的。而在本专业我渐渐发现也有很多与计算机技术相结合的研究视角，这些研究不仅吸引我，也与我的专业能力更加匹配，恰好满足了我对职业兴趣的要求。慢慢深入了解人工智能的研究现状，我发现这种短平快的内卷型研究也并不是我想要的研究风格，因此最后我选择了清华经管的直博 offer。

如今，钱思涵已经是博士三年级的学生，在学术道路上渐入佳境，并且对未来在学界的就业前景充满了信心。

6.3　出国留学：利弊分析与行动

本科毕业后出国留学实际上是与保研/读研、直接就业等并行的一个决策，其出发点仍然是同学们为自己未来设定的生涯目标及职业发展方向。因此，在讨论出国留学的理由时，可以借鉴讨论保研、读研理由时的思路进行分析。

（1）所学专业在国外的水平明显更高，且国际认可度较高。目前，大学生出国留学的绝大多数是为了攻读硕士及博士学位，也有少数同学在国内上了一两年大学后转到国外，从本科一年级重新开始。愿意投入这样的时间成本，往往是因为考虑到所学专业的学术水平在国外学校明显高于原国内就读的学校，主要涉及数理化、计算机、工程类、金融类等专业。学习这些专业的学生毕业后，不仅学成回国能够受到认可，而且在国外也有较多的就业机会。因此，同学们需要比较所攻读专业在国外高校和国内高校的课程设置上的差异，以判断哪个能提供更适合自己未来职业发展的专业知识和技能。

（2）能够获得好学校的录取通知。不论是打算毕业后回国就业还是先留在国外就业，一个重要的前提是文凭的含金量较高，而只有排名较高、声誉良好的学校才能为学生提供这样的机会。

（3）增加国际化经验。在某些同学根据生涯目标确定的职业发展领域中，拥有国际视野、国际化经验对其职业发展有特别大的帮助。例如，一些非政府组织非常重视工作人员的国际化经验。

（4）可以更便捷地转换专业。不少欧美高校的硕士课程对学生的本科专业背景不做严格要求，为转专业提供了好机会。中国学生自费留学读商科的最多，除经济学、金融等几个方向需要专业背景知识外，其他商科的专业方向都可以接受多种专业背景，很多甚至明确规定只录取非商科背景的学生。还有一些计算机方面的硕士课程也是专门为非计算机专业学生准备的。这一优势对中国留学生具有很大的吸引力。

（5）缩短学习时间，快速获取硕士学位。目前在国内获得硕士学位需要 2 ~ 3 年的时间，而欧美高校大多提供一年制的硕士课程。如果希望以较高学历及早参加工作，申请国外一年制硕士课程是个不错的选择。

（6）可以同时申请多所学校，选择余地大。国内考研第一志愿只能报考一所学校，未被录取时申请调剂的不确定性很大。国外不少高校的录取过程简便，尤其是英国的高校。绝大部分学校没有申请费，申请人可以同时向多所学校提交材料。而且，除了顶尖大学外，在语言成绩未达到要求，甚至根本无须提供语言成绩的情况下，仅凭学术背景就能获得有条件录取通知书（conditional offer）。一般来说，中国学生通常会同时申请多所大学，等收到录取通知书后再做选择。

（7）对中国学历认可度高，大专生可快速攻读硕士。例如，英国不仅承认中国的大专、自考、成考甚至夜大等学历，一些大学还专门为大专生开设了本科最后一年的课程，大幅缩短了学习时间，减少了费用。英国还有一种广泛存在的研究生预科，语言不过关、学术背景偏弱的大专生经过预科培训，也能直接攻读硕士。这两种课程是国内大专生出国留学获得硕士学位的最佳途径。

此外，有些同学申请留学是出于从众心理、家庭期望及男友或女友坚定地要留学等其他原因。在实际决策时，应具体问题具体分析。

总体而言，出国留学可以开阔视野、增长见识，近距离学习国外的先进之处，与各国同学深度沟通交流，成为一个具有国际视野的人；能够促使你掌握一门外语，受益终身；有助于磨炼自己的生存能力，培养独立意识及吃苦精神；优秀的学校、好的专业能让你学到真正的知识，拿到过硬的文凭；有机会进入外国公司工作，有助于移民。

同时，在决定是否要出国留学前也须充分了解其中的弊端：

（1）需要投入大笔金钱，而投资不一定有相应的回报。近年来出现了“海归”成“海待”的现象，值得同学们重视。一些同学在申请国外学校的过程中，多次报考雅思、托福、GRE、GMAT 等考试，甚至两次报考的时间间隔不足三个月。殊不知，每次考试费用都在千元以上。有的同学仅申请考试的费用就超过 1 万元，这还不包括报考辅导班的费用。出国留学，尤其是到发达国家及地区留学，学费及生活费都不低。如果选择去美国留学，申请费就是一笔较大的开支（一般一所学校需要 50～200 美元，不少同学会申请 5～10 所学校）。各国学费中英国最高，且一直在上涨，年度费用已经达到 25 万～30 万元；一个学年 9 个月，其间圣诞节半个月假期、复活节 1 个月假期，减掉后就只剩下 7 个半月，加上周末休息 60 天（相当于 2 个月），实际在校时间只有 5 个半月。算下来，留学英国的费用确实非常昂贵。

（2）申请留学过程中存在一定的风险。尤其是申请留学美国，其教育推广的步伐远远超前于签证的数量。虽然美国大使馆一再对外宣称没有签证配额，但每年的签证数量基本还是一个稳定的数字；即使略有增长，与逐年攀升的申请人数相比，这一变化几乎不值一提。因此，一旦拿不到签证，留学计划可能搁浅，同学们需要重新做出规划，这可能会非常被动。近年来，由于中美贸易战的影响，赴美签证的拒签率大幅上升，希望同学们对此引起重视。

（3）很多外国高校的中国留学生数量过多，使得留学的收获大打折扣。一些语言学校或语言中心充斥着中国留学生，某些预科班全都是中国人，甚至有些大学通过与国内大专院校合作的方式，将整个班级的学生搬到美国。至此，原本意义上的留学已经变味了，“获得国际化经验”的预期将大打折扣。

（4）国外大学通常是宽进严出，很多同学会发现毕业并不容易，甚至有不少同学想要放弃，浪费了时间和金钱。同学们可能都知道，国内博士学位课程为 3 年，大部分全日制学生都能在 3 年内毕业；然而，在欧美的一些名校中，读 5～8 年才拿到博士学位者比比皆是。此外，很多学校的硕士甚至学士学位的获取也非常困难。笔者一位朋友的女儿在奥地利一所著名大学读本科，由于政策要求“每个人都有受教育的权利”，获得大学录取通知书相对容易。然而，大学为了维护自己的声誉，对学生的毕业要求很高，以至于很多同学需要读 5～8 年才能拿到本科毕业证。

（5）一年制硕士课程压力大，受认可程度有限。英美两国的高等教育虽然都属世界一流，但目前国内出现的“海待”人军主力多为从英美回来的留学生。这固然与移民政策严格、留学生学习结束后无法继续停留有关，但仍无法解释一些在英国读完硕士的学生连英语都不流利的现象。由于学习十分紧张，留学生整日埋头于学业，很难有时间去了解西方社会。一些人开始质疑：国外一年就读完硕士，能学到东西吗?

同时，在国外求学还会遇到很多超出预期甚至意想不到的困难。

首先，国外尤其是发达国家或地区的消费水平较高，你可能常常感到入不敷出；为了不给父母增加负担，你不得不去打黑工或者选购当地人看不上的便宜货。

其次，国外的生活可能会与你所想象的差别很大，生活中有诸多不习惯。许多欧美国家人烟稀少，冷清的街道、低矮的平房让人感到城市市容不如中国大城市。不少学校位于小镇甚至乡村。有些国家排外情绪强烈，很多同学会发现自己很难融入当地的生活，很难与外国学生打成一片。

最后，国外受经济危机及政治、政策的影响更为显著，工作机会更少。如果寄希望于通过留学在当地就业甚至移民，很多同学可能会感到失望。

除此之外，最难克服的是深深的乡愁，出国的留学生很少有没哭过的。当你很努力却总是跟不上学习进度时，当你满腹牢骚地回到住处却发现钱包丢了时，尤其是当你生病时，都会感到孤独和无助。

因此，考虑出国留学一定要慎重：如果没有真正学到知识，会白白浪费光阴和大笔金钱。年轻时有机会多见世面是件好事；若有条件去发达国家的名校，不妨出去。如果申请不到好学校，大可不必出国镀金，可以将时间和资金用于其他形式的学习。

还要特别强调的一点是：申请出国留学的前提是本人能够获得奖学金或家庭经济条件能够负担费用。毋庸讳言，出国留学，尤其是到发达国家或地区留学，费用远高于在国内求学，而同学们必须考虑经济因素。经济尚未独立的同学们，千万不能为了满足自己的求学需求，而令家庭陷入经济困境。

全方位衡量出国留学的利弊后，决定留学的同学就要开始采取行动了。

首先，需要选择留学的国家或地区。目前主要的选择有：

美国。美国是全球最大的经济体，科技实力也最强。同时，美国是一个移民国家，对多元文化的包容度较高。因此，留学美国成为很多大学生的首选。但美国的高校水平参差不齐：既有哈佛、斯坦福等世界顶尖高校，也有专门以“卖文凭”为生的杂牌学校。同时，美国高校的学费偏高，申请费用也不低。此外，美国签证的风险较高，这也是同学们需要考虑的一个因素。同学们一定要事先做好必要的调研，再进行决策。

英国、加拿大、澳大利亚、新西兰等国。这些都是英语国家。由于加拿大、澳大利亚、新西兰等同属英联邦国家，各高校都将雅思成绩作为申请时的语言要求。

西欧各国。西欧各国经济较为发达，近代高等教育也开办得较早。德国、法国、比利时、荷兰、奥地利、丹麦、挪威、瑞典等国均有世界一流的大学。同时，这些国家的一些高校提供全英文课程的硕士项目，为同学们提供了更多的选择。当然，要想进入德国、法国的顶尖大学学习，熟练掌握德语、法语是基本要求，需要同学们提前投入大量的时间、精力，这是大家需要慎重考虑的一点。

日本、韩国、新加坡。这三个国家在近几十年间成为全球瞩目的经济强国，其经济崛起的重要基础是教育。新加坡华人占多数，保留了很多中国的传统文化习俗；日韩两国是中国的近邻，与中国在经济、文化等方面有着千丝万缕的联系。因此，到这三个国家接受研究生教育是不少大学生的选择。

东欧各国。东欧的教育历史悠久，体制完善。除了提供 9～10 年的免费初等义务教育外，其高等教育体制与中国的体制较为接近：学士课程为 3～4 年，硕士课程为 1～2 年，博士课程为 3～4 年，英语授课的课程几乎涵盖了所有专业。东欧文化底蕴深厚，历史悠久，生活环境安全，经济发展前景良好，加上学费和生活费较低（总费用低于欧洲免学费国家），近年来也成为大学生出国留学的重要选择。

东南亚各国。在过去的十年中，选择到东南亚国家留学的人数呈上升趋势。教育部门的数据显示，2015 年中国在东盟的留学生人数已超过 10 万，近几年还在持续增加。东南亚的教育体制具有诸多优势，主要体现在教育体制的多样性与国际性，以及学费和生活费较低等方面。东南亚绝大部分学校以英语作为教学语言，入学条件相对宽松，学生较容易适应。当地很多人会说华语，这使得同学们去东南亚留学时，不会像去欧美国家那样面临巨大的文化冲击。

中国台湾地区、香港地区和澳门地区。香港地区虽然高校数量不多，但教育水平较高，加上地理位置上的优势，因此是不少大学生留学的重要选择。香港高校的硕士课程大部分是全英文授课，对英语成绩的要求与英美等国一致。台湾地区的高等教育水平也较高，有些高校实力雄厚。

同学们可以根据自己的兴趣、学习成绩、语言基础、家庭经济实力等情况，与自己未来的职业发展目标相结合，综合考虑后做出决定。

下面这个案例来自 H 大数学学院 2017 级的王文昊同学。目前，他在澳大利亚悉尼科技大学攻读人工智能方向的博士学位。这是他在大学即将毕业时对本科生涯的回顾。

几年来，我从初入 H 大的迷茫，到与生涯规划课相遇开始思考未来，再到有勇气离开招我进来的高等理工学院华罗庚班，最后到走向世界，我做出了很多的“牺牲”，也无法保证每一次选择都是对的，只是自认为每一次选择都是在那个时间节点的最优选择。虽然局部最优解不一定会带来全局最优解，但最终结果一定不错！

大一：迷茫时，夯实基础

像很多同龄人一样，高中时的我只知道学习、做题，从不去思考未来该去做什么。由于高中时参加过数学竞赛，进大学后理所当然地认为应该读数学专业；我就这样误打误撞地来到了华罗庚班。让我至今印象都很深的是当初的两件事：一是数学分析很难，学起来非常吃力。二是那时候很迷茫，不确定自己是否会喜欢数学，将来是否要从事数学的相关行业。由于华罗庚班一上来就定了数学专业，在课程难度极大的情况下，我根本没有精力去思考未来。迷茫中，我做出了现在看来仍然正确的选择，就是把学习当作最主要的任务去完成。课程困难，就牺牲自己全部休息时间去学习，一周七天无休，几乎不出校门。我在迷茫中度过了大一。事后证明，那时打下的 GPA 基础给了我后续更多选择做自己喜欢的事的权利。

职业生涯规划：放弃保研，决心留学

大一下学期，我和北航的生涯规划课结缘，开始了人生第一次对未来的思考。以我当时的成绩，保研应该说没有任何悬念的。那段时间里，我不断问自己：这的确是我想要的吗？经过持续思考及生涯规划课上对优秀学长学姐事迹的学习，我发现保研不是我想要的，我要走出去，去看看世界的精彩。可下决心做选择容易，坚持自己的选择十分困难。如果选择保研，只需每学期按部就班地学习、考出好成绩，这对于当时的我来说很容易。但留学手续烦琐，需要构建一个多元的自己：学习成绩、英语考试、科研项目经历、社会实践、实习等都需要去完成。于是，这个决定做完后我的压力陡然增加。我就做了一个长期的计划：每学期都要保证拥有一个高绩点，同时复习托福和 GRE、在考试中取得优异的成绩；大三时参与科研项目，大三暑期参与海外助研项目或相关实习。以上压力让我再也不能每天保证 8 小时睡眠，睡觉时间压缩到 6 小时。

大二：停止内卷，投身科研

大二下学期的一个下午，面对怎么学都学不会的实变函数，我的思绪飘到了遥远的未来，仿佛看到了未来那个在数学中挣扎、碌碌无为、毫无建树的自己。生无可恋的我决定改变，为他人所不为，不破不立！虽然说，当学不明白一门课时，逃避不是正确的选择；可当我想好未来该做什么时，抛弃一切和未来无关的事情是最难能可贵的。

极度痛苦中，我觉醒了：我决定未来不学数学，转向数据科学、人工智能。这样一来，我就不应该留在以基础数学为优势的华罗庚班，当务之急是：第一，保住GPA，成绩是以后一切的根本；第二，筹划转专业。转专业的压力是巨大的，但我的决心更大。压力首先来自家里：父母觉得好不容易考进华罗庚班，不应该浪费高考自招成绩；其次来自学业，因为转专业要补修很多课程；最后来自华罗庚班和学院，老师们普遍觉得优秀的学生应该留在华罗庚班。不过，我决心已定，无论是课业压力还是任何人给我压力，都不会改变我的想法。最终，在我的坚持下，我成功转了专业；这是我大学四年来做的最正确的决定，未来已来。

转专业后，课程压力、内卷压力骤然降低。这给我带来了意外的收获：原来我的身体不好，心脏总是难受而常生病，转专业后健康状况很快好转、心情十分愉快，还有了大量空余时间。我把这些时间分为两块，一部分用来开始科研，另一部分用来学习英语。幸运的是，进入数学学院后，一切变得顺利了：长期未搞定的英语在大三第一学期有了起色，托福和GRE都达到了预期；同时，成功启动了科研，发现自己很喜欢数据科学，喜欢人工智能，沉迷科研。历经两年，迷茫引导思考，思考带来改变，终于走上了那条自认为理想的康庄大道。

大三：走出舒适圈，迎接新挑战

幸福的大三第一学期转眼结束，而我对未来的思考才刚刚开始。我突然意识到：在校内做科研好像触到了天花板，应该去找更优秀的老师学习更先进的技术。由于那时我的学术水平才刚刚起步，向国外一些相关专业比较强的高校以及研究院海投了几十封邮件，最后只有一位导师接收了我：正是这位老师带领我走上了纯粹的学术道路，改变了我的未来。在这位老师的带领下，我成功地从横向课题转向了纯粹的科研项目。这个过程中，有一个小插曲就是新冠疫情。

有人说过，危机可能会是一种机会。虽然新冠疫情影响了我们的生活、学习等很多方面，我却把这些不利因素抓住并转变为机遇。2020年年底，我紧急从家赶回学校，在学校中度过了7个月不受打扰的纯粹科研生活。7个月中，校园空空荡荡，我沉迷在所研究的领域中，不断学习、不断探索。同时，我还在对未来不断思考，思考要不要读硕士、要不要读博士、要不要直接读博士。可以说，这7个月的独处时间改变了我的一生。但物理上的独处不代表着心灵的孤独，科研绝不是闭门造车。在此期间，我和我的海外小导师每周通过腾讯会议交流沟通、定期向大导师汇报工作，让我从科研小白成长为一名合格的准博士生。

大四：为自己的未来做决定

一转眼到了留学申请季。这几年对留学申请的焦虑却在申请前一扫而光。因为我已经想好了未来要干什么，和未来无关的事情，无论是名和利都不会去在意了。我决定直接读博士。同时，选博士的标准不再是所谓的学校排名等，而是一定要跟一名优秀的、有前途、积极向上的导师。这次由于有了一定的科研实力，年级第一名的GPA和不错的英语标准化水平，我没有海投简历，而是对每一个有意向的老师充分了解后，才把简历投给他。最终投了十余位导师，约有一半对我感兴趣或有录取意向。最终，我并没有选择学校综合排名最好的导师，而是选择了一位科研水平优秀、拥有较大研究团队的年轻教授。其实家里更希望我可以去读更好学校的硕士。但我个人的兴趣不在于上课听讲，而在于钻研。我已经对自己的未来思考了 3 年，完全有能力也应该选择自己最感兴趣的事情去做，而不是为了给别人带来面子上的什么优势。

回首自己的本科生涯，是一个不断思考、不断改变、不断坚持的过程。现在看来，从华罗庚班转出是最明智的决定，改变了我的未来。校内科研转向海外科研则是一个突破，拥抱国际化、拥抱挑战，让我拥有了直接读博士的勇气。时时刻刻探索并追寻自己的兴趣，是今后能再沉迷于自己事业的关键。最后一个建议是：永远不要放弃对课内学业的认真投入，也不要放弃对未来的思考与探索。

从王文昊同学的分享中可以看到，他选择留学及具体的留学申请过程都是在开展职业生涯规划的前提下进行的，最终也获得了自己满意的 offer。两年多来，他在自己选择的专业领域中也收获了很多。

由于申请留学需要参加的雅思、托福、GRE、GMAT 等英语类考试与国内的四六级考试的考核思路差异较大，因此需要专门准备。与前面分析的考研类似，英语类考试“裸考”风险也很大，不少同学都报考了辅导班。一方面，可以通过老师的讲解掌握语法知识、应试技巧；另一方面，可以通过与班上同学的交流保持学习动力。

语言的学习不是一蹴而就的，需要在正确的学习方法下日积月累地提升。抱着侥幸心理频繁“刷考”不可取，既浪费时间也耗费金钱。扩大词汇量、正确理解语法是基础，保证每天都学习生词、练习听力及阅读原文是提高成绩的前提。报考各种考试时应提前做好计划，以免事倍功半。由于 GRE、GMAT 等考试对词汇量、语法等的要求更高，同学们普遍觉得难度大。不过，这两类考试的有效期更长。不少同学的经验是：大三第二学期或暑期先考完这两门，大四第一学期再考托福或雅思，效率更高、费用最省。

具体的申请流程，各国留学网站上都有，很容易查询到，这里就不赘述了。

近年来，由于政策原因，亚洲及中国香港地区的学校受到了更多希望留学的本科毕业生的青睐。右侧二维码案例的作者是 H 大人文社会科学学院经济学专业 2016 级本科生小玉。她于 2018 年秋季前往台湾地区清华大学进行交换学习，后来被香港科技大学经济学硕士项目录取；硕士毕业后，她留在香港工作。回顾中，小玉特别强调了本科阶段这段交流学习经历对自己后来留学申请的影响。

6.4 案例阅读

总之，出国留学与在国内读研都会延迟就业，需要考虑由此产生的时间成本。因此，读书期间可能提升的素质与能力，是决策时需要考虑的核心内容。国外的研究生教育以独立研究和深入研究为主，许多课程设置了实习项目，这是国内研究生无法比拟的。在国内读研则成本较低，学费因专业不同而有所差异，每年所需学费加生活费约为 2 万元，远低于留学的费用。因此，应在全面权衡两种选择的利弊后做出决定。

6.4 读研期间的职业选择与生涯规划

近年来，考研人数呈现逐年增加的趋势。本书第 1 章列举了过去几年的考研人数。对于很多“双一流”高校，超过 70%的本科毕业生会选择继续深造。自疫情以来，出国留学的人数骤减，使得国内深造的比例更高，难度也显著提高。不少同学将“有学上”视为最重要的目标，因此愿意接受专业调剂或学校调剂。然而，当真正开始专业学习，尤其是遇到一些学习困难时，一些同学开始怀疑自己当初的选择，生涯困惑随之加剧。

小周本科就读于 H 大的主流专业。两年前，因考研成绩不理想，他调剂进入了一所学校新成立的学院攻读硕士学位。随着专业课学习的深入，小周对自己当初的选择越来越感到怀疑。于是，他利用自己本科阶段的专业基础，自学了计算机专业及机器学习领域的相关知识，并获得了一家机器学习公司的实习机会。然而，实习一个月后，小周因难以接受长时间、高强度的工作节奏而辞职。虽然他理解劳动强度与高薪之间的关联性，但并不确定自己是否真的适合在计算机领域发展。正巧，他无意中旁听了一位学弟选修的研究生职业生涯规划课（线上授课），听了一节后觉得很受启发，意识到自己之前从未做过正规的职业生涯规划，便预约了一次生涯咨询。

在认真地阅读了咨询师推荐的公众号推文后，他做了系统分析，并将其发给了咨询师：

老师，我过去一周系统阅读了您推荐的案例，又试着对自己的情况进行了分析，但仍然感觉目标不是很明确，因此又一次预约了您的咨询。为了提高效率，我想从 MBTI 性格类型、霍兰德职业兴趣和价值观这三个方面分析一下自己，再说一下自己的困惑。

我是 INFJ 型人格，我觉得很准。我通常不喜欢参加那种大型的班会和社交活动，研一的第一次班级聚会我就没去，宁愿自己一个人游泳也不愿意去；班级聚餐同学们互相敬酒说着很“社会”的话语，感谢谁谁对自己的关照、辛苦了什么的，而我通常是坐在某个角落面带微笑地观察着他们，想着也许我应该起身像他们一样，敬班长、敬同学，把酒言欢，我不习惯说“××我敬你一杯，感谢××，有劳你费心了……”这让我不自然。我并不是说我不喜欢与人交流；相反，我渴望认识很多人，与他们交流，但不是一群人，小范围两三人即可。当然这也不意味着我社交能力强，出于自卑或者害怕拒绝，我仍然有所顾虑。

如果以前谁说我是一个感性的人，那我可要好好和 TA 理论理论了。上了研究生后，我愈发察觉到自己的感觉与情绪，更多地说我喜欢干什么，而不是应该干什么。甚至某次和导师的冲突中我直言“我想干我喜欢的事情”而以此拒绝导师对我工作的进一步要求。本科、研一我一直压抑着自己的情绪，而是觉得作为研究生我应该好好科研，出于为人类做出探索贡献的理想，我认为我的工作是非常有意义的，而一次又一次的挫折质问着自己，我真的喜欢干这个吗？用大道理、一名优秀研究生应该有的科研追求来迫使自己坚持下去很违心，尤其在遇到挫折时很痛苦：明明不喜欢，好学生的品质却使我每天仍早早坐在工位上看文献学习。

我是一个守时的人，无论是赴约还是完成计划，对截止时间都很在意。按照计划来执行会让我比较有安全感和踏实感，一方面知道这并不是一个时间无底洞，我的投入最后会有产出；另一方面因为有进度条的存在，显示我每天的工作是有产出的，清晰可见，让我觉得充实。由于总想充分利用每一分钟，赶高铁飞机我通常不会早早地去等待，而是估算好时间留有很少的冗余，有时甚至压点儿到。我是一个闲不住的人，上个月公司实习时曾有几天上头给的任务不清晰，也没有截止时间，都是一些模糊的探索性的工作，这让我不知道要干什么，不停地问上头我要干吗、然后呢。

我原来是这样的一个我，如果每个人身上都有一个这样的标签，那应该可以避免很多埋怨与冲突吧，TA 就是这样的一个人，我不必强求。

做霍兰德职业兴趣类型测试有一定的波动性：我做了两个版本的，一个是 SIA，一个是 SIR。I 不难理解，对于未知的问题我喜欢思考探索，喜欢问为什么。S 也不难理解，我喜欢认识新的人，也非常乐意帮助那些遇到困难的人，还喜欢教别人做一些事情，比如教别人游泳、滑板；我也是一个很好的倾听者，知道如何帮助那些失恋的人，我常常能发现别人身上的优点与进步，并鼓励他们，我能从帮助他人中获得成就感。但我疑惑的是自己不善言谈，虽然能就熟悉的话题侃侃而谈，但在与人交际方面没什么实践经验。

作为工科背景的我，自认为动手实践能力还是可以的，因为本科会有一些实验课需要搭电路，而我也能很快完成。从小我就喜欢拆一些东西，我会拆遥控器、收音机、录音机，换灯泡这种事儿我也喜欢干，家里电视坏了，师傅来修我也是饶有兴致地看着，邻居谁家的电视机没有画面，谁家的网络断了，甚至热水器不出热水了都要喊我去看看，我也喜欢干这种帮忙的事情，一般都能找到问题，觉得不难，按照逻辑排除问题就可以。

关于前面的 SI 我还想多聊聊：我不喜欢重复性的工作，实习时要处理卫星的数据，一开始还行，后面慢慢就觉得重复同样的工作让我觉得没意思。我对人非常感兴趣，这种兴趣其实从高中就流露出来了。高三时，我买了一本卡耐基的《人性的弱点》，看得津津有味。上大学后，我喜欢去图书馆借心理学、哲学方面的书籍，当然，我不是一直都保持着阅读心理学方面的书籍，而是间歇性的。每当我心情不好、有疑惑时，我会去阅读它，从中寻找慰藉，了解自己，了解人类行为与思想是一件非常有趣的事情。上研究生之后，挫折感、孤独感促使我想很多，在寻求学校心理咨询的道路上，我开始更加关注自己的感受，抛开那些“我应该怎么做”，寻求心灵的自由。我喜欢和咨询师聊天，探寻自己，空余时间我也喜欢看心理学方面的书籍、推送，也理解案例中人物的情绪。我觉得心理学探寻的是你为什么是这样的更深层次，而生涯规划让我更清晰地看到了自己身上的标签，我是个什么样的人。我在公众号上看了许多案例，我很惊喜，也恨自己为什么没有更早地开始做规划。其实仔细想想：如果大学重来，自己即使上了生涯课程也未必能早早地做生涯规划，其实一切都是自然发生的、刚刚好，当你的心智、道路都达到时，就觉得真的需要生涯规划来科学理智分析，而不是觉得离就业还早着呢或随波逐流。

从公众号上看到了许多不同而真实的人生，无论是早早规划找到自己想要并为之奋斗的成功者，还是研究生，抑或考研失败被调剂的乐天派，等等。我的问题，很多学长学姐的案例已经给出了方法借鉴。

舒伯职业价值观因子测试，排在前五位的分别是成就满足、社会地位、安全稳定、经济报酬、工作环境，紧随其后的是生活方式、利他主义。

这一点我想结合自己为什么不坚持硕士专业而转行谈谈。我读的是空间科学专业，系里大多数组研究的都是地球磁层、磁尾、火星、黑洞、太阳大气、磁场等，我的工作简单来说是用代码来解模拟方程研究太阳磁场。我是调剂过来的，本科也没学过流体力学这些课，概念性的东西我能理解，一旦涉及理论、公式，我就不懂，也不想看。其次，对于这种抽象、难以实际应用、远在外太空的理论模拟我并不感兴趣，看不见摸不着，没有对宇宙的探索精神和科研情怀干不下去。因此，我准备转行。那么，往哪儿转呢？本科专业好找工作，可过去两年没碰那些东西了，已经忘了。我会写代码，会用 Python、Linux，打开招聘网站开始浏览 IT 信息类。通过搜集十几条算法工程师招聘信息，我发现出现最多的关键词是机器学习、深度学习和计算机视觉方面的。这样确定学习方向之后就好办了，便开始自学。

花了两个月时间，差不多入了门，然后就开始投简历准备实习，最终去了一家创业公司做机器学习。一开始每天将近 3 个小时的通勤也还好，渐渐地通勤让我觉得累；工作开头是在处理数据，我觉得不是很有意思，不过也会在做完交代的工作后有一丝成功的喜悦。我也发现了自己在处理一些没有明确时间限制的工作时会不安，偶尔闲下来会让我觉得有点浪费时间而不安。渐渐地，我发现自己不是那么喜欢这份工作了；有时在北京地铁的人潮中，我会想如果我仅仅为了钱像个机器一样重复做着我热爱的工作，这值吗？一个月后我辞职了。

回过头来看，我是以经济报酬加这项工作有意思为导向来选择职业方向的，好学生的品质也能使我在这条路上很快开头，也能持续坚持一段时间，在同类求职者中不会很差。我缺乏持续地钻研，无论是科研还是工作，每完成一个任务向前进一步是我开心的时候。对于机器学习，我认为它是一门有意思的工作，但看到一堆算法我又很头痛。

从职业兴趣来看，我可能比较适合从事教育、社会工作，一些探索性较强的职业，例如研究员、工程师之类，还有一些技术、技能型职业；从价值观因子来看，我比较看重外在价值报酬维度，从长远来看，外在激励是有限的，也许我应该从内在维度挖掘职业带给我的益处，而不仅仅是工资高就行。

总结一下我的问题：我不是社牛与职业兴趣代码 S 矛盾吗？我是妥妥的理工科背景，似乎喜欢心理学或与人有关的东西，也喜欢探索，我可以从事哪些职业呢？我很喜欢校园大环境，甚至想过转到与人文相关的专业读博，这可能且合理吗？

感谢老师花时间阅读到这里，可能写得有些啰唆，谢谢老师！

咨询师仔细阅读了这封长长的邮件，对于小周在认真阅读案例后深入思考、分析感到很欣慰，也特别同意小周所说的“如果大学重来，即使上了生涯课程，也未必能早早地做生涯规划……”从某种意义上说，小周目前的状态是开始生涯规划的最佳状态，处于最合适的时机！“只要开始规划，永远不晚”：大学生开始生涯规划，最重要的其实是行动，而非规划；只要之前学生没有过多地将时间用于消耗性的活动上，任何时候开始规划都不晚。

在咨询过程中，咨询师对小周在自我探索中的困惑进行了答疑。小周提到自己在处理一些没有明确时间限制的工作时会感到不安，这是 J 型人格的典型表现。他还表示：“我缺乏持续钻研的能力；无论是科研还是工作，每完成一个任务并向前进一步时是我开心的时候。”这体现了典型的 NJ 型特点：N 型者“一鼓作气，再而衰，三而竭”，往往缺乏工匠精神。不过，人格类型只是决定人的做事风格，并不能决定职业选择。由于小周是典型的 I 型人格类型，因此表现为“不是社牛”。然而，这与他 S 型的职业兴趣类型并不矛盾。

小周提到，“邻居谁家的电视机没有画面，谁家的网络断了，甚至热水器不出热水了，都要喊我去看看。我也很喜欢做这种帮忙的事情。”这都显示出他有明显的 SR 型职业兴趣倾向。针对他在职业兴趣类型测试中 R 型分数偏低的情况，咨询师首先提醒小周不要过于相信测试结果。目前，同学们接触到的测试题基本上属于“情境性测试”，无法穷尽所有内容，因此结果自然不会太准确。此外，很多免费的测试工具本身的信效度也不高，这也会影响测试结果。小周测试出 S 型偏低可能是因为 IAS 型分数太高使得 R 型相对较低。

因此，最重要的是理解自己的偏好及其适合的专业方向和职业领域。另外，心理学实际上与 IA 型职业兴趣类型关系很密切。很多同学以为心理学、哲学、历史学等属于典型的文科，因此对自己喜欢心理学、哲学思考等感到困惑。其实，小周在前面分析性格时提到自己的某些“个性”，也可以用 A 型的职业兴趣倾向来说明：A 型者的一个典型特点是“既不想被人管也不想管人”，这与小周提到的自己在聚会时的表现很吻合。

针对小周目前对自己生涯价值因子偏好的排序，咨询师提醒了两点：①“安全稳定”和“经济报酬”是相互矛盾的两种价值因子，不可兼得，必须有所取舍；②这两种价值因子都属于外在报酬维度，符合“边际效用递减”的规律，长期来看无法对个人产生持久激励，还请小周多从内在价值维度中挖掘。

对于小周关于“我很喜欢校园大环境，甚至想过转到与人文相关的专业读博，这可能且合理吗”的咨询，咨询师首先明确：“这一点儿也不可笑！”根据小周 IASR 型的职业兴趣倾向，选择人文专业并非不可能。然而，咨询师提醒小周，有些专业需要很坚实的专业基础知识（类似于学钢琴和小提琴需要“童子功”才能成为专业的演奏者）。转专业的前提是自己先夯实这些专业基础，而非贸然转过去。即使自己确实有兴趣，仍然需要专业基础才能取得专业成绩，而取得专业成绩才能支撑自己的成就感和满足感。

45 分钟很快过去。小周觉得自己的问题基本上得到了解答，咨询师也提醒小周：“生涯规划并非一蹴而就的，需要思考—实践—再思考—再实践。”

两天后，咨询师再次收到了小周的邮件：

非常感谢老师的耐心指导！这是我第一次接触这些知识，我相信这将成为我自我改变的契机，使我不再总是妥协、随波逐流。

经过两次咨询，我给自己总结了一下：霍兰德职业兴趣中的 S 型与 MBTI 中的 I 型并不冲突。人格类型只是代表你的行事风格，并不意味着你不适合与人打交道，两者没有必然关系。同时，需要注意不要被霍兰德职业兴趣测试的结果束缚，不可将其奉为圭臬，仅供参考。之前之所以觉得自己没什么职业可以选择，是因为对代码的理解过于片面和狭隘了。例如，看到 SIR，我本能地理解为社交、研究、动手能力，研发岗位就想到程序员。上次与您交流的一大收获就是学会从不同的角度看待问题。从更广阔的角度来看，S 可以理解为关心支持他人、在乎人际关系，而不仅仅是社交这个行为。R 也不仅仅是动手操作的意思，也可以理解为实现某事的能力。研发不仅限于互联网程序员，也包括研发产品这类不需要写代码的工作。如此看来，职业选择的方向顿时开阔了不少。

对于喜欢心理学甚至想转专业这一点，我需要进一步确认是否真的与自己的职业兴趣匹配，同时要看到转专业所需的付出。还要给自己打个预防针：职业生涯规划不是一蹴而就的，也许毕业后我还需要继续探索。对于自己不喜欢的事情，万不可投入所有时间，必须留有时间探索其他领域，实现尽可能好的人职匹配。

以经济报酬、社会地位等外在价值为追求目标是不稳定的，紧盯短期利益不利于长远发展，这并不能给我带来持续的支撑。外在价值的回报终究会与我产生的社会价值持平，无须担心。

说了这么多，明白自己是时候该采取实际行动了！“路漫漫其修远兮，吾将上下而求索。”

其实，职业生涯规划只是提供了一种自我认知及整合个体职业发展资源的工具和方法。但由于测试本身的信效度有限，笔者一直提醒同学们不要迷信测试结果：测试目的在于引发同学们自我探索的兴趣，更多的还是要在实践中检验。

前文提到：生涯价值观决定了我们更愿意在哪个领域发挥才能，职业兴趣决定了我们的才能可以发挥到什么水平，人格类型则决定了我们以什么样的方式发挥自己的才能。个人的素质能力和可掌控的人脉资源才是决定毕业求职成功的关键。因此，行动起来，全面提升自己的素质能力（而非仅仅关注分数、GPA 乃至学历等）才是硬道理。另外，职业生涯规划绝对不是一蹴而就的，更不是一劳永逸的。因为根据“人职匹配”原理，个人一直在成长、变化，职场环境和职业本身的要求也在不断变化，因此二者将一直处于动态匹配的状态。所以说，不仅仅是在本科阶段需要开展职业生涯规划，在研究生阶段以及深造研究生毕业后，仍将面临职业生涯规划的难题。

H 大工科研二的林璎同学在硕士毕业前感到困惑，对于是否读博及博士的专业方向感到迷茫。通过职业生涯规划和生涯价值因子测评，林璎同学逐渐了解了自己喜欢什么、重视什么，最终找到了内心的答案。

在本科选专业和保研时，因为并未找到自己真正喜欢的方向，所以林璎同学沿着原来的路一直走下去，选择了本科传统的工科专业继续攻读硕士学位。但自从上了研究生后，她发现自己并不热爱这个专业。虽然能在专业里排名靠前、能完成老师的项目，其实仅仅是因为自己是个认真的人，负责的事情就算不喜欢也会努力做好。

自从读研以来，林璎同学一直与编程和代码打交道，也学习了不少计算机方面的课程。经过一段时间的反思，她觉得自己向往计算机相关的工作远胜过传统工业工作，并愿意为之付出努力，所以冒出了一个新的想法：留学转（计算机相关）专业读博。

关于转专业读博，林璎同学咨询过好几家留学中介和几位有经验的学长，中介无一例外地说转专业读博太难，尤其是极其热门的计算机专业；而学长们则说她的简历优秀，加上目前正在做的项目，应该问题不大，可以考虑转去“软硬结合”专业而不是盲目地撞“计算机的铁门”。林璎同学很想找到自己喜欢的专业并为之奋斗一生，这样的工作做起来才有动力，又很害怕在身边同学都拿到工作 offer 时自己成为一名“失学儿童”。

通过与同一个课题组的师兄交谈，林璎同学了解到同一个课题组的 99%的师兄师姐都去了航天院所，导师也希望她在他这里读博或者去院所工作。这里便是林璎同学的第二点担心：如果得不到导师的支持，就等于得不到导师及他的人脉的推荐信。但还好，林璎的父母、身边的朋友都非常支持她的决定，他们认为能找到自己真正喜欢的东西不容易，希望她能坚持自己的想法。

咨询师在与林璎同学交流后，建议她做生涯价值因子测评，以找到自己真正喜欢的东西。林璎同学仔细研究了各个职业价值的内涵，并提前勾选了五个自己认为很重要的因素，分别是智力激发、成就满足、薪酬待遇、工作环境和生活方式。林璎同学对这五个方面分别进行了认真梳理，具体而言：

1. 就业单位。我的大部分同学和师兄都去了航天院所，但这些院所的 offer 真的“一票难求”，尤其对女生来说。从往年情况来看，院所更倾向于招收男生。感觉互联网企业大多以技术为主，性别歧视并没有那么严重，这一点我非常认同。小结：性别公平度，互联网企业优于航天院所。

2. 薪酬待遇。就薪酬而言，院所的待遇不差，整体来说在北京、上海等城市应该处于中等水平，比较稳定；计算机专业依靠技术谋生，在当今的信息时代占据了收入的（较）高地，但不那么稳定。小结：院所工作收入较低但有户口、稳定，互联网企业收入较高但不稳定。

3. 就业广度。若不做科研，航天专业对口的毕业生大多限制在北京、上海、西安三个城市的航天院所，但计算机相关专业的就业面会广很多。

4. 智力激发和成就满足。在编写代码的时候，调用知识去解决 bug，看着问题一点点消除，每一步改动都有明显的进步，我非常喜欢这种工作模式。有些人会说，计算机行业需要不停地学习，太累了。但我喜欢这种不停学习新东西、跟上时代步伐的感觉，因为我坚信不进则退，学习使人更了解时代、更接近真相。拿我们现在做的项目来说，主要依靠的是工程经验，所运用的技术都是比较简单的（当然工程经验也很重要），我感觉自己虽然积累了很多在课本上学不来的工程经验，但新技术没有成长，这让我非常没有动力。

5. 生活方式。生活方式是我最重视的一个因素。虽然我是一个典型的工科生，但我也喜欢文学、绘画、音乐，并热爱体育运动。工作时应当理性、按逻辑行事，但生活中可以由浪漫主导。我从师兄那儿了解到，院所是一个“进去后基本能看到头”的单位（不带任何贬义，因为院所工作有十分稳定的特点）。虽然有跳槽的先例，但需要极大的勇气。除此之外，保密条款会限制个人出国。走遍世界，并用文字和照片给自己留下些什么，是我从小就有的愿望。这是一个非常大的冲突点，我不愿意为工作牺牲个人梦想。除此之外，遇上型号研发连续加班几个月没有时间陪伴家人，这种工作方式我也不太能接受。总体来说，工作是人生很重要的组成部分，但不应该占据绝大部分。对我来说，个人梦想和家庭生活才是最重要的。

通过自我梳理后，林璎同学心中已经有了决定。既然找到喜欢的东西不容易，就应该为之努力。林璎同学逐渐了解到，决心是在不断的学习中坚定的。比如，她现在在跟计算机相关的同学学习计算机知识、做计算机项目，现在的决心已比开始考虑转行时坚定多了，因为了解到自己的学习能力完全能胜任，越做越了解，于是越有兴趣。她觉得，再过些天，自己的决心应该会更加坚定。大概能坚持到最后的，才是真正热爱的。

最终，林璎同学决定在北航硕士毕业后前往香港攻读软件与硬件相结合方向的博士学位。相比之前有些偏执地想去读计算机专业的博士，她更加满意现在的结果，因为未来要研究的方向结合了软件和硬件，这是她热爱的领域，同时也能发挥她的优势。

林璎同学总结道："不得不承认，半年前我的态度有些偏激，无论是对院所就业环境的看法，还是'勇敢而又盲目'地硬转专业，都是不合适的。多方了解各路信息，不因单方之词下定论。在转专业时尽量发挥自己的优势，不能让珍贵的勇气变成'硬闯'的傻气。这些也是我在申请季学到的。"

近年来，越来越多的硕士毕业生选择读博，而在博士生中，将高校教师作为第一职业目标的人不在少数。然而，随着越来越多的高校对青年教师实施"非升即走"政策，高校青年教师面临巨大的压力，使得很多博士生也忧心忡忡。其实，博士学位只是获得高校教职的基本条件之一，大学宽松的工作环境确实对很多崇尚自由与独立性的年轻人有很大的吸引力；然而，对于科研与教学活动的热爱与专长，具备发表高水平学术论文及一定的授课能力，才是将高校教师作为终身职业的前提。

总之，不论选择何种职业，要想有长足的发展，人职匹配都是必需的。而最重要的匹配是职业兴趣类型和价值观倾向。希望同学们在校期间不断探索，及早做好规划，积极实践提升能力，进入职场前能够具备理想职业所需要的素质和能力。

本章小结

本章引导同学们认真思考读研/留学对个人职业生涯发展的深远影响。希望同学们根据自身情况，理性分析本科后直接就业、考研/保研及出国留学（读研）几个选项的利弊得失，做出与自己个性特征、职业兴趣、能力特长相匹配的选择，切忌人云亦云，单纯地将考研、读研、留学等作为表明个人上进的行为。

课后思考

（1）你打算考研吗？什么时候开始这么打算的？为什么？

（2）你认为研究生找工作一定比本科生容易吗？你是如何得出这个结论的？

（3）你打算出国留学吗？什么时候开始有这个打算的？为什么？

（4）你认为"海归"找工作一定比国内硕士毕业生容易吗？你是如何得出这个结论的？

（5）你清楚考研及保研（包括跨专业考研及保研）的各项规定吗？

（6）你清楚留学申请的全部流程及所需费用吗？思考过费用对家庭的影响吗？

（请最好在大二结束时，最晚在大三第一学期结束前回答以上所有问题。）

第 7 章

生涯规划方案实施之就业篇

古之立大事者，不惟有超世之才，亦必有坚忍不拔之志。

——苏轼

一步实际行动比一打纲领更重要。

——马克思

学习目标

本章引导同学们在初步制订的职业生涯规划方案的基础上，根据实际情况调整方案、确定具体求职目标，采取积极行动，按照科学的方法予以实施，并根据目标职位的任职要求撰写简历、应对面试。

导入案例

从小父亲就告诉我，凡事要培养一种“以终为始”的思维模式：即从最终的结果出发，反向分析过程或原因，寻找关键因素或对策，采取相应策略，从而达成结果或解决问题。但是在研究生学习生涯开始时，我非常迷茫：大量的纯工科课程让我叫苦不迭，数据分析中各种各样的数学公式让我苦不堪言，同时我并不擅长与 Python 打交道。实不相瞒，因为我很喜欢健身，有很长一段时间我觉得自己一定会去当一名健身教练或是一名康复管理师，而我在求职中处于“底层”。

幸好，我有一颗强大乐观的心，以及一直坚守的“以终为始”的求职思维。这种思维帮助我厘清了找工作的思路，并幸运地找到了比较满意的工作。接下来，我将从以下方面进行分享。

找工作之前最应该做什么？是开始实习，还是埋头写论文，发表优秀的 SCI 论文？其实，我认为自我定位最重要，需要思考以下几个问题：

1. 准备进入哪个领域？
2. 有必要留在北京吗？
3. 对待遇、福利、薪资有什么期望？

第一个问题是我在研一时就开始思考的：我适合什么呢？我能做什么呢？当我喜欢做的事情与我必须做的事情不一样时，我应该怎么办？这些问题，在系统了解自身之后，心里应该会有一个属于自己的答案。以我个人为例：

人与人之间的性格差异永远只有类别之分，没有好坏之分。在研一上学期的职业生涯规划课程中，我做了不少测试，在MBTI测试中，我是典型的ENFJ类型：外倾、直觉、情感、判断型；在霍兰德兴趣类型中，我属于EAS型，最薄弱的方面是RI型——这就很好地解释了我为什么对大量公式和需要动手做实验的学科非常恐惧。在职业价值因子中，我打分排名前三的依次是成就满足、声望地位、工作环境，这三个因子分别包含了内在价值维度、外在价值维度、外在报酬维度。了解了自己后，我开始划定感兴趣的职业范围。

于是，我通过互联网搜寻各方面的招聘信息，并询问师兄师姐，了解到以下大致信息：哪些单位设有可靠性科室？实验室往年就业情况偏向于哪些单位？与哪些单位有项目合作？哪些单位有北京户口？单位科室之间待遇差距如何？搜集信息的渠道包括网站，如北航就业信息网、中国航天人才网及各家互联网招聘官网，公众号包括北航就业、北大就业、清华就业、北理就业等。

经过将近一年的了解与分析，我认为比较适合的职业有：互联网产品经理、国防系统科研院所研究员、公务员等。接下来，我分别列出达成这些目标最需要做的主要事情。

互联网产品经理：实习经历、校研会工作经历。

国防系统科研院所（研究所）：论文、学业成绩、项目经历、专业对口。

公务员：申论考试、行测考试、面试（表现很重要）。

健身教练：证书、学历（如韩国汉阳大学生物力学博士）、从教经验。

再结合我自身实验室的特点（不支持实习），项目较多且杂，多为军工产品，且往届师兄师姐多数进入体制内工作，所以我选择研究所作为职业目标。

喜欢健身的原因是我非常喜欢做计划且按计划表完成，而健身是一件专注之后就能得到回报的事情，你只需要明白最底层的运动模式且日复一日训练，就能得到回报，让人很有成就感。而放弃健身教练这个职业是因为我预约咨询了郑晓宁老师，在与她的沟通交流中我意识到：当健身作为一个“陶冶情操”的活动时我是非常热爱的，若是加上硬性的业绩指标，当它成为“养家糊口”的工具时，就没那么吸引我了。

研究生职业生涯规划课的推荐教材《职业生涯规划与就业创业指导》中有这样一段话：“一个人的梦想往往是其遥远的目标。然而，这个目标能否实现，取决于个人对这个梦想的正确认知及自己为实现梦想而付出的努力。”

面试前要做哪些准备呢？首先需要一份好的简历、好的时机、明确的目标。

我在一些学院活动中有意识地结识了一些在院所工作或面试过的师兄，咨询了大量相关的信息，了解到：院所在筛选简历时更偏向于专业对口、内容丰富、条理清晰且确实会更偏向于找男生。针对以上，需要投其所好，在自己的简历上面重点标识出来，如本科学校、六级分数、项目、获奖、论文多、有才艺、外貌端正……

虽说院所招聘应届生更偏向于男生，但个人觉得女生找工作没有想象的那么难。为什么有人会觉得找工作找得很累、内心很崩溃呢？其实是因为没有做好个人规划，不去了解自己擅长什么、自己的研究方向适合哪些职位，开始秋招时就广撒网、顾此失彼，被拒绝时没有调整好心态。诚然，找工作时很多地方看到我是女生可能连面试的机会都不给，但是也有很多单位愿意了解我、给我机会。很多同学说找不到工作，其实是说找不到最理想的那份工作；而我身边的女生大多数都手里面捏着几个 offer 呢。

虽然有时会遇到性别歧视，但女生不应该因此就觉得找工作难，重要的是学会保持平衡的心态和打不倒的自信；在被一些用人单位拒绝时不要留恋也不要因此怀疑自己，抓紧时间奔赴下一家。秋招的时间很宝贵，在你自我怀疑、埋怨被歧视时可能会错过很多好机会。有一次我投递了一个离我家乡很近的单位，本来觉得有地理优势且专业对口，感觉胜券在握，但是最终连面试的机会都没给我，直接签了两个男生。那次对我打击挺大的，一直在思考为什么被拒绝了？甚至尝试过重新投递了一个不是很喜欢但当时还没招满的岗位；其实这样是很没有意义的，只会一步一步让自己变得更加卑微。现在回头看，曾经我那么想进的那家单位现在对我已经没有了吸引力。所以，找工作时一定要站在高处看风景，打开格局，你会发现自己的选择真的很多。

以上内容是北航工科硕士朱恋蝶毕业前对自己求职经历的回顾。作为本科非 985 高校的女生，她在找工作时遇到了一系列困难。不过，在提前学习了研究生职业生涯规划课，事先开展了职业规划和求职准备后，她拿到了包括自己满意的多个 offer。从朱恋蝶“以终为始”、厘清职业目标，积极努力且勇于寻求帮助的求职经历中，可以看到规划与行动二者是不可或缺的。

7.1 了解企业的招聘逻辑及招聘流程

了解企业的招聘逻辑及招聘流程，是决定毕业后直接工作的同学在正式求职前的大三阶段就应做的功课。

第 5 章已经分析了优秀大学生与成功职场人的异同，并初步介绍了用人单位对新员工的素质与能力要求。针对用人单位的多项调研表明，用人单位最看重应届毕业生的能力与素质包括：明确的工作动机、诚信与责任心、沟通能力与团队精神、专业能力以及社会实践和工作实习的经历。以上几项中，除了专业能力主要通过专业课程学习进行培养，大部分都需要通过课程学习之外的实践来培养和提升。

在了解用人单位对应届毕业生的素质能力要求的同时，还应该了解用人单位的招聘工作策划思路与流程。

以企业招聘为例，用人单位招聘工作的底层逻辑是：

（1）企业在招聘前对所需岗位的人才有清晰的预期；

（2）这一清晰的预期在简历筛选环节主要聚焦在审核应聘者的专业能力、综合素质与自我管理能力三方面；在面试环节，除了这三方面能力，还包括求职动机、价值观、个性特征等的匹配；

（3）企业依据上述能力素质预期来筛选简历、设计面试方案、进行面试评分；

（4）企业招聘的目的是筛选出与招聘岗位的人才画像最为接近的应聘者。

人才画像通常包括两大部分内容，用能力素质冰山模型（见图 7-1）来展示。冰山上的显性因素，如专业技能、学历背景、工作经验、性别、年龄等，这部分内容比较容易评价和验证；而态度、综合能力（如学习能力、抗压能力、沟通能力等）及价值观、动机等是冰山底下的隐性因素，不容易被评价和验证。从人才画像中得出的这些素质能力就是在招聘筛选时重点考核应聘者的能力素质维度。

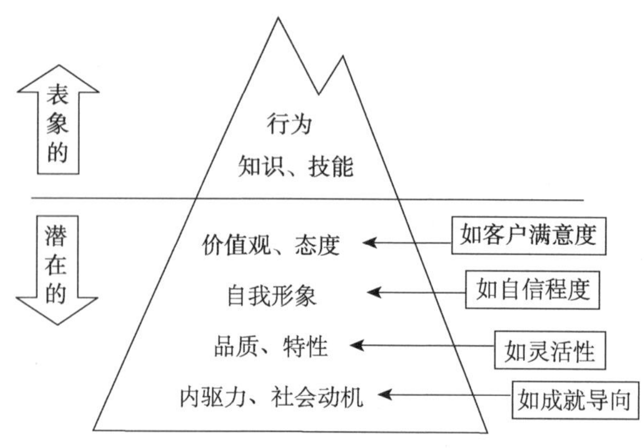

图 7-1　能力素质冰山模型

此外，企业还要考虑稳定性和成本，甄选过程中“合适比优秀更重要”。不论是简历筛选还是笔试、面试，都是有误差的，也无法全面测评一个人的所有能力素质。因此应聘过程中要尽最大可能地展示自己，但不可以成败论英雄。招聘是一个双向选择的过程，企业在选择适合的毕业生的同时，毕业生也在选择适合自己的岗位和企业。

在以上招聘逻辑下，大多数企业的招聘流程主要包括六个步骤。

1. 招聘需求分析

招聘需求分析包括确定岗位需求、制订招聘计划、确定岗位要求和职位描述等。企业 HR 需要通过与业务部门的沟通，明确招聘目的和需求，进而制订合理的招聘计划。

招聘需求分析的核心内容是通过分析招聘岗位的具体工作内容和岗位关键业绩，得出该岗位的胜任力模型。胜任力模型描绘了能够鉴别在这个岗位上绩效优异者与绩效一般者的动机、特质、技能和能力，以及特定工作岗位或层级所要求的一组行为特征。企业 HR 可据此获得招聘岗位的人才画像，即最适合招聘岗位的人应该是什么样子的。

2. 撰写招聘启事，发布招聘广告

企业 HR 根据招聘岗位的人才画像撰写该岗位的招聘启事，招聘启事中明确了岗位职责和任职资格等。企业 HR 可根据面向的招聘群体选择合适的广告发布渠道。常用的发布渠道包括企业官网、社会招聘网站、内部员工推荐、目标高校的就业信息网、就业微信公众号及毕业生微信群、社交媒体等。此外，知名度高、招聘需求量大的企业多数会在秋招、春招等毕业生求职高峰期到目标高校召开专场宣讲会或参加双选会。

3. 收取及筛选简历

很多企业会通过网络申请收集简历，也有企业通过邮箱或线下双选会收集简历。一些大型企业在招聘季动辄收到上万份简历，仔细阅读工作量太大，不可能全由人工完成，往往通过学历、学校层次、专业、专业能力相关的关键词等进行自动筛选。只有通过筛选后的重点简历，企业招聘人员才会通过人工方式从中选择进入笔试或面试环节的候选人。

同学们可能听说过企业HR用7秒钟或15秒钟看一份简历的说法，似乎有些夸张。事实上，招聘高峰期HR每天要筛选的求职简历量非常大，看简历的方式类似关键词搜索，10秒钟内挑重点。因此，简历重点突出、关键词清晰很重要。撰写求职简历前一定要去了解对你要投递的岗位来说，什么是关键词，什么是重点，以便能在简历撰写时把握住这些关键词和重点，从而进行有针对性的突出，增加简历被选中的可能性。

4. 笔试、面试设计及实施

通过简历筛选的候选人在硬件条件上基本符合招聘岗位的基本要求，但还需要通过笔试、面试来进一步验证并深入了解。一般对专业能力要求高的企业和岗位会设置专业能力笔试，如软件开发岗、算法岗的招聘，可能还包括上机操作的环节；对个性特征要求高的岗位，企业还会设置心理测评环节。

短时间内通过面试对候选人进行准确甄选存在难度，面试方式的选择、面试题目的设计、面试官的选择等都有可能影响面试的有效性。因此，企业HR会根据岗位的胜任力模型、考核应聘者的能力维度、不同面试方式的考察原理等，设计出合适的面试方式和流程，制定科学的面试题目、有效的面试评价方式，并选择合适的面试官进行培训。

面试评估是招聘工作中最重要的环节。一般面试至少有两轮：侧重考察专业能力和发展潜力的专业技术面试和侧重考察综合素质、价值观、求职动机等的HR面试。一般情况下，面试官通过事先确定的面试方式对候选人进行面试、评分。HR需要根据面试评分情况对候选人进行评估与反馈，还要结合候选人的薪酬期待、优秀程度及候选人到岗的可行性、稳定性等因素综合考虑面试结果。

通过面试只能测评到能力素质冰山模型水面上和水面上下临界值的部分；要测评到“水面下的冰山”，可以通过心理测评部分来实现。

5. 候选人背景调查

如果招聘岗位特别重要，还可能会有候选人背景调查这一环节，如公务员录用过程中的政审环节。一般来说，候选人背景调查包括验证候选人的资历、社会背景和诚信情况等。

6. offer发放和入职管理

offer发放与入职管理是招聘工作的最后一步，包括offer的发放、签约、入职前培训和入职后的跟进等。

星宇是北京生源，本硕都是在H大工科主流专业学习的。她硕士毕业求职时，在同学们看来轻轻松松地就手握4个高质量offer。其实，她是提前做了职业生涯规划及充分的求职准备的，正可以与本节介绍的内容相互印证。

【求职技巧：目标定位】

很多同学秋招疲于奔命，是因为对自己没有清晰的定位，哪个岗位都想去，但哪个都不能完全匹配。而用人单位最重视的就是岗位匹配度，匹配度差就算了，由于四面出击，连笔试都不能有针对性地集中精力去准备，最后导致自己在秋招中如同一盘散沙。我在秋招过程中针对不同类型的企业划分了一个大致的范围，划定的思路是先选可匹配的行业，再选岗位。首先选一两个喜欢的行业，其次再考虑适合自己的岗位；由此划出了一个十来家公司的名单，可以类比于高考报志愿，同类型的单位按照业内地位有区分地选出三四家，最后留一个百分百能去的保底。随后从中调研与自己匹配度最高的岗位，此时上一条经验就又用到了，如果你有相关实习，这项调研会非常容易，直接与同事咨询就可以得到第一手的消息。在这一过程中，我了解到华为的非技术岗是避开应届生学校和家乡所在地分配的，因此就没有申请，即便我对华为市场岗的了解以及相关工作经验积累让我确信：如果申请，不说有 100%，也是 80%以上的概率能拿到 offer。

H 大毕业的硕士找个保底的工作其实不难，但是想找钱多、活少、离家近、位高权重、责任轻的“好工作”，无论对谁都很难。职业规划不是一蹴而就的，薪资也不是唯一的标准，关键还是要适合自己，做好未来 20～30 年职业生涯的思考。用人单位不是傻子，给出的高薪每一分钱都是要你用相应的汗水去换的，大可不必这山望着那山高。

针对这一部分的建议有三点，建议最晚在 9 月前完成：

首先，选取 1～2 个行业领域，再根据公司前景及待遇划定 3～4 家待选企业名单。其次，了解这些公司官网都有哪些相关岗位，明确岗位的实际工作内容，并有针对性地准备该岗位的笔试和面试。最后，提前根据往年各公司的时间安排制订计划表，了解各公司何时开始秋招、有几个批次、校招流程如何，以做到心中有数。

【求职技巧：知己知彼】

这一部分我主要给出的建议是：多投实习。我获得的第一份 offer 是运营商专业公司的售前技术支持岗位，是通过暑期实习转正的。笨鸟先飞，秋招能够提前有这一保底，也是得益于我本科毕业后就开始的实习工作。细算下来，从本科毕业到硕士毕业，我面试过的公司有十来家，涵盖了产品、运营、售前等不同的岗位。

也许很多同学会说自己的实验室严禁实习，其实投简历并不一定代表要入职。我所指的是多参加、早参加各种招聘。第一，多与 HR 打交道，才能在实战中锻炼自己的求职经验。第二，多了解各种岗位的主要工作内容和要求，对自身条件也有针对性地去思考，才不会在秋招到来时连想做什么样的岗位都一问三不知。

针对这一部分实操性的建议或信息，有三点建议在研二第二学期结束前完成：

1. 从研二的 3—5 月开始寻找暑期实习。在参加面试时，要多询问面试官对你的评价，并请他们针对你的缺点提出改进意见。

2. 利用人际关系，通过师兄师姐的内推了解各种岗位及行业的招聘需求。

3. 尽早进行职业规划及 MBTI 性格测试，提前完成简历撰写、群面等经验的学习。

7.2 具体的求职准备

由于缺乏全职工作经验，实习经历对于应届生找工作显得尤为重要。在寻找实习工作的过程中，同学们首先要善于利用一切人脉关系。目前，我国尚未形成较为完善的实习生社会招聘制度，多数用人单位招收实习生以内部推荐为主。因此，同学们应主动向父母、亲戚、朋友、校友等求助，以获得相关招聘信息。当然，有熟人推荐并不意味着就能获得实习机会，不少单位会组织面试进行筛选。这就需要同学们事先了解撰写简历、参加面试及职场礼仪等方面的知识，并进行必要的训练。这些训练对同学们毕业前找工作也有很大的帮助。

一旦幸运地获得实习机会，要认真把握，在工作单位好好表现，争取获得实习单位工作人员的认可。不少同学抱怨实习就是“打杂”，体现不出自己的水平。殊不知，几乎所有的职场新人都要从“打杂”做起。对于刚刚进入职场的大学在校生或毕业生，主管一般只会将比较简单的工作任务交给他们，即使做不好，也不至于造成太大的损失。主管会通过新人做事的情况来考察他们的工作态度。一般来说，只有认认真真地将小事做好，才有机会承担比较重要的工作，体现你的水平。

当然，实习经历只是帮助同学们展示自己职业素质与能力的重要佐证，并非“没有实习经历就找不到工作”。社团活动、科研经历等也能达到类似的效果。第 4 章提到的颜宇婷就是凭借实习经历获得多个高质量工作 offer，关键在于毕业生个人真正具备与岗位要求匹配的素质与能力。

明确了求职目标后，同学们就要在大四第一学期开始找工作。在找工作的过程中，要及时调整求职心态，争取做到以下几点：

（1）进行恰当的自我定位，不要好高骛远。只要找到适合自己的工作，能够充分发挥自己的优势，从长远的职业发展来看就是有利的。因此，只要在求职过程中尽心尽力，不出现大的失误，把握住各种机会，找到的工作都应该是不错的。

（2）求职是持久战，要保持平和的心态。在一本著名的《求职宝典》中有句经典的话：找工作就是一个别人不断地跟你说“不行！”“不行！”“不行！”……最后终于说“行，来吧”的过程。同学们要保持平和的心态，做好打持久战的准备。

（3）培养抗挫折能力，做好接受“失败”的准备。本章案例中，最终获得满意 offer 的同学在求职中也体会到了挫败感。事先要告诉自己：失败并不可怕，失败是成功之母。

（4）及时总结经验和教训，灵活应对变化。其实，“找工作本身就是一份工作”，你不会一无所获。即使一时拿不到 offer，你也将收获求职经验。我们应该在求职过程中不断总结，发现自己的不足，以调整、提升自己，不断接近目标。

（5）一步到位是理想，多步到位更是现实。真正获得自己最理想职位的同学是极少数，大部分人是有些遗憾地接受了次优的 offer。只要同学们获得的职位与理想职位不是南辕北辙，所要求的任职素质与能力交叉较多，通过在工作中不断积累经验、提升能力，在不久的未来就能抓住机会，接近自己的理想职业状态。

在应届生求职中，女生似乎先天不占优势。对此，前面的星宇针对大家普遍感受到的应届生求职中的“性别歧视”发表了看法，供同学们参考。

秋招期间很多女士发现，很多企业、科研单位在宣讲阶段就直接开诚布公地表示不收女生，很多女士因此备受打击。从事实上讲，领英的一组数据调查显示，女生只有自己百分百符合用人单位的要求时才倾向于投出简历，而男性这一数据是符合 60%的要求就可以促使他们投出简历。很多女生也认为在自己的职业生涯上应当更注重家庭，注重和伴侣的配合。这些感受都是没有错的，但仍希望各位同学认清什么是自己真正的需求。

对此，主要想说两点：

第一，以结果为导向，不要自怨自艾，消极心态对事实结果往往于事无补。

第二，不要让性别带来的“低自我评价”影响你的决策，学会跳脱性别角色看待问题，要时刻对自己的心态保持自知和自觉。

波伏娃说：“一切主体都是通过计划，作为超越性具体地确立自己的；它只有通过不断地超越，朝向其他自由，才能实现自由；除了向无限开放的未来扩张，没有其他为当下存在辩解的方法。”不论是男性还是女性，人生都是通过挑战自我、超越自我才能够实现自由的。希望女性无论在学业还是事业上都能够多一分坚持。

所以说，同学们应抱着积极乐观的心态设定求职目标，收集详细的求职信息，选择合适的求职渠道。目前，应届生常用的求职渠道包括：

（1）互联网校园招聘。目前，通过互联网求职几乎是应届毕业生的首选渠道。可以通过智联招聘、Boss 直聘、拉勾网、前程无忧以及应届生求职网、牛客网等平台获取相关的招聘信息。这些平台上的招聘信息都比较多。也可以通过各用人单位自己的网站提交申请。

（2）校园招聘会。这是对在校大学生而言最有效的求职渠道。从每年 9 月开始，有应届毕业生聘用计划的用人单位就会分期分批地进驻各大高校，开展针对应届毕业生的招聘活动。其中，既有多家用人单位同时进驻的校园招聘会，也有一家公司单独前往的招聘宣讲会。不论形式如何，这类招聘会都会有实际的用人需求，而且不要求求职者有工作经验，还省去了交通成本，对同学们而言是非常有效的求职渠道。同时提醒大家：这里所说的校园招聘会不限于本校主办的，本地区其他高校举办的校园招聘会往往会对所有应届毕业生开放。不少同学是在其他高校举办的校园招聘会上投递简历，最终通过层层筛选被录用的。

（3）学校就业指导中心。该中心往往与很多用人单位保持着密切联系。有些有招聘应届毕业生计划的用人单位，由于种种原因不能前往校园举办宣讲会及参加招聘会，会将招聘需求发给学校的就业指导中心或者院系的职业发展中心。因此，求职的同学要经常关注学校就业指导中心及院系职业发展中心发布的信息，以免错过机会。

（4）人脉求职。根据近年来的调查数据，通过人脉关系获得招聘信息及推荐，最终顺利通过面试并获得录用的比例在逐年上升。出现这种现象的原因是，很多用人单位为了节约招聘成本、提高筛选效率，会请内部员工推荐应聘者。被推荐者需要参加各种考试、测试及面试，而非有些人想象的“走后门”。因此，在找工作期间，同学们要尽可能将自己的求职目标告知亲戚、朋友、校友等，争取更多的面试机会。

大学生的求职准备并非要到大四或者研二才开始，而是在更早，甚至大一时就开始了。一位“双一流”高校工商管理专业的本科生在大四上学期就获得了中国工商银行北京分行和德勤（北京）会计师事务所的 offer。他说：“谁也不能在大一时就保证自己三年后能获得保研资格或者通过出国留学的各项考试。而且，即使读研或留学，将来也要就业。因此，从大一开始为就业积极准备是十分必要的，而我也是这样做的。”他在大一时就积极参与学生工作和社会工作，从大一暑期开始，先后到几家公司实习。通过这些活动，他初步接触了社会，锻炼了自己的综合能力。得益于大学三年的积极准备，该同学在大四求职时较为顺利：在校期间的学习成绩和丰富的社会活动、实习经历令他顺利通过了网申，平日积累的知识帮助他通过了笔试。面试考察的是求职者的逻辑思维、语言表达、团队合作、随机应变等综合能力，而他已在各项活动中有意识地锻炼了这些能力。

接下来，以东北大学秦皇岛分校本科生谷柏同学本科四年的经历分享来分析在校大学生如何进行求职准备。

从一个原本是贫困县的地方考上一所985高校的我，用“小镇做题家”来形容最合适不过了。初入大学的我，犹如刘姥姥进大观园，对周围的一切都感到十分新奇和茫然，除了试卷，就没有熟悉的事物了。

依旧清晰地记得，在军训后的部门和社团招新面试上，因为没有任何才艺技能失去了加入民乐团的机会；因为没有过往学生会经历、社会实践经历，只能依靠热情、好学的态度去说服招新的学长学姐；因为勇气不够、缺乏相关经历，导致班干部竞选落选……

在刚进入大学的那段时间里，我不仅陷入了高考发挥失误的懊恼与悔恨中，而且不断在心里怀疑自己、自我贬低，觉得自己不如身边的同学。一度甚至想过返回高中复读，再报考一个离家近的大学。

不知何时，那股刻在骨子里的不服输、争当一流的劲儿上来了，我便积极报名各个部门的招新、准备面试，最终加入了校团委网络中心运营部、媒体部、就业服务中心、校友服务中心、KAB外联部和交谊舞社团。加入之后，我积极参加部门工作，对大学的认识更多了一些，也学会了Office、PS、PR、微信公众号后台等一些工具平台的使用。而加入交谊舞社团极大地锻炼了我的勇气和自信。社团里那唯一一个手脚极其不协调、踩不上拍子、跳舞不敢和女生搭架子的小伙子，靠着每天下晚自习后的一个小时到社团观摩、学习的坚持，以及学长学姐和舞伴不厌其烦地指导、纠正动作，终于把整套舞蹈学完了，并在“百团大战”上登台演出——那也是我人生第一次登台演出。除此之外，大一我还积极参加学校举办的“挑战杯”“ERP沙盘”“三下乡”等各类比赛和活动。

现在回首大一，觉得是我修炼“里子”的一年：那一年虽然没取得什么成就，绩点排名中等，各种比赛只限于校赛，但是对于我内在品格的锻炼大有裨益！从各个部门的学生工作中学到了一些技能，培养了服务意识和责任感；从社团的练舞经历中锻炼了勇气和毅力；在各种比赛和活动中学习如何与人相处合作……

谷柏同学并没有拥有“高开”的大一，进入大学后有种种不适应，甚至一度想返回高中复读，再报一个离家近的大学。好在他并没有在低谷停留太久，很快积极报名参加各个部门的招新，最终进入多个社团及学生工作部门，通过参加各种活动提升了综合素质。这些都为他后来的求职打下了很好的基础。

进入大二，没有了大一那种惶恐与胆怯，勇敢地去竞选了“校团委网络中心”主任一职和“交谊舞协会”理事长一职，并成功当选，积极对接老师并部署部门工作。11月的某一天与两位大四学长约了一顿晚饭；两位学长都是就业方面的大佬，从大一就开始实习了，拥有小米、京东、网易、科大讯飞等大厂实习经历。在我表达出想实习的想法之后，两位学长都特别支持，并分享了自己当时实习求职以及实习过程的经历，坚定了我实习的决心。回到学校后我便开始做简历，两位学长给我分享了自己的简历、一些简历模板和相关的建议。简历前前后后做了十几版，便开启了海投模式，有大厂也有中小企业；陆陆续续参加面试，但无一例外都在初面就被pass了，我逐渐开始气馁、热情丧失，甚至产生了放弃的想法。

直到2021年12月31日上午11点，接到了网易HR的电话，通知面试通过了，岗位是网易有道高中事业部产品组的数据运营岗位；在那一刻，只剩一点点火星的内心瞬间爆燃起来，立刻告诉爸妈、订机票、搜索房源。虽然爸妈反对，但在我的反复劝说和坚持下，2022年1月7日独自一人拉着行李箱，去了一座完全陌生的城市——北京。2022年1月10日正式入职，我成了10个人的实习组里年纪最小的，在老实习生的指导和自己的自学下，开始上手业务，并于2022年3月接任组长。除了原本的数据工作之外，我还要负责每天团队任务的分发和产品组、研发组的工作对接，一直实习到5月，“有道志愿”这款高考毕业生志愿填报推荐产品上线后离职。第一段实习让自己建立了一个基本的职业观，第一次真正进入社会、学着自己生存，并不断自学增强自身技能。

2022年6月，我入职京东健康中医院，担任数据分析实习生，负责中医院同事的数据需求和日度、周度、月度的业务数据分析报告。这段实习的工作强度比较大，因为部门除我之外没有专门的数据人员，对我应对压力、精进业务技能、平衡工作和生活的能力都有很大提升。同时也让我对中医互联网行业的发展现状、商业模式、未来发展前景有了清晰的认识。

2022年8月，我又入职百度IDG智能公交业务部，担任产品运营实习生，负责北京首钢产业园Robobus L4级别自动驾驶车型的商业化落地运营，以及梳理广州Robobus车型运营数据，降本增效。在这个过程中，需要高度的团队沟通协作能力，在前期我需要和其他运营团队沟通协调Robobus（仅有4辆，1辆可上路）、与研发团队沟通为该车定制自动驾驶版本方案、与运维团队沟通安排安全员随车测试、与场地团队沟通车辆运营路段日常管理、与安全团队沟通安排安全验收，至此，该车才能试运营。下一步需要对接商务接待和合作洽谈。除工作外，我还加入了百度飞盘社，每周五晚下班后都去参加飞盘训练和比赛，自从第一次接触飞盘就彻底爱上了这项运动，给繁忙的实习生活带来了无限的乐趣。这两个多月的实习对我的沟通协作能力、资源协调能力、商业化认知都有一定的提升。

我在第一段实习期间开始承接校园大使的兼职，在2022年秋招兼职企业最多达40家。在做校园大使的过程中并不容易，我们学校同学的就业意识不强烈，就业信息宣传途径较为有限，同时在应聘面试校园大使的时候，很多企业HR并不知道我们分校，也存在一些企业HR对我们学校的985身份不认可，每次面试过程中我都需要极力说服HR并争取到分校的校园大使名额。其中印象最深的是字节跳动，这是许多同学都想去的企业，但是在前几年字节跳动的东北大学校园大使队伍是5～6人，均在总校。由于我接触到了校园大使“大部队”（全国各高校校园大使汇集的群聊），结识了同在京东实习的字节跳动东北大学校园大使主席，在他的多次沟通下，给分校一个校园大使名额，经主席团面试我顺利当上了字节跳动的校园大使。

谷柏同学通过大二学年一系列高质量的实习，培养并锻炼了自己的多项素质与能力，也基本上确定了毕业后直接找工作的目标。

总之，求职准备越早开始，对素质能力的培养和积累期就越长，最后在求职阶段的选择余地就会越大。同时，在实习实践过程中，随着对职业了解的深入，会不断产生新的想法，随着结识的人增多，也会发现新的机遇。

7.3　锁定求职目标

基于上述内容，大学毕业生开始求职前需要梳理一下应聘的底层逻辑。

很多毕业生在应聘过程中总觉得企业 HR 掌握着自己的命运，因此往往过度紧张。其实，对企业 HR 来说，招聘也是一件难事：由于双方信息不对称，企业要想快速、准确、有效地判断一个人的能力，尤其是通用技能、自我管理能力、价值观等软性能力，难度非常高。“冰山”下的很多素质都难以被准确测评。不少毕业生会参加面试培训班，通过面试训练大大提高了面试过程中的伪装性，增加了企业筛选合适候选人的难度。这也导致企业在招聘过程中更倾向于使用更容易评估的硬性条件来评价候选人，比如更偏爱那些在与招聘岗位类似的岗位上有实习经验或有与岗位职责类似科研经历的候选人。

对于毕业生来说，建议不要伪装，而是要做好充分的准备，通过提高应聘过程中的自我展示水平，帮助企业进行高效的甄选。企业希望雇佣的是有能力胜任工作的人，而不仅仅是有过经验、曾经胜任过工作的人；虽然二者有相关性，但并不完全是一回事。因此，毕业生在应聘过程中要明确以下几件事。

首先，理解企业招聘的底层逻辑和招聘过程中可能遇到的困难、困惑，做好自我经历的深度挖掘和岗位能力需求的匹配，在简历撰写与面试中清晰、重点突出地展示出来，降低企业甄选的难度。

其次，认识到很多工作需要的技能是相通的。如果申请之前没有相关经验积累的岗位，一定要强调自己具备可迁移到该岗位上应用的通用技能，如学习能力、组织能力、沟通协调能力、项目管理能力、创新能力、资源整合能力、演讲表达能力、书面写作能力等，方便企业判断与招聘岗位能力需求匹配的情况。不管是简历撰写还是面试，不仅要展现自己的经验、成果，还要尽量充分挖掘经验中的能力，与经验一起表达出来。

最后，不一定要百分之百符合应聘岗位要求才去应聘，尤其是对于本科生。绝大部分本科毕业生在刚毕业时是达不到企业需求的，需要在未来工作中继续培养。因此，企业更看重的是毕业生的基本素质，能力层面达到 70～80 分的匹配程度就可以尝试应聘。

此外，在介绍经验、展示能力时，尤其是在面试过程中，可以多讲细节，配合部分感受的反馈，帮助企业判断你讲述内容的真实程度。

了解了以上内容，同学们在撰写简历前，还要根据应聘岗位相关的信息开展求职目标信息梳理。信息梳理的过程可以参考以下的思维导图（见图 7-2）进行。

目标岗位相关信息是后续应聘过程的基础。求职简历的撰写的面试准备需要针对目标岗位相关信息有重点地展开。在后续的应聘过程中，如有新的信息可对上述信息进行更新和完善。

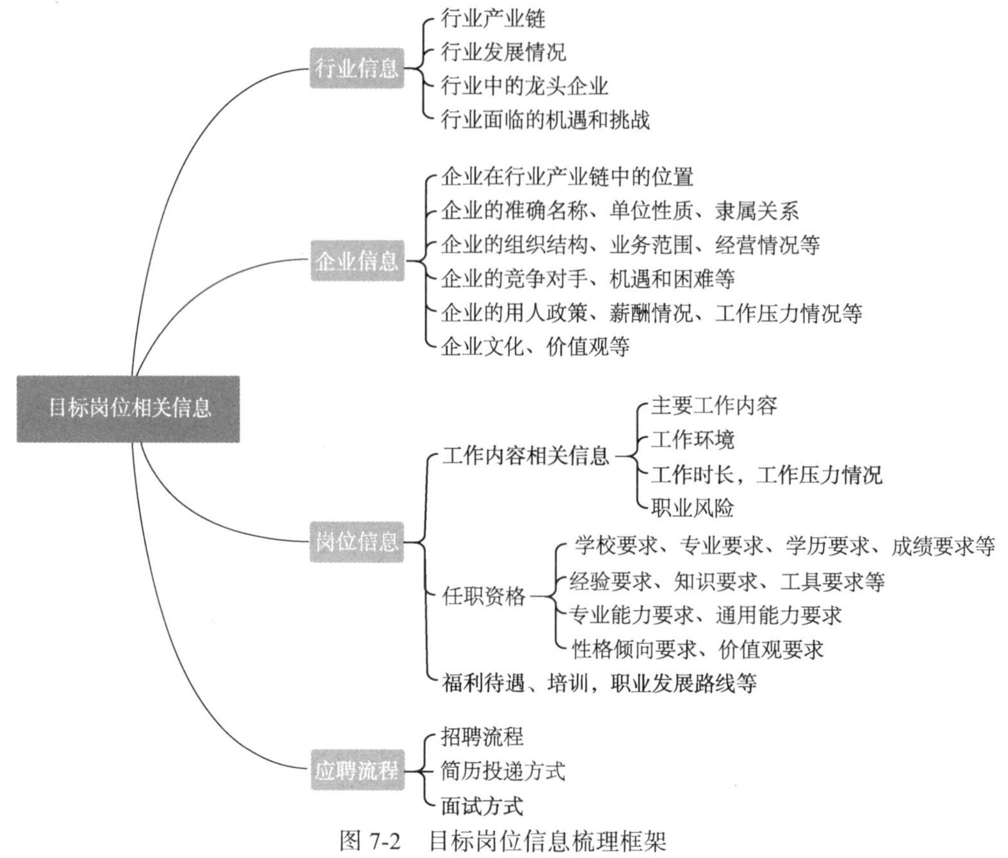

图 7-2　目标岗位信息梳理框架

大学期间的努力决定了毕业时同学们所拥有的知识与技能。如果同学们能够提前设定目标，并按照目标的具体要求采取适当的方法去培养、提升能力，那么在毕业时基本上能够满足这些要求，且能较为顺利地找到满意的工作。

事实上，虽然“广撒网”是很多应届毕业生的重要求职策略，但大部分同学都面临“回复率低”的尴尬。然而，本科毕业直接求职的 H 大经济管理学院工业工程专业的彭超同学，从大四暑期开始，三个月内仅投递了 8 份简历，就获得了 6 个面试机会及 3 份 offer，最终进入了理想的公司。他的做法是“有的放矢”：先选好自己心仪的公司，再针对性地准备简历及面试。

本书第 3 章介绍了大学期间探索职场与职业的主要思路与方法。由于大学的终点是社会和职场，同学们在适应大学的学习生活后，应该有意识地依据职业生涯规划理论进行自我认知与职场探索。随着自我认知和职场探索的深入，毕业期限也日益临近，同学们可以逐步锁定求职目标。具体可以遵循以下步骤。

（1）确定对哪些职业进行研究。随着社会分工的日益细化，职业类别早已超越“三百六十行”的概念，2022 年版《中华人民共和国职业分类大典》中的职业类型已达 1639 个，比 2015 年版增加了 158 个新职业，而且国家还在不断推出新职业。2023 年 7 月 31 日，人力资源和社会保障部向社会发布：云网智能运维员、生成式人工智能系统应用员、用户增长运营师、网络主播等 19 个新职业以及直播招聘师等 28 个新工种纳入《中华人民共和国职业分类大典》；这 19 个新职业中，半数以上与新质生产力密切相关。新职业不断涌现，折射了经济社会发展的新变化、新趋势，满足了生产和生活的新需要，也为劳动者带来更多就业选择。如果没有侧重地对职业进行研究，工作量就太大了。

在决定研究某些职业时，建议重点参考几个因素。一是选择那些与自己职业兴趣类型相近的职业。可以按照第 2 章中介绍的探索职业兴趣的方法来评估自己的职业兴趣，并根据自己倾向的职业兴趣代码锁定需要进一步研究的职业范围。二是根据生涯人物访谈，筛选出自己感兴趣的职业类型中适合应届生应聘的岗位类别。三是结合自己所学专业及所在院系推荐的应届毕业生岗位类别进行筛选。此外，还可以研究自己感兴趣且具备基本任职资格的职业。

（2）确定研究行业和功能范围。前文提到，美国职业指导畅销书《你的降落伞是什么颜色》指出：职业=职位+领域。因此，在对职业进行研究时，应该明确你自己感兴趣的职位所处的行业及其功能范围。比如，一位同学的职业兴趣代码前两位是 SA，他感兴趣的职业是教师。他应该进一步厘清是大学教师还是中小学教师，因为大学与中小学对教师这一职位的任职资格要求差异很大。在确定是大学教师后，还要进一步确定是在大学里承担教学、研究工作的教师，还是承担教学管理、行政管理工作的教辅人员。

（3）了解感兴趣的职业的最新动态。近年来，随着社会经济及新技术的迅速发展，不断有新的职业涌现，原有职业的任职资格要求也在不断变化。以大学教师为例，20 世纪 90 年代以前，具有学士学位者即有任职资格；到了 90 年代中期，绝大部分高校要求新晋教师具有研究生学历及硕士学位，只有本科学历者只能从事行政管理工作。进入 21 世纪以来，越来越多的高校只接受博士毕业生申请教师岗位，甚至有些行政岗位也开始要求任职者具有博士学位。这些都是同学们在正式开始求职甚至在确立求职目标时就要了解的。

（4）收集有关职业或专业协会的信息。为进一步了解具体的职业信息，同学们可以通过一些行业协会或专业协会的网站查询相关的职业信息。这些协会往往能够提供一系列职业信息，包括新入职者的任职资格、在行业或专业内发展的机会及所需的资格证书、培训课程等，有助于同学们进行职业准备。

（5）开列雇主清单，发现关键的雇主，即你特别希望加入而且自己的素质能力等与招聘岗位的要求匹配度较高的用人单位。在正式求职前半年或一年左右，同学们最好能够列出雇主清单，从中发现关键雇主。计划进入企业工作的同学，可以提前一年参加校园招聘会以了解用人单位的基本需求。当然，前面提到的互联网资源都是应届毕业生获取求职信息非常好的渠道。此外，还可以发动所有的人脉关系提供招聘信息。利用来自以上各渠道的信息可逐步缩小范围，锁定关键雇主。

右侧二维码案例是 H 大航空器冲突探测与解脱专业 2022 届硕士毕业生师可同学对自己求职经历的回顾，供同学们参考。研究生阶段的学习专业性较强，因此硕士毕业求职时以“专业对口”为首选的求职方向。师可同学的求职案例呈现的就是较为典型的这类求职过程。

7.1 案例阅读

7.2 案例阅读

当然，体制内研究院所的人才选拔方式与互联网企业差异较大。师可同学的分享主要针对研究院所专业技术岗位的求职。左侧的二维码案例是Q大深圳研究院2024届硕士毕业生王子卓对自己互联网行业求职经历的回顾总结，可供研究生参考。

近年来，报考公务员的毕业生人数呈逐年增长的趋势。有这种打算的同学，除了需要提前准备笔试，还需要了解各种职位的招聘信息，尤其是各种资格要求等内容，以便提前准备相关考试及证书。同时，建议了解近年来推出的定向选调生制度。定向选调是各省为落实全国组织工作会议精神，着眼于加强年轻干部队伍“源头工程”建设，为实现“两个一百年”奋斗目标提供干部人才支撑，面向国内“双一流”大学和海外知名高校，吸引高层次、高素质优秀应届毕业生的一项战略性、基础性工作。各级党组织对选调人员实施跟踪培养，优化干部成长路径，加强监督管理，确保选调生用得好、成长快。相对于普通选调、省考和国考，定向选调门槛更高、条件更为苛刻，晋升机制和福利待遇也相应地更为优越。下面的二维码案例是H大工科硕士小张同学毕业前参加中央选调生考试进入国家能源局工作的经历，可帮助同学们了解一下中央部委选调生及江苏省选调生的应聘过程。

7.3 案例阅读

从小张同学应聘选调生的经历来看，相比企业招聘，选调生的选拔周期比较长，对报名资格有明确的要求，一些经历需要同学们多年的积累，而非短时间内通过培训辅导班获得提升。不过，很多岗位对专业没有严格的要求，弹性也很大。选调生这份工作是一个很好的为人民大众谋福利的平台，同时意味着放弃通过市场赚取超额收益的机会，不适合对高薪有执念的同学。小张同学对选调生的工作平台是这样看待的：

体制内工作并不意味着无所作为的一生，政府是一个大平台，有志之人可以在其上做出更大的事业，实现更高的价值。稳定带来的风险是失去学习的习惯和能力，在时代的变化中最终趋向于陈旧保守。我一直提醒自己保持对世界的观察和思考，希望在中年之后我既有丰富的知识和经验，也有敏锐的感知和行动的勇气。用我短暂而平凡的一生，让更多人的生活因我而更好。

最近几年，选择读直博及硕士毕业继续读博的比例明显提高，其中不少同学希望进入高校任教。这些同学首先要确定想进入哪类高校：是综合性大学还是专业性比较强的高校？是首选北上广地区的高校还是双一流大学？在这个前提下，进一步了解符合自己专业及求职期望的各所高校当年的招聘计划，再据此准备求职材料。

在7.2节介绍的谷柏同学，其实习经历为毕业求职打下了非常好的基础，但他对求职结果仍觉遗憾。因为从一般意义的实习到逐步锁定求职目标之间，还有一段路要走。接下来看看谷柏同学毕业前的求职经历。

大三寒假前夕拿到了Schneider Electric（施耐德电气）Data Analyst Intern（数据分析实习生）的offer，当时正值疫情放开管控，在2022年12月下旬初阳痊愈后，于2023

年元旦后入职。主要负责的工作一方面是为中国和东亚地区的 Senior HR Head 制作 HC 数据看板，另一方面协助 Senior BPO Manager 梳理各地区工厂、物流中心和客户的网络，优化生产配送体系、降本增效。这段实习是在法企，整体工作节奏比较缓慢，压力不大，内部员工关系友善，是一个适合“养老”的好去处。

3 月返回学校参加上学期的期末考试后，加入了考研大军。每天早 7 晚 10，过着图书馆—餐厅—宿舍三点一线的生活，中间偶尔也会和朋友去租车自驾游、吃美食、打台球等娱乐放松活动。

8 月就开始了参加秋招，但主要精力还是放在了备战考研上。每场面试提前半小时找一个安静的场地，上网看一下即将要面试的企业的简介和最新信息，整理一下思路。面试完之后花 20 分钟左右时间进行复盘，总结此次面试的亮点和坑点，思考有没有更好的回答和思路。

从 8 月到 11 月的求职过程中，与许多“顶尖选手”、业界前辈、企业高管聊过很多，讨论了很多就业与升学的想法，最终在拿到 4 个 offer 之后选择放弃考研，这时已是 11 月底，很可惜也很忧虑。主要原因有两个：一是在这次秋招中我的竞争对手几乎没有本科生，无论是腾讯产品岗、京东集团管理培训生，还是普通企业的岗位皆是如此，让我对随大流考研的价值和意义产生了质疑；二是在拿到满意的 offer 之后，内心就比较浮躁，不能再像前 8 个月那样静下心来备考。

之所以会这样，说到底还是对自己的了解不够，在开始备考时内心不够坚决，想着秋招时兼顾一下，导致秋招没有全身心投入，错过了一些好的机会，因此在拿到 offer 之后心生动摇。

纠结良久之后，我最终选择放弃考研，用剩下的半年大学时光去做一些自己想做的事情。于是我开始大量阅读、旅游、去潜水、去冲浪、开始学习钢琴……

谷柏同学的分享非常真诚：虽然在大二时就拥有了丰富的实习经历，培养并锻炼了较为全面的职业素养与专业能力，但在大三下学期，他还是开始备考研究生。谷柏同学也承认自己是“随大流考研”，可见主流价值观的影响之深。然而在最终决定弃考后，谷柏同学并没有选择“躺平”，而是开始大量阅读、旅游，去潜水、去冲浪、学习钢琴……这些看似“无用”的活动，是真正的生活，也是促进个人身心健康、有助于长久发展的活动。

回顾自己四年的经历，谷柏同学还为学弟学妹们提供了求职相关的具体建议。基于篇幅所限，请同学们扫描右侧的二维码阅读。

7.4 案例阅读

基于之前丰富的实习经历及“校园大使”的平台，谷柏同学在毕业前的求职中已经具备了很好的基础。然而，即便如此，由于定位过高，他在第一阶段的求职中还是一无所获。这也提醒同学们：求职成功应该是“人职匹配”的结果。一位二十岁出头的本科毕业生，即使能力再强，也是有限的。谷柏同学之所以能够有机会与“清北复交、常青藤等海外名校的硕士及学生时代创业的精英、拥有多段海内外大厂实习经历的大佬”一起参加面试，可能用人单位看重的除了他的综合素质能力，还有他作为年轻人的冲劲儿。“头部大厂竞争最激烈的岗位”考核的素质能力维度更多，有些是需要更缜密成熟的思维或更系统的知识体系才能达成的。不过，总体来看，谷柏同学在备考研究生的同时拿到了 4 个高质量的工作 offer，他的求职算是非常顺利的；这的确得益于他大一以来的积极进取与主动参与。

虽然求职看似是在大四第一学期或者研究生二年级第二学期才开始的，但如果没有前几年的知识学习、素质与能力的提升以及实践、实习经验的积累，同学们在真正的求职阶段很可能会感到无所适从。在培养能力、积累经验时，选择往往比努力更重要。如果不了解目标职位的要求，很可能即使投入了许多时间和精力，对达成自己目标的帮助也会很有限。

企业在招聘人才时，一般会分为四个阶段：简历筛选、网上测评、笔试和面试。下面根据企业招聘的这几个阶段，分别介绍求职简历撰写、笔试准备和面试准备。

7.4　求职的必备法宝：简历与求职信的撰写

在谷柏同学的求职经历中，多次提到简历的撰写与修改。简历（resume）和求职信（cover letter）是求职的必备法宝。那么如何撰写吸引人的简历和求职信呢？课堂上，笔者请大一学生做了练习：写简历。结果 10 分钟后，大部分同学只在一张 A4 纸上写了三四行字，主要介绍自己的姓名、性别、年龄、就读院校及所学专业。由此，同学们明白了一句话：简历是“做”出来的，不是写出来的。大学四年，只有前三年“做”了些实实在在的事情，到大四才有内容可写。

写简历前，首先要进行自我对话，问自己两个问题。第一个问题是：招聘单位“图”什么？如果你是招聘者，想想为什么要招聘没有工作经验的大学生。

一般来说，公司招聘新员工有几个目标：

（1）某些职位有人（即将）离职或退休，需要尽快补充人才以完成现有工作。这种情况下，希望新人能尽快上手，因此对素质和能力的匹配度要求较高。

（2）公司业务拓展或规模扩大，需要增加人手。若这个需求来自公司高层，是为了满足来年扩大再生产的计划，通常会先进行培训再使用，并考虑没有经验的毕业生；但如果需求来自业务一线，往往急于让新人上岗，没有工作经验的毕业生的机会就小得多。

（3）储备人才，以备不时之需。每年都有老员工升迁、调动、退休、离职，这些岗位需要人手补充，公司也希望不断输入新鲜血液。没有工作经验但学习能力很强的应届生是一张白纸，经过一段时间的培养后，正好可以填补空缺岗位。

（4）提高企业知名度。有些企业可能并没有真实的用人需求，你认真投递简历却得不到回复。

第二个问题是：你自己“图”什么？分析你去某家单位的原因：是因为待遇好吗？是因为能够留在大城市工作吗？是因为这个行业将来的发展前景好吗？是因为对方要求不高，自己能够顺利通过面试吗？

在回答了这两个问题后，才能确定简历的内容。由于 HR 浏览应聘者简历的时间很有限，简历的内容一定要简明扼要，同时能将自己与岗位任职资格相关联的闪光点展示出来。

简历是通向笔试和面试的敲门砖，一份好的简历制作应遵循五个原则：

真诚原则。简历中所有的信息都应是真实可信的。提醒同学们既不要无中生有，将自己没有做过的事情写在简历上，也要避免夸大其词，如将一次普通的课程设计包装成一个正式的项目。这样做的后果是：即使侥幸通过简历筛选，也很可能在面试中露馅，给面试官留下非常负面的印象，导致提前出局。

具体原则。简历中应提供具体的信息。例如，提及自己成绩优秀时，最好说明自己的平均成绩在班级的排名及班级同学的人数；谈到自己的爱好时，写清楚是“喜欢打篮球/排球/乒乓球/网球”，而非简单地写“喜欢运动”或“喜欢打球”。

简洁美观原则。目前求职简历的格式以美式为主，一般建议将所有内容都浓缩到一张 A4 纸上。这要求简历内容简短，格式整齐美观。有同学说：“一页纸写不下啊！”这实际上是内容不够简洁造成的。

强调优势原则。在有限的篇幅中，要注意强调自己针对应聘企业及岗位的优势，而不要面面俱到地介绍自己各个方面的情况。

量身定制原则。每个人都是独特的个体，不可能适合所有的岗位。在撰写简历时，一定要明确求职目标并根据求职目标突出自己的优势。

求职简历的结构及主要内容如下：

（1）姓名和联系方式：注明自己的电子邮箱、手机号及通信地址。

（2）求职目标：写明希望进入的单位的名称及应聘职位。

（3）教育背景：写明就读学校及所学专业、主要的专业课程（如果专业与求职目标相关联）、学习成绩在班级的排名、获奖情况、参与学生工作情况等。

（4）实习/实践经历：说明大学期间参与的与目标职位相关的实习/实践经历，以及个人的表现（如态度与能力、承担的角色、取得的成果、经历的过程及困难、学会的方法和接受的培训等）。

（5）个人技能：电脑使用技能及获得的专业证书、认证情况等信息；所获证书要具体说明国别、公司名称、证书名称等。

（6）个人信息：所获奖励、兴趣爱好、其他个人优势等。请注意：所获奖励及兴趣爱好等最好与应聘岗位任职要求有一定的相关性，否则，用人单位无法获得与岗位任职要求有关的信息，这项内容就无效了。

一些求职成功的同学还分享了几点制作简历的要点：

（1）简历模板要简洁大方，切忌花里胡哨；推荐使用“超级简历”，可通过网站搜索获取。

（2）实习及项目经历是最重要的模块，建议放在中间偏上位置，让 HR 一眼就看到。

（3）建议使用 STAR（Situation/Task/Action/Result）法则来描述自己的经历，注意要分段描述，语言简洁。

（4）尽可能使用数据来体现结果，更具说服力，重点的地方可以加粗。

（5）简历要有针对性，根据岗位要求适当修改，切忌一份简历投天下。

（6）简历照片建议使用正装照，可以专门去拍摄一张，简历制作完成后要导出为 PDF 格式；同时注意命名，可以使用“应聘岗位—姓名—学校—手机号”的格式。

上述内容中，最好能够说明下列问题：你是否有建议被实习单位或学校采纳？你有什么特殊的兴趣吗？你是否处理过紧急或危险情况？你培训过其他人吗？你做过哪些给你带来满足感的事（如募捐、志愿者工作等）？你最难忘的事是什么？这些问题都能从不同方面体现应聘者与所应聘岗位相关的素质与能力。

在求职过程中，与求职简历几乎同样重要的是求职信。求职信不需要很长，一般为

A4 纸的 1/2～2/3 即可。主要内容应说明以下问题：你是谁？你是如何得知目标企业招聘信息的？你要申请什么职位？你了解目标企业吗？你为什么适合这个职位？最后，表明你非常希望获得面试机会，并注明你的联系方式。

以下是一封简短的求职信：

北京极天配电自动化设备有限公司人事经理：

您好！

我是北京工业大学 2025 届本科毕业生马冬。我从贵公司网站上得知贵公司正在招聘助理销售工程师一职，并了解到贵公司的配电设备在国际上具有领先水平，产品具有广阔的市场。特此写信向您自荐。

我的专业是电气自动化，专业知识扎实，平均成绩在大班前 30%。我性格活泼，责任心强，办事认真，不怕吃苦，曾担任学生干部，组织能力较强，特别善于与人沟通。班里男同学间发生矛盾时，经我调解后双方很快就缓和了关系。大三暑假，我参加了专业实习，参与了销售系统的设计工作，专业能力和社会实践能力都得到了很大提高。业余时间我喜欢打篮球，还喜欢旅游，每个假期都会外出自助游。

我自信符合贵单位所招聘岗位的要求，感谢您在百忙之中阅读我的简历（见附件）。

非常渴望能够得到面试机会；如有可能，请通过落款中的联络方式通知我。谢谢！

马冬

2024 年 10 月 17 日

总之，求职信要言简意赅，将前文提及的几方面说清楚即可，详细信息以信后所附的简历内容为准。

撰写简历与求职信时，请务必注意以下事项：

（1）确保无错别字，语句通顺，版面整齐，布局合理，标点符号正确，行距统一。

（2）确保没有时间上、经验上的错误，所列举的信息从最近发生的事件开始。

（3）最好使用中性词汇陈述事件，用词不要过于感情色彩，言辞不要过于华丽。

（4）最好不要在简历中写明薪酬要求。简历的目的是赢得面试机会，所有对赢得面试没有帮助的信息都属于无用信息，不必写在简历上。

（5）少说废话，多提供有用信息，反复阅读，直到满意为止。

除了求职信和简历，求职材料还可以附上成绩单（尤其是当目标职位与所学专业相关时）、各种获奖证书、聘书及专业证书等的复印件，以及实践活动/实习工作的证明等，并附在简历后面。准备好求职信、简历及各种材料后，如何送达也是一个重要的细节。

如果参加招聘会，千万不要将简历放在招聘单位的展台上就离开，而是要等待机会与招聘人员沟通几分钟。否则，你投递的简历很可能如泥牛入海，得不到任何回应。

如果通过发送电子邮件投递简历和求职信，请务必在邮件主题中写明“××大学机械工程专业李明应聘助理工程师”，以便对方一目了然；文件名也应注明类似的内容，以防止你的邮件被当作垃圾邮件，并方便收件人保存你的简历。

如果是通过招聘网站进行简历投递，请严格按照网站要求的格式完成所有内容。此外，不少招聘方除了使用自己的网申系统，还经常将招聘外包给智联招聘、前程无忧、中华英才网等平台。这些招聘网站本身也有专门的“校园招聘信息”，其格式要求可能有所不同，请同学们加以关注。

如果是经人脉关系推荐、请他人递交简历，最好将求职信、简历及各种证书的复印件一起放在一个大信封中，并在信封上列出材料明细。

下面提供了应届毕业生求职的中英文简历各一份，供参考。请注意：中英文简历均须尽量排在一张 A4 纸上。

连小迪

求职目标：可靠性技术岗

手机：158-××××-7886 电子邮箱：lxdbuaa1999@163.com

姓名：连小迪　　出生年月：1999 年 3 月 25 日
政治面貌：中共党员
籍贯：重庆市　　专　　业：工业工程

【教育背景】

• 2020.09—2023.06　北京航空航天大学　可靠性与系统工程学院　硕士

成绩排名：3/69

专业课程：可靠性数学基础、系统健康监测技术、环境实测数据与实验剖面设计、可靠性试验理论、元器件可靠性工程、现代质量工程、可靠性工程导论、统计过程控制、随机振动试验设计等。

2016.09—2020.06　中国计量大学　质量管理工程　学生

专业排名：1/55

基础课程：质量体系管理与认证、质量分析与改进、统计技术（SPC）、单片机原理、质量改进技术（QFD）、运筹学与系统工程、工程力学、试验设计（DOE）、质量工程导论、管理学、互换性检测等。

【个人技能】

数据分析：掌握方差分析、回归分析、主成分分析、聚类分析等基本的数据分析技术；掌握时域分析、频域分析、时频分析等高频信号处理技术；掌握 KNN、K-means、决策树、SVM、CNN 等常用的机器学习和深度学习算法，具有单片机知识基础。

软件技能：熟练运用 Matlab 和 Python；掌握 Minitab、SPSS 等统计软件；了解 C、C++语言；熟练使用 Office、Visio、Origin 等办公及绘图软件。

其他能力：多次撰写项目报告，具有较强的文字综合能力；古筝 10 级、民族舞 5 级，多次参加辩论比赛、合唱比赛、演讲比赛；ISO 9001（2015 版）质量管理体系内部审核员。

【项目经历】

• 2020.09—2021.06　航天精密壳体及复杂筒段加工设备可靠性设计技术研究（04 专项）　学生负责人

合作单位：SY 精锐数控机床有限公司

可靠性鉴定试验的设计：以 30 台同批生产的某型号加工中心为研究对象，设计完整试验方案，采用 FMECA 与 FTA 相结合的方法对某型号加工中心进行故障分析，建立换刀系统故障树；采用退化轨迹模型、退化量分布模型研究刀具在不同加工任务下的退化效应。

• 2020.09—2021.06　航天产品核心结构件生产线成套工艺可靠性设计技术研究（04 专项）　学生负责人

合作单位：中国航天科工 NJ 晨光集团有限责任公司

开展了成套工艺生产线的 FMECA 和 FTA 分析，进行生产线可靠性建模和分配的预期工作；

针对颤振故障，利用 EEMD 提取故障特征，用于实时故障诊断，其诊断准确率在验证集中达到 94.78%。

• 2020.09—2023.06　基于多源数据挖掘的空间精密惯性执行机构产品健康诊断方法研究（基础科研）　技术骨干

续表

合作单位：北京控制工程研究所

采用谱锐度分析和小波包分解增强轴承部件故障早期微弱信号中的冲击信号，实现故障早期预警；采用 CNN、SVM、深度森林等数据挖掘算法进行轴承故障模式识别，并对比各方法精度；

开发设计软件——基于多源数据的控制力矩陀螺健康诊断平台。**• 2020.09—2020.12　Himama 智能体温计算优化以及胎心核心算法开发　主要完成人**

合作单位：北京爱智尚科技有限公司

基于 Python 应用 VMD 算法建立信号分解模型，设计不同参数从孕期母亲腹部心电信号中分离出胎心信号，已通过应用验证。

【学术成果】

连小迪等. 基于多源数据的控制力矩陀螺健康状态评估平台设计开发[J]. 质量与可靠性，2021-08-10.

Lian, XD, et al. Fault diagnosis of rolling bearing based on time and frequency domain analysis and EMD[C]// 2019 Prognostics and System Health Management Conference (PHM-Qingdao). IEEE, 2019. (EI 检索)

Lian,XD, et al. Tool wear prediction based on canonical correlation analysis and neural network fitting method[C]// 2020 Global Reliability and Prognostics and Health Management (PHM-Shanghai). 2020.(EI 检索)

戴威，连小迪. 基于小波熵与 EEMD 的故障特征自适应提取方法[P]. 中国专利：CN202011215620.9, 2020-11-04.（专利）

戴威，连小迪. 基于 IMF-PSD 谱线的加工设备特征提取与刀具磨损值预测方法[P]. 中国专利：CN202110424532.8, 2021-04-20.（专利）

【荣誉奖项】

浙江省优秀毕业生（省级）、浙江省政府奖学金（省级）、中国计量大学十佳毕业生；

北京航空航天大学 2019—2020 年度三好学生、北京航空航天大学研究生学业一等奖学金（2 次）、中国计量大学优秀学生一等奖学金（3 次）、三好学生（3 次）、中国计量大学优秀共产党员。

Tang Wen

(+86) 183-××××-6163

wentang0917@126.com

No.37 of Xueyuan Street, Haidian District, 100191

Career Objective: Auditor

EDUCATION

Beihang University	School of Biological Scienceand Medical Engineering	Biomedical Engineering	Bachelor	2020.09—2024.06

• Second degree: School of Economics and Management, major in Business Administration

• IELTS(7.0), CET6, GPA: 3.6/4.0

• ACCA: F1-F5, F7, F9

EXPERIENCE

PwCZhongTianLLP　　Auditor　　2024.01—2024.03

• Assisted the team to work on Annual Audit Project for Agricultural Band of China (ABC)
• Summarized and confirmed the balance of syndicated loan and the total amount of loan commitments for 36 branches of ABC
• Deal with the problems for defectiver ate and cancell ation rate with the managers of ABC
• Fixed and modified the meeting minutes between PwC and departments of ABC
• Coordinating with colleagues of each ABC branches, complied and modified 8886 credit review (CR) models and control list as well as 384 discounted cash flow (DCF) test models and control list
• Completed auditing draft of “Test DCF Model”, “Test of decrease of impaired corporate loans” and soon

续表

"Aged care by science" project of See Young	Responsible person in Beihang	2022.09—2023.06
• Responsible for 4 communities, organized more than 140 times Y volunteer works for thousands of aged • Planned the calendar and wrote the text books, including the basic operation of computer and mobile apps • Responsible for the volunteer work, trained volunteers, wrote journals, and issued press releases		
Entertainment department in student union	Vice-Minister	2022.09—2023.06
• Responsible for holding different kinds of big parties, accumulated more than a thousand of the audience • Host of meetings and activities more than 10 times, lead dancer of broad cast gymnastic competition • Representative of the light control in the university celebration of the "70th Anniversary of the Anti-Fascist War"		
Aged Care Department of Beihang Blue Sky Volunteer Association	Vice-Minister	2021.09—2022.06
• Organizer of the Hope Primary School project, taught math and science, and held activities regularly • Addressed potential sponsors and initiated 3 new projects for the Nursing House for the department • Participated in the "YuanYang" competition, interviewed the hundreds of aged people in the city and urbanareas deeply, summarized and analyzed the difference of their lifestyle and wrote reports • Cooperating with Capital Medical University, provided freephysical examination in Beihang		
HONORS		
Outstanding Student of Beihang University		2023—2024
Excellent Individual of Department		2022—2023
"Finished 8 km" Prize in School Mini-Marathon Match		2021.12
National First-Class Athlete		2021.04

求职简历的内容一定要与求职目标相匹配。经常听到有同学抱怨自己在招聘会上投了三四十份简历，却仅得到了三四个面试机会。其实，这是非常正常的现象。如果带去的简历是一个版本，而针对的却是几十家不同的公司，往往只有10%的岗位需求与简历内容比较吻合。所以，建议同学们针对不同类型的岗位准备不同的求职简历，投递时一定要有针对性。否则，既浪费纸张，也对你的自信心造成不小的打击，得不偿失。

在求职过程中，求职信与简历发挥了重要的作用。然而，需要提醒同学们注意：简历是"做"出来的，而不是"写"出来的。如果自己没有在学习、社团活动、社会实践、实习等各方面有所投入，简历将无内容可写。因此，首先要在"做"上下功夫，这样的简历才能吸引人。

7.5 毕业求职的基石：网上测评与笔试

7.5.1 网上测评

在正式面试之前，一些公司会要求候选人完成在线测评，有限时的和不限时的，通常分为智力测评和心理测评。通过智力测评了解应聘者的智商水平和通识技能，通过心理测评了解应聘者的人格特质和行事方法是否与企业文化、应聘岗位的要求匹配。例如，管理培训生的培养目的是未来领导者，企业希望在测评中能看到领导能力。

智力测评通常与公务员笔试内容和行政能力测试内容相同。这部分题目在企业的在线测评中需要计时，并有标准答案，主要检验应聘者的逻辑推理、言语理解等通识技能。智力测评与行政能力测验内容相近，可以在网上搜索行政能力测试的做题技巧，尤其是逻辑推理和资料分析部分，以提高做题速度和准确度。

心理测评可以分为性格测评、职业倾向测评、心理健康测评等。其中，心理健康测评通常使用的是明尼苏达多项人格测验（MMPI）。如果这项测评未通过，很可能会被淘汰。其他如职业倾向测试、人格测验的结果类型不应过于偏离所应聘岗位的特点。例如，应聘销售岗位者如果所选择的选项体现出内向、不善交流的性格倾向，可能会在这一环节被淘汰。通常题库中包含的量表还包括艾森克人格测验、卡特尔 16PF、MBTI 职业性格测试、霍兰德职业测评等。可以提前在网上搜索与职业相关的测评，了解不同测评的内容。

每家企业对测评结果的采纳和使用不同，对测评的重视程度也不同。有的企业要求智力测评分数达到某个及格线，而心理测评只作为参考依据；有的企业则将心理测评作为筛选依据。

7.5.2 笔试

笔试是招聘过程中一个重要的筛选和淘汰环节。近年来，笔试的淘汰率越来越高，大型企业的笔试淘汰率有的高达 70%以上，因此需要认真准备。

在校园招聘中，笔试是相对于面试较初级且性价比较高的筛选方式。多数企业在简历筛选后采用笔试，主要是为了高效地选出具备职位要求的专业知识、符合公司企业文化、具有招聘公司所希望的思维方式和个人能力的应聘者进入面试。

招聘高峰期，一家对毕业生有吸引力的企业可能会收到几万份甚至十几万份简历；即便经过了简历筛选，符合条件的候选人也非常多，不可能全部安排面试。通过笔试，可以以较低成本淘汰掉大概率不符合岗位要求的应聘者。

并非所有企业都有笔试环节：有些企业或岗位面对的目标高校、目标专业都是特定的，目标毕业生的人数不多；或者企业对毕业生的吸引力不大，应聘毕业生人数也不多，因此企业就不再设置笔试环节。

7.5.3 笔试形式

随着网申的普及，大部分企业通过线上考试系统进行笔试，少部分企业会采用传统的线下纸笔考试形式。部分企业会在一些热门城市设置笔试点，应聘者可以自主选择在线上或线下进行笔试。

线上笔试有计时，不同企业的计时方法会有所不同。有的采用整体计时，应聘者需在规定的时间内完成所有题目；有的分段计时，把一套题分为几个部分，单独设置每一部分的完成时间；也有分题计时的，为每道题设置完成时限，时间到时会自动切换到下一题。

7.5.4　笔试类型

笔试类型按内容来分，一般可分为技术性笔试和非技术性笔试两大类。

技术性笔试又称专业能力测试或岗位能力测试，可以简单理解为专业题，直接考查应聘者是否具备胜任工作岗位的相关专业知识和技能。例如，算法工程师和开发工程师会被考查编程能力，机械工程师会被考查机械制图能力，金融机构则会考查应聘者的金融、财会、法律等相关知识。

非技术性笔试又称认知能力测试，题型类似于公务员考试中的行政职业能力测试，主要考查语言能力、数字处理能力、逻辑推理能力、综合能力、知识领域以及英语能力等，以此来测试应聘者的学习能力和完成工作的能力。

笔试还可以根据考查的目标分为英语测试、辅助测试、综合能力测试等。很多对英语能力有要求的企业在笔试环节会侧重考查应聘者的英语能力，难度类似于英语四六级考试，题型也基本相似。

辅助测试主要包括心理测评、性格测试、职业能力倾向测试等。有些企业会在网申投递简历阶段进行辅助测试，也有的企业会将其放在笔试环节进行。

行政职业能力测试，即综合能力测试的一种形式，是最常见的综合能力测试，着重考查应聘者的逻辑推理能力、数字计算能力及相关综合知识。

从非技术类的笔试类型来看，很多题型其实与所应聘的岗位关联度并不是特别大，比如数字推理、图形推理等。因此，笔试的目的不是选出合适的人，而是淘汰掉不合适的人。

7.5.5　典型笔试设置介绍

1. 银行的笔试设置

以中国银行的招聘笔试为例，主要包括行政职业能力测试、英语能力测试、专业知识测试、性格测试和 IT 专用题型测试等部分。行政职业能力测试主要考查应聘者的逻辑思维、数学运算、言语理解等综合能力。英语能力测试主要考查应聘者的英语阅读理解、词汇运用和语法掌握等能力。专业知识测试是笔试中的核心环节，主要考查应聘者对金融、经济、会计等专业知识的掌握程度；除了专业知识外，还有对经济、科技、金融法规、时事政治的考查。性格测试主要考查应聘者的性格特点和职业倾向；IT 专用题型测试是针对金融科技相关岗位的笔试，主要考查应聘者的计算机知识、编程能力和问题解决能力。

2. 互联网大厂的笔试设置

一般来说，互联网大厂的招聘根据技术岗和非技术岗设置不同的笔试方式。例如，京东的技术类和技术产品经理岗位需要进行在线专业笔试，其他岗位无须进行在线专业笔试。笔试包括性格测试、行政职业能力测试和专业能力测试，而其中专业能力测试是最难的环节，主要考查岗位的专业知识，多以编程为主。技术岗的笔试主要依赖于平时的积累和刷题的数量，可以通过 LeetCode、牛客网等网站了解互联网大厂的笔试和面试情况进行刷题练习。

3. 一般国企、央企的笔试设置

国企、央企的笔试各不相同，即使是同一家企业，不同分公司的笔试内容也可能有所差异，但核心内容通常包括行政职业能力测试、专业知识、公司或单位所在行业的知识、企业文化、应用文写作、英语和职业性格测试六个模块。

以国家电网为例。招聘笔试是全国统一考试，各单位的笔试内容相同；面试则由各单位自行组织，内容不同。国家电网的招聘笔试划分为 8 个专业类别，不同专业类别的笔试内容既有相同之处，也有不同之处。

7.5.6 笔试准备

所有笔试准备的秘诀只有一个：练习再练习，做到眼熟、手熟。先是复习专业知识。一般来说，专业知识的笔试都有大致范围，围绕这个范围看书、听课、复习，温故知新；再是进行真题演练。寻找感兴趣企业的笔试题目进行有针对性的练习。

对于测评，企业通常会采购第三方题库供应商的测评工具，可以提前练习北森、赛码、智鼎、SHL 等主流题库，以对题型及题目难度有大致的了解。

关于行政职业能力测评，不仅公务员考试会涉及行测题的考核，各类企业的校招笔试中行测题也很常见，包括判断推理、数量关系、言语理解、资料分析、常识问题等题型。行测没有捷径，需要多加练习并掌握做题方法。一些公务员培训机构或 B 站上有免费课程和题目，应聘者可以提前熟悉和练习。

为了在笔试阶段尽可能全面、综合地考察应聘者的素质能力，通常情况下企业设计的笔试题量都很大。在时间充裕的情况下，大部分毕业生都能取得不错的分数；然而，在限定的时间内，应聘者容易把控不好时间，从而得不到理想的成绩。因此，参加企业招聘笔试前，应聘者要做好以下准备。

（1）尽可能地获取该企业的笔试设置情况。了解笔试考查的内容，题型有哪些、考试时长限制是多少、考试的整体难度如何等。通过 B 站、知乎、小红书等社交平台，或毕业生求职交流群，往往可以获得这些信息。

（2）熟悉笔试题型，模拟真实笔试时的状态。可以提前做一些模拟题，看看自己能否在指定时间内完成，正确率有多少，找出错误原因，总结经验，针对自己的弱项进行突击练习。即使找不到往年笔试题型，也可通过研究职位招聘中要求的相关技能，判断笔试题考核的题型和内容。

（3）复习相关基础知识及专业知识，根据自身情况制定笔试策略。在熟悉题型后，应聘者应对考核的知识面进行延伸复习，对相关专业知识、基础知识进行进一步熟悉。

7.6 面试：获得工作机会的大考

7.6.1 面试准备

笔试通过之后，要随时准备迎接面试。面试前需要做好以下方面的准备。

首先，心理准备。递交求职材料后，应时刻保持积极的心态，随时准备接受面试邀请。在接到不熟悉的电话时，应热情、自信地问候，因为这很可能是通知你参加面试的电话。不要在教室、图书馆等嘈杂的环境中接听电话，以免沟通不畅影响面试信息的获取。最好在手机中设置留言信息，以免错过任何一个重要来电。

其次，准备好面试可能用到的材料。最好列出清单，以免出发前遗漏。这些材料中，除了前面提到的各种求职材料，还应该带好学生证及各种证书、证明的原件，一方面体现你的诚意，另一方面便于招聘单位核查。此外，一定要带上签字笔及纸质笔记本。

最后，准备面试问题。在常规的面试程序中，通常会要求应聘者进行自我介绍，时间宜控制在一分半钟至三分钟之间（总字数少则三五百字，多则七八百字）。自我介绍的内容主要包括应聘者的基本信息、学历背景、实习经历和优势，以及应聘该公司职位的主要原因。接下来，面试官往往会根据应聘者自我介绍中的某项描述或简历上提到的某个经历进行提问。因此，应聘者应提前准备好可能被问到的各种问题。

为提高面试效率，越来越多的用人单位通过电话进行初步筛选。有的公司会事先约定电话面试的时间，但更多的电话面试可能随时进行。因此，应聘者接听电话时要注意时间和场合，切忌在不适合交谈的情况下勉强应对，应主动说明自己当时所处的环境，请对方等待几分钟，以便换一个安静的通话地点或者更改通话时间。

近年来，结构化面试成为企业招聘考核的一种重要形式，一般包括以下六大类问题：自我认知、价值判断、经历阐述、材料解读、专业知识和即兴演讲。

应对结构化面试，应聘者应在以下几个方面做好准备：①梳理自己的优劣势、核心优势、性格特点和职业规划；②结合求职简历，丰富自己的成就故事，回顾和总结自己在专业学习、实践、团队合作、组织协调等方面的典型经历；③牢固掌握专业知识，并对其进行一定的拓展；④养成博览群书、关注社会新闻热点的好习惯，多思考；⑤提升自信，训练多维辩证分析、提出解决方案的能力。

面试中经常使用情景面试（Situation-Task-Action-Result，STAR）。应对此类面试，首先要明确你的任务是什么类型的、如何产生的以及当时的情况；其次要说明你针对这种情况所做的分析，并据此决定采取的行动；最后要告诉面试官结果如何，以及在这种情况下你学到了什么。在招聘销售、管理等岗位的面试中，还经常采用压力面试，以考察应聘者的抗挫折能力和情绪稳定性。这些都需要应聘者提前了解，做好准备。

无领导小组讨论是近年来群体面试中常用的一种方法。这种面试形式的特点在于“小组”与“无领导”：“小组”意味着团队协作、陌生团队成员的融合，考察面试者的协作能力、协调性、人际融入能力（性格倾向、情绪稳定性）、活跃度（有效发言次数）；“无领导”意味着团队角色的分工，这种分工建立在团队成员的自制力基础上，不是任命的，也不是指定的，考察面试者的自我认知、自我定位和扮演特定角色的能力（领导团队能力、掌控局面能力、时间管理能力、协调团队能力）。应对这样的面试，需要从以下几方面做准备。

（1）提升活跃度，实现有效表达。在规定的讨论时间内，要勇于表达自己，亮出自己的观点。在倾听小组成员的观点时，可以适当地补充或深化，不要做只自己观点的“低头族”。可以主动承担一些临时角色，比如在无领导小组讨论中，肯定需要有人担任计时员、记录员等。表达观点时，要吐字清晰、抑扬顿挫，具有一定的感染力；通过断句、停顿、强调等方式，有重点地表达自己的观点，避免音量过小、声调过平。

（2）具备一定的协调性和较强的掌控力。在讨论过程中，要关注队友和整个讨论的进程，对队友的观点要理性、辩证地看待，避免极端否定和人身攻击。当讨论陷入混乱或僵局时，可以通过提醒、设定和重申一些原则，及时将小组的讨论拉回正轨，促使团队讨论朝预定方向发展。

（3）拥有独立的观点，具备逻辑思维与层次感。在讨论过程中，一定要坚持自己的观点，避免“碎片化”表达。要有自己的逻辑假设和推理过程，具备创新性，包括切入点、论据等方面的创新。尽可能输出系统化的观点或是解决此类问题的一些通用标准。通过讲述简短的故事或引用大家耳熟能详的名言，以求最大化地获取在场人员的认同，达成统一认知，促使小组讨论得出一致的结论。运用逻辑层次规范自己的语言组织，使用“首先，其次，最后”以及“第一，第二，第三”等表述。

（4）注重展示思辨能力，多角度发散思维。在分析面试题时，要尝试找出题目中所包含的若干假设，并根据这些假设进行逻辑推理（建立你的逻辑推演模型）。避免就事论事，眼光局限于题干本身。在分析问题时，要注重发散思维，多进行联想和类比，并具备全球化的视野。

面试结束前，面试官往往会让应聘者进行自我评价并提出问题。这是面试中非常关键的环节。同学们应结合用人单位的组织文化及应聘职位的任职需求，尽量客观、全面且简洁地进行自我评价，不可夸大自己的优势，也不要忽略自己的劣势。提出的问题要有针对性和前瞻性，避免询问工资待遇等问题。

除了准备面试中可能被问到的问题，同学们还要认真学习面试礼仪，不仅要注意仪表礼仪，还要注意行为礼仪。穿着整洁，尽量选择职业装；准时到达面试地点，对应聘公司的工作人员和参加面试的竞争者都要有礼貌。在面试中，要关闭手机，轻敲门，得到应允后再进入，开门和关门要轻；坐姿要端正，态度要热诚，使用敬语，保持目光接触；回答问题时声音要适中，表述简洁清楚。面试结束时，要感谢公司给予面试机会，说明自己的收获，强调信心和热情，问清楚后续事宜，确认进一步的联系方式。离开前整理好物品和座位，带走所有物品（包括纸杯等杂物）。

在完成以上准备工作后，同学们还需要进行模拟演练。简便的方法包括对着镜子练习，或者自己录制视频查找问题；也可以请同学帮忙进行角色扮演，请同学指出问题。此外，练习用英语进行自我介绍、自我评价以及回答问题也很有必要。根据近年来同学们的经验，不仅在外企求职时需要用到英语，去大型国企和民企求职时也常常被要求用英语进行自我介绍及回答问题。

总之，要想顺利通过面试，必须依靠平时扎扎实实的努力。同时，自我总结和反思也非常重要。

7.6.2 面试常见问题及其应对

在准备面试时，同学们一定要明确：面试官设计面试形式、提出问题，都是为了考察应聘者与所申请职位的匹配程度，因此应围绕这一点进行准备。一般而言，用人单位在招聘新员工时，面试主要考核五个方面：一是应聘者对自我的了解、定位、价值观以及职业规划，这些都与其求职动机相关；二是应聘者的成就、经历及其体现出的能力、性格和品质；三是应聘者对专业知识的掌握；四是应聘者对社会的关注以及对社会现象的认知；五是应聘者的有效表达、逻辑思维和分析能力。

下面，与同学们分享面试中常见的一些问题及其应对方法。

学习能力是绝大多数用人单位考核应届毕业生的基本能力之一。请看一个实例：

面试官：你的简历中提到你在××大学经济管理学院学习国际贸易专业。你能介绍一下该专业的主要学习内容吗？

求职者：我们这个专业属于应用经济学的范畴，专业课程主要包括宏观经济学、微观经济学、国际贸易、国际金融、国际市场营销等。

面试官：你的学习成绩如何？（考察学习能力和逻辑思维能力）

求职者：我的专业课平均成绩为89.3分，位于班级前20%，具备推荐免试攻读研究生的资格。

面试官：很多人认为大学本科的专业对未来的工作没有什么帮助，你怎么看待这个问题？

求职者：我认为这个问题没有标准答案，需要根据具体岗位进行分析。对于工程设计、机械制造、财务管理、法律咨询等岗位，本科阶段的专业学习可以说是基础，没有这个阶段的学习和基本训练，根本无法承担相关的工作。对于行政管理、市场营销等岗位，本科阶段的学习更多地体现在提高学生理论学习、知识应用、思考问题和解决问题的能力方面。当然，从事任何岗位的工作都需要具备学习能力和认真的态度，我认为这是新员工进入职场后所需的基本素质与能力。

面试官：你如何看待自己的失败经历？请举个例子。（考察应变能力）

求职者：我在校报做记者时，有一次需要采访一位全市创新创业大赛的一等奖获得者。不料，获奖者不愿意接受采访，我感到特别沮丧。因为那期报纸的主题已经确定，只差采访稿了，结果影响了报纸的出版进度。后来我反思自己，发现前期准备不足，获奖者可能觉得我缺乏诚意。在全面了解获奖项目之后，我多次去找他协商，最终他同意接受采访。

了解所要应聘的公司及职位非常重要，这不仅能帮助你确定自己是否真正适合此岗位，以便做出正确的选择，还能帮助你应对面试官提出的有关岗位的问题。面试官问此类问题，是为了考察应聘者的专业度、忠诚度、岗位关注度及提前准备的能力。来看一个实例：

面试官：你为什么来应聘这个岗位？（考察求职动机）

求职者：首先，我非常认同公司的企业文化（可以简单举例说明自己对该企业文化的理解），同时我对公司的发展前景非常看好，一直向往加入贵公司。应聘这个岗位是因为我对这方面的工作感兴趣，希望能够实现自我价值。同时，我也具备胜任这一工作的基本能力，希望能够在工作中进一步提高。

应对这类问题，预先掌握一些资料会让面试官认为你加入企业的诚意毋庸置疑。要想收集有关企业的资料，你可以参考企业发布的年报或业绩简报。如果能向该公司的员工咨询，则更有利。

创新能力是面试官看重的应届大学毕业生的基本素质与能力之一，在很多岗位的招聘过程中都会进行考核。一个具有创新能力的人，会表现出思维的灵活性，拥有新颖的理念，并能将其转化为切合实际的计划。具备创新能力的人往往会表现出以下行为：具有理智的好奇心；在解决问题时常常有很多想法和建议；对非常规的想法充满热情；能够不断挑战自己的想法和做法；能够打破思维定式，为老问题寻求新的解决办法。来看一个这方面的实例：

面试官：从你的简历中可以看到，你曾担任校学生会文艺部部长。你认为担任这个职位最大的挑战是什么？

求职者：我认为最大的挑战是不断地产生新的创意。无论是活动的内容还是形式，都需要不断创新，只有新点子才能吸引更多的同学参与活动。

面试官：请说说你最成功的一次创新活动。

求职者：我最成功的一次创新活动当属去年的学校元旦晚会。之前，学生会每年都组织元旦晚会，但基本上是每个学院出几个节目，形式单一，主动前往观看的同学很少。各个学院都会“摊派”一定的人数参加，去的同学也没有热情。于是，我广泛听取了同学们的意见与建议，最后决定以游园会的形式庆祝新年。在取得主管老师的支持后，我们向每个社团和班级发出了邀请：大家可以通过规定程序申请设立自己感兴趣的项目，每个学院都可以搭建舞台来表演节目。这最大限度地调动了大家的积极性，反响十分热烈。

前文提到，团队合作能力也是用人单位重点考察的可迁移能力之一。作为团队的一员，团队合作能力表现为采取合作的态度进行工作，关注团队的整体目标而非个人利益。具有较强团队合作能力的人的具体表现为：作为团队成员，愿意并富有建设性地参与工作；对团队表示认同，支持团队的决策；愿意公开、坦诚地与团队共享信息；能够为了团队的利益调整自己；重视他人的看法、专长及所提供的信息。

下面再看一个实例：

面试官：你认为在你以往的学习及工作团队中，你担任的是什么样的角色？

求职者：在团队中，我主要扮演“智多星”的角色，为团队献计献策。我的创造力较强，能够从不同角度看待事物，经常提出新主意。有时，我还充当临时的协调者，以团队领导的身份进行协调工作。

面试官：你认为如何才能有效地进行团队合作？

求职者：我认为对于一个团队来说，最重要的是每个成员都关注团队的整体利益，而不是个人利益。团队的整体目标关系到团队中的每一个人，只有基于实现共同目标的意愿，大家才能开诚布公地有效沟通、分享经验、贡献所长，从而有效地进行合作。

大学期间的兼职经历和社团活动也是面试中常被问到的方面。来看一个实例：

面试官：简历中提到你在学校的学生超市勤工俭学。在这个过程中你有什么收获？

求职者：首先，我通过勤工俭学获得了一份收入，可以补贴我的生活费用，减轻父母的经济压力；其次，我增强了独立意识，培养了独立生活的能力。此外，学生超市在学校也是一个学生社团，加入这样一个组织，与许多同学一起努力，给了我很强的集体归属感，也培养了我的团队合作精神。

面试官：这份兼职占用的时间很多吧？你是如何平衡兼职工作与学习之间的关系的？

求职者：您说得对，这份兼职的确占用了不少时间，但我并没有因此放松学习，毕竟学习是学生最重要的任务。我做事一贯认真努力，无论是在学习中还是在工作中。为了兼顾工作和学习，我牺牲了很多娱乐和休息的时间，因为我非常清楚，既然选择了兼职，就必须放弃一些娱乐活动和休闲时光。因此，我总体上做到了学习和工作两不误。

另外，同学们应该做好自己的职业规划。很多面试官都会问到未来规划方面的问题，希望据此了解应聘者的求职动机、求职态度和中长期职业发展方向。请看一个例子：

面试官：谈谈你近五年的职业发展规划？（潜台词是你能在我公司工作多久？）

求职者：我希望在这一工作领域长期发展，目前有一个大致的规划。第一阶段，我希望在未来两年内在我申请的职位上积累经验，完成从学生到职场人士的转变；第二阶段，我希望成为一个深入了解业务的人，能发现并解决问题；第三阶段，我希望全面掌握该领域的业务，在工作中有所创新，为公司带来更大的价值。

求职过程中一定要端正职业态度。关于职业态度，可能涉及的问题包括：“与公司同事意见不同产生矛盾时怎么办？”“如果工作需要加班、出差、外派，你能胜任吗？”等等。面对这类问题，应聘者一定要根据自己的实际情况认真作答，不要因为迎合面试官而做出违背自己意愿的回答。面试快结束时，面试官一般都会问一句：“你还有什么要问的吗？”不要小看这个问题，这是面试官在考察应聘者的思辨能力和职业态度，以及对公司、职位的理解。你可以围绕公司、职位提问，让面试官觉得你确实关心这份工作。以下问题可供参考：①公司对这个岗位的期望是什么？哪些是我需要特别努力的？这个岗位的绩效考核指标主要有哪些？我需要对什么样的指标结果负责？②我这个岗位主要沟通的对象有哪些？上级主管部门、企业内的主要同事、子公司、政府部门人员、供应商等，大致是哪些？③公司是否有正式或非正式的培训？从事这个岗位，如果想进一步提升的话，需要考取哪些资质证书？单位/企业能够提供怎样的帮助？④公司是否有外派或轮岗的机会？⑤公司的升迁渠道是怎样的？若回答“没问题”，不仅会放弃面试加分的机会，苛刻的面试官可能会认为你“对职位漠不关心或思维不够灵活”，因此要把握好最后一个问题。

不过，有一些问题最好不要问，比如让面试官对自己今天的面试表现做一个评价，或者询问薪资水平、加班时长等。这些内容建议侧面打听，或是通过自己在面试时的一些观察获得。当然，结束时问“你们单位主要是做什么的”是大忌：面试官会认为你对公司和面试不够重视，没有提前做功课，也缺乏工作最基本的主动性。

最近几年，“产品经理”在不少行业、企业的校招中都是备受学生欢迎的岗位。这类岗位对应聘者的沟通协调能力要求较高，对应届生的专业和学历没有特别严格的要求。H 大经济学本科毕业生连连同学在大三暑期实习后顺利拿到了阿里巴巴产品经理的offer。她这样总结面试经验：

产品经理岗位的面试主要分为：自我介绍、过往经历、产品经理岗面试通用型问题、反问环节四部分。自我介绍中要体现出自身的优势——优势可以是学历，也可以是经历，让面试官有第一好感；过往经历更不必说，简历上的每一句话都是一个故事，要讲好简历上的所有故事；产品经理岗通用问题，这里可以提供给大家几个参考：

【基本认知】你对产品经理的理解是什么？（包括产品经理是什么？你为什么要做产品经理？）你觉得产品经理需要哪些能力？

【能力模型】相比别人，你做这个岗位的优势在哪里？

【产品 sense】你常用的一款 App，相比于它的竞品有哪些优势？如果你是它的 PM，你觉得有哪些可优化的地方？

你觉得某产品（面试的产品或者一些大众产品）目前有哪些使用上的问题？如果你是 PM，你会怎样改进？你觉得为什么该产品的 PM 没有这么做？

【业务理解】你认为我们（应聘公司）目前产品的竞争对手是什么？与之相比，公司产品的优势和劣势分别有哪些？

【产品设计】如果让你设计一款社交/音乐/金融/读书等类别的产品，你会怎么做？

【数据分析】某产品在某段时间某核心数据下降 20%，请分析并说明思路。

【岗位认知】工作中，技术反馈说你的需求做不了，你会怎么做？

【项目实操】描述你在校园/实习中参与过的印象最深刻的项目。在该项目中，你遇到的最大挑战是什么？你是如何解决的？

【性格特征】你的优点和缺点各说几个。

连连同学还建议学弟学妹对面试进行复盘：

面试后，其实每个人都会对面试过程和结果有些感知，有的相谈甚欢，有的结果不尽如人意，然而无论是成功还是失败，每一场面试都值得敬畏；成功的经验，可以积累并复制到下一场，失败的经验也是宝贵的财富，分析原因、找到解法。求职是一场持久战，相信你总能取得最后的胜利。

总之，面试中的问题虽然千变万化，但都是为了了解应聘者的求职动机及与招聘职位相关的各种素质与能力。只要同学们能够透彻理解所申请的职位，并根据自己的实际情况诚实地回答问题，就应该算是成功的。同学们千万不要将精力都放在提高面试技巧方面。事实上，一旦面试官发现应聘者在包装自己，没有实事求是地回答问题，就会认为他们缺乏诚意，甚至会怀疑他们对所有问题给出的答案。

课堂活动

模拟面试——无领导小组面试实战演练

讨论内容

某公司招聘总经理，应聘者有曹操、诸葛亮、刘备、孙权四人。如果你是HR，请问你的招聘意向是谁？请排序并说明理由。

活动说明

分组（每组6人），每两个小组进行无领导小组面试实战演练，并进行总结评议。

活动内容和过程

（1）模拟面试在两个小组间进行。一个组的成员扮演应聘者，另一个组的成员扮演招聘者。

（2）招聘小组成员商议小组讨论的内容与形式。

（3）面试小组成员根据招聘小组的要求进行无领导小组讨论。

（4）招聘小组成员负责观察、记录应聘者在小组讨论中的表现。在小组讨论结束后进行评议，选出在无领导小组讨论中表现最佳的1～2名应聘者。

（5）大家共同交流模拟面试中的心得体会。

7.6.3　面试预约、面试心理及面试时的注意事项

参加面试前，一定要确认面试的具体单位、地址及联系人。不少同学密集地递交了几十份简历，接到面试通知时没有听清楚，以至于忘记或混淆了应聘单位、岗位、面试时间和地点等重要信息。

接到面试通知时，要问清面试时需要携带和准备的材料及物品。

在确认面试时间和地点后，应认真计算所需的交通时间，合理安排出行路线和交通工具。对于特别重视且不熟悉面试地点的公司，建议同学们提前进行实地考察，以便准确了解交通所需时间及面试地点。

一定要记住求职单位的联系人及其电话，一旦有意外情况可以及时联系。切忌迟到而没有事先告知对方。

面试成功与否，面试时的心理状态至关重要。面试时，认真、诚恳的态度是关键，也是赢得面试官好感的基本条件。面试中紧张是正常的表现，同学们不必过于在意。但面试前要尽量放松心情，以免因为过度紧张影响睡眠，从而影响面试时的表现。为了放松心情，面试前可以适当地参加体育活动，选择水平不如自己的对手进行比赛，以增强自信心。此外，面试前保证充足的睡眠和适量的饮食也很重要。

建议提前10分钟到达面试地点，面试前去一趟洗手间；在进入房间前，尽量调整自己，进行深呼吸。

面试中要让自己有心理优势，要告诉自己这次面试双方均有机会成本、双方都是有选择权的，千万不要觉得自己是“任人挑选”甚至“任人宰割”的。

面试时应注意以下事项：①不要急躁，遇事冷静；②遇到没有准备的问题，自己怎么想的就直接说出来，因为面试官的问题通常不要求正确的答案，而是看你对问题的反应；③没有回答清楚的问题，接下来应找合适的机会澄清，以免造成更多的误解；④没听懂问题时一定要先问清楚再回答，切忌“将错就错”。

如果你在面试过程中得到了面试官的名片，面试结束后应该表示感谢，以发送邮件为宜，注意邮件内容要简洁，篇幅最好不超过一页。面试结束后，不要过早打听面试结果，同时要注意接收面试结果通知，以免错过下一轮面试。如果自己感觉面试很不错，却没有在规定时间内收到进一步的面试通知或录取通知，也可以主动查询结果；查询面试结果时，一定要有礼貌。

除了邀请候选人去用人单位参加面试，越来越多的公司采用电话面试等远程面试方式，以节约成本、提高效率。因此，同学们在求职期间要认真对待每一个来电。首先，注意规律作息，尽量避免在正常工作时间内休息而错失面试机会。笔者曾经在微信朋友圈中看到一位研二学生某周一下午3:45发出的信息：“刚刚接到××研究所HR的电话，陷入深思：刚睡醒，啥优势都没有说出来，人家聊了5分钟就说再联系我……”这可真是“悲剧”了。其次，如果恰好是在图书馆或者教室，一定要跑到室外再接电话，避免压低声音与对方沟通。最后，如果身处嘈杂的环境又一时无法离开，一定尽力问清楚单位名称，请求换时间沟通。

有些用人单位为了节约成本，组织线上面试。这种情况下，同学们一定要做好充分准备，避免松懈。每场面试都要穿好正装，收拾好视频面试的背景墙（很多单位都规定不准使用虚拟背景），以求给面试官留下最好的印象。千万注意避免环境噪声，保证网络畅通。H大人文学院刘嘉伟同学总结自己毕业求职的经验时分享道：“我在小本本上写了各种版本的自我介绍，30秒的、一分钟的及英文版，每一场面试前都会查一些公司及岗位的具体情况，将一些可能用到的通用问题都想好，每次面试前先把小本本翻着读一遍。”这些都很有参考性。

综上所述，影响面试结果的因素非常多。其中有些因素是个人无法控制的，如应聘者太多，用人单位的人力资源政策发生改变，面试官有偏见，等等。然而，同学们要关注那些可以控制以及可以预防的因素，比如，糟糕的仪表，填写马虎的职位申请表，面试迟到却自以为是，电话面试时欠佳的沟通环境，不能清楚地自我表达，缺乏目标及职业生涯规划，缺乏热情或自信，过分强调薪酬水平，好高骛远、不愿意从基层做起……

面试就像考试一样，平时的修养和积累非常重要。面试中虽然存在一定的偶然性，但应聘者在面试中的表现基本上能够呈现出其真实的水平以及与岗位任职要求的匹配程度。因此，同学们尽量表现出真实的自己即可。即使由于表现超常而获得了offer，进入工作岗位后仍有可能因为不符合岗位需求而感到工作压力过大，甚至无法顺利通过试用期。建议同学们在学习理论知识、参与实践活动及实习工作的过程中，学习职业形象塑造方面的知识和技巧，了解不同场合的着装常识，使自己拥有良好的职业形象及行为举止。在大学期间通过读书学习，抓住生活中的各种社交机会，掌握各种场合的礼仪礼节，将有助于你尽快成长为一名职业人士。

总之，本章通过对求职及面试流程的介绍，使同学们初步掌握了找工作的基本方法。同时，通过介绍一些应届大学毕业生找工作及参加面试的实例，使同学们认识到找工作的过程是实现人职匹配的关键环节。

本章小结

本章引导同学们在明确求职目标后，了解目标雇主看重的要素，熟悉用人单位招聘员工的程序及渠道，同时学习收集信息、选择求职渠道的方法。针对自己希望获得的职位，首先要完成一份有针对性的简历及求职信，并了解面试的基本流程及可能面临的主要问题，还要掌握顺利通过面试的基本方法。此外，同学们在大学期间就应该注意塑造良好的职业形象。

课后思考

（1）你计划将自己的职业生涯的起点设在哪里？

（2）你了解找工作的流程吗？打算何时第一次参加校园招聘会？

（3）你写过求职简历和求职信吗？请试着写一份，一定要针对某个具体的职位。

（关注有关求职、面试的电视节目，对应聘者的回答进行评估，并尝试提供更好的答案。）

第8章

职场新人的职业生涯管理

行是知之始，知是行之成。

——陶行知

明白事理的人使自己适应世界；不明事理的人想使世界适应自己。

——萧伯纳

学习目标

通过本章的学习，同学们能够思考离开校园、开始职场生活可能面临的挑战，认识职场生活的特点，学会协调职场人际关系，学习做职场的主人，学会平衡职业生涯中的各种角色，为就业转变做好心理准备；尝试了解多元化成功的含义，并能客观地看待成功，了解职业生涯规划与发展的意义，鼓励他们在生涯道路上尊重自己、勇于尝试。

导入案例

陈星大学毕业时找工作可谓一帆风顺，没经过太多波折就在上海找到了一份理想的工作。在去往上海的车上，陈星的情绪逐渐从离开校园和同学的哀伤转向对未来憧憬的兴奋。同学中像他这样顺利找到好工作的并不多，他的未来是光明的。但到了上海，他很快就遇到了第一个打击：房子真难租，租金也很贵。工作中的不顺也接踵而来，公司里的本地人居多，外地人很难融入；顶头上司脾气古怪，每次挨批后陈星都不知道自己究竟错在哪里。这难道就是他梦寐以求的工作与生活吗?

另一位本科生小叶毕业于一所“双一流”高校的化学学院，经过努力找到了一份专业对口的技术岗位。然而，入职半年后，她还是觉得不适应。她给生涯老师写邮件说：直属领导一直说我的实际工作达不到上级领导的期望，但又没有提出明确的要求，也没有明确的培养方案，我完全不知道该怎么努力。我最努力的时候反而是被骂得最多的时候，后来不想做了，反而没有什么事。不过，这可能也是因为我慢慢熟练了，操作不会出错。

做了很多活儿，从来没有请假，没有人看见；反而那些经常调休的人会被认为干得更多，而我提出休息的意愿居然被骂了。

经常听到师傅说这边的时间很灵活，但我并没有感受到。有些操作在我看来相当离谱，比如上班时间出去做核酸反而是允许的。不过，这种自由反而让我倍感难受，因为我摸不着门路，只能嫉妒别人。

让我最想跳槽的，就是越来越觉得这份工作前途渺茫，能学的内容很少，不知道为什么这些生产一线的基层、中层领导都觉得有很多可以学到的。但是又不敢跳槽，一方面是现在的待遇很好，我可以很安逸；另一方面是现在的状态不适合跳槽，我还没有独自完成任何一个项目，简历没有更新，又失去了应届生的身份，应该更难找工作了。

大学刚毕业时，同学们常常根据自己的想象为未来的世界描绘一幅画。然而，现实往往与这幅画有所不同，有时甚至是难以接受的差异。因此，提前了解现实、设想自己在其中的角色，总比临时抱佛脚要好。

以上两位同学都在初入职场的适应期中遇到了挑战。要知道，职业生涯是一场马拉松，而不是短跑。它不仅仅是一份工作，更是人生的选择，需要为一个目标长期不懈地努力。职业生涯规划是一个持续一生的过程。

大学毕业进入职场后，将迈出人生中的重要一步：从学校跨入社会。同学们最重要的角色将从学生转变为职场工作者。同学们要做好准备，迎接新角色带来的挑战。即使身处校园，同学们也要心系职场。只有事先明白大学毕业后将要承担的责任，了解职场与校园的不同，才能更加珍惜大学时代宝贵的学习机会，并在大学期间尽快做好进入职场的各种准备。

8.1 从校园到职场

正如李开复在《给中国大学生的第四封信》中所说：大学是人生的关键阶段。因为这是你一生中最后一次有机会系统性地接受教育；这是你最后一次能够全身心地建立你的知识基础；这可能是你最后一个可以将大段时间用于学习的人生阶段，也可能是最后一个可以拥有较强的可塑性、集中精力充实自我的成长历程；这也许是你最后一个能在相对宽容的、可以置身其中学习为人处世之道的理想环境。

大学阶段是人生重要的转折期。在这个转换阶段，人们从一种状态——学生，进入另一种状态——职场人士（社会人）。毕业后，站在人生新的起跑线上，很多人都会感到迷茫，需要重新定位。因此，毕业对同学们而言会产生“现实冲击”，将面临专业过渡和个人生活的转变。

课堂上，笔者请同学们以小组为单位讨论“对你而言，大学毕业意味着什么……”答案五花八门：

- 全新生活的开始；真正自我生活和价值实现的起点；离梦想又近了一步；新的挑战，新的机遇；不得不面对现实。
- 有失落，有喜悦，美好的学生时代结束了；不再有校园内纯真的友谊。
- 没有物理实验了；没有考试了；不用上教务网了；不用测体育了。
- 没有寒暑假了；该靠自己养活自己了；该当房奴了。
- 进入社会，面临新的选择、新的起点；进入职场，承担起社会责任；有了工作，有了工资，开始独立地生活。

• 经历象牙塔外的世界，面对更宽广的舞台，迎接进入职场的挑战；走向社会，要自食其力；自己承担责任、面对压力。

• 经济上要独立，自己理财；不能再住宿舍；不能每天虚度光阴；心理会成熟，爱情修成正果；四处求职，职场新人可能遭遇欺负。

• 准备结婚、做父母了。

大学毕业，意味着人生第三段长跑的结束。进入职场，新人首先要意识到职场环境与校园环境的不同（见表 8-1）。

表 8-1　校园环境与职场环境的对比

校 园 环 境	职 场 环 境
弹性的时间安排（不是每天都排课）	更固定的时间安排（如朝九晚五）
较短的、固定的路途时间——从宿舍到教室及食堂	较长的、不确定的路途时间——从住处到公司及客户的公司
你可以逃课	你不能缺勤
你能够选课	你不能随便挑工作
有规律、个别地反馈	无规律、不经常地反馈
有寒暑假和宽松的节假休息	没有寒暑假，节假休息很少
问题有正确答案	问题很少有正确答案
教学大纲提供清晰的任务	任务模糊、不清晰
分数上的个人竞争	按工作团队业绩进行评估
工作循环周期较短——每周有班级会面，每学期为 18～20 周	持续数月及更长时间的工作循环周期
奖励以客观性标准和优点为基础	奖励更多地以主观性标准和个人判断为基础

大学毕业意味着生涯角色的转换与增加——同学们最重要的社会角色将从学生转变为工作者，所遇到的问题包括：人际关系、工作胜任能力、个人发展信心、工作与生活的平衡等。大学生面临的挑战和压力具体可能包括以下几个方面。

（1）缺乏实践经验：大学毕业生通常缺乏实践经验，这使得他们在找工作时面临竞争压力。他们需要通过实习、志愿工作或兼职来积累经验。

（2）激烈的竞争：毕业生进入职场时会面临激烈的竞争，尤其是在热门行业。要尽快找到自己的竞争优势，展示自己的能力和才华。

（3）适应工作环境：大学生活和职业生活之间存在差异，新毕业生需要适应工作环境、工作规则和公司文化。他们需要学会与不同背景的同事相处，并处理各种工作挑战。

（4）职业规划困难：毕业生可能不确定自己真正想从事的职业方向，或者不清楚如何制定长期职业目标。这需要他们探索自己的兴趣和优势，并与职业指导者或导师进行交流。

（5）薪资和待遇：刚入职的大学毕业生通常面临薪资和待遇相对较低的挑战。他们需要根据市场情况和个人能力争取公平的薪资待遇。

以适应工作环境为例进行详细分析。离开校园进入职场，你发现你的同事与你的同学也有所不同：大学里，你与你的同学朝夕相处，关系很亲密，虽然有时会有冲突，甚至冲突很激烈，但你们很少有直接的利益关系，他们对你有意见往往会直接提出来。进入职场后，你与同事主要是工作时待在一起；彼此之间很客气，很少会有冲突，但你们之间有直接的利益关系，他们对你有意见，往往只会委婉地提出来。

校园环境与职场环境的不同还表现在老师和“老板”（你的主管）之间的差异：老师通常会鼓励讨论，并明确规定任务（作业）的交付时间；他们以知识为导向，基本上会公平地对待每个人。而“老板”通常对讨论不感兴趣，往往会分派紧急工作，要求的交付周期很短；他们以结果为导向，并不总是公平的，有时还很独断。

“90 后”作为一个群体，已经形成了较为鲜明的群体价值观。对于“求职中，你最看重的要素是什么”这个问题，“70 后”大多会回答“薪酬待遇”，“80 后”则会选择“发展前景”。然而，在一次“90 后”应届生的座谈会上，大学生给出了一个令在座 HR 惊讶的答案——假期。要钱更要闲，成为新一代职场人的就业观。2022 年，第一批“00 后”大学生进入职场，网上不时有“‘00 后’开着豪车上班”的报道。

越来越多的职场专家发现：在找工作时，很多“90 后”“00”后并不太关心薪水，而是关注身心愉悦、心灵自由和个人尊严等非物质需求。“90 后”“00 后”成长于网络时代，熟练应用科技手段，也深谙职场的各种“规则”。由于家庭经济条件较好，高工资难以让他们俯首帖耳，他们敢于蔑视一切自以为是的权威和权贵，包括自己的顶头上司。他们更愿意快乐地工作，而不是辛苦地攒钱；他们更加注重忠于自己的感觉。

上述情况，一方面给用人单位提出了新的管理难题；另一方面也对正在阅读本书的大学生敲响了警钟。同学们必须意识到，几年后你们即将进入的职场，其规则可能与你们的预期相去甚远。目前在大学校园中，你们是大多数，很多教师也不得不依照你们的偏好调整授课内容、改进教学方式甚至考核方式。然而，进入职场后，你们是少数，大部分公司不会因为少数“95 后”“00 后”员工的加入而改变管理规定。因此，同学们应主动了解职场规则并尽快适应。

总之，大学毕业生进入职场后，生涯角色将从学生转变为工作者，即职场角色。同学们要做好准备，迎接新角色带来的挑战。即使身处校园，同学们也要心系职场。只有事先明白大学毕业后将要承担的责任，了解职场与校园的不同，才能更加珍惜大学时代宝贵的学习机会，并在大学期间尽快做好进入职场的各种准备。

8.2　职场适应过程中的问题及应对

职场角色是一种重要的社会角色。它包含两层意思：首先，任何一种职场角色都与一系列行为模式相关，一定的角色必有相应的权利义务。比如医生既有救死扶伤的义务，也有获取休息、保健、治疗的权利；教师有教育学生的权利，也有保护学生的义务。其次，职场角色是人们对处于一定社会职位者的行为期待，随着社会职业化程度的提高，往往要求每个人按自己的角色行事，在特定的场合下采取什么样的行为有一定的预期。比如一提到教师，就会想到教书育人、诲人不倦等行为；一提到医生，就会想到救死扶伤、治病救人等行为。

刘星和张雨刚上大三，学校推荐他们去一家公司实习。按照公司规定，实习生和正式员工一样，每天上班需要打卡，公司完全按照正式员工来管理实习生，迟到要扣钱。没过多久，刘星就无法忍受，觉得自己还是一个学生，到公司来只是为了锻炼实践，把学校里学到的东西应用在实际工作中，自己在公司表现得好不好无关紧要。于是不按时上班，主管领导派给他的任务也不能及时完成，以至于影响了工作进度。一周后主管就找刘星谈话，告诉他这样做是非常不负责任的，并给予了严重警告。考虑到他是新来的实习生，建议他以后要及时完成工作任务。挨了主管的批评，刘星很不高兴，觉得主管一点儿人情味都没有。而张雨觉得这不是在学校，要“入乡随俗”，跟领导和同事处理好关系，并且完成上司交给的任务是最起码的。

此案例中，刘星是一名在公司实习的大学生，在学校里的角色是学生，他的老师都会以教育者的角色跟他建立关系，当他不会做事或做事犯错误时，老师都会从内心里原谅、接纳他。但在公司里，主管跟他是上下级关系，他作为一个实习生，扮演的是员工的角色，就得遵守公司的管理规定，及时完成领导交给他的任务。他要履行好工作职责，就必须明确自己在工作中的角色。虽然张雨也不太懂职场规则，对公司管理规定的理解也不是非常明确，但他懂得基本角色的调整。

类似的情况经常在大学生身上发生。不少同学无法迅速从学生角色转换为职业人角色。几年前，中央电视台曾做过一项调查，其中一个问题是：“你们单位愿意接收实习生吗？”调查结果显示，52%的单位回答“不愿意”，其中一个重要原因是认为大学生无法迅速适应从学生到职业人的角色转换。

应该说，不论是从学校到社会，还是从一个单位换到另一个单位，都存在一个角色转换的过程。这个过程要求学生按照社会规定的角色去工作，同时将不同的角色区分开来，在不同的场合表现出符合角色要求的行为，尽快完成角色的合理转换。近年来，不少同学在面试及实习过程中顺利过关，却在真正踏上工作岗位后因不适应，在短短半年甚至三个月内就辞职了，这是为什么呢?

事实上，几乎所有刚参加工作的人都会遇到各种不适应的情形，多数同学难以接受这样的挑战。经常有毕业后参加工作三五个月的同学给笔者打电话或者发邮件，说自己“真的不适合”这份工作，想离职。在听完他们的情况后，我往往会劝他们坚持下来，至少坚持一年。

举个最简单的例子。大学期间，同学们住在校园中，每天的活动范围有限，对时间的要求也不太严格。工作后，尤其是在北京、上海、广州这样的大都市，市中心房租太高，大学毕业生为了省房租往往住在城郊，搭乘公共交通工具上下班。从住处到公司单程可能就要花费一小时以上，而且是像打仗似的挤公交、换地铁，可能每天到达公司时都感到精疲力竭。同时，入职的最初几个月，工作单位不大可能安排新人做很重要的业务，每天简单、烦琐的工作任务无法带来成就感。再加上毕业后不好意思再向父母伸手要钱，一些人可能面临经济压力。这些都使很多同学产生了换工作的想法。

2022 年年底，中智咨询发布的《2022 年应届生薪酬和实习生管理调研报告》显示，2022 届应届生的毁约率为 29%，入职一年内的主动离职率为 23%，较去年提升了 2 个百分点。

这样的离职率看上去有些匪夷所思，却得到了不少年轻人的理解。“第一份工作能选对，并不容易。”22 岁的应届生小董说，她在近半年时间里已经换了两份工作。

其实，这种现象的产生更多地源于学生角色转换为职场人角色所产生的不适应。如果这种转换没完成就换工作，仍然会有同样的不适应；而且在新公司要从新人做起，之前的工作经验难以有效积累。更为严重的是，在未来职业发展中，简历上出现不到一年的工作经历，可能令用人单位对你的适应能力、忠诚度等基本素质与能力提出质疑。因此，调整自己，尽快适应第一份工作，顺利完成从校园人到职场人的转变非常重要。

高离职率对新员工及其所应聘的单位均会产生负面影响。用人单位会面临重复招聘的困境；短时间的工作经历无法为职场新人带来能力的提升，频繁跳槽会使得他们的简历在接下来的求职中更容易被淘汰。一位不愿透露姓名的大型外企人事部门负责人称，由于应届生流动性较大，他们在招聘应届生时会格外关注其是否脚踏实地以及是否具备承受压力的能力。

因此，建议同学们在毕业后初入职场时努力调整心态，使自己尽快完成从校园人到职场人的转变，并有意识地开始进行职业生涯管理规划。以下是一些建议。

第一，保持积极主动的心态。学生从小到大主要扮演孩子、学生、休闲者的角色，对于其他角色，尤其是工作者角色，缺乏经验、不太适应，工作中表现不好其实没有多大关系。重要的是，无论遭遇什么挫折、受到什么委屈，都要把它看成生活中平常的事情，是个人成长的必要经历，并从这些经历中吸取经验、教训，逐步适应和熟悉各种角色。面对挑战，要保持积极的心态，调整自己的情绪，尽快适应环境。在实际工作中，对于公司分配给自己的任何任务，应抱着主动负责的态度：只有负责任，才能认真完成每一件小事；只有把小事做好，并主动要求，才能争取到做大事的机会。不论对上司还是同事，都要抱着学习的态度：他们也许没有你的学历高，没有你的知识面广，但他们有经验，在很多方面也有很强的能力，值得我们学习。

第二，明确自己的各种社会角色。各个角色是不同的，它们的目标、解决问题的方法和遵循的原则都不尽相同。随着年龄的增长，人们在社会中扮演的角色会逐渐增多。要学会将各种角色区分开，清晰地做出判断并快速进行角色转换。不要用与家中长辈交往的原则来处理与上司的关系，也不能用与同学、朋友交往的原则来处理与同事、客户的关系。应按照社会角色要求自己，让自己不断走向成熟。同时，要对周围的一切人和事保持包容的心态。大学校园相对封闭，人们接触的老师、同学都是具有较高知识水平和文化素养的人，校园的环境也是整洁优美的。进入职场后，人的素质差异很大，工作环境也不一定尽如人意。人们应该明白这是社会现状，要学会接纳这些人和环境，然后用行动来影响和改善这一切。

第三，承担起各个角色的责任。很多大学生刚参加工作时，经常抱怨工作简单枯燥。诚然，有一定难度的工作能够激发人的工作热情，但在企业中，很多普通的工作如果做不好，同样会对企业的发展造成危害。而且，如果你连普通的工作都做不好，企业又怎敢把有难度的工作交给你呢？海尔 CEO 张瑞敏曾说过一句话：“什么叫作不简单？把简单的事情千百遍都做好，就是不简单。什么叫作不容易？把大家都认为容易的事情非常认真地去做好，就是不容易。”很多情况下，主管安排新人做简单枯燥的工作，很大程度上是为了考察新人的责任感。因此，要充满自信。一些同学进入职场后发现自己“大学四年什么都没学到”，一下子感到很自卑，觉得自己各方面都不行。其实，理论与实践虽然存在很大差别，但理论是根据实践提炼出来的，可以指导实践。要相信在接受了系统的专业训练、学习了那么多理论知识后，只要人们勤于思考、虚心请教，很快就能够掌握相应的工作技能，适应岗位需求，成为优秀人才。

第四，运用自己已有的资源。每个人都拥有很多资源，从小到大积累了各种各样的技能。要学会从以往的经历中寻找资源，将自己已有的技能迁移并运用到新的场景中。比如，适应新环境和新规则时，人们在从校园到职场的过程中遇到的挑战，与我们过去适应从小学到中学、中学到大学的挑战，是否有相似之处呢？其中不乏可以迁移的成功经验。

第五，在最初的日子里取得胜利。最初的阶段可能会很艰难，这时你要尽可能地保持镇定，并付出额外努力，去做一些乍看之下很困难的事情。在办公室多花一些时间，帮助自己快速掌握工作任务和要求，展示自己的勤勉。积极寻找机会，主动报名参加项目，愿意花时间做额外的工作。出错时也应该及时沟通，勇于认错，从错误中学习，确保以后不再犯同样的错误。

这里为同学们提供一个工具：由资深经理人、全球职业规划师陈畅女士开发的职业生涯规划九宫格（见图 8-1）。

<table>
<tr><td colspan="3">个人品牌
我希望将来进入职场后给他人留下什么印象？</td></tr>
<tr><td rowspan="3">能力倾向及工作胜任力
为了在工作中表现出色，我应该培养哪些能力素质？</td><td rowspan="2">工作价值观
我工作是为了什么？</td><td rowspan="3">适合行业
哪些行业是有前景又是我容易进入的？</td></tr>
<tr></tr>
<tr><td rowspan="2">性格类型
我的人格类型适合什么样的工作性质及职场环境？</td></tr>
<tr><td rowspan="3">知识与经验
为了在工作中表现出色，我应该积累哪些知识和经验？</td><td rowspan="3">适合岗位
哪些职业方向是我适合的？</td></tr>
<tr><td rowspan="2">职业兴趣
我喜欢什么类型的工作？</td></tr>
<tr></tr>
<tr><td colspan="3">行动计划
为了实现上述目标，我应该做什么？</td></tr>
</table>

图 8-1　职业生涯规划九宫格

嘉辰从 H 大工科硕士毕业后，从事的是游戏引擎开发工程师的工作。由于前期的职业规划，嘉辰认为自己的职业选择比较合理，入职后也较为擅长本职工作。

这是一份需要探索与创造的工作，它能够较好地锻炼我理解复杂系统的思维能力，有较大的独立性以及不错的收入。我幸运地遇到了非常好的领导与同事，两年多的工作我也没有失去兴趣，也能有一些工作闲暇进行哲学思考和旅行。这些经历与我比较看重的生涯价值要素如智力激发、独立自主、经济报酬、美的追求、生活方式、工作环境等相符。

但美中不足的是，作为一名职业兴趣为 S 型的人，我很注重反馈对于引擎工程师的开发活动。很多任务是非常长的周期，在这个过程中，来自团队成员的反馈比较少，这有时会令我感到不适。另外，由于我职业性格 INTJ 中的 N 型比较重，对于某些注重细节的程序开发任务会显得不太擅长。

与同事闲聊中想到一些有趣的比喻，一般游戏中角色有血条和蓝条。对于我们，吃饭补充血、工作耗费蓝，而业余时间中你感兴趣的事情会将血转换成蓝，比如运动；而于我来说，就是哲学与艺术等。在大学乃至研究生阶段，我也曾思考做出转型。然而，纳入某种现实的考量，哲学本身在如今的社会中着实很难找到相对应的工作，获得比较满意的经济收入。如今令人比较满意的是，我在某种程度上保留了将哲学思考、文学艺术作为生活中兴趣的时间与自由。以尼采为例，真正的哲学家从来就不是一个职业，哲学本就是无功利的，不以营利为目标，也无法以研究报告作为衡量。

小雪是 H 大工科硕士，毕业后就业于中科院下属单位，入职马上满两年了，目前在团队里做可靠性工程师。

对我目前的工作状态稍作小结：可能因为是随遇而安的类型，对比工作量极其饱和同时薪水也成正比的同辈，我庆幸我能在工作与生活中得到平衡；同时更满意于目前的团队对我专业的重视，让作为应届毕业生的我能在优秀前辈的团队里有一席之地；值得一提的是，面试时五个老师之间的气氛——主任的直爽、副主任的细致也是我选择这个团队的原因。事实也证明没有错，现在这个简单直接的工程小团队，确实很适合我这个直爽单纯（自我认知）的小孩儿。求职者与公司之间的气场也是需要匹配的，小伙伴们未来也要多留意哦。

特别想跟学弟学妹们说的也是迄今为止我依旧还在思考的，希望与大家共同探讨。关于职业的选择也可以说是未来的选择，曾经我想要赚多多的钱，也有想过安安稳稳地生活，更希望能拿到一只“金饭碗”。可毕业后的第一份工作我也是机缘巧合得到的，并不与前者任何一条相符。在与我很敬佩的学长聊天中了解到，他工作几年存款达到了七位数，工作是同辈中晋升最快的。在我看来一切都很完美，是大家羡慕的样子，但他想要的却完全出乎我的意料。后悔当初本校保研保守的选择，同时限于单位“服役”五年的限制，他要苟住，到期后打算去留学，想要继续深造……我佩服他的果决，他反问我想要什么。“那你想要什么呢？”人不能只为吃米活着。

在就业形势严峻的情况下，大学毕业生要获得一份满意的工作相当不易。然而，一份满意的工作仅仅是职业生涯的开始，并不意味着职业生涯的成功。离开校园，初入职场，大多数人都会感到不适应。同学们一定要保持积极主动、迎接挑战的心态，争取有一个良好的开端。调整心态，尽快适应职场，完成从学生角色到工作者角色的转变，是职场新人的首要任务。

8.3　管理生涯发展，开展工作重塑

在乌卡（volatile, uncertain, complex, ambiguous, VUCA，意为易变、不确定、复杂、

模糊）时代下，组织面临的外部环境更加复杂多变。为了在竞争愈加激烈、不确定性日趋增加的环境中生存和发展，组织需要充分调动和发挥每一位员工的主动性。在传统的组织管理中，通过自上而下的工作设计为员工规定工作内容，要求员工按照工作说明书、岗位说明书开展工作，以实现组织的有序运行。随着环境不确定性的增加，仅依靠管理者的智慧和洞察力已远不能满足组织有效运行与发展的需要。如何激发员工的主动性，使他们在自己的岗位上发挥最大潜能，帮助企业实现习近平总书记在党的二十大报告中提到的“要用好、用活各类人才”，成为管理者密切关注和亟须解决的关键问题。

同时，随着经济的发展，人们的物质生活水平得到了极大的提高，价值观念也发生了重大转变。尤其对于刚进入职场的“95后”“00后”而言，工作已不再只是获得物质回报的方式，更是发挥自身优势、实现个人价值的重要载体。很多大学生初入职场时会发现实际工作内容与他们的预期相差甚远，每天几乎重复相同的事情，工作内容枯燥无聊，因而感到工作缺乏意义，逐渐失去工作热情。德勤公司发布的《2019年全球人力资本趋势报告》提到，员工感受不到工作意义已成为全球管理者面临的头等大事。

研究发现，很多员工丧失工作意义感，源于两种外部边界条件的改变。一是职业分类快速繁荣与多元化，但社会评价体系不够完善，包容性较低，使得很多工作内容的价值得不到社会充分认可。比如，一家服务大众交通出行的公司设计了一款抢票软件。身处互联网行业的人自然能理解，这是程序员、交互设计师、UI设计师、流程管理者等不同职业分工的人通力合作的成果。但请你想一想，外行会怎么看？他们会觉得：“这是个程序，是程序员的工作成果。”程序员以外的职业，距离社会评价体系就比较远，他们的职业价值没有得到社会认可。二是很多组织扁平化、去中心化，导致职业阶梯的丧失。个体不容易在短期内通过努力达到一个目标，导致职业价值无法实现。工作意义的丧失久而久之会导致员工产生离职的想法。根据无忧人力资源调研中心发布的《2020人力资源白皮书》，应届生在入职1～2年内的离职比例较高，高达31.7%；其次是“试用期阶段”，应届生3个月内离职的比例为29.6%。

重新换一份工作，面对陌生而崭新的工作内容，固然可能再次点燃工作热情。或许从眼前来看，这一做法没有什么不妥，但从长远的职业规划来看，未必是一个好的选择。频繁跳槽可能会带来严重的后果，比如当面试官看到简历的那一刻，就可能直接拒绝你的申请，因为没有企业希望自己的员工频繁流动。换一次工作可能是企业的问题，但频繁换工作可能就需要你从自身查找原因。

那么，要保持工作的热情，除了辞职，还有什么其他办法呢？

下面的这个二维码案例很特别：作者马新程，大四开学不久，便拿到了京东管培生的offer，且放弃了保研名额。2018年本科毕业后的马新程直接入职京东，这一决定，当时引发了很多老师和同学的不解。工作三年后，他成功报考了中国科学院的MBA项目，并利用两年的业余时间拿到了硕士学位。紧接着，他又收到了香港科技大学的博士录取通知书，目前是博士二年级的学生。这一切是怎么回事呢？

8.1 案例阅读

从马新程的案例可以看到：同学们在一份工作中的收获，除了薪酬等外在报酬，很重要的一点是从工作中获得对行业的洞察。

然后，他们可以根据自己在专业上的积累，通过系统地学习理论知识，在更高层面上开展研究、应用。

宾州大学沃顿商学院教授 Amy Wrzesniewski 及密歇根大学心理学及商业管理学教授 Jane E. Dutton 提出了“工作重塑”（job crafting）的概念：员工不再是被动接受工作任务安排，而是可以根据自己的偏好和能力等个人特点主动对工作任务进行调整。通过对工作任务的重塑，员工不仅能提高个人的工作满意度和幸福感，组织也将收获高工作绩效、高情感承诺和高工作投入。

无论是工作的方式方法，还是工作内容本身，甚至是其他相关事物，人们都可以尝试去思考、去改变。即使是最无聊、最枯燥的工作，也存在其价值和意义。

比如，Wrzesniewski 曾经采访过一些医院里的清洁工。在人们看来，清洁工这个工作很乏味，好像没什么乐趣，也没什么创造力，似乎是没什么意义的工作，但其实不然。Wrzesniewski 发现，有些医院里的清洁工能够从工作中找到很多意义，他们会主动去做一些额外的事情，比如帮助患者布置房间，甚至为那些已经昏迷的患者更换床单。此外，他们也是很好的倾听者，尽力去安慰患者和家属；作为得力的助手，在护士为患者输液的时候帮助患者保持平静；作为随时反馈的观察者，在为患者清理便盆的时候，如果发现异常迹象，会主动提醒护士。这些清洁工做这些额外的工作，虽然没有什么额外的酬劳，但获得了源源不断的工作热情。

这些细微、点滴的小改变，实际上在工作中都可以做到。工作中某些看似无聊、没有意义的部分，都能进行价值的转换，从而使工作变得更加有意义，让人们感受到工作的新鲜与趣味，重新燃起对工作的激情与热情，这就是工作重塑的魅力。

要想进行工作重塑并做出改变，可以从三个方面着手，分别是任务重塑、关系重塑和认知重塑。

（1）任务重塑。任务重塑强调主动地改变工作的任务边界，包括工作任务的类型和数量，具体体现为增加任务、强调任务和重新设计任务等。

①增加任务，顾名思义，是依据工作需要，主动在原本工作职责范围之外增加新的工作任务，并在这些工作中找到意义。例如，疫情突发，面对突如其来的挑战，木屋烧烤的员工展开了一场自下而上的自救活动。疫情防控期间，木屋烧烤 IT 部门的伙伴们仅用了 5 天时间就搭建起了自有的小程序外卖平台，并及时调整上线。公司没有任何人安排或指示他们去做这项工作。这个小程序对他们来说非常关键。当时，很多外卖平台的人力非常不足，而木屋门店的人力却有余，因此他们可以自己接单并送外卖。当时，创始人隋政军询问 IT 部的负责人：“怎么想到去做这个了？”负责人给了一个简单的回答：“我认为公司现在需要它，这个程序能够增加公司的外卖通道，从而提升公司的销售收入。”

同样地，2020 年年初新冠疫情暴发不久，北航信息化办公室的青年教师反应迅速，大年初一就投入了紧张的工作，短短一周内开发出疫情防控打卡系统，专注于人员位置管理，帮助学校了解师生的最新疫情动态，管理师生出入校园的情况，大幅提升了管理效率，有效守护了师生健康。

②强调任务是指将更多的精力投入自己认为有意义的事情上。例如，许多医生除了

完成医院的工作之外，还通过互联网媒体等渠道向社会大众普及相关医学知识，提升全社会的基本医学知识水平，力求为人民生活朝着更加健康、科学的方向发展做出贡献。医学知识的科普工作能够提升这些医务工作者的工作快乐和意义，他们也更愿意投入精力和时间在这些工作中，这就是一种任务强调。

③重新设计任务是在现有工作流程的基础上，对任务进行适当的拆解与合并。有些工作之所以显得麻烦，是因为你不清楚背后的关联逻辑。学会进行整合，流程会更加简化，任务也会更加有趣。例如，京东快递员黄少波平均每天揽件超过 4000 件，是当时月揽件最多的京东快递员，实现了月收入 8 万元。他之所以能够揽到这么多件，并不是像大多数快递员那样一件一件地去揽，而是通过对自己管理区域的深入了解，自行研究出方案和策略，与该地区的大部分企业进行合作，获得了大量的发件业务。

又如，一位新能源行业的证券分析师——他的工作之一是每个月要去行业协会的网站上手动下载当月的汽车销售数据。通过学习 Python 语言，他开发了一套爬虫程序，可以自动提取这些数据，使信息收集既全面又迅速，从而大幅提升了工作效率，也消除了人工检索带来的重复性工作所造成的厌烦情绪。此外，爬虫程序代替人工检索所节省的时间，使得这位证券分析师可以进一步支配，用于学习和实践更多相关领域的知识，或继续对工作任务的其他部分进行再设计，如数据抽取、清洗、去重等，在提高工作质量的同时，还能够不断驱动他进行持续的学习和创新。

再如，2024 年 7 月 25 日，有关“董宇辉离职，以 7659 万元带着与辉同行真正‘独立’”的新闻冲上了热搜。一时间，董宇辉继“小作文”事件后再次成为焦点人物。在不到三年间，董宇辉从新东方的一名教师，到东方甄选的金牌主播，再到“与辉同行”（北京）科技有限公司的总经理，完成了多重身份的转换，不断进行着工作重塑。

事实上，随着外部市场环境的迅速变化和复杂多变，很多时候工作重塑不仅仅是对某一个方面的改变，而是在工作整体上，包括工作类型、内容和流程等各个方面同时做出重大调整。1993 年出生的董宇辉，从陕西农村考入西安外国语大学，从实习到毕业后入职，在新东方工作八年间教过超过 50 万名学生。然而让他走红的，却是从新东方名师转型为带货主播后的 2022 年。新东方转型后，新东方的英语老师变成了直播间里双语带货的主播，成为网友口中“直播界的一股清流”。一边看直播买东西，一边学英语，新东方旗下品牌东方甄选的双语直播间“爆了”，董宇辉成为其中最受欢迎的主播。

新东方在准备转型之初，对直播没有把握的董宇辉曾考虑过离职；但新东方在线执行董事、行政总裁孙东旭告诉他：“越是困难的时候，团队越要彼此信任，一起寻找出路。”于是，董宇辉又留下来了。提及让他坚持下来的原因，他说道：“让我坚持下来的动力有两个：第一，人得去寻找工作的意义。比如我们卖的苹果来自经济欠发达的革命老区陕北，一箱苹果我们只有几块钱的利润，贴成券发出去，我们不挣钱。如果一晚上卖出一万箱呢？那就是几万块钱的收入，老人吃药的钱、孩子上学的钱就有了，这就是意义。第二，我不愿意辜负身边的这些人。我之前有过很多高薪的机会，即使现在转型做农业直播，也依然有很多教育行业的机会在找我，开价也挺高。但你身边最好的朋友是谁？你会在他最困难的时候抛弃他吗？”他用实际行动做出了回答。从英语教师到带货主播，董宇辉的工作内容发生了质的改变，但他没有选择离职。通过工作重塑，他找到了“新”

工作的意义和价值。"小作文"风波后，董宇辉经历了一场新的职业发展路径重塑。在这个过程中，他有过痛苦和纠结，但初心未改，仍以坦诚善良的态度面对发生的事，得到众多人的关心和帮助，走上了新的职业发展之路，成为"与辉同行"的领导者。

（2）关系重塑。关系重塑是通过改变工作任务的关系边界，强调人与人之间的互动。一份工作做久了之后，难免会觉得枯燥，很多时候支撑人们继续走下去的，不是工作本身，而是工作中的一些人。懂得在工作中有意识地去寻找志同道合的伙伴，会为你的工作增添额外的魅力。比如，医院清洁工通过与患者及其家属的交流，收获他人的感激，增强工作的意义。又如，登上南京信息工程大学毕业典礼的"最给力宿管阿姨"吴光华，她在生活上无微不至地关心同学们，为远离家乡不能回家的同学包饺子，帮在下雨天没能赶回来的同学收被子，与失恋的同学聊天谈心等，逐渐与同学们建立起了深厚的感情，赢得了学生们的爱和尊重，也使她更加热爱这份工作。

传统的工作是一系列任务过程的集合，员工的职责是完成分配给自己的既定任务，而工作关系的重塑促使组织构成精细的关系架构。这个架构的形成对于员工的人际交往具有重要意义。高质量的关系能够促使员工之间互相信任与尊重，形成职场友谊，也使得员工更加适应工作，提高工作承诺水平，形成更加积极主动的工作态度。

（3）认知重塑。认知重塑强调通过改变对工作任务、关系或者整体工作本身的理解与看法，赋予工作不同的意义和价值。

有这样一个故事：三个人在一起砌墙。第一个人只是认为自己在砌墙，第二个人认为他在盖一栋房子，第三个人则觉得自己在建造城市。十年之后，第一个人依然在砌墙，第二个人已经坐在办公室里看图纸，而第三个人则成了前两个人的老板。这个故事很好地诠释了认知重塑的重要性。工作内容对每个人来说可能都是一样的，但每个人看到的角度不同，赋予工作的意义也就不同。

正如前面提到的例子中，Wrzesniewski 发现，那些喜欢自己工作的清洁工不仅会更快、更好地完成普通清洁工的日常工作，比如清洗脏床单、拖洗走廊、给盥洗室补充物资等，他们还会主动帮助医生、护士、患者及家属做一些额外的工作，包括倾听患者的担忧，帮助安抚患者的情绪等。

他们为什么这么做呢？原因其实可以浓缩在一位清洁工的话语中："这不是我工作的一部分，这是我的一部分，因为我是一个好人，我乐于助人，我看到这个患者，就想要帮助他，所以我自发地去做这些事情。这些事情并不是我的工作要求，我的工作要求只是把房间打扫干净。但作为一个人，这份工作与我并不是疏离的。并不是说我来到这个工作场所，就戴上一个面具，从此变成了一个工作人员，只做上级指派的事情，像机器人一样。我还是我，我来到这里是为了工作，但同时仍然在度过我的人生。所以，我仍然要做我认为我这个人应该做的事情。"简而言之，这些清洁工不仅仅把自己的工作定位为普通清洁工，而是将自己的工作命名为"全面护理员"。他们把自己做的普通基础工作视为一种特殊的使命和事业，那些热爱自己工作的清洁工，重新定义了对这份工作的认知。

赵莉敏博士是北京和泰智研管理咨询有限公司的总经理。2018 年，她与朋友共同创办了这家企业。回顾自己 30 余年的职业生涯，她感慨万千，为本书的读者们写下了《吾

8.2 案例阅读

生也有涯，而知也无涯》（详见左侧二维码案例），希望她对职业生涯的思考与实践能对同学们有所帮助。

其实每个人都想有一份更满意的工作，但是为什么有些人在工作上萎靡不振，只把工作看成一个挣钱的工具，每天来打卡？因为他们并没有从工作当中得到他们真正想要的东西。而赵莉敏在高中毕业第一次参加工作的实习阶段，就萌生了求学上进的想法，此后她便不断地树立新的目标，全力去达成，一次次完成了工作重塑，最终拿到了博士学位、创立了自己的公司，成为自己希望的样子。作为大学毕业生，不能坐等环境改变，坐等公司改变，而要想方设法地发挥自己的主动性，重新设计工作内容、主动地改变你的工作、争取重塑你的工作，从而提升工作满意度、投入度和韧性并蓬勃发展。在这个充满变化和不确定的时代，大学生要通过主动的工作重塑，从容应对变化。

回望来路，赵莉敏总结了两点：

1. 三点一线的磨合校正

15 年前在北航人力资源管理的课堂上第一次接触了生涯规划这个概念，才真正明了同样的工作对于不同的人，也会有截然相反的意义；后来接触了生涯规划“三点一线”的概念，颇觉有理——兴趣、能力和价值是生涯规划的三个核心点，对个体来说，最好的职业正是在这三点的不断磨合中，慢慢成为自己想要的样子。

就个人而言，去上海实习的经历，表面上是工作的打击让我痛定思痛、重返校园，本质上是在那个阶段找到了自己真正想要的价值，并从此将它作为事业明灯；在汕头工作的那段时间，又是本性中强烈的目标感和脚踏实地的个性让我顺利战胜职业中的一个又一个挑战；来到了北京，在工作中不断学知识、练技能和攒才干的努力，一次又一次帮我提升能力，最终让自己成为想要成为的那个自己。

2. 终身学习是美好人生的最大底气

自从 1995 年开始萌生要学习的想法时，“学习”这个词就开始与我如影随形。从学历提升到专业提升，每一次学习的理由好像很偶然，其实也都是必然。当然，学习给我带来的也绝对不只有一张又一张的证书那么简单。如果一定要总结，大约便是四个“一”：

一把通往未来的钥匙：学习就像一架天梯，带我走向更远的路和更高的山，也因此见到了更大的世界。

一种实现梦想的可能：如果不是一路攀登，我不可能知道一个文学女青年还可以学好数学，而从落榜生到女博士，真的不是一个梦。

一个共同成长的背影：女儿伴随着我的求学之路长大，母女每晚分坐书桌共同学习的夜晚，都是我们共同的美好回忆。

一个受益终身的习惯：当学习变成习惯，收获就成了必然，人生不再有百无聊赖，每一个新知都能让心灵洗礼，生命灵动。

最后，我想说的是：在征服世界前先探索自己，找到自己内心所求并设立目标，不断努力让自己的能力匹配，你能获得的必然就是那一顶只属于自己的降落伞。

希望读到这里的你，也能够通过自我探索，设立属于自己的目标，通过持续努力、不断提升能力，最终实现自己的理想人生。

各位同学，人生的挑战与成长之路，你准备好了吗？你为自己的每个方面打多少分？假设每个方面的满分是 20 分，总分为 100 分。如果你的得分不满 100 分，你应知道需要增加哪些装备并付诸行动，从而让自己能够勇往直前！

本章小结

本章内容是对大学生职业生涯规划及其实施行动的总结。通过本书前面介绍的职业生涯规划理念与方法，很多同学已经确定了职业目标，制订了行动计划并采取了一些措施。然而，职业生涯规划并非一蹴而就，往往需要多次的目标修正与行为调整。对于尚未制订出生涯发展规划的同学，建议保持积极行动，审时度势，识别自身的不足之处，并从现在开始积累经验和锻炼能力。只要不断努力，就一定能够找到属于自己的道路。

课后思考

（1）请列出三个你童年时特别渴望从事的职业。这些职业中，从你目前所学的专业来看，是否有毕业后可能从事的？

（2）在你就读大学学习现专业的过程中，哪一起偶发事件影响最大？该偶发事件发生前，你曾经采取过哪些行动？该偶发事件发生后，你采取了哪些行动来把握其中蕴含的机会？

（3）你对现在的状态满意吗？可以采取哪些行动加以改善？

参考文献

[1] 安德斯·艾利克森. 刻意练习：如何从新手到大师[M]. 王正林，译. 北京：机械工业出版社，2021.
[2] 巴里·施瓦茨. 你为什么而工作[M]. 北京：中信出版社，2016.
[3] 本-沙哈尔. 幸福超越完美[M]. 倪子君，等译. 北京：机械工业出版社，2011.
[4] 费里特. 卓越表现（第 7 版）[M]. 张丽华，等译. 北京：机械工业出版社，2011.
[5] 高艳. 基于心理资本的大学生就业能力：结构、测量和干预[M]. 武汉：武汉大学出版社，2017.
[6] 顾雪英. 当代大学生职业生涯规划[M]. 北京：高等教育出版社，2010.
[7] 阚雅玲，吴强，胡伟. 职业规划与成功素质训练[M]. 北京：机械工业出版社，2009.
[8] 克虏伯，等. 幸运绝非偶然[M]. 泊洋，译. 武汉：长江文艺出版社，2006.
[9] 李开复. 做最好的自己[M]. 北京：人民出版社，2005.
[10] 刘少军，马明亮，戴丽梅. 大学生职业生涯规划与就业指导[M]. 北京：北京大学出版社，2022.
[11] 罗伯特·里尔登，等. 职业生涯发展与规划[M]. 侯志瑾，等译. 北京：中国人民大学出版社，2010.
[12] 马库斯·白金汉. 现在，发现你的职业优势[M]. 谢京秀，译. 北京：中国青年出版社，2016.
[13] 彼得森. 打开积极心理学之门[M]. 侯玉波，王非，等译. 北京：机械工业出版社，2010.
[14] 曲振国. 大学生就业指导与职业生涯规划[M]. 北京：清华大学出版社，2021.
[15] 萨克尼克，等. 职业的选择（第 9 版）[M]. 周文霞，潘静洲，等译. 北京：机械工业出版社，2011.
[16] 萨维科斯. 生涯咨询[M]. 重庆：重庆大学出版社，2015.
[17] 苏文平. 赢在第四起跑线——大学生职业生涯规划[M]. 北京：机械工业出版社，2011.
[18] 苏文平，丁丁. 本科生职业生涯规划与就业指导案例集[M]. 北京：北京航空航天大学出版社，2019.
[19] 苏文平. 大学生职业生涯规划与发展（第 2 版）[M]. 北京：中国人民大学出版社，2024.
[20] 苏文平. 职业生涯规划与就业创业指导（第 3 版）[M]. 北京：中国人民大学出版社，2023.
[21] 苏文平，丁丁. 高校生涯规划课程思政案例[M]. 北京：中国人民大学出版社，2022.
[22] 苏文平. 大学生职业生涯规划与就业创业指导（第 2 版）[M]. 北京：中国人民大学出版社，2023.
[23] 王莹. 大学生职业生涯规划[M]. 北京：清华大学出版社，2021.
[24] 吴余舟. 大学生职业生涯规划与就业创业指导[M]. 北京：机械工业出版社，2010.
[25] 亚历克斯·佩塔克斯，伊莱恩·丹顿. 思维的囚徒：活出生命的意义 7 原则[M]. 赵晓瑞，译. 北京：中信出版社，2019.
[26] 杨毅宏. 世界 500 强面试实录. 第 2 版[M]. 北京：机械工业出版社，2010.
[27] 于海波，等. 基于生涯资本理论的大学生可就业 3C 模型及其特征[J]. 教育研究，2013.
[28] 钟谷兰，杨开. 大学生职业生涯发展与规划[M]. 上海：华东师范大学出版社，2016.
[29] 宗敏，夏翠翠. 大学生职业生涯规划[M]. 北京：人民邮电出版社，2022.
[30] 周文霞，谢宝国，潘静洲，等. 职业生涯研究与实践必备的 41 个理论[M]. 北京：北京大学出版社，2022.
[31] 席尔瓦，等. 多元智能与学习风格[M]. 张玲，等译. 北京：教育科学出版社，2003.
[32] 庄明科，谢伟. 职业素养入门与提升[M]. 北京：北京理工大学出版社，2009.
[33] 共青团中央，中华全国青年联合会，国际劳工组织组编. 大学生 KAB 创业基础[M]. 北京：高等教育出版社，2007.
[34] Bian, Y. Bringing Strong Ties Back in: Indirect Ties, Network Bridges, and Job Searches in China[J]. American Sociological Review,1997, 62(3): 366–385.
[35] K. Brooks. You Majored in WHAT?[M]. Plume, 2009.
[36] J. Lowe, T. Lungrin. Career Code[M]. Beaver's Pond Press, 2012.

教师服务

感谢您选用清华大学出版社的教材！为了更好地服务教学，我们为授课教师提供本书的教学辅助资源，以及本学科重点教材信息。请您扫码获取。

教辅获取

本书教辅资源，授课教师扫码获取

样书赠送

公共基础课类重点教材，教师扫码获取样书

清华大学出版社

E-mail: tupfuwu@163.com

电话：010-83470332 / 83470142

地址：北京市海淀区双清路学研大厦 B 座 509

网址：https://www.tup.com.cn/

传真：8610-83470107

邮编：100084